저명한 개혁주의 미학 철학자인 캘빈 시어벨트(Calvin George Seerveld)는 아가서를 오페라로 재구성하여 무대에 올린 적도 있습니다. 그렇다면 아가서를 드라마 각본으로 생각하여 무대에 올릴 수 있을까요? 무대까지는 아니더라도 드라마로 재구성할 수 있다는 주장이 있습니다. 이 책의 저자 허영 목사님도 이러한 주장을 펼치는 분들 중 한 분입니다. 저자의 주장에 따르면 아가서는 여성 술람미와 두 명의 남성(솔로몬과 목동)이 세 명의 주인공으로 등장하는 드라마 형식의 기록이라는 것입니다. 아가서가 플롯을 담고 있다는 의미에서 드라마 이론을 주장합니다. 특별히 두 남성과 한 여성의 삼각관계를 통해 이 드라마의 긴장이 고조됩니다.

저자는 본론 부분인 아가서 주해에 들어가기 전 상당한 분량의 아가서 총론을 펼칩니다. 그리고 상세한 주해를 마친 후 관록의 설교자답게 11편의 아가서 설교를 제공합니다. 이 책은 광범위한 학문적 독서량을 바탕으로, 명료한 자료 분석과 판단에 입각하여 아가서를 해설하는 저자의 신학적 내공이 돋보입니다.

끝으로 덧붙여 말하자면, 일반적 예상을 뛰어넘는 저자의 아가서 해석의 기조는 놀랍고 파격적이기까지 합니다. 즉, 술람미를 하나님의 백성으로, 솔로몬은 하나님과 그 백성 사이를 갈라놓은 세력으로, 목동은 하나님을 은유한 것으로 본다는 주장이 그러합니다. 저자는 아가서를 '목자 가설'(Shepherd Hypothesis)에 입각해 읽습니다. 물론 판단은 독자들의 몫입니다. 학구적인 목회자의 평생 연구의 결실인 이 책을, 독자들은 경이로운 눈으로 두 번 세 번 다시 보게 될 것입니다.

류호준_ 백석대학교 신학대학원 은퇴 교수

평생 목회 현장에서 양 떼의 영혼을 건강하게 세우기 위하여 달려오신 존경하는 허영 목사님께서 또 하나의 대작을 우리 손에 들려주셨습니다. 저자께서 치열하게 연구하여 저술하신 아가는, 노래 중의 지성소 - 가장 거룩한 드라마라 명명하신 것처럼 목회 현장의 아쉬움과 기대감을 녹여내고 빚어낸 산물입니다. 은퇴하기 전 목회 현장에서 아가서를 마음껏 다루지 못한 아쉬움을 목회자와 성도들이 경험해야 할 거룩한 기대감으로 승화시킨 것입니다.

독자들의 차원 높은 공감을 기대하는 마음을 담아, 이 책에는 아가서를 이해하는 데 필요한 아가서 해석의 역사와 다양한 방법론에 대한 소개와 평가, 그리고 방대한 주해뿐만 아니라 실제 강단에서 전해질 수 있는 11편의 설교 예시가 담겨있습니다. 아가서에 관한 실로 종합적이고 방대한 본 책은 성도들과 목회자 모두의 마음을 사로잡을 것입니다.

예수 그리스도를 우리의 구주로 고백하고 하나님의 영광스러운 자녀의 신분을 가진 모든 이들이 일상에서 경험해야 하는 거룩한 드라마야말로 아가서의 원형입니다. 노래 중의 지성소와 가장 거룩한 드라마가 아가서에서 펼쳐지는 것처럼 우리의 교회와 삶의 현장에서도 동일하게 펼쳐지기를 기대합니다. 또한 본서를 통해 각박한 삶의 현장에서 우리 모두가 영혼 깊이 새겨야 할 아가서의 진수를 가감 없이 경험하고, 은혜로우신 주님과의 첫사랑을 회복하게 되기를 기원합니다.

오정호_ 새로남교회 담임목사, 대한예수교장로회 총회장

모든 설교자들의 고민은 어떻게 '본문성'과 '적실성'이라는 두 마리 토끼를 한꺼번에 포획할 수 있는 설교를 하느냐 일 것입니다. 본서는 바로 이러한 난제를 해결할 수 있도록 인도해 주는 친절한 길 안내서입니다. 저자의 책을 읽고 제 입에 터진 탄성은 "와우! 역시!"였습니다. 이 책은 설교의 식단에 좀처럼 올려놓기에 쉽지 않은 아가서에 대한 전체적인 개관과 치밀한 주해, 그리고 11편의 보석 같은 설교까지 뭐 하나 부족함이 없는 아가서에 관한 마스터피스라고 할 수 있을 것입니다. 정확한 본문에 대한 이해를 바탕으로 청중의 귀를 사로잡는 아가서 설교를 꿈꾸는 설교자들이나 아가서를 통하여 더 깊은 주님과의 사랑의 교제 가운데로 나아가기 원하는 모든 평신도들에게 이 책을 강력히 권하고 싶습니다.

이우제_ 백석대학교 실천대학원 원장 겸 설교학 교수

아가
노래 중의 지성소 가장 거룩한 드라마

아가

초판 발행 2023년 9월 29일

지은이 허 영
펴낸이 박지나
펴낸곳 지우
출판등록 2021년 6월 10일 제399-2021-000036호
이메일 jiwoopublisher@gmail.com
인스타그램 instagram.com/jiwoopub
페이스북 facebook.com/jiwoopub

ISBN 979-11-977440-8-2 03230

지우
겸손하고 선한 그리스도인들을 위한
좋은 책을 만듭니다.

주해 및 해설
설교 예시

아 가

허 영

SONG OF SONGS

노래 중의 지성소
가장 거룩한 드라마

지우

목차

필자는 약 30년 넘게 목회를 하였으나 한 차례도 아가를 본문으로 한 설교를 해보지 못하였다. 성경공부 시간에 아가에 대한 개론적인 설명을 간단하게 한 적이 있고 또 짤막한 글을 쓴 것이 남아있기는 하나 그것도 충분한 연구가 이루어지지 않아서 부실하다는 것을 인정하지 않을 수 없다.

아가를 설교하지 못한 이유를 크게 나누어 본다면 첫째는 솔직히 말해서 아가를 깊이 연구하지 못하였기 때문이며, 둘째는 아가에 나타나는 소위 오늘날 시체어(時體語)로 19금에 해당하는 표현들을 강단에서 적절하게 전할 자신이 없었기 때문이다. 비교적 안전한(?) 구절을 택하여 설교하거나 다른 설교에 인용을 할 수 있겠으나 그 대사의 문맥이나 화자조차 명확하게 이해하지 못한 상태에서 그렇게 할 수는 없었다. 필자와 함께 오랜 시간 함께 하였던 성도들에게 아가를 제대로 소개해드리지 못하여 죄송할 따름이다.

목회 일선에서 은퇴를 한 후 그동안 숙제처럼 여기던 아가 연구에 어느 정도 집중하면서 나름대로 파악할 수 있었던 것은 아가는 3인을 중심으로 구성된 드라마 형식이라는 것과, 강단에 올리기에는 어느 정도 망설여지는 선정적(Erotic) 표현이 거의 없다는 것이다. 아가를 그렇게 이해하고 있다면 대부분 지나치게 그러한 색깔이 입혀진 것이다. 7장의 왕의 *waṣf* 일부를 제외하고 몇 가지 성적인 것을 암시하는 표현들은 가족들이 함께 시청하는 TV 드라마에서도 볼 수 있는 수준으로 일반적인 삶 속에 들어있는 것들이라 할 수 있다.

필자는 고전 드라마와의 비교를 통하여 아가가 드라마 형식으로 기록된 것이라는 내용의 논문을 쓰려고 했으나 도중에 '강단을 위한 책'으로 계획을 변경하였다. 따라서 될 수 있는 대로 논쟁을 최소화하고 평이한 문체를 사용하여 설교에 바로 적용할 수 있도록 하려고 노력하였다. 또한 전문 설교자들만이 아니라 말씀에 목말라 하는 성도들을 염두에 두고 기록한 것으로서 일반 성도들도 충분히 주의를 기울인다면 이해할 수 있을 것으로 기대한다. 특히 '아가의 해석 역사' 부분에서 성경 해석 원리와 관련된 전문 용어가 약간 포함되어 있는 것은 평신도들의 이해를 돕고자 하는 것이다.

그리고 이 책은 아가가 술람미 외에 두 명의 남성이 더 등장한다는 3인 주인공(Three Main Character Theory)론, 혹은 목자 가설(Shepherd Hypothesis)을 따르는 드라마 형식으로 기록되었음을 증명하고 또 그 내용을 밝힐 것이다. 곧, 아가는 '솔로몬의 유혹'으로 대변되는 배교를 극복하는 것이 이스라엘의 국가적 안정을 회복하는 길이라는 선지자들의 신학적 메시지를 드라마 형식으로 발언하는 것이라 할 수 있다. 따라서 독자들은 이 해설에 따라 술람미를 하나님의 백성으로, 솔로몬은 하나님과 그 백성 사이를 갈라놓는 세력으로, 그리고 목동은 하나님을 은유한 것으로 보고 이들의 대화를 살펴 주기를 바란다.

개역개정이나 영문 등으로 번역된 성경만으로는 (아가 연구의 기본인) 많은 대사들이 누구의 것인지도 알 수 없음으로 히브리어 성경(BHS)를 사용하였다. 히브리어를 접해 보지 못한 독자들을 위하여 IPA(international Phonetic Alphabet)을 사용하였다. 서문 뒤에 첨부된 표를 이용하기 바란다. 그리고 아가의 해석을 담고 있는 수많은 고전들은 필자가 접하는데 한계가 있음으로 이 방면에 훌륭한 업적을 남긴 학자들의 것을 참고하였음을 밝혀둔다.

필자는 이와 같은 것을 세밀하게 다룰 수 있을 만큼 실력이 충분하지 못하여 미숙한 것이 많이 발견될 것이다. 그 점에 대하여는 후배들의 보완 연구가 따라주기를 바란다. 이 책을 펴내는 소박한 소원이 있다면 아가가 보다 자주, 그리고 보다 정확한 해설과 함께 강단에 오르기를 바라는 것이다. 만약 필자에게 다시 기회가 주어진다면 아가를 주제로 강단에서 하나님의 사랑과 하나님을 사랑하는 것이 얼마나 위대하고 아름다운 것인지 설교를 하고 싶을 정도이다.

비록 목회 일선에서는 은퇴를 하였지만 책과 더불어 지낼 수 있는 공간을 마련하는데 기꺼이 협조해 준 나의 가족들과, 항상 부족한 종을 응원하고 기도해 주시는 동역자요 친구인 성도들, 그리고 이 졸저를 위하여 그 많고 다양한 자료를 부탁만 하면 땅 끝에 있는 것까지도 뒤져서 찾아주신 교보문고의 임경선 차장님께 진심으로 감사를 드린다.

의정부 작은큰교회 연구실에서
저자 허 영

참고 문헌 및 IPA 표기법

° 참고 문헌

KJV   King James version

LXX   Septuagint

MT   Masoretic (Hebrew) Text

NAB   New American Bible

NEB   New American Bible

NIV   New International Bible

NASB   New American Standard Bible

ESV   English Standard version

REB   Revised English Bible

NRSV   New Revised Standard Version

AJSL   American Journal of Semitic Language and Literature

ANET   Ancient near Eastern Texts Relating to the Old Testament. Edited by James B. Richard. 3 rd ed. With Supplement. Princeton, 1969.

JBL   Journal of Biblical Literature

CAMWS   The Classical Association of the Middle West and South.

BHS   Biblia Hebraica Stuttgartensia, ed. K Elliger amd W. Rudolf. Stuttgart: Deutsche Bibelgesellschaft, 1967-1977.

ABD   Anchor Bible Dictionary. Ed. D. N. Freedman. 6 Vols. NY., 1992.

BDB F. Brown, S. R. Driver, and C. A. Briggs, eds., of W. Geseniush Hebrew and English
     L:exicon of the Old Testament, 2d ed., 1952
DBI Dictionary of Biblical Interpretation 2 vols. Ed. J. H. Hayes. Nashivill, 1999.
DBL A Dictionary of Biblical Language with Semantics Domains, Hebrew
ISBE International Standard Bible Encyclopedia. Ed. G. W. Bromily. 4 Vols. Grand Rapr
     ids, MI, 1979-1988.

주요 문서

Alexander, Phillip S. *The Song of Songs as Historical Allegory: Note on the Development
     of Exegetical Tradition* In Targumic and Cognate Studies. Sheffield: Sheffield
     Academic Press, 1996.

Carr. G. Lloyd. *The Song of Songs*. The Tyndale Old Testament Commentary Vol.19.
     Downers Grove: IVP, 1984.

Chatman, Seymore. *Story and Discourse: Narrative Structure in Fiction and Film*. Ithaca
     NY: Cornell University Press. 1978.

Deere, J. S. *The Meaning of the Song of Songs*. An Historical and Exegetical Inquiry.
     Michigan: University Microfilms International, 1984.,

Delitzsch Franz. *Proverb, Ecclesiastes, Song of Solomon*. Tr. By M. G. Easton. Vol. 6 of
     Commentary on the Old Testament in Ten Volumes. Grand Rapids: Eerdman, 1975.

Duguid, Iain M. *Song of Song*. The Tyndale Old Testament Commentary Vol.19. Downers
     Grove: IVP, 2015.

Exum, J. Cheryle. *Song of Songs: A Commentary*. The Old Testament Library. Louisville,
     KY.: Westminster / John Knox Press. 2005.

Fisch, Harold. *Song of Solomon: Allegorical Imperative. In Poetry with a Purpose*: Bibli-
     cal Poetics and Interpretation. Bloomington: Indiana University Press, 1990.

Fox, Michel V. *The song of Songs and the Ancient Egyptian Love Songs. Wisconsin*: The
     Wisconsin University of Wisconsin Press, 1985.

Garrett, Duane. *Song of Songs*. Word Biblical Commentary. Vol. 23B. Nashvill, TX.:
     Thomas Nelson Publisher, 2004.

Gerleman, Gillis. *Das Hohelied*. Biblisher Kommantar Altes Testament. XVIII. Neukir-
     chener Verlag, 1965.

Ginsburg Christian D. *The Song of Songs*. NY: Ktav, 1970.

Gledhill, Tom. *The message of Song of Songs*. Downers Grove: IVP, 1994.

Hess, R. S. *아가 주석*. 베이커 지혜문헌과 시편주석 시리즈 Vo. 7. 김선종 역. 서울: CLC, 2020.

Jenson, Robert W. *Song of Songs*. Interpretation, a Bible Commentary. Louisville KY.: John knox Press, 2005.

Keel, Othmar, *The Song of Songs*. A Continental Commentary. Trans. Frederick J. Gaiser. Minneapolis: Fortress Press, 1994.

Kinlaw, Dennis F. *Song of Songs*. Vol. 5 of The Expositor's Bible Commentary. Edited by F. E. Gaebelein. Grand Rapids: Zondervan, 1991.

Longman III, Tremper. *Ecclesiastes, Song of Songs*. Cornerstone Biblical Commentary Vol. 6. Illinois: Tyndale House, 2006.

_____ . *Biblical Narrative*. A Complete Literary Guide to The Bible, Ed. Leland Ryken & Tremper Longman III, Ch. 4. Grand Rapids: Zondervan, 1993.

Meek, T. J. *Canticle and the Tammuz Cult. AJSL*. 39:1-14, 1922-23

Pop, Marine H. *The Song of Songs*. Anchor Bible 7C. Garden City, NY: Doubleday, 1977.

Provan I. William. *Ecclesiastes, Song of Songs*. The NIV Application Commentary. Grand Rapids: Zondervan, 2001.

Paul Tanner. *History of the Interpretation of Song of Songs*. Bibliotheca Sacra 154:613, Dallas: Dallas Seminary, 1997.

Rowley H. H. *The Interpretation of the Song of Songs*. In the Servant of the Lord and Other Essays. Oxford: Basil Blackwell, 1965.

_____ . The Song of Songs. An Examination of Recent Theory. JRAS (Journal of the Royal Asiatic Society), 3 Mar. 2011. Cambridge: Cambridge University Press.

Scolnic, Benjamin Edidin, *Why Do We Sing the Song of Songs on Passover*. vol. 48, no. 4, Summer. p.74, CAMWS (the Classical Association of the Middle West and South), 1996.

Waldman, Nahum M. *A note on canticles 4:9*, JBL 89, 1970.

임동원, *고대 근동 문학 작품과 구약 성서의 병행 본문 연구, 시가서를 중심으로*. 대전: 목원대학교 학술지 '신학과 현장' 제16권, 2006.

기타 문서

Blomberg, Craig L. *Interpreting the Parables*. Downers Grove: IVP, 1991.

Fairbairn, Patrick. *Typology of Scripture*. Grand Rapids: Kregel, 1989.

Mickelson, A. Berkeley, *Interpreting the Bible*. Grand Rapid. Chicago: Eerdmans, 1963.

Osbourne, Grant R. *The Hermenuetical Spiral*. A Comprehensive Introduction to Biblical Interpretation. Downers Grove: IVP, 1991.

Paul Joüon-T. Muraoka, *성서 히브리어 문법 (A Grammar of Biblical Hebrew)*. 김정우 역.

서울: 도서출판 기혼, 2012,

Klein, W. W. and Blomberg, C. L. and Hubbard Jr, R.L. *Introduction to Biblical Interpretation*. Dallas: Word Pub. Dallas, 1991.

Thiselton, A. *Hermeneutics: An Introduction*. Grand Rapid. Michigan: Eerdman, 2009.

Kelly, J. N. D. *고대 기독교 교리사*. 박희석 역. 서울: 크리스챤다이제스트, 2004.

William W. Kliein, Craig L. Blomberg and Robert L. Hubbard, Jr. *성경 해석학 총론* (*Introduction to Biblical Interpretation*. Nashville: Word, INC.) 류호영 역. 서울: 생명의말씀사. 1993.

Wood, Leon. *이스라엘의 역사*. 김의원 역. 서울: CLC 1985.

Pritchard, James B. *고대근동문학선집*. 강승일 등 공역. 서울: CLC, 2016.

Maggi Humm, *페미니즘 이론 사전*, 심정순, 염영숙 역. 서울: 삼신각, 1995.

Oscar G. Brockett, Franklin J. Hildy, *연극의 역사*. 전준택, 홍창수 역. 서울: 연극과 인간.

Milly S. Barranger, *서양 연극사 이야기*. 우수진 역. 서울: 평민사 2016.

아리스토텔레스, *시학*. 천병희 역. 서울: 문예출판사, 1994

요세프스. 김지찬 역. 서울: 생명의말씀사. 2012.

정수일 편저. *실크로드 사전*. 경기도 파주, 대한민국: 장비. 2013.

° IPA(International Phonetic Alphabet) 표기법

자음

ז	ו	ה	ד	דּ	ג	גּ	כ	בּ	א
z	v	h	ḏ	d	ḡ	g	ḇ	b	ʾ

ע	ס	נ	מ	ל	כ	כּ	י	ט	ח
ʿ	s	n	m	l	ḵ	k	y	ṭ	h

ת	תּ	שׂ	שׁ	ר	ק	צ	פ	פּ
ṯ	t	š	ś	r	q	ṣ	p̄	p

역사적 장모음

הָ	ֵי	ִי	וֹ	וּ
â	ê	î	ô	û

장모음   * 편의상 כ에 모음을 첨가함

כָ	כֵ	כֹ
ā	ē	ō

단모음   * 편의상 כ에 모음을 첨가함

כַ	כֶ	כִ	כָ	כֻ
a	e	i	o	u

복합, 단순 쉐와   * 편의상 כ에 모음을 첨가함

כֲ	כֱ	כְ	כֳ
ă	ĕ	e	ŏ

제1부 서론

SONG OF SONGS

1. 아가의 표제

아가(雅歌)의 원 제목은 히브리어 '쉬르 하쉬림 *šîr haššîrîm*'으로 *šîr*는 노래라는 뜻이며 *haššîrîm*은 정관사 *hā*와 노래의 복수형 *šîrîm*이 합하여진 것으로 '노래들 중의 노래'라는 뜻이다. 이것은 '왕들 중 왕'이나 '종들 중의 종(창 9:25)' 혹은 '지성소(Holy of Holies, the most Holy, 출 24:37, 신 5:14)'와 같이 최상급을 나타내는 표현이다. LXX의 표제 또한 이와 같은 의미인 ἄσμα ἀσμάτων이다.[1] 라틴어 성경의 아가서 표제도 Canticum Canticorum으로 같은 뜻이다.

중국어 성경은 적어도 1820년 이전에 번역된 몇 종류의 번역본에서 아가(雅歌)라는 표제가 사용된 이래 지금까지 계속 사용되고 있는데 한국어 성경은 1911년 "성경전서"가 출간될 때부터 이 표제를 그대로 사용하였다.[2]

---

[1] ἄσμα는 종교적인 의미보다는 세속적 노래나 시를 나타낸다. ἀσμάτων은 복수형.

[2] 한국 최초의 구약 성경이 포함된 "성경전서(1911)"는 미국표준번역(ASV)를 주로 사용하고 당시 중국어 성경을 참고한 것으로 알려져 있다(대한성서공회 자료). 이후 1925에 새로 출간된 구약 성경은 C. D. Ginsburg가 편집한 히브리어 성경을 주로 사용한 것이다.

아가(雅歌)는 중국 상고 시대부터 존재한 아악(雅樂)의 개념을 사용한 것으로서 '아(雅)'는 우아한 아름다움이나 혹은 가장 고상하고 고귀함을 나타내는 말이다.[3] 아악은 A.D. 1000년경에 고려에 전래된 것으로 알려져 있는데 현재까지도 우리 사회에 그 형태가 남아있다. 이것은 전통적인 제례악과 궁중 연례악(宴禮樂) 혹은 정악(正樂)을 통틀어 말하는 것으로 민간 음악인 향악이나 당악과 구별되는 문묘제례악(文廟祭禮樂)을 가리킨다. 이는 대중들의 인기도(人氣度)와는 별개로 가장 음악적 품격을 갖추었다는 의미로 사용되었다.[4] 그러므로 아가라는 표제는 '노래 중의 노래,' 혹은 '가장 아름다운 노래'의 의미를 잘 전달할 수 있는 한자어라 할 수 있겠다.

노래 šîr 는 대체로 문자로 기록된 운율이 현저한 시(詩)를 말한다. 그 외에도 감정이나 억양을 넣어 낮은 소리로 외우는 '읊조리는 형식'이거나, 더 나아가서 음역이 비교적 넓은 창법으로 부르는 노래(전 12:4)가 포함된다.

노래로 번역되는 히브리어 중에는 šîr 외에 주로 강조형(Piel)으로 쓰이는 zâmār (명사형: zāmîr, zimrāh, 삿5:3; 시27:6; 시104:33 등)가 빈번하게 šîr 와 연결된 형태로 쓰인다.[5] 학자들 중에는 zâmār 는 대부분 하나님을 찬양할 때 쓰이는 표현으로 악기 연주가 동반되고 šîr는 무반주로 불리웠다는 견해가 있으나 그것은 확실하지 않다. 라반은 야곱을 보낼 때 "내가 즐거움과 노래 šîr 와 북 tōp (tambourine)과 수금 kinnôr (소형 harp 일종)으로 보냈다(창 31:27)"고 하였다. 이는 노래 šîr 가 악기 연주를 동반하여 다양한 음색이나 창법으로 연주되기도 하였던 것임을 나타내고 있다.

그들의 노래에 이러한 현악과 타악기(소고)가 동반되었다는 것은 개인적으로 행하는 명상(mediation)이나 낮은 소리의 읊조림만이 아니라 일정한 리

---

3 雅는 맑다, 바르다, 우아하다는 의미이다.

4 아악(雅樂)은 민족대백과 사전 등 대부분의 관련 문서에서 이와 같이 설명하고 있다.

5 šîr 는 노래하다(sing), zâmār 는 찬송을 부르다(sing praise)로 주로 번역되어 있다. 삿 5:3; 시 27:6; 시 104:33 등

들과 고저장단이 뚜렷한 창법이 있는 노래로 청중 앞에서 연주(公演)된 것임을 시사한다.[6] 특히 다윗은 다양한 악기를 만들었는데 그 중 특히 킨노르(후일 기타라로 불리움) 등은 사람의 음성으로 낼 수 있는 것보다 더 넓은 음역을 가지고 있는 것으로 알려져 있다. 요세푸스는 이것이 10현으로 되어 있다고 하였으나 이 분야의 학자들은 대체로 높낮이가 다른 정해진 8-9현으로 이루어진 것으로 보고 있다. 그러면 그것에 맞춘 창법 역시 높낮이가 현저한 것이었을 것으로 짐작할 수 있다. 현존하는 고대 히타이트 음악의 흔적으로 보이는 튀르키예 에베소 근처의 세이킬로스(Seikilos)에서 발견된 비문의 악보도 현 8음계 체계와는 약간 다르지만 아래 E에서 한 옥타브 위의 E로 구성되어 있다. 음 높이로 보아 여성이 부른 노래였을 것으로 추측된다.

또한 노래는 즐거움이나 슬픔과 같은 감정을 표현하는 것에 그치지 않고 중요한 교훈을 기억하도록 하기 위한 수단으로 사용되기도 하였다. "모세와 이스라엘 자손이 이 노래 *šîr* 로 여호와를 노래하였다(출 15:1)"에서 이 노래는 출애굽을 이루신 여호와를 찬양함과 동시에 그것을 지속적으로 기억하도록 하기 위하여 그 영화로운 '사건'을 노래의 형식으로 서사(敍事)한 것이다.

드보라와 바락의 노래 등도 또한 일종의 내러티브 (Narrative)[7] 요소가 들어 있는 '노래로 전해지는 서사시(敍事詩, 삿 5:1)'인데, 여기서 사용된 '노래'는 아가라는 표제에 사용된 '노래'와 동일한 용어이다. 선지서들도 많은 부분이 노래 형식으로 구성되어 있다. 이것은 기억하기 용이한 노래의 형태로 구술전승(口述傳乘) 되는 기간을 거쳐 어떤 시점에 문자화(recording) 되었고, 문자화 된 후에도 회중들에게 교훈을 보다 효과적으로 전달하는 수단으로 사용되었다.

따라서 책의 표제인 "노래 중의 노래"는 그것이 가지고 있는 지고(至高)의

---

6   읊조림(mediation)에 해당하는 히브리어는 *hgh* 나 *syh* 가 쓰인다(시 77:12 참고, 시 1:2; 63:6; 71:24. 시 49:3에는 *hāgût* 가 쓰였다.

7   내러티브(Narrative)란 어떤 사실이나 교훈을 응집력이 있는 주제를 중심으로 하는 이야기체를 말한다.

음악적 예술성을 나타내는 것일 수도 있지만 기억하기 좋은 형태의 음악적 형식으로 나타낸 교훈이라는 뜻이 포함된 것으로 이해할 수 있다.

필자는 아가에서 남녀가 주고받는 주요 대사들을 오페라 등에서 사용하는 Recitativo(대사에 중점을 둔 서정적 창법, 일명 Singspiel)로 연상하는 것이 도움이 될 것이라고 여기고 있다.[8] 이 가운데는 남녀의 아리아(Aria)나 대창(對唱 혹은 咬創)도 있고 코러스의 합창도 포함되어 있다.

2. 아가의 저자와 저작 시기

탈굼(Targum)에 의하면, 언제부터인지는 확실하지 않으나 아가는 매년 유월절에 회당에서 낭독되었는데 그 때도 아가의 표제대로 '솔로몬의 노래'로 알려져 있었다고 한다. 그러나 당시 독자(청자)들이 이것을 솔로몬의 저작으로 이해한 것인지는 분명하지 않다. 이러한 전통에 따라 아가를 솔로몬이 지은 것이라고 하기도 하지만 몇 가지 이유로 인하여 그럴 가능성은 부정될 수도 있다. 그러나 표제가 '솔로몬의 아가'인 것과 또 그의 수많은 저작들(왕상 4:32, 33), 그리고 여성들에 대하여 잘 아는 사람이라는 등의 이유로 솔로몬을 저자로 인정하는 주장은 계속 이어지고 있다.

아가를 솔로몬의 저작으로 보는 이유 중 첫째는 "솔로몬의 lišlōmō(h) 아가"라는 서두의 기록에서 li를 '저자를 나타내는 ל (Lamed Auctoris)'로 보기 때문이다.[9] "다윗의 시(3:1; 4:1 등)"라 할 때 Lamed(ל)가 저자를 나타내는 전치사로 사용되기도 하였다. 그러나 이것은 그런 의미만 있는 것이 아니라 to, for, toward 등등 매우 다양한 의미를 갖는다. 만약 이 부분에서 전치사 ל 를 소

---

8 Recitativo는 대사에 중점을 둔 서정적 창법으로 일명 Singspiel라고도 한다.
9 lamed는 히브리어 알파벳 ל, auctoris는 저자라는 뜻의 라틴어이다..

유격(of)으로 본다고 하더라도 이것이 주격 소유격일 경우에는 '솔로몬의 아가'일 수도 있지만 목적격 소유격으로 본다면 '솔로몬을 위한' 혹은 '솔로몬에 대한 아가'라는 의미가 될 수도 있다.

둘째로, "그가 (솔로몬이) 잠언 삼천 가지를 말하였고 그의 노래는 일 천 다섯 편이라(왕상 4:32)," 그리고 "초목에 대하여 말하되 레바논의 백향목으로부터 담에 나는 우슬초까지 하고 그가 짐승과 새와 기어 다니는 것과 물고기에 대하여 말하였다(4:33)"고 하여 솔로몬을 아가에 소개되는 수많은 식물들과 귀중품을 말할 수 있는 적격자로 보고 있다. 그러나 그가 박학다식하였음은 인정할 수 있어도 이러한 지식을 독점했다고 볼 수는 없음으로 이것은 충분한 근거가 될 수 없을 것이다.

셋째, 아가는 솔로몬의 저작이라는 전통 때문일 것이다. 전통은 그럴 만한 이유가 있기 때문에 형성된 것으로서 결코 가볍게 취급할 수는 없는 것이지만 그렇다고 해서 그것이 기정사실화 될 수 있는 것은 아니다.

이와 달리 솔로몬을 저자로 보지 않는 이유는 다음과 같다.

첫째, 관계사 문제이다. "노래 중의 노래"와 "솔로몬" 사이에 관계(대명)사 אֲשֶׁר ʾăser 이 놓여있는데, "다윗의 시"라고 할 때는(시 3:1 등) 이런 관계사가 쓰이지 않았다. 그리고 이 부분을 제외한 아가의 본문에서 관계사가 쓰일 때는 이것이 모두 שׁ se 로 대체되었다. 주옹은 다음과 같이 설명한다.[10]

본래 어떤 공통점도 없었던 것으로 보이는 אֲשֶׁר ʾăser 과 שׁ se 는 관계 대명사로 사용되었다. שׁ se 는 주로 구약 성서 후기 문헌(포로기 이후의 문헌)과 북부 팔레스타인 색채를 가지고 있는 본문 들에서 발견된다. 그것은 항상 방언으로 존재해 오고 있었음에 틀림없다. שׁ se 는 문학적 관용어로서 포로 이전에는 אֲשֶׁר ʾăser 로 거의 완전 대체되었으며 포로 후기에는 자주 나타난다. 그러나 성서 이후 시대(미

---

10 Joüon, 124

쉬나)에는 שֶׁ *se*가 전형적인 문어체 용어인 אֲשֶׁר *ʾăšer*을 완전히 대체하게 된다.[11]

주옹의 말대로라면 이 관계사는 후기 히브리어 표현이거나 시기와 관련
없이 북방에서 사용하던 지역 방언일 수 있다는 것이다. 베들레헴이 고향인
아버지 다윗과 유다의 남서부 출신인 어머니 밧세바에게서 태어나고 대부분
의 기간을 예루살렘에서 보낸 솔로몬이 북방 방언을 사용하였을 가능성은
매우 낮아 보인다.[12] 다수의 학자들은 아가의 기록에서 북방 방언의 흔적들
이 발견된다는 의견을 내고 있다. 만약 이것이 후기 히브리어 표현이라면 '솔
로몬의 노래 중의 노래'라는 표제는 아가의 저자가 사용한 것이 아니라 후대
의 어떤 다른 사람에 의하여 붙여진 것으로 볼 수 있는 여지를 남긴다.

둘째로, 6:4에 나타나는 디르사(Tirza)와 관련된 문제이다. 이 도시는 여
로보암 1세가 북 왕국을 세운 후 이곳에 머물렀고(왕상 14:7) 이후 엘라(B.C.
886-885)와 시므리(B.C. 885)가 왕으로 등극한 곳이다(왕상 16:8-10). 이후 오므
리(B.C. 885-874)가 사마리아로 환도할 때까지 이곳은 북 왕국의 수도였다. 만
약 디르사가 남 왕국의 예루살렘과 대등하게 비교된 것이라면 아가는 솔로
몬 이후 북 왕국의 수도가 된 후에 저작된 것으로 볼 수 있기 때문에 솔로몬
의 저작설은 부인될 수 있다.

또 다른 의견 중 하나는 이것은 디르사의 어의(語義)에 초점을 맞춘 것으
로 그 역사와는 무관하게 쓰였다는 것이다. 즉, 디르사의 어근인 기쁨 *dṣ(h)*
이라는 의미를 살려서 예루살렘을 '높은 곳에 있는 아름다운 곳(렘 6:2)' 이라
는 표현과 서로 연관 지어 설명하는 것이다. 그러면 디르사에 대한 언급은
저작 시기를 가늠할 수 있는 기준이 되지 못한다. 그러나 남성이 여성의 아름

---

11   שֶׁ *se*의 용례는 용례는 다음 구절을 참고하라. 시 122:3, 124:6, 135:1,2 전 1:14,17,18; 2:11,18,24;
     3:13,14,18; 5:5; 8:14; 9:5,12. 아 1:6; 4:1,2; 5:9; 6:6; 8:12; 애 2:15; 삿 6:17; 7:12

12   밧세바는 엘리암의 딸(삼하 11:3, 대상 3:5에는 암미엘)이며 아히도벨의 손녀이다(삼하 23:34).
     이들의 고향은 유다 서남부 길로이다.

다움을 예찬할 때 '깃발을 세운 군대(6:4)'나 '상아 망대, 레바논의 망대(7:4),' 그리고 '다윗의 망대(4:4)'로 은유한 것은 그것의 어의(語義)만을 사용한 것이 아니라 외형적 모양을 통해 내적인 당당한 아름다움을 표현한 것이다. 이와 같은 방식으로 여인의 아름다움을 디르사로 직유한 것이라면 이러한 해설은 설득력이 약하다.

이 외에도 디르사는 오므리 왕조의 수도가 되기 이전부터 솔로몬 왕국의 에브라임의 행정 수도로서 위용을 이미 갖추었기 때문에 솔로몬 시대에도 이미 예루살렘과 견줄만한 도시였다는 주장이 있다. 그러나 행정 수도는 문자 그대로 행정 편의를 위하여 설치하는 것으로서 군사적 요충지와는 다른 개념이다. 따라서 행정 수도를 예루살렘과 대등하게 보지는 않았을 것이다.

셋째로, 아가의 내용 자체가 솔로몬은 위대한 성군(聖君)으로 묘사하지 않는 것으로 보이기 때문에 솔로몬 저작설은 지지를 받지 못하고 있다. 이것은 아가의 내용을 보는 시각에 따라 달라질 수 있다. 아가의 주인공을 2명으로 볼 때는 솔로몬(혹은 신랑)이 여러가지 일을 겪으면서 진정한 사랑을 깨닫는 이야기로서 그가 직접 기록하였거나 계관시인(Laureate) 등이 기록하여 헌정한 것일 수 있을 것이다. 그러나 3명 주인공론을 따른다면 솔로몬이 시골의 순박한 여성을 유혹하다가 실패한 이야기이다. 그것을 본인이 자신의 행위를 반성하듯이 기록을 했다고 보기는 어렵다. 특히 "솔로몬 너는 천을 얻겠고 …… 내게 속한 포도원은 내 앞에 있구나(8:12)"가 술람미가 솔로몬의 유혹을 거부하는 말이라면 그 왕의 이미지는 부정적으로 묘사된 것이다.

넷째, 탈굼에서는 히스기야가 저자라는 기록이 있으나 이 자료 외에는 그것을 뒷받침할 근거는 발견하지 못한 것으로 알려져 있어 그리 관심의 대상이 되지는 않는 것으로 보인다.

따라서 아가의 저자는 솔로몬이 아니며 또 누구인지도 알 수 없으며, 따라서 그 시기도 특정할 수 없다고 해야 할 것이다. 단지 문학적 소양이 뛰어난 어떤 사람 중에서 하나님을 잘 알고 또 하나님의 백성이 무엇을 위하여 살아야 하는지, 그 삶을 위하여 어떻게 하나님이 도움을 받을 수 있는지를 잘 아는 어떤 한 인물이나 그가 속해 있었던 공동체에서 나온 것으로 추측될 뿐이다. 하나 덧붙인다면 아가의 전체 내용을 고려할 때 솔로몬을 그리 좋아하지 않는 저자나 집단에서 저작되었을 가능성이 매우 높다고 할 수 있다. 저자와 시기를 특정할 수 없다는 것이 아가의 정경성이나 신적 권위를 손상시키는 것은 아니다. 아가의 메시지 그 자체가 신적 권위를 가지고 있으면 그것으로 그 가치는 인정된다고 할 것이다.

3. 아가의 정경성(正經性)

정경(正經, Canon)이란 표준이라는 의미의 라틴어에서 온 말로 기독교가 공식적으로 채용한 경전이라는 의미로 쓰이는 용어이다. 또한 기독교 진리를 나름대로 변호한 많은 문서들(외경과 위경)과 구분하기 위한 용어로 쓰이기도 한다.

아가는 주전(主前) 시대의 정경 목록에 이미 들어있었지만 주로 남녀의 사랑 노래로 구성되어 있을 뿐 아니라 그 중에는 노골적인 성적 묘사를 암시하는 듯한 표현들이 있고, 또 무엇보다 신앙의 대상인 여호와의 이름이 언급되지 않는다는 점에서 현재까지도 정경성에 대한 의문이 제기되고 있다. 아가의 정경성에 대한 논쟁은 다음과 같이 요약할 수 있다.

첫째, 아가는 정경으로 인정되지 못하였고 그저 민간에 떠돌던 성(聖)스럽게 여기던 서적이었을 뿐이지만 AD 90-100년 어간에 Jamnia (혹은 Javeneh)에서 열린 공의회에서[13] 비로소 정경으로 허입(許入)되었다는 것이다. 그러나

---

13 욥바(현, Jaffa)에서 가까운 남쪽 지중해 연안의 Jamnia(혹은 히브리어로 '야브네')로 로마의 허락 아래 여러 개의 유대인 학교들이 이곳에 설립되어 있었다.

이 회의에서는 몇 가지 논란이 되어 오던 정경목록에 있는 책들을 정경으로 그대로 인정하기로 결정한 것으로서 아가를 정경으로 추가한 것이 아니었다. 당시 여러 학자들이 이 회의에서 아가의 정경적 권위에 대하여 의문을 제기 하였으나 랍비 아키바(Akiba) 등이 아가의 숭고한 특성을 역설함으로 그 정경 성을 그대로 인정하게 된 것이다.[14].

B. Scolnic은 Mishina Eduyot 5:3; Tos. Yad. 2:14를 인용하여 당시 이 회의에서 오갔던 랍비들의 대화를 흥미롭게 소개하였다.[15] 아가가 성문서를 더럽혔다는 랍비 유다와 엘르아살의 발언에 대하여 랍비 아키바(Akiba)는 이 렇게 말하였다.

> "이스라엘 중 누구도 아가가 손을 더럽혔다고 하지 않았다. 이 세상에서 이스라
> 엘에게 주어진 것 중 아가만큼 가치 있는 것은 없다. 모든 성문서가 성스러운 것
> 이로되 아가는 그 중 지성소(Holy of Holies)이다."

"손을 더럽히지 않다"는 관용적 표현은 하나님의 영감으로 이루어진 책 에 사람의 손에 의한 오염 행위가 없었다는 뜻으로 '정경'을 다른 말로 표현 한 것이다(레 16:24).

둘째, 역사가 요세푸스(Flavius Josephus)가 아가서를 성경 목록에서 언급한 적이 없다는 것이다. 그러나 그는 "항상 받아들여졌던 기록과 금방 받아들 여졌던 기록을 포함하여 22권의 책들"에 대하여 언급하였는데 이것은 그가 이미 알고 있는 구약 정경에 아가가 들어있었음을 의미하는 것이다.[16] 그는 오경과, 여호수아, 사사기와 룻을 한 권으로, 사무엘(상하), 열왕기(상하), 역대

---

14 William W. Kliein, Craig L. Blomberg and Robert L. Hubbard, Jr. 131-333.

15 Scolnic, 74.

16 요세프스. 제4권 *Contra Apion. 1:38-41.*

기(상하), 에스라와 느헤미야를 한 권으로, 에스더, 욥, 이사야, 예레미야와 애가를 또한 한 권으로, 에스겔, 다니엘, 그리고 12소선지서를 모두 한 권으로 한 총 13권의 예언서와 역사서로 구약 성경을 구체적으로 소개하였다. 그리고 나머지 4권이 있다고 하였는데 이것은 시편, 잠언, 전도서와 아가를 말하는 것이다. 이것은 현재 개혁주의 교회에서 사용하는 구약의 목록과 일치한다. 그리고 쿰란 공동체(Qumran)에서는 에스더를 제외하고 토빗(Tobit)[17]을 포함한 구약의 모든 책이 발견되었는데 이것은 아가가 이미 정경으로 인정되고 있었음을 의미하는 것이다.

셋째, 아가에 나타나는 외견상의 세속성과 또 여호와의 이름이 언급되지 않는다는 이유로 정경성에 대한 의혹이 제기되었다. 그러나 에스더 역시 여호와라는 (혹은 하나님) 이름이 언급되지 않지만 하나님의 특별한 도우심을 기록한 것으로 더 이상 영감설에 문제가 없는 것으로 인정되었다.

구약 정경 논쟁은 주로 에스겔의 일부와 성문서(聖文書, Ketubim) 등에 집중되어 있다. 성문서 중 메길롯(Megillot)이라고 하는 '다섯 개의 두루마리' 즉, 오축(五軸)이라고 하는 룻, 아가, 전도서, 애가와 에스더는 유대인의 절기 행사 때 낭독된 것으로 알려져 있다. 아가는 유월절, 룻은 오순절, 애가는 예루살렘 성전 파괴를 추모하는 기념일(the Ninth of Ab.), 전도서는 장막절, 그리고 에스더는 부림절에 낭독되었다. 탈굼에서 소개하는 이런 전통이 언제부터 시작되었는지는 확실하지 않지만 주전 시대에는 이미 정착된 것이었다. 이 각각의 책들이 그런 절기에 낭독된 것은 각 절기가 갖는 의미를 잘 나타내기 때문이고, 동시에 이것은 곧 당시에도 정경으로 받아들였음을 의미한다.

아가의 정경성 논쟁은 현재까지도 지속되어 왔으나 주전 시대의 구약의 아람어 번역인 탈굼(Targum)이나 유대교 랍비들의 성경 해석을 문서화한 미

---

17 Tobit은 납달리 지파의 토비트와 그의 아들 토비야의 이야기로, LXX에는 포함되어 있으나 개신교에서는 외경(外經)으로 취급한다.

쉬나(Mishina), 그리고 미드라쉬(Midrash) 등에서 아가를 이미 구약의 정경으로 취급하여 많은 부분을 인용, 해석하는 것을 볼 때 아가의 정경성은 이미 확고하다고 할 수 있다.

4. 아가 해석의 역사

이 부분에서는 주전 시대부터 현재까지 시대별 성경 해석의 방식의 특징과 아가 해석 방법을 같이 소개한다. 이 오랜 시기 동안의 성경 해석 방법은 시대별로 그 특징이 어느 정도 발견되는데 아가의 해석 방법 역시 그것을 크게 벗어나지 않기 때문에 아가 해석의 역사를 성경 해석의 역사와 함께 다루는 것이 당시의 학자들이 아가를 '왜 그렇게 해석하였는지' 그 이유를 이해하는 데 어느 정도 도움이 될 것이다. 이것을 먼저 언급하고 각양의 해석 방식에 대한 평가를 다음 단락에서 소개한다.

학자마다 아가의 해석 방식은 '모두' 다르다. 중세의 대학자 중 사디아(Saadia, -942)가 말한 것처럼 '아가는 적은 분량의 책이지만 가장 많은 해석이 있고 또 그 해석의 열쇠는 잃어버렸다'고 할 정도로 서로 다르다. 이와 같은 그의 말은 아가 해석서마다 소개되고 있을 정도이며 또 아가를 연구해 본 사람은 다 공감하는 것이기도 하다. 아가는 주로 수많은 상징과 은유, 직유가 뒤섞여 있는 남녀의 사랑 노래로 구성되어 있음으로 구문을 정확히 해석했다 하더라도 그것만으로는 그 의미를 파악하는데 한계가 있다. 그러므로 해석자의 신학이나 개인적 신앙의 성향에 따라 주관이 덧입혀지기 때문에 다양한 해석이 존재할 수밖에 없다.

이렇게 '모두 다르다'는 것은 다양성이라는 긍정적 측면이 있기는 하지만, 또 한편으로 기상천외하고 기발하지만 아가의 가치를 현저히 격하시키는 해석이 있기도 하다는 뜻이다. 정당하고 건전한 범위 안에 있는 해석을 추구하는 것은 말씀을 왜곡하거나 오용하는 것을 방지하기 위해서도 반드시 필요하지만, 더 나아가서 오늘날 아가를 통해 우리에게 말씀하시는 하나님의 음성을 더욱 선명하게 듣기 위한 것이기도 하다. 이를 위하여 복음적 성경 해석학의 흐름과 함께 가능한 한 아가의 건전하고 정당한 해석 원리가 되는 열쇠를 찾아보려는 것이다.

긴 역사 속에 실로 다양하고도 수많은 해석들이 존재하는데 필자가 그 모든 자료를 다 접하는 데는 한계가 있어서 이 방면으로 깊이 연구한 학자들의 의견에 의존하였다. 대표적으로 방대한 자료를 소개하는 M. Pop의 저서는 필자의 아가 연구에서 큰 비중을 차지하였다. C. Ginsburg역시 연대별로 자세하면서도 많은 정보를 제공하고 있고, 특히 H. H. Rowley은 19세기 학자들의 아가와 고대 근동의 신화와 연결하여 해석하는 방식을 소개하며 이에 덧붙여 그 장단점을 탁월하게 지적하였다. 중세 시대의 아가서 해석 경향에 대하여는 겔리만(G. Gerleman)의 요약은 매우 유익하다. 그 외에도 지명도가 높은 주석이나 해설서 등에는 서론 부분에 거의 대부분 이 해석의 역사를 다루고 있는데, 해석법의 평가에 대한 차이는 있으나 해석의 역사를 소개하는 내용은 대부분 유사하다.

이 부분은 지극히 개론(槪論)적인 것으로서, 특별히 아가 해석에 자주 나오는 용어나 개념을 설명하려는 목적을 포함한다. 아울러 성경 해석 역사의 시대 구분 골격은 참고 문헌에 소개된 A. Berkeley Mickelson의 Interpreting The Bible, Klein과 Blomberg, 그리고 Hubbard Jr 공저와, 그리고 A. Thiselton을 주로 참고하였음을 밝혀둔다(참고문헌에 소개 되어있다). 아가 해석의 역사에서 그 시대적인 특징을 이해하는데 도움이 되기를 바란다.

1) 유대인들의 성경 해석

유대인 해석법의 원형(prototype)은 에스라의 설교에서 찾을 수 있다. 에스라가 성경을 읽었을 때 "레위인이 백성이 제 자리에 서 있는 동안 그들에게 율법을 깨닫게 하였는데 하나님의 율법책을 낭독하고 그 뜻을 해석하여 백성들에게 그 뜻을 다 깨닫게 하였다(느 8:7,8)." 아람어가 공용어가 된 포로기 이후 본국으로 돌아온 이스라엘 사람들의 대부분은 히브리어를 (잘) 이해하지 못하였기 때문에 이를 깨닫게 하는 통번역이 필요하였다.[18] 에스라가 성경을 읽었다는 것은 히브리어로 된 구약일 것인데, 그것을 레위인이 아람어로 그 뜻을 보다 자세히 회중들에게 설명하였다는 것이다. 초기에는 이런 해석들이 구전되다가 후에 기록으로 남겨졌는데 이를 모은 것을 탈굼(Targum, 번역혹은 의미의 해석이라는 뜻)이라고 한다.

여기에는 모세오경의 애매모호한 단어들을 주석하고 외견상 모순되는 것처럼 보이는 구절들을 해석한 것이 포함되어 있다. 이런 이유로 탈굼은 일반적으로 아람어로 번역된 구약성경을 가리키는 말로 쓰이며, 팔레스타인에서 만들어진 것과 바벨론에서 만들어진 여러 가지 종류가 있다. 사해 문서가 발견된 이후 탈굼은 이미 B.C. 2세기 전부터 경전으로 사용된 것임이 확인되었고, 여기에는 전통적인 랍비들의 아가 해석에 대한 정보가 포함되어 있어 자주 인용되는 것을 볼 수 있다.

예루살렘을 중심으로 한 랍비계 유대교

아가 해석 방식에 관한 것을 언급하기 위하여는 좀 더 넓은 의미에서 성경 해석 방식을 논할 필요가 있다. 이 부분에서는 아가 해석서에 자주 나오는 용어들을 미리 소개한다.

---

18 아람어(Aramic)는 고대 메소포타미아 앗수르, 바벨론의 공용어로 셈어(Semitic)에 속한다. 포로기 이후 페르샤 제국의 공용어(Imperial Aramic)로 쓰였다.

예루살렘을 중심 한 유대교 랍비들의 주된 사역은 토라(Torah)를 교육하는 것이었다(출 24:12; 18:20). 토라는 하나님의 백성이 지켜야 할 '율법'으로 알려져 있지만 그것은 명령이나 훈계라는 의미에서 나온 말이다. 이를 위한 이들의 해석 방법에는 기본적으로 다음 두 가지 기본적인 형태인 '할라카'와 '학가다'가 있다. 할라카(Halakah)는 주로 율법을 중심으로 하나님의 백성이 지켜야 할 삶의 원리와 규범을 해설한 것이며, 학가다(Haggadah, 하나의 이야기)는 구약이 제공하는 이야기들과 잠언의 말씀으로 삶의 지표를 설명하는 것이다. 할라카는 문자적으로 법을 설명한 비교적 딱딱한 해석이며 이에 비하여 학가다는 비교적 부드러운 해석으로 알려져 있으나 이것은 엄격히 구분되기보다는 서로 조화를 이루고 있다.

또한 이들은 다음 세 가지 중요한 자료들을 남겼다. 미쉬나(Mishinah, 학습 혹은 반복)와 게마라(Gemara, 완성), 그리고 탈무드(Talmud, 연구 혹은 교리)가 그것이다. 미쉬나는 '예후다 한나씨(대표자 예후다)'가 A.D. 200년경 구전으로 내려오던 토라의 해설을 기록한 것으로 알려져 있는데 여기에는 힐렐(Hillel, B.C. 60 - A.D. 20)과 샴마이(Shammai, B.C. 50 - A.D. 30)와 같은 지도자들의 구전 가르침이 기록되어 있다.[19] 게마라는 미쉬나의 주석이라 할 수 있고, 탈무드는 게마라의 해설과 같은 것으로 주제 별로 된 탈무드의 각 항목은 미쉬나를 인용하고 그 뒤에 랍비들의 인용문과 성경의 부분적 해석이 있다. 미쉬나에 성경이 자주 인용되는 것은 그것이 성경적 근거를 가지고 있다는 것을 의미한다.

탈무드는 팔레스타인과 바벨론 탈무드로 구분된다. 팔레스타인 탈무

---

19 미쉬나는 6개의 세데르(topic)으로 구분되어 있고 그것은 7 내지 12개의 마쎄켓(구분 단위)으로 구분되어 있으며 이는 또 장과 미쉬나로 구분되어 있다. 미쉬나는 이를 통칭하기도 하지만 또한 가장 작은 단위의 설명 부분이기도 하다. 미쉬나의 6개의 토픽은 Zeraim(씨앗, 농업 관련 법과 기도문으로 11개 항목), Moed(명절, 안식일과 기타 명절 규례로 12개의 항목), Nashim(여자들, 결혼과 이혼 규례로 10개의 항목), Nezikin(손상, 민 형사 법을 다루는 것으로 10개의 항목), kodashim(거룩한 것들, 희생제사와 성전, 먹는 것을 판별하는 법으로 11개의 항목), 그리고 Tohorot(정결법, 죽은자와 제사장들의 정결법으로 12 개 항목)으로 구성되어 있다.

드(예루살렘 탈무드, A.D. 400년경)는 팔레스타인에 있었던 학자들인 탄나임(Tannaim)[20]들에 의하여 서부 아람어로(갈릴리 방언이라고 알려져 있음) 기록된 것이고, 바벨론에 있던 탄나임들에 의하여 만들어진 바벨로니아 탈무드(A. D. 600년경까지)는 주로 동부 아람어로 기록되어 있다. 알려진 바로는 이것이 팔레스타인 탈무드보다 7배 이상 많다고 한다.

이 외에도 마드라쉬(Midrashi, 조사, 연구)는 성경에 대한 주석이라 할 수 있다. 선택된 구절만 다루고 있는데 때로는 거의 한 절 단위로 주석하고 있다. 주로 A.D. 2세기 경에 나온 것이지만 몇몇 구절은 주전 시기에 기인한 것으로 대부분 '학가다'이다. 특히 아가 해설에는 미드라쉬 라바(Midrashi Rabba, 위대하다는 뜻)가 자주 소개되는데 이 안에는 오경과 다섯 개의 두루마리 즉, 아가, 에스더, 룻기, 애가, 전도서가 들어있다. 이것은 당시 아가 해석이 어떻게 이루어졌는지 알게 하는 많은 정보를 제공한다.

유대교 랍비들은 선대로부터 물려받은 전통적인 성경 주해의 법칙(middôt)를 따른다. 힐렐 같은 학자는 일곱 가지의 법칙을 만들었으나 여기서 일반적으로 랍비들이 사용하던 네 가지 해석법을 소개한다. 이들의 아가 해석도 이런 원리에 기초했을 것이다.

1. 페샤트(Peshat): 히브리어 "해석(Interpretation)"에서 온 말로서 단어와 구조, 그리고 문맥을 먼저 살펴 그 뜻을 알아내는 가장 기본적인 방법

2. 레메즈(Remez): 보다 심층적인 방법으로 문자 안에 숨겨진 뜻을 찾는 방법

3. 데라쉬(Derash): 검색이라는 뜻으로 말씀의 짝을 찾아 해석하는 것으로 성경을 총제적으로 보는 방법으로 성경은 성경이 해석한다는 원리

---

20 Tannaim이란 반복자(repeater) 혹은 선생(teacher)의 복수형으로 미쉬나를 제작한 유대교 랍비 그룹이다. 랍비들은 시대 별로 지칭하는 용어가 다음과 같이 구분된다. Zugot(BC 200-0), Tannaim(0-200), Amoraim (200-500), Savoraim(500-610), Geonim(610-1100), Rishonim(1100-1500), Acharonim(1500-2000).

에 따른다. 오늘날 관주(冠註)와 같은 것이라 할 수 있다.[21]

4. 소드(Sod): 위와 같은 방식으로 의미를 찾고 이에 성령의 조명을 통하여 영적 의미를 파악하는 해석 방식이다. 이것은 때로 이해하는 관점에 따라 신비적 해석 방식이라 불리기도 한다.

이와 같은 원리들은 그들이 성경을 영적 직관만으로 해석한 것이 아니라 기본적으로 철저한 구문 연구를 기초로 하여 그것이 가지고 있는 영적인 의미까지 밝혀내려는 노력을 하였다는 것을 보여준다. 이것은 유통기한이 지난 옛날 해석법이 아니라 오늘날 성경 해석에도 보다 심도있게 계발되고 적용되어야 할 원리들이다. 오늘날 고대의 해석들이 다소 이해되지 않는 부분이 있는 것은 그 해석의 과정이 일일이 밝혀지지 않은 채 결과만 접했기 때문에 발생하는 오해일 수도 있다.

이집트 알렉산드리아(Alexandria)를 중심으로 한 유대교

B.C. 333년 알렉산더 대왕의 팔레스타인을 포함한 페르샤 제국 정복 이후 애굽의 알렉산드리아(Alexandria)에 자리를 잡은 유대교(Hellenistic Judaism)를 말한다. 알렉산더는 정복한 영토를 문화적으로도 장악하기 위하여 당시 헬라어를 공용어로 쓰게 하였다. 이러한 상황의 변화에 따라 애굽에 있는 유대교 지도자들은 히브리어로 된 구약 성경을 널리 보급하기 위하여 헬라어로 번역하였는데 이것을 70인역(LXX)이라 한다.[22] 이것은 팔레스타인 밖에 거주하였던 유대인들에게도 큰 영향을 끼쳤다. LXX가 예수의 강화(講話)나 사도행전, 히브리서와 야고보 등 신약의 많은 부분에서도 인용된 것은 이미 성

---

21 관주(冠註)란 성경 용어와 짝을 이루는 다른 구절에서의 사용 예를 소개하는 것으로 그 용어의 보다 넓은 의미를 알게 하는 중요한 자료가 될 수 있다. 현재 관주 성경 대신 학습성경(Study Bible)의 사용 빈도가 높아 이런 것이 출간되지 않으나 관주(冠註)는 성경 이해를 크게 돕는다..

22 LXX(Septuagint)는 로마 자로 70을 가리킨다(L=50, X=10). 번역기간은 BC 300 중엽 - B.C. 100이다. 72명의(70은 대략 수) 학자가 참여한 작업이라는 뜻으로 이렇게 부른다.

경적 권위를 인정받고 있었음을 의미한다. 그 목록 중에는 외경(外經)이 포함되어 있었다.[23]

알렉산드리아의 랍비들에게서 보이는 현저한 특징 중 하나는 풍유적 해석법(Allegorical Interpretation)이다. '참된 실체는 인간의 눈에 외견상 보이는 그 이면에 놓여있다'는 플라톤적인 헬라 철학을 수용하여 그것을 성경 해석에 접목한 것이라고 평가되고 있다. 이들에게는 성경이란 천상의 진리가 은유의 형태로 주어진 것으로 이해하여, 해석이란 나타난 문자 뒤에 들어있는 참 의미를 찾는 작업이었다.

대표적 인물인 Philo(B.C. 20 - A.D. 54)는 본분은 분자적(몸)인 것과 풍유적(영혼) 의미를 갖는다고 보고 풍유적 방법을 도입하는 원칙을 이렇게 세웠다.

1. 본문이 하나님에 대한 무가치 한 것을 말할 때
2. 본문이 풀 수 없는 난해한 것이나 이상한 문법, 특이한 수사체를 가지고 있을 때
3. 본문이 풍유적일 때

이러한 풍유적 해석(Allegory)은 현대의 해석자들에게는 거부되는 경향이 지배적이지만 심오한 영적 의미를 전달함에 있어서 인간의 언어가 갖는 한계를 인식하고 있었다는 것과, 또한 당대의 문화와 성경을 연결하려는 부단한 시도를 한 것이었다는 점에서 긍정적인 면이 있다. 지나치게 임의적이고 걷잡을 수 없이 흘러가는 풍유화(Allegorizing)는 당연히 거부되어야 하지만, 그렇다고 해서 저자가 풍유적으로 나타낸 것까지 문자적 의미만으로 해석할 수는 없을 것이다. 이런 면에서 풍유적 해석법은 전적으로 배제될 수만은 없

---

23 외경(外經)이란 제2 경전이라 일컬어지는 것으로, 정경은 아니지만 신앙적으로 유익하다는 평을 받기도 한다. 현재 개신교에서는 성경에 포함되지 않는다. 목록으로는 제1,2,3 마카비 (Maccabee), 제3 에스드라(Esdra), 벤 시락의 지혜서, 솔로몬의 지혜서, 바룩, 예레미야의 편지, 므낫세의 기도, 에스더 추가분, 아사리아의 기도와 3동자(童子)의 노래, 토빗(tobit), 유딧 (Judit)이 있고 AD 600 이후 것으로 보이는 많은 외경들이 존재한다. 공동번역에는 이 중에서 마카비 상하, 토빗, 유딧, 바룩이 포함되어 있다.

다. 반대로 단점이라면 이러한 해석 방법은 저자의 의도는 무시한 채로 지나치게 주관적으로 흐를 수 있다는 것이다. Philo가 이런 원칙을 세웠다는 것은 그도 풍유가 갖는 문제점을 알고 이를 최대한 보완하기 위한 노력을 한 것이라 볼 수 있겠다.

유대교의 아가 해석

예루살렘을 중심으로 한 유대교와 알렉산드리아의 유대교는 성경에 해석에 있어서 근본적으로 많은 차이를 보이지만 아가는 대체로 풍유(Allegory)로 이해하였다. 특히 아가를 정경으로 받아들인 이상 그 안에 있는 수많은 직유와 은유, 그리고 성적 묘사로 보이는 표현들은 알레고리(Allegory) 양식으로 기록된 것으로 이해하고 또 그렇게 해석할 수밖에 없었을 것이다.

특히, 대부분의 아가의 해설서에 소개되고 있는 랍비 아키바(Akiba, B.C. -135)는 아가를 술자리에서 '떨리는 목소리'로 노래하는 자는 하나님의 나라에 들어갈 수 없다고 하였다. 이는 단순한 오용의 '금지' 차원을 넘어서 종교적 '저주'가 담긴 말이라 하겠다. '떨리는 목소리로 노래하는 것을 금한다'는 것은 아가를 세속적 의미 즉, 문자적 의미만으로 해석되는 하나의 에로틱한 노래로 보는 것을 금지한다는 뜻이다. 그는 아가야말로 가장 높은 영적 영역을 다루는 성경이라고 하였다. 이를 볼 때 그는 아가를 구성하는 내용의 개별적 요소들을 모두 풍유화(Allegorizing) 하지는 않았다 하더라도 아가의 문학 양식을 신령한 의미를 담은 알레고리(Allegory)로 본 것이다.

그들은 아가에 등장하는 신부를 선택된 백성인 이스라엘로, 신랑을 하나님으로 보는 큰 틀 안에서 세부적 요소들을 선택적으로 풍유화하였다. 탈굼(Targum)은 아가의 내용을 이스라엘의 역사를 시대별로 구분한 것과 일치시키려 하고 있으며, 미쉬나의 *Ta'anith* (절기 부분인 모에드) iv.8, 3:11에는 '솔로몬의 왕관'을 율법 수여와 솔로몬 성전으로 해석하고 있다. 이 전통은 세부적으로는 많은 차이가 있지만 중세의 저명한 학자들 중 사디아(Saadia, -942), 라쉬(Rashi, 1040 -1105)에게로 이어진다. 랍비들의 해석에 큰 영향을 받은 후대 학자들은 아가를 구성하고 있는 대부분의 개별 요소들을 풍유화(Allegorizing)하였다.

2) 사도 시대(30-100)

사도 시대의 가장 큰 특징은 기독론적 모형론(Typology)을 비롯하여 '문자적-문맥적' 그리고 '원리를 세부적으로 적용'하는 방식이라 할 수 있다.

모형론은 모든 구속사를 단일한 연속 사건으로 보는 점에서 풍유와는 구별된다. 예수 그리스도를 구약의 중심적 예표들이 문자적으로 성취된 실체(實體)로 보는 것이다. 마태복음과 히브리서는 그것의 대표적인 예라 할 수 있다. 이들에게 있어서 성취란 단순한 재현이 아니라 예표의 본래 목적이 보다 깊고 완벽하게 그 모습을 드러내는 것이다. 이것은 외형적으로는 풍유적 해석과 많이 닮아서 대동소이한 방식으로 취급될 수 있으나 모형론은 역사적인 성취를 그 근거로 하는 면에서 풍유와 다르게 취급된다(모형론에 대하여는 종교개혁 이후 시대에서 좀 더 설명을 첨가한다).

또 하나의 특징은 구약을 문자적-문맥적(Literal-con-Textual)으로 해석하는 문자 우선 해석이다. 구약의 단편적 기사를 고립시켜 해석하거나 자신의 관점을 주입하여 왜곡된 방식으로 사용하는 것을 견제 혹은 탈피하기 위하여 전체 문맥을 고려하여 세부적인 것을 해석하려 하였다.

또 하나의 해석법으로는 좁은 의미에서 문자적 해석을 탈피하여 그 안에 있는 핵심적 원리를 보다 넓게 적용하는 "원리-적용(Principle - Application)" 방법이다. "일하는 소에게 망을 씌우지 말라(고전 9:9)"는 소를 위한 것이 아니라 일하는 사람을 위한 교훈이라는 것(고전 9:9; 딤전 5:17-18)등이 대표적인 예이다.

그러나 예수나 사도들의 해석에서 알레고리적 해석이 전적으로 배격되지는 않았다. 예수의 강화(講話) 중 천국비유(마 13장), 잃은 것을 되찾은 자의 기쁨을 보여주는 비유(눅 15) 등에서도 풍유는 사용되고 있다. 또한 사도 바울이 '물이 솟아오른 반석은 곧 그리스도'라고 해석한 것 등은 구약의 사건을 풍유화한 것이지만 그 풍유는 문자 안에 함축되어 있는 영적의미를 해석(Spiritual Interpretation)하는 것이다. 사도 시대에 아가 해석은 주목할 기록이 없는 것으로 보인다. 간혹 복음서에서 예수의 강화에 아가가 인용된 듯한 구절이 있다는 주장 들이 있으나 여기서 소개할 만한 것은 아닌 것 같다.

3) 교부 시대(100-590)

사도 요한 이후 로마의 클레멘트(Clement of Rome), 이그나티우스(Ignatius of Antioch), 폴리캅(Polycarp), 바나바(Barnabas) 등이 활동한 시기로 그레고리 1세가 교황이 되었을 때까지를 교부 시대로 구분한다. 이 시대는 주로 교회 안에 있는 자들에게 교리를 가르치며 기독교 교리를 대항하는 유대인들의 공격과 이단들의 출현에 따라 기독교를 변증하며 교리를 확립한 시기이다. 이때에 출현한 문서들인 디다케(Didache, 가르침). 허마의 목양서(Shepherd of Hermas), 디오게네투스 서신서(Epistle to Diogenetus)등을 통해 당시 성경 해석에 대한 경향을 이해할 수 있다. 풍유와 모형론이 혼합되어 있고 교회 전통을 매우 중요시하는 흐름이 발견된다.

이 시대의 특징 역시 풍유적 해석(Allegory)이 주를 이루고 있는 한편, 사도들이 사용하였던 역사적 해석이 가미된 모형론(Typology)이 더 활발하고 빈번하게 사용되었다. 후대 종교개혁자들은 이들의 풍유적 해석은 거부하면서도 모형론적 관점은 전수하였으며 현대 학자들 사이에서도 풍유적 해석이 불가피한 부분에 대하여는 모형론으로 대신하는 것을 볼 수 있다. 이 시대에는 이미 유행하였던 풍유적 해석과 사도들의 모형론이 뒤섞이면서 이 두 가지 해석의 특징이 애매해진 경향도 있다.

또 하나의 특징은 교회 내의 전통적 해석(Traditional Interpretation)이 힘을 얻게 된 것이다. 다양한 성경 해석과 당시에 성행하던 철학 사상들의 혼합으로 인한 혼란을 교회의 권위로 해결하고자 한 것이다. 이런 교회의 전통을 성경과 동등한 위치에 놓게 되어 이후 종교개혁의 중요한 자극제가 되었다.

알렉산드리아 학파와 시리아 안디옥 학파

이집트의 알레산드리아(Alexandria) 학파와 시리아의 안디옥(Antioch)에 근거를 둔 안디옥 학파(150-400)의 성경 접근 원리의 차이점은 현저하게 눈에 뜨인다.

알렉산드리아 학파는 그 중심 인물이라 할 수 있는 필로(Philo, B.C. 20- A.D. 54)로부터 시작된다. 그는 성경을 플라톤적 원리 위에서 해석한 인물로 알려져 있다. 알렉산드리아의 클레멘트(Clement of Alexandria, A.D. 150-215)는 모형론을 말하면서도 여전히 풍유적(Allegory) 방법을 그의 해석에 도입하였다. 그는 몸이 영혼과 육체로 구성되어 있듯이 성경은 문자적 의미와 영적인 의미 즉, 이중적 의미를 가진다고 하였다. 그의 후계자 오리겐(185-254)은 이것에 제 3의 의미(도덕적)를 첨가하였다.

이들은 거의 모든 성경을 문자에 숨겨진 영적 의미와 도덕적 의미를 찾으려는 풍유적(Allegory) 해석법 위에 신 플라톤적 사상을 혼합한 방식으로서 풀어나갔다. 이것은 필로의 풍유 해석의 원리를 뛰어 넘어 문맥이나 화자(話者)의 의도를 면밀하게 살피지 않은 채로 해석자가 임의로 의미를 부여하는 것으로서 바람직하지 못한 해석의 문을 더 크게 열어놓았다고 할 수 있다. 그럼에도 불구하고 오리겐의 영향력으로 인하여 그것은 그대로 후배들에게 전수되어 이후 그의 영향을 받은 학자들에게서 풍유해석은 영적 해석(Spiritual Interpretation) 이라는 이름 아래 걷잡을 수 없는 방향으로 흘러가는 면을 볼 수 있다.

한편, 시리아 안디옥(Antioch) 학파에서는 이런 지나친 알레고리화(Allegorizing) 일색의 해석법에 대한 반작용이 일어났다. 이들은 이러한 해석을 거부하는 대신 문법적-역사적 이해를 강조하였다. 데오도르(Theodore of Mopsuesta, 350-428)와 데오도렛(Theodoret, 393-460) 그리고 크리소스톰(John Chrysostom 347-407)은 문자적, 역사적 사실이 지시하는 영적인 실체를 모두 인식할 수 있는 해석자의 능력을 중요시하였다. 이들 역시 성경에서 영적 의미를 찾되 문자적 의미를 무시하거나 경시하지는 않았는데 역사적 의미는 영적 의미와 상통한다는 기본적 사고에서 출발한 것이다. 이 시대의 아가 해석 방법은 교회 회의 시대에서 같이 다룰 것이다.

4) 교회 회의 시대(400-590)

로마의 콘스탄틴 황제의 '관용의 칙령(Edict of Tolerance)'라 불리우는 밀라노 칙령(A.D. 313)은 교회사의 큰 흐름을 바꾸어 놓았다. 기독교로 개종한 콘스탄틴은 기독교를 공인(公認)하였을 뿐 아니라[24] 국가가 당시 난립해 있던 기독교 계파와 이단 문제를 정리하고자 하였다. 이에 교회가 '표준화된 교리'를 정립하도록 요구하고 이에 필요한 여러가지 지원을 하였다. 그러나 알렉산드리아 학파와 안디옥 학파의 상이한 견해로 인하여 일치를 보지 못하다가 교회의 지도자들이 모여 교회의 공식적 선언을 통해 교리의 표준화가 이루어지게 되었다.

이 시대에 어거스틴(Augustinus Hipponensis, 354 - 430)은 매우 비중 있는 역할을 담당하였다. 그의 성경 해석의 지론은 '원래 저자가 말하려고 했던 것을 찾아야 한다'는 것이었다. 그가 세운 원리는 다음과 같이 요약할 수 있다.

---

24 공인하였다는 것은 때로 국교로 정한 것이라는 의견도 있으나 그 당시에는 국가가 인정하는 종교라는 의미이다.

1. 믿음의 법칙(Rule of Faith, 성경 구절의 주제)에 귀를 기울여야 하며

2. 교회의 권위나 본문에 대한 교회의 전통적 해석을 참고하여야 하며

3. 모순된 견해들이 보일 때 문맥을 참고하여 어느 견해가 좋은지를 판단하고

4. 평이한 본문과 교회의 전통 해석을 우선한다

이 시기에 교회 지도자들은 제롬(Jerom, 331-420)에게 성경을 번역하도록 하여, 그는 히브리어 사본을 기초로 하고 헬라어 사본(LXX)을 참고하여 라틴어로 신약과 구약 성경을 모두 번역하였는데, 이를 라틴 벌게이트(Latin Vulgate)라고 한다.[25] 이때부터 히브리어와 헬라어 원어 성경 연구는 거의 중단되고 라틴 벌게이트(이하 LV)만을 사용하게 되었다. 그러나 이후 종교개혁을 전후하여 히브리어와 헬라어 성경을 연구한 자들에 의하여 그 번역 상의 오류들이 많이 발견됨으로 그 권위는 크게 인정받지 못하고 있다.

교부 시대로부터 교회 회의 시대의 아가의 해석 방식들

아가서 해석에 있어서 눈길을 끄는 것은 오리겐(Origen. 185-254)의 아가 해석이다. 그는 아가의 내용을 솔로몬과 바로의 딸의 결혼 축가(Epithalamium)라고 하였으며 그 영적 의미는 그리스도와 교회의 관계라고 하였다. 그는 아가서만이 아니라 모든 성경에서 내용을 구성하고 있는 작은 단위의 요소 하나 하나에 의미를 부여하여 풍유화하였다. 특기할 만한 것은 그는 아가가 위와 같은 내용을 줄거리로 하는 드라마로 구성되었다고 본 것이다. 그리고 그 해석에서 마치 오늘날의 드라마 대본에서 보이는 배역과 연출 지시와 같은 것을 남겼다. LV를 만든 제롬은 오리겐의 견해를 그의 번역에 상당부분 수용하였다.

이와 반대로 안디옥 학파의 데오도르(Theodore of Mopsuestia. 350-428)는

25　Vulgate란 보편적이고 평이한 문체를 의미하는 라틴어이다.

아가서는 하나님과 그 백성, 그리스도와 교회의 관계를 나타내기 위한 풍유가 아니라 솔로몬과 이집트 공주 결혼을 축하하기 위하여 고대 아랍의 *waṣf*와 유사한 사랑 노래들 중에서 골라내어 연결한 선집(選集, Anthology)로 보았다.[26] 후일 데오도르는 이단으로 간주되어 파문당하고 그의 모든 서적들은 교회 안에서 제거되었다.

유대인으로서 기독교 학자인 로마의 힙폴리투스(Hippolytus, -235)는 오리겐과 동시대 사람으로서 유대교의 풍유법(Allegory)을 아가 해석에 그대로 적용하였다. 스페인 감독 그레고리Gregory of Eliva, -392)는 '그리스도의 신비적 몸으로서의 교회'라는 주제로 아가를 해석하였고 암브로시우스(Ambrosius, 339-397)는 그의 많은 작품들 속에서 아가에 등장하는 신부의 개념을 교회와 (혹은) 인간 영혼으로 이해하고, 성모 마리아를 그 순결한 신부의 모형으로 부각하였다. 히에로니무스(Hieronymus, 347-419. 영어로는 Jerom)는[27] 이를 더 발전시켜 아가의 내용 중 "잠근 동산, 봉한 샘(4:12)"을 태어나기 전과 그 후로도 영속적인 마리아의 처녀성으로 해석함으로 그 이후 아가와 성모론(Mariology)을 연결하는 해석의 이론적 기반을 마련하여 주었다. 이러한 해석들은 그들이 속하였던 시대의 신앙의 특성에 따라 이루어진 것들이었다.

어거스틴(Augustinius, 354-430)은 아가에 관한 특별한 견해를 밝히지 않았으나 도나티즘(Donatism)[28] 비판에 아가를 사용하며 역시 아가서의 신부는 그리스도의 교회이며, 교회는 모든 성도의 어머니라는 견해를 밝혔다.[29] 이

---

26 *waṣf*란 고대 시리아(아랍) 지역의 시의 유형 중 하나로 여인의 몸의 아름다움을 차례대로 언급하며 칭송하는 노래로 내용의 대부분에 직유와 은유가 사용되었다.

27 Eusebius Sophronius Hieronymus는 라틴 벌게이트를 만든 제롬(Jerom, 영어권 발음)이며 한국의 카톨릭에서는 "예로니모"로 불리운다.

28 Donatism은 4-5세기 카르타고를 중심으로 융성한 기독교 한 분파로 "교회는 오직 신앙을 지킨 고백자(confessor)로 구성되어야 하며 박해 시 변절한 자들을 끊고 순결을 유지해야 한다"고 하여 당시 교회들은 타락한 집단으로 보고 자신들의 공동체에만 진정한 구원이 있다고 하였다. 북 아프리카 힙포(Hippo)의 주교였던 어거스틴의 교회론 논쟁의 대상이었다.

29 Kelly, 217-218.

것은 아가서에 대한 유대교의 해석을 기독교적으로 해석한 큰 변환이라 할 수 있다.

5) 중세 시대(590-1500)

이 시대는 과거에 머물며 답습하는 정도였던 것으로 평가를 받는다. 마이켈슨(A. B. Mickelson)은 "여기 저기에 드물게 존재하는 오아시스를 제외하고는 성경 해석에 관한 중세 시대는 광활한 사막에 불과하였다"고 하였다.[30] 이 시대의 성경 해석 원리는 4중 해석법이다. 성경의 모든 기록은 문자적, 도덕적, 풍유적, 신비적인 4중(重) 의미가 내포되어 있다고 보았다. 문자적 의미는 단순하고 명백한 의미를 나타내고, 도덕적 의미는 사람들이 마땅히 해야 할 바를 알려주며, 풍유적 의미는 인간이 믿어야 할 바를 선포하는 것이며, 신비적 의미는 기독교인이 바라보아야 할 것을 의미한다는 것이다. 모든 학자들이 성경의 모든 구절에 이렇게 4가지 의미를 골고루 부여한 것은 아니지만 이것은 당시 일종의 교과서적으로 통용되던 원리였다.

개별적인 해석에는 전통적으로 내려오는 주석들(Catena)를 사용하였고 여백 란에는 그 주석들(Catena)의 일부를 기록하는 방식으로 주관적인 주석들(glosses)을 달았는데 대부분이 풍유적인 해석이었다. 이것은 사실상 중세 신학자들의 정신을 지배하는 해석의 법칙과 같은 것이었다.[31] 중세 신학의 새로운 지평을 열었다고 하는 토마스 아퀴나스(T. Aquinas. 1225-1274)나 니콜라스(Nicholas of Lyra)는 성경의 문자적 의미를 강조하는 혁신적인 인물이었으나 그들 역시 이와 같은 풍유적 해석의 틀을 벗어나지 못하였다고 평가를 받고 있다.

---

30 Mickelson, 56.
31 Ibid., 57.

중세의 아가 해석

이 시기의 가장 두드러진 아가 해석의 특징은 성모의 순결성을 강조하는 성모론 (Mariology)과 신비-관조적(mystical-contemplative) 해석의 출현이다. 이 것은 하나님과 성도의 순결한 영혼의 결합을 의미하는 신비적 결혼(mystical marriage)설로 변형되기도 한다. 더 나아가 그리스도와 연합하는 성체론으로 해석되기도 하였다. 후에 마리아 대신 이것은 교회로 대체(代替)되기도 하였다.

필립(프레몽트레 수도회 소속, Philipp of Harvengt, -1183)은 마리아는 그리스도의 누이이며 신부이고 어머니이지만 그리스도의 고난에 동참한 여인으로 인간의 중보자라고 하였다. 대 그레고르(Gregorius Magnus, 제1대 교황, 재위 590-604)는 아가의 신랑과 신부는 그리스도와 교회를 의미하는데 그 대화들은 하나님과 개인 영혼 사이에 이루어지는 교통이라 하였다

한편으로 문자적 해석이 시도되기도 하였다. 르네상스 이전에 일어났던 지적 각성 운동의 영향을 받은 수도원들이 세운 일종의 학교(Schola)에서 시작된 것으로, 주로 아리스토텔레스의 철학의 재발견을 통해 기독교 신앙과 인간 이성 사이의 관계를 정립하기 위한 것이었다.

신학대전(Summa Theologica)을 집필한 토마스 아퀴나스(Tomas Aquinas, 1224-1274)는 문자적 해석 안에 믿음에 필요한 모든 것이 담겨있다고 주장하였는데 이것은 그동안의 풍유(Allegory) 일색의 해석으로부터 어느 정도 벗어나는 계기를 마련해 주었다. 그의 주장은 그러한 방식의 지나친 주관성을 비판하여 보다 이성적이고 객관적 토대 위에서 해석의 원리를 정립하게 하는 공헌을 하였지만, 그러나 그의 기대와는 달리 교회에서는 여전히 풍유적 (Allegorical) 해석이 성행하였다.

영국 교회사의 작가로 잘 알려진 베다 베네라빌리스(Beda Venerabilis, 673 -735)는 유대교와 기독 교회를 모두 그리스도의 신부로 본다. 그에게서 신비

적 해석은 매우 드물게 나타나고 성모론에 대한 언급은 보이지 않는다고 한다. 이후부터 르네상스 이전까지는 새로운 견해가 거의 없으며 대부분이 이미 알려진 내용들을 모방하는 정도였다.

1085년경, 그레고르 7세의 교회 갱신 운동으로 인한 경건파 운동에서 아가는 매우 중요하게 다루어졌다. 아가의 주제는 '교회의 역사적 출현'이라는 주장이 나타났다. 그리고 교회의 신부는 성모가 아니라 인간의 영혼이며, 아가에 사용된 낱말들의 영적 의미를 성도들의 영적 체험으로 연결하려고 하였다.

이 시대에 주목할 만한 또 한 인물은 스페인 출신의 이븐 에즈라(Abraham Ben Meir Ibn Ezra, 1089-1164)이다. 많은 주석을 남긴 자로서 그는 아가서를 3명의 주인공이 등장한다고 하는 소위 목자가설(Shepherd Hypothesis)을 주장하였다. 이들의 관계 속에서 그리스도와 그의 몸 된 교회의 관계를 풀어 나갔는데 이는 후일 야코비(F. H. Jacobi, 1743-1819)와 에발드(H. Ewald, 1803-1875)에 의하여 다시 소개되었다. 한동안 유행하던 아가와 성모론의 연계는 그레고르와 이븐 에즈라에 의하여 제동이 걸리고 신부를 교회와 성도의 영혼으로 보는 해석에 힘이 실렸다고 할 수 있다.

이를 요약하면 신부를 마리아에서 교회로, 더 나아가서 신부는 한 성도의 영혼으로 보는 변화가 있었으며, 그리고 아가의 주인공을 3인으로 보는 목자가설이 등장하였다.

6) 종교개혁 시대(1500-1650)

이 시대는 중세의 어두운 분위기를 탈피하여 성경으로 다시 돌아가자는 움직임이 활발하게 일어났다. 1506년 루크린(Reuchlin)에 의하여 히브리어 문법책 출간되었고, 1516년 에라스무스는 헬라어 신약성경 현대판을 출간하였다. 이에 따라 LV의 오류들이 드러남으로 그동안 교회 이름으로 행해진 성경 해석이 권위를 잃게 되고, 이로 인하여 그동안 교회를 지배해오다시피 하였던 전통적 풍유적 해석보다 더 나은 해석방법을 찾는 노력이 시도되었다.

15세기 말의 대학자인 가이어(Geiler of Kaiserberg)는 그동안의 풍유해석을 Nose of Wax(해석하는 자가 마음대로 주무를 수 있는 것)와 다를 것이 없다는 이유로 거부하고 그 대안으로 문자에 충실할 것을 강조하였다.

루터는 교회 전통이나 권위에 대항하여 "성경의 해석자는 성경"이라는 원리 위에 성경은 역사적 문맥에 비추어 문맥의 법칙에 의하여 해설되어야 한다고 역설하였다. 이에 따라 풍유적 해석은 배격되기는 하였으나, 루터는 성경 해석에 있어서 영적 해석의 불가피성을 말하며 '해석과 적용의 과정은 성령이 도우시는 것'이라 하여 풍유적 해석의 여지를 남겨 두었다. 개혁자 칼빈(J. Calvin) 역시 풍유적 해석은 배격하고 역사적 해석을 선호하였다. 종교개혁은 여러 면에서 이전의 해석과 단절하고 새로운 장을 열어주었다.

한편, 가톨릭 교회는 이러한 움직임을 차단하기 위하여 트렌트 회의(Council of Trent, 1545-63)를 소집하여 교회의 전통 해석 방법을 따를 것을 천명하고, LV를 지지할 것과 교회의 전통적 교리와 맞지 않는 성경 해석은 인정하지 않는 것을 골자로 한 공식적인 의견을 발표하였다.

종교개혁 시대의 아가서 해석

아가 해석에 있어서 루터는 이전의 풍유적인 해석이나 성모론적이고 신비적 해석 방법과는 다른 관점을 가지고 접근하였다. 그는 아가의 신부는 교회를 상징하는 것이 아니라 구약 시대의 하나님나라와 동일시되는 것이라 함으로 유대교의 풍유적 해석과 유사한 방식을 취하였다. 그는 이에 덧붙여 아가를 솔로몬이 자신의 치세에 평화를 주신 하나님을 찬양하는 노래로 이해하였다.

17세기 브라이트만(Thomas Brightman)은 탈굼에서 보이는 바와 같이 아가를 구속사(救贖史)적으로 해석하였고, 네델란드 출신으로 언어학자이며 신학자였던 코케이우스(Johannes Cocceius, 1603-1669)도 이와 유사한 시각으로 해석하였다. 그는 아가는 계시록에서 말하는 일곱 나팔과 일곱 인으로 구분되는 세 가지 중요한 교회사적 사건을 예언적 이야기체(Prophetic Narrative)로 담아낸 것으로 결국 프로테스탄티즘의 승리를 말하는 것이라 하였다.[32]

7) 종교개혁 이후 시대(1650-1800)

17세기의 경건주의(Pietism) 운동은 성경 해석에 큰 변화를 이루었다. 이는 지적(知的)인 면을 강조하는 교조주의(教條主義)와 생명력이 상실된 예배 의식에 대한 반발로 인해 독일에서 발생한 경건주의를 바탕으로 한다. 이것은 개인 영성의 계발로 기독교 신앙을 실천적인 삶으로 옮기려는 운동으로, 이로 인하여 개인 혹은 그룹 성경공부가 활발해졌다.

필립 스패너(P. Jacob Spener, 1635-1705)는 경건하고 실천적 성경공부를 위하여 히브리어와 헬라어 성경을 문법적으로 공부할 것을 권장하며 이에 따르는 성령의 조명에 대하여 강조하였다. 영국 요한 웨슬리(J. Wesley) 역시 개인적인 성경공부를 강조하였으나 문자적 해석 방식보다는 풍유적 해석을 더 옹호하였다. 그의 풍유는 플라톤적이기보다는 그것이 가지고 있는 영적의미(Spiritual Meaning)를 찾아 개인의 경건 생활에 적용하려는 것이었다.

미국의 경건주의를 대표하는 설교자 조나단 에드워드(Jonathan Edward, 1703-1758)의 설교에서는 풍유적 해석과 크게 달라 보이지 않는 모형론적 관점이 비교적 자주 발견된다. 아무래도 경건 생활이란 개인 영혼과 성령의 교통을 중요시하는 특성상 문자를 중요시하면서도 문자적 의미 이상의 것을 강조하지 않을 수 없는 면이 있다.

---

32   Pop, 128-129.

종교개혁 이후 시대의 아가 해석

종교개혁 이후에는 개혁을 주도한 자들의 모형론이 선호되기도 하였으나 아가의 해석에서는 그 책의 특성상 신부를 교회로 보는 풍유적 해석을 그대로 따르는 흐름이 유지되기도 하였다. 여기에 모형론을 적용하여 교회사의 흐름을 아가에서 찾으려 하였고, 한편으로는 정통 교회와 이단을 구분하는 일종의 상징적인 표준의 근거로 사용하기도 하였으며, 또한 교회사 전체를 축약한 것으로 취급하기도 하였다. 이런 해석의 시도는 단편적으로 볼 때는 무리가 있어 보이나 성경 해석 역사의 흐름으로 볼 때는 주목할 만한 것들이 발견되며, 실제로 아가에 숨겨져 있던 것을 밖으로 드러내어 확대해 주는 공헌이 있었다고 할 수 있다.

그러나 종교개혁 시대에 나타난 '확대된 모형론'은 성경 해석의 한 방법으로는 크게 공헌하였으나 아가의 해석에는 아가 자체의 모호한 역사성으로 말미암아 성공적으로 적용되지는 못한 것으로 보인다.

8) 현대(1800-)

현대에는 일반적인 성경 해석만이 아니라 아가의 해석에서도 전문적인 신학 전공자가 아니면 이해하기 어려운 매우 다양한 용어들이 나타난다. 이 부분에서는 현대 성경 해석에 자주 소개되는 용어들의 개념을 소개하며 이것이 아가 해석에 어떤 영향을 주었는지 아울러 설명할 것이다. 특히 이 부분에서 역사적 비평 가운데 자료비평과 양식비평, 그리고 문학(문예)비평, 그리고 이와 관련하여 사용되는 용어들을 눈여겨 보기를 바란다.

19세기에 들어와 인문, 자연 과학에 대한 신뢰가 높아지면서 이에 따른 진화론 등의 응용 학문이 발달함에 따라 주로 독일의 신학자들에 의하여 시도된 객관적이며 과학적 해석을 추구하는 방법론이 성경 해석 방향 전환에 큰 영향력을 주었다. 이는 결과적으로 성경의 신적 권위를 떨어뜨렸다는 평가를 받기도 하지만 성경 해석 방식에 있어서 진보를 가져왔음을 부정할 수는 없을 것이다. 이에 따라 역사적 비평적(Historical - Critical) 방법론이 많은 관심을 불러 일으켰다. 이것은 성경도 일반적인 고전 문헌을 대하는 것과 같은 방식으로 비평하여 그 안에 있는 보다 자세하고 정확한 메시지를 찾으려는 시도의 일환이었다.

이러한 움직임 속에서 성경 원문을 재구성하기 위한 본문비평(Text Criticism)에 대한 관심이 대두되었고[33] 또한 최종적으로 성경이 완성되기까지 사용된 자료들을 연구하는 자료비평(Source Criticism), 그리고 구술전승(Oral Tradition)되던 자료들의 양식(form, 신화, 비유, 잠언 등과 같은 양식)을 연구하는 양식비평(Form Criticism) 등이 소개되었다. 또한 성경은 이미 존재하던 자료들을 편집한 산물로 보고 편집자가 그것을 그렇게 편집하게 된 신학적 관점에 관심을 기울이는 편집비평(Redaction Criticism)이 한동안 중요한 신학과제로 등장하였다. 그 후(혹은 이와 더불어) 구조 언어학과 기호학을 도입한 구조주의(Structuralism Criticism)가 주목을 받기도 하였으나 고도의 언어학적 지식이 요구되는 등의 이유로 크게 반향을 일으키지는 못한 것으로 보인다.

또한 근래에 매우 주시되고 있는 방법으로서 문학비평(Literature Criticism)이 선호되기 시작하였다. 이것은 양식이나 자료에 집중되는 연구보다는 완결된 성경 본문의 다양한 문학적 기법과 문학적 구조의 특징들을 주시하여 성경을 하나의 '통일성을 갖는 전체'로 읽고자 하는 해석 방법론이다. 더 나아가서, 이것은 그동안의 일방적으로 교리를 주입시키는 해석을 탈피하여 심미적(審美的) 방식으로 본문의 의미와 교훈을 찾음으로 본문과 독자 간의 상호소통을 원활하게 하기 위한 것이기도 하다. 이를 위하여는 우선 문학 양식(장르)을 구분하여 그것이 알맞은 해석 방식을 취하는 것으로 시작하여 줄거리

---

33 현재 성경 원문은 존재하지 않고 사본들만 있으므로 이를 재 구성하여 원문을 재 구성하는 방법이다.

를 살펴 지배적 이미지를 찾고 여기에 수사적인 기교와 운율감을 연구하는 방식 등을 필요로 한다.

이와 같은 비평 방식은 하나님의 계시는 다양한 문학적 도구를 통해 주어진 것으로서 성경을 신학만이 아니라 문학이 합하여진 성문학(聖文學)으로 보는 것에서 출발하는 것이다. 그러나 문예비평은 성경의 문학성에 강조점을 둠으로 인하여 교리적인 면에 소홀해지는 경향이 나타난다는 지적이 있다. 그리고 이러한 방식의 해석을 능히 감당하기 위하여는 비교적 수준 높은 성경 원어의 능력과 문학적 소양이 요구됨으로 결국 성경의 해석은 소수의 엘리트의 전유물이 될 수 있다는 우려가 따른다. 그러나 그렇다고 해서 이러한 방법을 포기하거나 배척할 수는 없을 것이다. 오히려 소수의 전유물이 되지 않도록 다수의 설교자들의 소양을 함양하는 것이 그러한 문제의 해결책이 될 것이다.

이를 요약하면, 성경의 역사(歷史)는 진화적 발전 과정에 따라 형성된 것임으로 성경이 말하고자 하는 진리는 그 역사적 상황 속에서 찾아야 한다는 것과 성경은 하나의 성스러운 '문학'으로 대하여야 한다는 것으로 요약된다. 현대의 성경 해석은 하르낙(Adolf von Harnack)의 의견대로 성경 이면에 숨겨져 있는 자료와 역사를 발견하여 그 위에서 성경이 말하고자 하는 메시지를 문학적으로 연구 분석하는 큰 흐름 안에서 이루어지고 있다. 이러한 방식에는 또 다른 많은 문제들이 발생되지만 그 해석에 있어서 역사성이 고려되어야 한다는 것과 문학적 연구가 필요하다는 인식을 고취시킨 것은 긍정적으로 평가된다.

현대의 성경 해석과 아가 해석

① 고대 근동의 연애시(戀愛詩) 선집(Anthology)

19세기에 활발해진 고고학과 고대 근동의 문학 연구는 아가 해석에 큰 영향을 주었다. 고고학자들과 근동 문학 연구자들은 고대 이집트, 시리아, 팔레스타인, 바빌로니아와 앗시리아에서 발굴된 수많은 문헌을 토대로 하여 고대 종교들과 성경을 비교하여 그 유사성에 대하여 발표하였다. 이는 고대 이방 종교들이 성경에 어떤 영향을 미쳤는지 연구하는 자료로 사용되고 있으나 이러한 견해를 어디까지 수용하고 적용해야 하는지에 대하여는 상이한 의견들이 있다.

고고학은 주로 성경의 사실성을 변증하기 위한 자료로 사용되어 성경에 기록된 전설과 같이 여겨지던 사건이 역사적 사실이었음을 증명하는데 크게 공헌한 면이 있다. 그러나 그 반대적 측면도 있다. 고고학적 자료는 일단 파편적 성격을 가지고 있으며 그 자료 자체의 신빙성에도 문제는 항상 존재한다.[34] 따라서 변증 목적으로 사용하기에는 불확실하다는 지적을 계속 받아왔다. 그럼에도 불구하고 이러한 연구들로 인하여 전술한 자료비평(Source Criticism)에 이은 양식비평(Form Criticism)을 기반으로 하여 성경이 기록되던 당시의 삶의 정황(Sitz im Leben)을 이해하여 현실에 적용하는 도구로서 활용되어 왔는데, 그 중 하나의 공헌은 구약을 문학 양식(genre) 별로 구분하여 그것에 적합한 방식으로 읽는 기초를 제공한 것이다.

이러한 흐름이 활발해짐에 따라 아가는 고대 이집트와 근동의 연애시와 유사한 표현들로 인하여 아가는 어떤 실존(혹은 가상적) 인물 간의 대화가 아니라 이집트나 고대 근동 연애시들을 발췌하여 모아 놓은 무작위적인 선집(Anthology)이거나 혹은 어떤 주제에 맞게 선택 인용된 것으로 이해하려는 움직임이 일어났다. 이러한 시각으로 보면 아가의 직유나 은유 같은 보조관념들은 그러한 자료에서 나타내려는 것과 같은 의미를 갖게 되는 것이다.

독일의 시인이자 사상가 헤르더(J. G. Herder. 1744-1803)는 아가를 고대 시리아의 연애시와 유사한 것으로 보았다. 일찍이 데오도르(of Mopseuesta, A.D.

---

34 Osbourn, 212.

350-428)가 아가는 솔로몬이 애굽의 왕녀와 결혼하면서 당시 아랍의 연애시를 사용하였다고 주장한 것과 유사한 것이다. 그러나 사실상 알려진 자료만으로 보면 이집트의 연애시와 유사한 것이 훨씬 더 많아 보인다.

문예 비평 분야에서 활발한 활동을 하는 롱맨(Tremper Longman III) 역시 이와 같은 시각에서 아가서는 고대 근동의 노래에서 뽑아 낸 선집(Anthology)으로서 23개의 다른 유형의 시들로 구성되어 있다고 하였고[35] 그 외에도 Horst는 8개, Falk는 31개의 유형의 시들로 구성되어 있다고 주장하는 등의 차이를 보이고 있으나 아가서가 그것들의 선집이라는 동일한 의견을 가지고 있다. 아가서 해석에 큰 족적을 남긴 M. Pop 등 다수의 학자들은 세부적인 차이가 있으나 이와 유사한 견해를 피력하고 있다.

② 담무즈(Tammuz) 제의론

1906년 빌헬름 에럽(Wilhelm Erbt)은 아가서를 고대 바벨론의 태양신 담무즈(Tammuz) 신화에서 기원한 것으로 보았다. 아가서에 자주 등장하는 '도드(사랑하는 자)'와 '세렘(Shelem, 솔로몬이라는 이름의 원형으로)'을 담무즈의 또 다른 이름으로, 그리고 달의 여신 이슈타르(Ishtar혹은 Inanna)는 술람미와 연결지었다. 토론토 대학의 구약학자이자 동양학과 교수였던 미크(T. J. Meek, 1923- ?)는 아가서의 내용을 아도니스-담무즈(Adonis-Tammuz) 신화와 매우 정교한 방법으로 연관지으며[36] 아가는 담무즈 제의에서 사용되던 노래 형식의 제문(祭文) 중에서 발췌한 것들을 약간의 수정을 하여 이스라엘 종교가 수용한 것으로 보고 있다.

---

35   Longman III, *Song*. 343.

36   Meek, T. J.는 1922-1956까지 발표한 4편의 주요 논문에서 이 관계를 면밀하게 연결하여 발표하였으며 이에 대하여 H. H. Rowley는 "the Song of Songs. An Examination of Recent Theory. Journal of the Royal Asiatic Society, 3 Mar. 2011(Cambridge University Press)"에서 상세히 반박하고 있다. Meek의 주요 논문은 참고 서적 부분을 참고하라.

애굽의 오시리스(Osiris) 신화와 그리스의 아도니스(Adonis), 그리고 가나안의 바알(Baal) 종교의 형태나 형식은 담무즈(Tammuz) 신화와 거의 유사하여 고대 유대 사회에서는 이것이 뒤섞인 형태로 이해되고 있었다. 한 예로, 이사야가 언급한 "빨리 마르는 풀(17:10,11; 40:7,8)"은 아도니스 신화에 나오는 바람의 풀 즉, 아네모네(Anemone Windflower)를 언급하는 것으로 이 신화는 바알 종교와 혼합된 형태로 이스라엘 사회에 이미 깊이 뿌리고 내리고 있었던 것으로 보기도 한다.[37] 담무즈(Tammuz)는 겔 8:14에도 언급된다.[38] 에스겔은 환상을 통해 담무즈 제의에서 그의 죽음을 애도하는 애곡 기간에 이스라엘의 여성들이 참여하고 있는 것을 보았는데 이는 이스라엘의 타락상을 지적하기 위하여 하나님께서 보여주신 것이었다. 그만큼 오시리스와 아도니스가 혼합된 담무즈(두무지) 신화가 이스라엘 사회에 큰 영향을 미치고 있었다. 이러한 이유 등으로 아가는 담무즈 제의에서 사용하던 제의적 노래들을 약간 수정한 것이라는 주장이 주목을 받게 되었다.

그러나 Rowley는 이러한 주장의 오류들을 지적하면서, 특별히 이러한 견해의 견인차 역할을 하던 Meek의 주장을 조목조목 반박하는 비평을 남겼다.[39] 이것은 본문 해설에서 자세히 밝힐 것이다.

③ 결혼 생활의 성적(性的) 교훈 지침서

최근 아가의 해석 경향은 문자적(literal)이며 자연적(natural)인 문학적 비평 방법이 주를 이룬다. '자연적'이라 함은 이 용어를 사용한 자마다 차이는

---

37 아도니스가 흘린 피 위에 피어났다는 전설의 꽃으로 피자마자 지는 특성을 가지고 있는데 이스라엘의 여인들이 담무즈 제의에 참여하면서 가장 일찍 피는 꽃을 꺾여 바쳤다. 이사야가 말하는 이방에서 이종(移種)한 나무란(사 17:10,11) 이것을 의미하는 것으로 보인다.

38 "여호와의 전으로 들어가는 북문에 이르시기로 보니 거기에 여인들이 앉아 담무즈를 위하여 애곡하더라(겔 8:14)"

39 H. H. Rowley. *The Song of Songs*. In the Servant of the Lord and Other Essays. (Oxford: Basil Blackwell, 1965).

있지만 대체로 '초자연적이거나 영적 의미를 제외시킨 것'으로 문자나 그 표현 자체가 가지고 있는 심미적(審美的, aesthetic) 의미를 강조하는 것이다.[40] 이런 관점의 해석은 아가의 노래들을 '노래 그 자체'로 보고, 좀더 나아가서 하나님이 주신 성(性)과, 사랑 자체의 숭고함을 가르치는 교훈(Didactic)으로 여긴다.

또한, L. Carr는 아가서를 결혼 생활 안에서 남녀의 낭만적(romantic)이며 성적(sexual)인 최상의 행복을 그린 것이라고 하였다.[41] D. Garrett, T. Longman, M. Pop, J. Deere 등도 역시 이 같은 견해를 수용하여 성(性)의 아름다움과 숭고함, 그리고 완성된 사랑을 나타내기 위하여 고대 이집트나 근동의 연애시를 인용한 것으로 해설하였다.[42]

이러한 해석은 전통적으로 내려오는 풍유적(Allegory) 해석의 문제점과 드라마론을 극복하고 문자적 중요성을 가미한 일종의 문예적 접근법에서 나온 것이지만, 초기 독자들이 아가를 정경으로 받아들였고 또 유월절에 이를 사용하였다는 것을 고려할 때 과연 이것이 아가 해석의 합당한 방법이 될 수 있는지 의문의 여지를 남긴다.

④ 꿈(Dream)론

1813년에는 로마 가톨릭의 사제였던 요한 레오나르드(Johann Leonhard)는 소위 "꿈"론(Dream Theory)를 제시하였다. 아 5:2-8 등에 마치 꿈 속에서 일어난 일을 말하는 듯한' 내용을 근거로 한다. 그는 북쪽의 10지파에 속한 자들이 남쪽 2지파와의 연합을 꿈꾸는(염원하는) 것을 노래형식으로 기록한 것이

---

40 심미(審美)란 "아름다움을 깊이 찾는다"는 뜻으로 때로는 인지(認知)나 정의(定義)를 포함한 의미로 쓰이기도 하나 또 이와 대립되는 개념으로도 쓰인다.

41 Carr, *Song*. 3.

42 J. S. Deere. *The Meaning of the Song of Songs: An Historical and Exegetical Inquiry.* (Michigan: University Microfilms International, 1984),

라고 풀이하였다.[43]

이후에도 그의 견해를 그대로 따르지는 않지만 아가는 비현실적 서법 (Irrealis mood)으로 이루어진 몽환적(夢幻的) 작품으로 이해하는 해석들이 소 개되고 있다. 그러나 아가에는 비현실적 서법들이 산재해 있기는 하나 그 전 체가 그러하지는 않다. 이를 비현실적 서법으로 처리한 이유는 대면하여 대 화를 하였을 때보다 더 진솔하게 자신의 마음을 표현할 수 있기 때문이다. 여인의 미묘한 심리를 표현할 수 있는 가장 적합한 기법이 사용된 것이라고 할 수 있다.

⑤ 드라마(Drama)론

드라마론은 2인 주인공(Two Main Character, 술람미와 왕) 설과, 이 두 명의 주 인공에 한 명의 목자가 더 첨가된 3인 주인공(Three Main Character Theory)을 중심으로 펼쳐지는 하나의 드라마 작품으로 보는 것이다. 3인 주인공론은 왕 외에 목자의 이미지를 가진 남성이 등장한다고 하여 일명 목자가설(Shepherd Hypothesis) 이라고도 한다.

2인 주인공 드라마론은 이미 오리겐에 의하여 주장된 바 있다. 12세기 초에는 이븐 에즈라(Ibn Ezra. 1092-1164)에 의하여 소위 3인 주역의 드라마론 (Three Main Characters Drama Theory)이 나타난다. 이런 해석은 이후 야코비(F. H. Jacobi, 1743-1819)와 에발드((Heinrich Ewald, 1803-1875)에 의하여 보완된 형 태로 소개되었다.[44] 이 3인 주인공 드라마론을 비교적 널리 알렸다고 하는 에 발드는 아가를 공연이 가능한 드라마(regular drama)로 보고 술람미가 사랑하 는 자는 목자이고 솔로몬은 이들 사이에 들어와 갈등을 일으키지만 술람미 는 왕의 유혹을 극복하고 목자와 사랑을 완성한다는 줄거리로서 이것은 하

---

43   Pop. 132.

44   Pop. 136.

나님과 그 백성의 관계를 은유로 나타낸 것이라 하였다.

1800년대 말, 델리취(Franz Delitzsch, 1813-1890)는 솔로몬의 자유 분방한 애정관이 정숙한 여인인 술람미에 의하여 참된 사랑으로 완성되는 과정을 그린 각각 2개의 Scene이 들어있는 6막(Act)으로 구성된 2인 주인공 드라마로 발표하였다.

그러나 그가 주장한 두 명의 주인공론과 막(幕)과 장(場)의 구분에 대하여 동의하는 학자는 그리 많지 않다. 아가의 왕을 솔로몬이라는 현실 인물로 보는 한 그의 말년은 많은 여인들로 인하여 나라가 혼란스러웠다는 이유를 합하여 그의 주장은 적절한 해석이 되지 못한다는 것이다. 또한 솔로몬이 정숙한 시골 여인을 만나 참 사랑을 나누었다는 것은 성경의 솔로몬에 대한 평가와 전혀 어울리지를 않는 것이 사실이다. 고울더(M. D. Goulder)는 델리취와는 약간 다른 견해이긴 하나 역시 아가서를 2인 주인공 드라마로 보는 견해를 이었다.

이 외에도 긴스버그(C. D. Ginsburg, 1831-1914)는 이를 드라마라는 용어 대신 '드라마에 가까운 것(the nearest in from to drama)'이라고 하여 공연된 것은 아니지만 드라마적 형태(form)로 기록된 것으로 보았다.[45] 그리고 그는 3인 드라마(Three Main Characters)론의 근거를 좀 더 발전시킨 형태로 발표하였다.

드라이버(S. R. Driver, 1846-1914)는 이런 해석을 보다 널리 알리는데 큰 공헌을 하였다. 최근에는 블록(C. H. Bullock)과 복음주의 학자인 프로반(I. Provan)으로 이런 흐름이 이어지고 있다.[46] 1967년 시어벨트(Calvin Seerveld)는 아가를 오라토리오(Oratorio) 형식으로 각색하여 무대에 올린 이래 현재까지도 이따금씩 공연되고 있다고 한다.[47] 이 3인 주인공 드라마론은 몇 가지 이유로

---

45   Ginsburg, 125.

46   Provan I. William. *Ecclesiastes, Song of Songs.* The NIV Application Commentary. (Grand Rapids Zondervan, 2001):

47   Carr, 283.

거부되고 있기는 하나 결코 무시될 수 없는 가설이다.

　그 밖에도 아가 해석의 역사를 더 세부적으로 나눌 수 있는 견해들이 있으나 생략하겠다. Paul Tanner가 정리한 아가 해석의 역사는 간단하면서 매우 일목요연하다.[48] 참고하면 유익할 것이다.

5. 아가 해석의 방법론에 대한 평가

1) 알레고리(풍유, Allegory)

아가 해설서에 가장 많이 나오는 용어 중 하나이다. 오늘날 아가만이 아니라 성경 해석에서 알레고리(풍유)적 해석은 기피되는 경향이 있다. 그것이 가지고 있는 임의성 때문인데, 그럼에도 불구하고 알레고리 해석법은 불가피한 면이 있다.

　알레고리(ἀλληγορία)는 헬라어로 "다른(ἄλλο)"과 "말하다(ἀγορά)"의 합성어로, 무엇인가를 말하기 위하여 '다른 것'을 사용하는 문학적 기법이다. 주로 추상적인 개념을 전하기 위하여 구체화된 개념을 빗대어 사용하는 것으로 문학만이 아니라 모든 예술적 분야에서 사용된다. 다시 말하면 독자에게 익숙하지 않은 것을 이미 익숙해진 어떤 것으로 비교하는 것으로, 인간의 언어적 표현으로는 만족스럽게 담을 수 없는 것을 효과적으로 전달하는 방법이다.

　알레고리라는 용어를 사용함에 있어서 구분해야 할 것은 하나의 문학 양식으로서 알레고리와, 저자의 의도와는 무관하게 그 이상의 의미를 부여하는 알레고리화(Allegorizing)이다. 부정적 의미로 사용되는 알레고리는 후

48　Tanner, 23-46.

자의 경우이다. 그러나 저자가 자신이 말하고자 하는 것을 알레고리 형식으로 나타낸 것은 아니지만 독자나 청자에게 그런 가능성을 열어둔 면이 있다면 알레고리화(Allegorizing)하는 것이 반드시 기피해야 할 해석법은 아니라고 할 수 있다.

사도 시대 이전의 유대교 랍비들이나 교부 시대로부터 중세 시대까지 알레고리는 성경 해석에서 매우 중요한 원리와 같은 것이었다. 그러나 알레고리 해석에 따르는 부작용으로 나타나는 지나친 주관성 내지는 임의성(任意性)으로 인하여 AD 4세기경에 이미 안디옥 학파는 이런 방식을 거부하기 시작하였다. 종교개혁 이후의 개혁자들도 하나의 문학 양식으로서 알레고리는 인정하면서도 그 당시까지 유행하였던 알레고리화(Allegorizing) 해석을 기피하였다. 특히 A. Jülicher(1857-1938)[49] 이후 이것은 성경 해석의 정당한 방법론에서는 배척되는 경향이 강하게 나타나고 있다.

그러나 문학 양식으로서 알레고리는 예수님과 사도들도 사용하였던 것으로 그 자체를 무가치 한 것으로 여기는 것은 매우 적절하지 않다. 나단이 다윗에게 그의 잘못을 지적했을 때(삼하 12:1-4), 이사야의 포도원 비유(사 1:8; 5:3 등등), 그리고 씨뿌리는 비유에서(막 4:14-20) 네 가지 밭의 교훈 역시 그 자체가 알레고리이다. 하갈과 이스마엘을 이삭과 대조하는 내용(갈 4:4:21-31)도 역시 그러하다. 학자들 중에는 엄격한 면에서 이 부분은 역사적 실체가 있는 모형론으로 취급하기도 하지만 사실 그 경계는 다소 모호한 면이 있다.

시 80:8-15에는 이스라엘을 애굽에서 가져온 포도나무라고 하는 알레고리를 사용하였다. 그 밖에도 에스겔이 말한 '회 칠한 담(겔 13:8-16)'은 비유이기보다는 알레고리에 가깝다. 엡 6장의 전신 갑주, 요 10:1-16의 목자와

---

49   Adolf Jülicher(1857-1938)는 독일의 신학자로서 예수의 비유는 단 하나의 요점(One Main Point)만 있다고 주장하며 그동안 비유를 구성하고 있는 모든 요소를 개별적으로 Allegorizing하던 해석을 배척하였다.

양과의 관계 등은 모두 알레고리로 교훈을 전달하는 등 예수께서 사용한 많은 비유들도 이를 확장하면 일종의 알레고리라 할 수 있다. 따라서 알레고리는 배척되어야 할 것이 아니라 정당하게 사용되어야 하는 표현 기법이자 해석의 기법 중 하나이다.

현대 해석자들에게 알레고리적 해석이 거부되는 이유 중 하나는 저자의 의도에 대한 고찰이 없는 상태에서 독자가 임의대로 의미를 주입(in put)하는 것을 제어할 수 없다는 단점 때문이다. 이에 대한 보완책으로 Mickelsen은 성경의 모든 비유적 표현을 짧은 비유 언어와 불투명한 비유 언어, 그리고 긴 비유 언어로 구분하고 알레고리는 긴 비유의 언어에 포함시켰다. 그리고 '비유는 (parable) 확장된 직유이고 알레고리는 확장된 은유'로 보았다.[50] 이것은 직유와 은유를 정당하게 해석할 수 있듯이 알레고리를 정당한 해석 방법 중 하나로 인정하는 것이다.

알레고리 해석과 관련하여 직유나 은유를 이해하려면 저자의 마음에 들어있는 그 표현들에 대한 심상을 이해하여야 할 것이다.[51] 하나의 예로서 '나는 포도나무, 너희는 가지'라고 하였을 때 그런 비유(또는 확장된 의미의 직유나 은유로서 알레고리)의 목적은 청자들에게 익숙하지 못한 세계의 진리를 보다 익숙하게 경험하고 있는 어떤 것으로 설명하고자 하는 것이다.[52] 여기서 화자가 말하고자 하는 포도나무와 가지는 '물리적인 위치'가 아니라 '영적 관계'를 말하려는 것이다. 물리적인 것은 직접 보여주고 원리를 설명하면 되겠지만 영적 의미를 설명하기 위해서는 보이거나 만져지는 익숙한 것들을 빗댄 은유를 사용하여야 할 것이다. 알레고리는 이 은유의 확장으로서 저자의 의도를

---

50   Mickelsen, 279, 301-303.

51   심상(心象)은 감각에 의하여 획득된 현상이 마음 속에서 재생된 것으로 정의할 수 있다.

52   비유(παραβολή)는 "옆에 던져 놓았다"는 뜻으로 말하고자 하는 것을 보다 익숙한 것을 통해 설명하는 방식이다. 예를 들면 "한 나무" 사진이 있다고 했을 때 그 것만으로는 크기나 높이를 알 수 없으나 그 옆에 보통 성인 한 사람을 세워 놓으면 나무의 크기를 쉽게 파악할 수 있는 것과 같다.

더 명확하게 이해하게 할 수 있다.[53]

고대부터 사용되던 알레고리 기법은 '아무렇게나' 행하여 진 것은 아니다(서론 부분의 유대교 랍비들의 해석법인 Peshat, Remez, Derash, Sod 참고). 알레고리의 대가로 알려진 Philo 역시 나름대로의 원칙 위에서 이를 행하였다. 그러나 자신의 소위 영적 감각을 과신하는 자들에 의하여 소위 '떠오르는 영감'을 절제 없이 사용한 결과 알레고리는 걷잡을 수 없는 주관에 빠지는 기상천외한(whimsical) 해석을 남기기도 한다. 그러므로 해석자가 본문과 충실한 상호 대화(intertextual 혹은 interaction) 과정을 거친다면 알레고리는 보다 풍성한(colourful) 결과를 도출할 수 있다. 이런 의미에서 아가 해석 방법은 역사적-문맥적인 면을 충실히 고려하는 문자적 해석과 알레고리를 대립시켜 둘 중 하나를 선택할 것이 아니라 상호 조화를 이루는 방식으로 이루어져야 할 것이다.

알레고리를 이렇게 이해한다면 H. Fisch의 견해처럼 '아가는 진정한 남녀의 사랑을 통해 이스라엘과 하나님과의 관계만이 아니라 하나님을 찾는 자와 하나님과의 관계를 말하는 것'으로 해석이 가능하다.[54] 아가는 남녀의 사랑을 주제로 하지만 그것만을 말하는 것이 아니라 그러한 소재를 통해 그 이상을 말해주고 있기 때문이다.

참고로 Mickelen이 제시한 알레고리 해석 방식을 소개한다.[55] 아가를 이해하는데 도움이 될 수 있다.

1. 원래의 독자나 청자들을 파악하라. 모든 비유의 언어들은 독자들에게 익숙한 것들이다.

2. 가능하면 왜 알레고리가 먼저 말해졌는지 주목하라.

---

53 Blomberg, 20-21.

54 Fisch, 80-103.

55 Mickelson, 306.

3. 저자가 강조하려는 것(핵심적으로 말하려는 것)을 찾으라. 명시적으로 보이는 것 위에서 암시적인 것들을 찾으라.

4. 기본적인 비교점과 표상들을 찾아 나열한 후에 왜 그것이 당시 독자들에게 필요하였는지 생각하고 그 다음 현재의 독자들에게 적용하라.

2) 모형론(Typology)

모형의 기본 개념은 모양(양식)과 모양으로부터 나오는 형성물(product)로서 어떤 것이 남겨 놓은 흔적이나 형상(image)을 의미하는 것이다. 알레고리와 모형론은 두 가지 다 은유를 풀이하는 해석법에 속한다는 공통점은 있으나 서로 다른 것으로 이해된다. Fairbairn에 의하면 알레고리는 이야기체(Narrative)로 형성되어 있으며 그 이야기가 사실적이든 허구적이든 간에 그 이야기 자체보다 더 높은 가치나 원리를 말할 때 쓰이는 것이고, 모형론은 같은 사건을 보다 높게 '적용'하는 것에 차이가 있다고 하였다.[56]

Fairbairn은 모형론의 조건으로 상호 간에 신학적 특징의 일치, 그리고 역사적 성취와 이야기를 구성하고 있는 패턴이 일치해야 한다고 하였다.[57] 대표적으로 유월절 사건은 이 모든 것을 내포하고 있고 이것은 정확히 예수 그리스도로 인하여 성취된 역사적 사건이며 그 성취 방식의 패턴(pattern) 역시 정확히 일치한다. 이것은 마치 건물을 설계하면서 제작하는 청사진이나, 이를 보다 일목요연하게 입체적으로 나타내는 모형과도 같은 것이다. 따라서 모형론은 구약 성경의 사건이나 그 안에 등장하는 인물의 '대응적 적용'을 신약에서 찾는 것이다. 이러한 면에서 알레고리는 역사성과는 무관할 수 있으나 모형론은 역사적 성취가 전제되는 것으로 모형론적 해석은 신구약을 연장 선상에서 관통하는 해석 방식일 수 있다.

---

56 Fairbairn, 2.
57 모형론은 위의 책을 참고하라

아가를 모형론으로 해석할 수 있다면 일단 아가의 내용 중에 신약에서 성취되는 역사적 사실을 발견할 수 있는가 하는 질문에 답이 있어야 할 것이다. 아가가 교회의 궁극적인 승리를 말하는 것이라면 이를 최종적으로 구원의 완성으로 인한 성도의 견인(perseverance)과 함께 교회의 승리를 말하는 모형이라 할 수 있겠다. 그러나 아가의 내용이 역사적 사건에 근거해 있다고 하기에는 모호한 면이 있기 때문에 이러한 관점에서 모형론을 적용하기에는 적합하지 못한 면이 있다.

3) 고대 애굽과 근동의 연애시

오늘날 아가 해석에서 이것은 매우 큰 비중을 차지한다. 아가의 노래들과 고대 애굽이나 근동(메소포타미아)의 연애시 사이에는 유사한 표현들이 다수 발견된다. 특히 애굽의 연애시와 더 많은 유사점이 있는 것으로 보인다. 이러한 연구는 아가에 나타나는 보조관념(Auxiliary notions, Vehicle)들을 이해하여 저자의 의도를 파악하는데 도움을 줄 수 있다. M. Fox는 고대의 자료와 아가에서 보이는 보조관념들의 유사성 대한 다양한 자료를 연구하여 발표하였는데 오늘날도 다수의 해설자들은 그의 연구에 큰 도움을 받고 있다.[58]

이러한 연구는 다음 세 종류의 결론을 도출할 수 있다. 첫째, 아가는 이런 고대 연애시들을 발췌한 선집(anthology)일 가능성과, 둘째로 선집이지만 아가의 주제에 맞게 이를 재편집한 것일 수 있다는 것, 셋째로 고대 근동이나 이집트 연애시의 모티프(Motif)와 문학적 표현들을 차용하지만 그것과는 다른 주제나 관념들을 나타내기 위한 것일 수 있다는 것이다.

특히 이집트의 연애시와 아가의 유사성을 연구하는데 있어 족적을 남긴 Adolf Erman이나 M. Fox 등은 아가는 이집트 문학의 '유산을 물려 받은 것'

---

58   Fox, Michel V., *The song of Songs and the Ancient Egyptian Love Songs*. (Wisconsin: The Wisconsin University of Wisconsin Press, 1985).

으로 발표하였으며 많은 해설자들은 그런 기반 위에서 아가를 해석하고 있다. 임동원은 그의 소논문에서 이들의 히브리 문학이 이집트의 것을 모방'한 것이라는 주장을 이렇게 요약하였다.[59]

> 이집트의 문화적 정치적 경제적 영향력은 18-20 왕조(B.C. 1570-1075) 기간에 전성기를 이루었다. 이때 가나안을 다스리던 관리들은 이집트 식으로 훈련된 자들이었다. 이들은 이집트의 관료 제도만이 아니라 문화를 아울러 습득한 자들이었다. 파라오에 의하여 임명된 팔레스타인 지역의 통치자들은 그들의 자녀를 이집트에 있는 학교로 보냈다. 이렇듯 가나안 지역에서의 이집트 영향력은 이집트의 식민지와 노예들조차 이집트에 대한 칭송과 모방을 불가피하게 만들었다.

여기서 '모방'이란 고대 유대의 문학 작품이 애굽의 것을 그대로 차용 내지 표절하였다는 것인지 아니면 유대만의 독특한 것을 표현하기 위하여 '표면적' 표현을 빌렸다는 것인지 알기는 어려우나, 대체로 아가를 자연주의적으로 해석하려는 자들은 전자를 따르는 경향이 있다. 그러나 이러한 관점은 아가를 지나치게 알레고리화(Allegorizing) 하는 해석만큼이나 또 다른 문제의 소지를 만들어 낼 수 있다.

사실 솔로몬 시대에 정치, 경제, 문화에 막강한 영향력을 행사하였다고 보는 애굽 제19, 20왕조는 팔레스타인만이 아니라 시리아 그리고 레반트(Levant)라 불리우던 지역을 장악하여 정치, 군사, 문화와 당시의 과학의 중심지라 할 만한 황금기를 이루었다.[60] 솔로몬은 국제 관계를 공고히 하기 위하여 많은 외국의 여인들과 결혼하였고(왕상 11:1), 특히 애굽의 바로의 딸과

---

59 임동원, 24.

60 Levant란 서쪽으로 지중해, 남으로는 아라비아 사막, 동으로는 (현) 이라크에 이르는 광범한 지역을 일컫는 말이다.

도 결혼하였는데(왕상 3:1) 이것은 정치, 경제, 문화, 군사적 조약의 성격을 갖는 것이었다.[61] 이런 배경 속에서 그 어느 지역보다도 애굽과 활발한 문화적 교류가 이루어졌다는 전제 아래 그 유사점들을 '모방'으로 간주하는 것이다.

모방은 행동이나 표현을 따라하는 것이고, 표절이란 다른 사람의 생각이나 관념을 자기 것인 양 표현한 것을 말한다. 만약 아가가 이집트의 작품들을 모방하였거나 표절한 것이라면 본래 작품이 가지고 있는 사상 혹은 관념을 그대로 가져온 것임으로 아가의 해석 역시 이집트의 작품을 해석하는 방식으로 하여야 할 것이다. 그러나 서로 다른 것을 말하면서도 그 모티프나 표현 양식은 공유될 수 있고, 또 반대로 유사한 것을 말하면서도 표현의 방법을 다르게 할 수도 있다는 것이 충분히 고려되어야 할 것이다.

한편으로 고대의 유대 문학이 우가릿 문학의 영향을 받은 것으로 보는 자들 역시 유사한 시각을 가지고 있다. 이것이 히브리 문학의 뿌리로 보고 고대 유대의 문학 작품은 그것에서 나온 가지로 보는 것이다.

아가와 고대 이집트의 연애시, 그리고 근동 작품의 유사한 표현들 비교

여기서 이집트의 연애시와 아가의 유사한 표현들을 연구하여 발표한 Michel V. Fox의 의견을 소개하겠다. 필자가 애굽의 모든 연애시를 다 조사한 것이 아님으로 이것과 더불어 NAET에 수록된 이미 알려진 것들의 일부를 소개한다.[62]

이 비교에는 한계가 분명히 있다. 고대 이집트와 근동의 언어를 현대어로 번역하는 과정에서 다 담아내지 못하는 독특한 운율이나 그런 것들을 통하여 표현되는 뉘앙스 등은 전달되기 어려운 면이 있고, 또 필자 개인의 역량도 충분하지 않기 때문이다. 그러므로 이미 발표되어 있는 자료만으로 의

---

61 Wood, 327.

62 Pritchard, James B., *고대근동문학선집*. 강승일 등 공역, 서울: CLC, 2016.

견을 제시한다.

이미 알려진 이집트 연애시는 세 가지 종류가 있는 것으로 알려져 있다. '파피루스 해리스 500'와 '파피루스 체스터 베티(Chester Beatty),' 그리고 '카이로의 사랑 노래'이다.

첫째, '파피루스 해리스 500'은 해리스(1790-1869)가 발견한 것으로 17개의 사랑 노래가 A(1- 8연), B(9-16연) 그리고 C(17-19연) 그룹으로 구분되어 있다. 둘째, 파피루스 체스터 베티도 A(31-37연)와 B(38-40연) 그리고 C(41-47연) 그룹으로 구분되어 있는데 Fox는 이에 '산책'이라는 제목을 붙여 사용한다. 이것은 남녀가 서로 노래를 주고받는 형식으로 되어 있다. 셋째, 카이로의 사랑은 A(20 A -20 G)와 B(21 A -21 G)로 구성되어 있다. A는 '도강'으로, B는 '일곱 가지 소원'이라는 제목을 붙였다.

파피루스 해리스 500 A 중 아가와 유사한 것으로 알려지고 있는 구절을 몇 가지 발췌하여 소개한다.

> 허벅지를 애무해 달라 … 당신은 먹을 것을 위하여 … 입을 것을 위하여 나를 떠
> 나는가? 먹을 것을 생각한다면 내 가슴을 마음껏 만져 우유가 넘쳐나게 하라 …
> (제1연)

그러나 이 부분은 아가의 어떤 부분과 연결 지어야 하는지 알기 어렵다. 이것은 아 1:2의 "많은 입맞춤"과 관련짓는 것으로 보이는데, 단편적 한 구절만 보면 유사성이 있다고 하겠으나 아 1:2-4은 애무를 요구하는 것이 아니라 '사랑하는 자에 대한 사랑을 불일 듯 일어나게 하여 제 발로 왕의 방에서 나가게 해달라'는 요구이다. 이를 성급하게 해리스 500 A 제1연을 모방한 것으로 결론을 지으면 아 1:2-4의 해석은 '왕의 애무를 받아들여 황홀경에 이르고 싶어하는 여인'을 묘사한 것이 된다. 그러나 이러한 해석은 여러 이유로 아

가의 본문과 분위가 다르다(본문 1:2-4 해설 참고). 유사성 비교 연구는 필요한 것이기는 하나 이를 어떻게 하느냐에 따라 저자의 의도와 가깝게 해석할 수도 있고 그 반대가 될 수 있다.

그대의 사랑에게 오시오 전쟁터의 질주하는 말처럼 … 송골매처럼(제2연)

이 역시 연인이 속히 와 주기를 바라는 여인의 마음이 아가에도 있다는 것 외에 유사점을 발견하기 어렵다.

나의 잔에는 아직 사랑이 채워지지 않네 … 비록 그들이 나를 종려나무 가지로 쳐서 누비아로 보낸다 하여도(제4연)

이 구절에서도 역시 (술)잔이나 종려나무라는 단어가 쓰인 것 외에는 아가와 차용한 듯한 내용은 없어 보인다.

나는 내 집에 누워있으리 … 병이 난 체하리라 … 그 때 내 사랑하는 자도 그들과 함께 오리라 … (제6연)

여기서도 마찬가지로 아가와의 유사점은 보이지 않고 다윗의 큰 아들 암논이 다말을 연모하여 일을 꾸민(삼하 13:4-6) 일이 연상된다.

그 외에 '카이로의 사랑'에서도 다음에 소개하는 것 외에는 아가와 유사한 것을 찾기 어렵다. 이 중에서 아가와 가장 유사하다는 부분을 몇 가지 소개한다. A 그룹 노래의 시작은 아 1:2-3과 유사하다. 여성의 솔로(Solo)로 시작된다.

내가 얼마나 사랑하는 자를 바라고 있는가 … 그녀의 사랑은 기름 향료, 음료와
같다(아 1:2-3과 유사)
당신(남성)은 나(여성)의 신이요 망우스(백합화), 북쪽에서 이는 바람(아 4:16과
유사).

카이로의 사랑 노래 중 A그룹(도강) 제7연이다.

내가 그대에게 입맞춤하니 술이 없어도 취하는도다

이것과 "내게 입맞추기를 원하니 네 사랑이 포도주보다 나음이로구나(아
1:2)"를 연결하였다. 만약 이것을 '모방'이라고 한다면 그 기준은 지나치게 엄
격한 것으로 이 외의 문학 작품 모든 것이 모방의 범위 안에 들어갈 수도 있
을 것이다.
'카이로의 사랑'의 B 그룹의 노래의 일부이다. 이것은 남성의 노래이다.

나는 여성의 반지이기를 바란다, 거울이기를 바란다, 화환처럼 항상 주변에 있
기를 바란다, 여성이 오기만을 바란다, 이런 것을 이루지 못해 (상사)병이 났다

이것은 '사랑하는 자를 그리워함으로 병이 났다'는 아 5:8과 유사하다고
보는 구절이다. 그러나 남성이 늘 사랑하는 여성과 함께 지내기를 바라는 것
은 아가만이 아니라 다른 사랑의 노래에도 얼마든지 있는 표현이다. 그리고
여기서 상사병이 난 것은 남성이며, 반면에 아가에서 상사병이 난 것은 여성
이다. 따라서 상사병이라는 동서고금을 막론하고 애틋한 사랑 이야기는 거
의 빠지지 않고 나타나는 모티프(motif)를 사용했을 뿐이다.[63]

---

63 모티프(motif)란 모티브(motive)와는 구분되는 것으로 모티브는 주로 '동기(動機)'로 번역되며,

다음은 파피루스 체스터 베티 A(산책) 중 일부이다.

내 사랑보다 뛰어난 여인은 없도다(산책 제1연)

이것은 "여인 중에 어여쁜 자야 … 나의 완전한 자야(아 5:2)"과 유사 구절로 보고 있다. 이어서 나오는 구절이다.

보라, 새해 아침에 떠오르는 소티스 같은 여인을(산책 제1연)

이것은 "아침 빛같이 뚜렷하고 달 같이 아름답고 해같이 맑고 기치를 벌인 군대 같은 여인(아 6:10)"과 연결한 것이다. 비교적 유사한 점이 보인다.

그대의 팔은 정금보다 아름다우며(산책 제1연)

이것은 아 5:11 "너의 머리는 정금 같고"와 유사하게 보고 있다.

이 외에도 많은 구절들을 아가와 유사한 것으로 보려고 하지만 제한된 몇 가지 단어와 표현 외에는 서로 연결 짓는 것이 매우 어색해 보이는 것들이 다수이다. 이것이 '모방'이라면 이집트 연애시는 아가의 부모나 형제 같다는 인상을 주어야 할 것이지만 필자의 개인적 견해로는 그것은 부모가 아니라 먼 혈육처럼 느껴질 뿐이다.

더욱 주목하게 하는 것은 파피루스 해리스 500의 A의 제7연이다.

내 사랑은 출입구가 정중앙에 위치한 저택에 살고 있는 여인, 그런데 그 문의 자

모티프란 한 작품을 이루는 이야기의 주요 구성 요소(화소)이다. 한 작품 안에서 여러 개의 모티프가 나타날 수 있으며 또 반복되어 나타날 수 있다.

아가 : 노래 중의 지성소 가장 거룩한 드라마

물쇠가 풀려져 두 개의 문이 열린 채로 있네, 그러자 내 사랑하는 자가 화를 내며,

만일 그녀가 나를 그대의 문지기로 고용해 주었다면 내가 그녀를 화나게 했을 때

나는 그녀의 목소리를 듣고 마치 어린아이처럼 짐짓 떨리는 척했을 텐데

　　이것은 남성이 여성의 집 문을 열려고 하는 부분(아 5:4,5)과 유사한 것으로 본다. 여기서 이 노래에서 소유격 대명사(her)와 함께 쓰인 집, 자물쇠, 두 개의 문, 출입구는 여성의 음부를 상징하는 것이고 손은 남성 생식기의 은유로 보고 아가의 유사 구절을 그렇게 해석하려는 것이다.

　　그러나 아 5:4,5는 남성이 문 밖에서 안으로 들어오려고 하는 행위를 묘사하는 것이다. 그렇다면 아직 문 밖에 있는 남성이 여성과 성적 관계를 맺을 수 있는 상황이 되지 못한다. 이집트 연애시에서는 '두 개의 문'이 그런 의미로 쓰였다 하더라도 아가에서 말하는 문을 그렇게 연결 지을 이유가 없다. 단지 문이라는 소재가 동일하게 나타나고 있고 유사한 표현이 있을 뿐이다. 만약 이집트의 시에서 이런 것이 발견되지 않았다면 아가의 이 구절을 그렇게 해석하려고 하지는 않았을 것이다. Garrett은 여기서 '성적 결합' 대신에 남성이 '성적 결합을 시도한 것'이라 하였다. 다수의 해설자들은 아가의 대부분의 구절들을 이러한 것과 연관시키고 있다. 이 외에도 봉한 샘, 동산, 포도원, 사과, 석류 등도 같은 맥락에서 성적 이미지로 해석한다.

　　또한 애굽의 연애시와 근동의 문학작품의 선집으로 한국어로 번역되어 있어 독자들이 어렵지 않게 접할 수 있는 J. B. Pritchard 저서에서 소개되는 것들과 비교해 보면 극히 일부를 제외하고는 아가와 유사점을 발견하기는 쉽지 않다. 그 중 가장 유사하다고 보이는 것은 다음과 같다.

　　우가릿(Ugarit) 신화 중 한 구절이다. 이 구절은 연인을 누이로 표현한 아 4:9과 유사하다.

천 길보다 만 리보다 더 멀리 자신의 누이가 오는 것을 보았다[64]

어제까지 칠일간 나는 내 누이를 보지 못했네 외로움이 나를 침입했네 내 몸은 무

겁고 내 자신을 잊었네('자신을 잊다'는 6:12의 '부지중'과 유사하다. 제7연)[65]

또 "나의 바로의 병거의 준마에 비하였도다(아 1:9)"과 유사한 표현도 발

견된다.

수천 필의 말 중에서 선택된 말들 중에서 가장 뛰어난 구별된 사료를 먹고 주인

이 그의 속도를 안다[66]

이것을 아가에서 모방한 것으로 볼 수도 있겠지만 오늘날의(통상적 모방과

표절 평가) 기준으로 보면 모방의 범위에 포함이 될지는 의심스럽다.

위에서 소개한 것들만으로 본다면, 연인을 '누이'로 표현한 것과 또 *waṣf*

의 표현 방법, 그리고 말(horse) 등이 사랑하는 자를 표현하는 소재로 쓰였다

는 것 외에는 이렇다 할 연관성을 발견할 수 없다고 할 것이다. 이러한 유사

점은 아가의 보조관념을 이해하는데 어느 정도 도움이 될 수 있으나 중심 관

념이나 사상을 모방한 것으로 보기는 어렵다.

수메르 연애시 중, "두무지(Dumuzi)와 인안나(Inanna)의 기파르에서의 사

랑"에서[67] 대추야자, 보석, 청금석이라는 소재가 나타나고 또, 장식품을 '머

리, 귓볼, 목덜미, 배꼽, 허리, 항문에 붙이다'는 표현이 있는데 그 중 일부 표

현은 아가에서도 보인다. 이곳 등에서 두무지(Dumuzi 후에 Tammuz로 불리움)를

목동으로 소개함으로 아가 해설자 중에는 왕(신랑)을 목동과 동일한 인물로

---

64   Pritchard, 256.

65   Ibid., 743.

66   Ibid., 745.

67   Ibid., 746-748.

보기도 한다.

다음은 인안나와 왕의 혼인식 날의 축가에 나타나는 내용 중 일부이다.

> 그녀는 갈망한다 그녀는 갈망한다 그녀는 갈망한다 그녀는 침대를 갈망한다 그
> 녀는 즐거운 가슴의 침대를 갈망한다 그녀는 달콤한 무릎의 침대를 갈망한다 그
> 녀는 왕의 침대를 갈망한다 그녀는 여왕의 침대를 갈망한다[68]

여기서는 침대를 언급하는 문장이 5회 이상 반복되고 있다. 이것 역시 아가에서 '침상'을 모티프로 하는 구절과 유사한 것 중 하나로 본다. 이 결혼식 축가에서는 침상이 성적 욕구를 함축하는 것이지만 아가에서 여인이 "침상에서 마음으로 사랑하는 자를 찾았노라 찾아도 찾지 못하였노라(3:1)"는 사랑하는 자가 침상으로 오기를 바라는 것이 아니라 '그리움으로 인하여 잠을 이루지 못함을 표현'하는 것이다. 이것을 그것과 연결하는 것은 무리한 비교로 보인다.

이러한 이유들로 인하여 다음과 같은 평가가 가능할 것이다.

고대 근동의 문학은 주로 성경 학자들에 의하여 연구되었으나 현대에 들어와 일반 문학자들이나 고고학자들이 이를 더욱 발전시킨 것이다. 그러다 보니 야웨에 대한 믿음이 요구되는 성경의 독특한 사상은 배제된 채로 표면적으로 상호 비교되면서 성경이 이들의 강한 영향을 받아 기록되었다는 다소 성급한 결론에 이르게 되는 경향이 있다.

그러나 상호 유사성이 있다 하더라도 이스라엘의 독특한 야웨(Jehovah, Yahweh) 신앙의 전수로 볼 때 그것은 어디까지나 '표면적' 유사성일 수 있다. 특히 야웨 신앙의 표준이 되는 정경은 배타성이 매우 강한 특성을 가지고 있다. 설사 솔로몬 시대의 귀족들이나 혹은 민간에서는 애굽이나 근동, 팔

---

68   Ibid., 752-754.

레스타인의 신화에 동화되는 일이 있었다 하더라도 그들의 신앙 표준에 해당하는 정경에 이러한 사상이 스며들어 오염되었다(손을 더럽혔다)는 것은 받아들이기 매우 어려운 것이다. 때로 구약 성경에 이방 사상을 담고 있는 것과 유사한 표현들이 발견되기는 하나 그것은 표현 양식을 차용한 것일 뿐이다. 곧 이미 사람들에게 익숙해진 것으로 '나름대로 독특한 것'을 표현하기 위한 것일 수 있다.

그 한 예로, 모세의 율법은 이미 그 전에 존재하던 제국들의 법전과 유사한 내용이 있으나 (대표적으로 함무라비 법전 등) 모세가 그것을 '시내산 위에서 하나님께 직접 받아 내려왔다'고 함으로 그 출처가 그 주변에 존재하던 것과는 다른 '매우 독특한 것'이며 그 의미가 지시하는 것은 이방의 것과는 다른 것과 같다. 이런 면에서 "이것과 그것은" 다르다. 이것은 근동의 문학작품과 성경을 비교함에 있어서 면밀하게 고려되어야 한다.

또 하나 부언할 것은, 고대 유대 문학은 외부의 어떤 사상의 유입으로 인한 모방이나 표절이 아닌 '자생적 산물'일 가능성도 배제할 수 없다는 것이다. 상호 유사한 문화를 공유하고 있다면 나타내고자 하는 주제가 다르다 하더라도 표현(사용되는 어휘와 전개 방식)의 유사점은 발견될 수 있다. 어떤 것을 표현하는 양식의 유사성이 있다는 것이 반드시 '어떤 것에 어떤 것이 영향을 받은 증거'라 단정할 수 없기 때문이다. 인간이 살아가는 곳에는 어디서나 매우 유사한 일들이 발생하고 특별한 이슈가 되는 일 들에는 공통점이 있다.

한국의 전래 이야기인 콩쥐팥쥐와 서양의 신데렐라 이야기는 그 주제와 전개 방식뿐 아니라 사용되는 모티프도 매우 유사하다. 그러나 어느 것이 어떤 것의 영향을 받았거나 표절했다고 볼 수는 없다. 설사 여러가지 과학적 방법으로 분석한 결과 콩쥐팥쥐 이야기가 이와 유사한 것들보다 시기적으로 앞선 것이며 또 지역 간의 상호 문화적 교류가 있었던 것이 확증된다 하더라도 신데렐라가 이 이야기에 영향을 받은 것이라고 볼 수는 없다. 이미 잘 알려진 대로 콩쥐팥쥐와 유사한 이야기들은 중국, 베트남, 인도네시아 등 여러 곳에서도 발견된다. 여기서도 주제나 모티프는 매우 유사하다. 단지 문화적 차이로 인한 사회적 배경과 언어, 그리고 이를 표현하는 양식의 차이가 있을 뿐이다.

한국에서 출판된 베트남 콩쥐팥쥐에 해당하는 "꾀꼬리가 된 소녀 떰" 혹은 "떰과 깜, 꾀꼬리가 울면"이라는 어린이용 동화책이 있다(일반 서점에서 구할 수 있다). 콩쥐에 해당하는 "떰"과 팥쥐에 비교할 수 있는 "깜"의 이야기다. 이것에는 마치 어느 한 편이 표절한 듯한 수많은 유사점이 존재한다. 그렇다고 해서 그것이 한국 문학의 영향을 받은 베트남 작품이라고 할 수는 없을 것이다. 반대로 베트남 문화의 영향으로 콩쥐팥쥐가 나왔다고 할 수도 없을 것이다.

그러므로 이것은 인간사회에서 보이는 공통적인 사회상 안에서 자생 된 이야기로 보는 것이 더 합리적일 것이다. 남녀가 존재하는 한 어느 곳에나 연애(戀愛)는 있는 것이고 그 사랑의 감정은 '말'만이 아니라 다양한 방식으로 표현된다. 아가의 노래들은 애굽이나 근동의 것이 유입된 유사한 표현들이 사용된 것일 수도 있지만 유대 사회에서 이러한 표현을 통해 자신들의 고유한 사상을 나타내는 것으로 승화내지는 변환하는(convert) 것은 얼마든지 가능한 것이다.

특히 남녀 간의 사랑의 표현들은 어느 한 문명권에서 독점될 수 있는 것이 아니기 때문에 매우 광범한 지역에서 유사한 것들이 발견될 수 있다. 특히 같은 뿌리에서 나온 언어를 사용하거나 유사한 문화권 안에서는 더욱 그러하다. 중요한 것은 드러난 외형적 유사점보다는 그것이 '지시하는 사상'이다. 저급한 이야기를 승화하여 고상한 것을 표현할 수도 있으며 반대로 고상한 것의 의미를 충분히 이해할 수 없는 사회에서는 이를 저급하게 사용할 수도 있다.

이집트의 연애시와 아가는 표현상의 외형적 유사점도 있지만 반대로 큰 차이점도 보인다. 전자는 매우 에로틱(Erotic)하지만 아가는 그렇게 보이지 않는다. 에로티시즘(Eroticism)은 사회상의 변천에 따라 그 개념이 달라지기는 하지만 성애((Sexuality)와는 항상 구분된다.[69] 단지 그것을 사회가 엄격하거나 관대히 대하는 차이가 있을 뿐이다.

성애(Sexuality)는 성행위를 포함한 성적 욕망이나 감정, 행동과 이를 수반하는 정체성 등을 포괄하는 개념으로서 정당한 범위 안에서는 하나님나라 안에서도 용인되고 권장될 수도 있는 것이다. 그러나 에로티시즘은 이와는 달리 성에 집착하는 욕망이나 열광, 그리고 이런 분위기를 한껏 고조시키는 것을 말한다. 어느 사회이든 한 편에서는 에로티시즘을 정당한 자기 표현으로 인정받고 싶어하는 분위기가 형성되고 분출하려는 움직임이 있으나, 성경은 이를 권장한 적도 없으며 오히려 성적 타락을 부추기는 것으로 보고 금기시하는 것은 부정할 수 없는 사실이다. 이집트 문학을 유대 문학을 해석하는 데 있어서 상위개념으로 이해하면 아가 역시 매우 에로틱(Erotic)하게 해석할 수 있을 것이다. 그러나 아가가 이런 방식으로 '술집에서 떨리는 목소리로 노래해도 되는 것'이라면 정경에 포함될 수 없었을 것이다.

사랑하는 자들이 입맞춤을 원하거나 밤을 같이 보내기 원하는 것은 자연스러운 삶의 요소 중 하나다. 아가의 사랑 노래 중 목동의 대사에서도 입맞춤이나 포옹에 대한 언급이 있으나 그것은 '삶의 일부'일 뿐이다. 그러나 왕의 *waṣf*에서는(주로 7장) 표현들이 매우 에로틱하다. '내가 말하기를(7:8 a)'은 '자신이 기어이 행하려고 하는 것이 있다'는 관용구이다. 그리고 그가 기어이 하려고 하는 그것은 '종려나무에 올라가 그 열매 즉, 유방을 잡는 것(7:8 b)'이라 하였다. 그리고 발로부터 시작하여 둔부와 넙적 다리, 그리고 확실하게 겉으로 드러나 있지 않은 몸의 부위까지 훑어보고 있다. 아가에서 노골적인 에로

---

69   Humm, 152.

틱한 표현은 사실 이 부분의 왕의 *waṣf* 외에는 없는 것으로 보인다.

목동도 여인의 유방에 대하여 언급하지만 이것은 당시 여성들의 자녀 생산과 관계가 있는 것으로, 이것은 평범한 "삶에 대한" 이야기 중 하나이다. 만약 이 부분을 설교해야 한다면 간단한 설명을 덧붙임으로 해결될 수 있을 것이다. 설교자가 이를 부끄러워하고 쭈뼛거리는 것이 오히려 더 오해를 부를 것이다.

그러므로 고대 근동의 에로틱한 노래들이 유입되어 아가에 그 유사한 표현들이 사용되었다는 사실 자체를 부정할 필요는 없지만, 유사한 표현이 있다는 이유로 이집트 작품에 나타난 에로티시즘을 유대식으로 옮긴 것으로 볼 수는 없을 것이다. 동산, 포도원, 봉한 샘, 사과, 석류 등과 같은 아가의 소재들을 이집트나 시리아의 연애시와 같이 에로틱한 상징물로 해석하는 해설이 많이 있으나 이것은 그 '표면적 유사점'을 지나치게 확대하는 것이다. 옷을 입지 않는 여인을 여러 사람이 같이 보고 그려도 보는 시각과 미적 감각, 그리고 표현 방식에 따라 가치 높은 아름다움을 표현한 작품이 될 수 있고 춘화(春畵, pornography)도 될 수 있는 것과 같다고 할 수 있다.

예루살렘을 중심 한 유대교의 랍비들이 아가의 내용에 애굽이나 근동의 연애시와 같은 것이 다수 포함되었다는 사실을 모를 리는 없으나 이를 정경으로 인정한 것은 그런 표현들이 있다 하더라도 그것과는 관계없이 자생적 성격을 갖거나, 또 그것을 신령한 뜻으로 변환한 것이거나 승화한 것으로 보았기 때문이었을 것이고 심지어 '지성소'에 비유할 수 있었던 것이다. 아마도 아가의 저자는 민간에 잘 알려진 이와 같은 노래들과 크게 다르지 않은 익숙한 표현들을 통해 자신의 독특한 신앙관을 피력하였을 것이다.

그러므로 그 표면적 유사점들은 보조관념을 이해하는데 제한적으로 사용되어야 하며 그 의미는 핵심적 주제 아래 해석되어야 할 것이다. 이와 같은 필자의 주장은 본문 해설에서 보다 자세히 언급할 것이다.

4) 고대 근동의 제의(祭儀)설

T. J. Meek는 고대 유대교에서 조로아스터교의 교리 일부를 수용한 것 같이 아가는 담무즈(Tammuz 혹은 Dumuzi) 신화를 이스라엘 사회가 수용하여 약간의 수정을 통해 경전화한 것으로 주장한다.[70] 그 증거로 아가에서 보이는 표현들 중 담무즈 신화에서 언급되는 것들이 대부분을 차지한다고 주장하였다. 예를 들면, 여인이 사랑하는 남성을 부를 때 사용하는 '도드 *dôd*'는 담무즈를 가리키는 말로서 다윗과 철자가 같고, 그 신의 또 다른 이름인 '세렘(Shelem)'은 솔로몬과 일치한다는 것이다.[71] 그 뿐 아니라 솔로몬은 이미 이 사상에 젖어 있었고 성전 안에는 담무즈가 모셔져 있었다고 하며, 심지어 아도니야가 반란을 일으킨 것은 이런 것을 정화하기 위한 행동이었다고 해석하였다.[72]

담무즈 신화는 그리스의 아도니스(Adonis), 이집트의 오시리스(Osiris), 가나안의 바알(Baal) 종교와 내용이 거의 유사하다. 고대 유대인들은 이것들을 혼합하여 담무즈나 바알로 이해하였다. 분열 왕국 이후로부터 포로기까지 남북 왕조, 특히 북 왕조는 모든 혼란과 비극의 중심에 바알신 숭배 사상이 자리 잡고 있었다. 이로 인하여 극심한 악순환이 반복되었고 선지자들은 그 문제의 원인을 여호와를 버리고 바알을 숭배한 것이라고 끊임없이 지적하였다. 이것은 민간에서는 바알(혹은 담무즈)을 받아들여 상당히 깊게 빠져 있었다는 충분한 증거가 된다. 그러나 유대 사회에서는 결코 그것을 하나의 공인된 종교로 인정한 적이 없었고 오히려 경계하고 배격해야 하는 악으로 규정하였다.

그러므로 아가가 담무즈 제의(祭儀)에 사용되던 것을 약간의 수정을 거쳐

---

70 Meek, T. J., *Canticle and the Tammuz Cult*. American Journal of Semitic Languages and Literature(AJSL) 39:1-14, 1922-23.

71 도드 דּוֹד와 다윗 דָּוִד 모두 히브리어 자음이 일치한다. 모음을 어떻게 붙이느냐에 따라 발음이 달라진다.

72 Rowley, *The Song of Songs: An Examination of Recent Theory*. 261.

옮겨 놓은 것으로 민간에 이러한 것이 흡수되어 대중성을 확보했다 하더라도 그것과는 별개로 아가가 그런 내용을 담고 있다면 그것은 권위 있는 경전으로 받아들여 질 수가 없는 것이다. 정경(권위 있는 경전 중에서 엄선된 것)은 민주 사회에서 의사를 결정하듯이 전 국민 다수의 찬성으로 결정되는 것이 아니라 유일신 여호와를 엄격히 섬기는 대표자들에 의하여 인정되는 과정을 거치는 것이다.

그리고 "여인들이 담무즈를 위하여 애곡하더라(겔 8:14)"라는 기록은 이미 그와 같은 사상이 이스라엘 사회에 만연되어 있었음을 의미할 수도 있으나 이 구절은 하나님께서 에스겔에게 반드시 배격되어야 할 그 시대의 타락상을 환상으로 보여주신 것이다. 즉, 무지한 백성들이 우상을 섬기고 있는 현실을 보여주신 것으로 결코 있어서는 안되는 것, 해서는 안되는 것을 행하고 있음을 지적하시고 그것이 심판의 주요 원인이라는 것을 보여주신 것이다. 아가가 담무즈를 옹호하고 기리기 위한 것이라면 당연히 이 역시 정경으로 인정되지 못했을 것이다.

Meek와 매우 유사한 견해를 가지고 있는 것으로 보이는 Schoff에 의하면 아가에는 134개의 담무즈 제의 용어가 들어있다고 하였다. 그 중에 몇 가지를 소개한다면 포도주, 포도원, 포도, 양떼(가축), 비둘기, 왕, 침상(couch, 긴 의자), 연고(ointment), 천막, 휘장(curtain), 면박(veil), 화관(circlet), 어린 사슴, 진주, 구슬(beads), 전나무(cypress), 병거, 기둥(beam), 몰약(myrrh), 은, 금 등이다.[73]

Rowley의 지적대로, '이방 종교에서 사용하던 용어들이라는 이유로 이런 것을 언급하지 않아야 한다면 시인이 어떻게 시를 쓸 수 있겠는가'라는 의문이 든다.[74] 이러한 용어들은 담무즈 제의만을 위해 고안된 것이 아니라 이미 매우 광범하게 쓰이고 있는 것들이 그 제의에 사용된 것으로 보는 것이 옳

---

73 Ibid., p.262.
74 Ibid., p.266.

을 것이다. 포도주가 일상의 음료처럼 쓰이는 그들에게 있어서 포도원은 어떤 문학에서든 사용된다. 비둘기 역시 어디서나 다정한 연인관계를 나타내는 비유나 은유로 쓰이는 것이다. 모든 지역의 의복 특징이 그러하듯이 면박(Veil)은 중동 지역과 팔레스타인의 독특한 기후 환경과 문화에 따라 자연스럽게 발달한 것이다. 사슴의 눈망울이나 준마의 날렵한 자태는 동서양 어디에서나 사랑하는 연인을 묘사하는 은유로 흔하게 쓰인다. 병거와 몰약은 담무즈만의 것도 아니며 담무즈의 대표적 상징물도 아니다.

비근(卑近)한 예로, 제사(祭司)라는 용어 역시 기독교가 전래되기 전 민간신앙에서 사용해오던 것이지만 그 어의(語義) 자체는 기독교 교리를 부정하는 것이 아님으로 오늘날도 기독교에서 계속 사용하고 있는 것과 유사하다. 심방(尋訪)도 무속신앙에서 고객관리를 하는데 사용하던 용어였지만 그 어의 자체에 문제가 있다고 보지 않기 때문에 현재 한국 교회에서는 그대로 사용하고 있다.

더 나아가서 이방 종교에서 유래한 것이라 하더라도 이미 그 안에 종교적 색채가 약해진 상태로 존재하는 것은 그 문화의 영향 아래 이미 일상적 용어가 된 것으로서 그 종교를 수용한 것이라고 할 수는 없다. 이스라엘 월력 중 담무즈(Tammuz) 월이 있다. 4번째 달로 태양력으로는 6월 중순에서 7월 중순이다. 이것을 담무즈 사상의 수용으로 본다면 여호와를 위하여 목숨을 던지던 랍비들은 왜 이를 바꾸지 않고 그대로 사용했을까 하는 질문이 발생한다. 만약 이것이 우상숭배와 관련된 것으로 보았다면 당연히 거부했을 것이다. 오늘날도 일요일(Sunday) 등 각 요일을 나타내는 명칭들이나 이방 신화에 나오는 별자리 이름들도 그대로 사용하고 있다. 성탄절은 대부분이 아는 바와 같이 태양신을 섬기는 날이었으나 기독교에서는 새로운 의미를 부여하여 그대로 사용하고 있다.

특히 서로 사랑하는 자들이 서로 사랑의 감정을 표현할 때 사용하는 표현은 특별한 종교에서 나온 것이 아니라 그 종교에서 교훈을 주기 위하여 이미 존재하는 표현들을 의미에 맞게 각색하여 사용하는 것이다. 연인들은 어떤 종교를 믿든지 사랑 표현을 할 때 이미 잘 알려진 표현들 중 가장 의미 있고 적합한 것을 사용한다. 기독교인이 아닌 자들도 연애 편지를 쓸 때 아가의 구절들을 인용한다. 그러나 그것이 그 말을 사용한 자가 기독교를 수용했다는 증거가 될 수 없다. 그러므로 이스라엘만의 독특한 표현법을 사용하지 않았다고 해서 이방 사상을 수용한 것이라고 할 수 없다. Rowley의 지적대로 이런 것을 제외한다면 기독교인이 연애시에서 사용할 수 있는 용어는 거의 없을 것이다.

그러나 일반화된 용어라 하더라도 그 중 특별한 교리적 색채가 강하게 남아 있는 것은 다른 종교에서는 의도적으로 사용하지 않는다. 기독교에서는 명복(冥福)이나 미망인(未亡人) 등의 용어를 쓰지 않는다(그 의미를 모르고 쓰는 경우도 있음). 그 이유는 그 용어가 단순히 민간 무속 신앙에서 유래했기 때문만이 아니라 그 의미 자체가 성경이 가르치는 것과 너무 동떨어져 있기 때문이다.[75] 그 외에도 이미 일반화되었으나 현저히 이방사상을 그대로 담고 있는 용어는 오늘날 기독교에서는 사용하지 않는다.

그러므로 중요한 것은 표면적 유사성이 아니라 사용하는 용어의 '의미'와 '문맥을 통해 나타나는 중심 사상'이다. 담무즈 제의에서 사용된 용어들이 아가에 다수 포함되어 있다 하더라도 아가는 아가대로 그 표현을 사용하는 것이다. 아가를 담무즈를 기릴 때 사용한 노래를 해석하는 방식으로 해석할 이유는 없다. 그 유사성의 연구는 아가의 보조적 관념의 의미를 이해하는데 도움을 줄 수는 있을 것이다.

---

75 하나의 예로서, '명복을 빈다'란 사람이 죽은 후 임시로 거하는 명부(冥府)에서 복을 받아 황천으로 가게 해 달라고 비는 것이다. 미망인이란 남편을 따라 죽어야 하지만 아직 죽지 않은 부인을 의미하는 것으로 기독교에서는 의도적으로 피하는 용어 중 하나이다.

5) 결혼 생활의 지침 혹은 진정한 사랑을 가르침

성경은 남녀 간의 사랑을 소홀이 여기거나 비하하지 않는다. 오히려 하나님의 백성으로서 진정하고 순수한 사랑을 높이는 것은 하나님께서 원하시는 것이라고 가르친다(엡 5장). 또 남녀 간의 사랑만이 아니라 모든 사람을 사랑하라고 가르친다. 다윗과 요나단의 우정은 현재도 귀감이 된다. 따라서 아가를 통해 진정한 사랑을 배우는 것은 매우 합당한 것이다.

그러므로 아가가 이성 간의 진정한 사랑을 가르친다는 주장에 대하여는 반대할 만한 이유가 없지만, 그것만을 말하고 있다고 볼 수는 없다. 룻의 이야기를 통해서 시모에 대한 두드러진 효성과, 보아스와 격조 높은 사랑 이야기로 교훈을 얻을 수 있지만 룻기는 그것만을 말하고 있지는 않다. 그것은 보다 높은 곳에 있는 하나님의 구원의 섭리를 말하려는 것이다. 에스더 역시 숭고한 애국심을 보여주지만 그것만을 말하고 있지 않는 것과 같다. 그 안에도 역시 여호와 하나님의 그 백성에 관한 특별한 사랑과 구원 사역을 위한 섭리가 계시되어 있다. 그 안에는 신학(神學)적 요소가 뚜렷하게 자리를 잡고 있다.

아가가 정경에 포함되어 있고 또 유월절에 낭독된 것도 역시 그 안에 그이상의 메시지가 있다고 보았기 때문일 것이다. 애굽에서 이스라엘을 이끌어 내신 하나님의 능력과 지혜를 기념하는 것만이 아니라 그 저변에 깔려 있는 하나님의 무한하신 사랑과 그것에 대한 깊은 인식이 세상의 유혹을 이겨내는 원리가 된다는 메시지가 들어있다. 남녀의 진실된 사랑은 하나님 사랑의 반영이다. 모든 진실된 것은 하나님께 근거하고 있으며 그것에 대한 이해의 깊이에 따라 성공적인 실천은 가능해진다.

6) 마리아론(Mariology)

553년 콘스탄티노플 회의에서 이 문제가 심도 있게 다루어졌는데 이미 그 이전부터 마리아 숭배 사상은 사실상 성행하였고, 이후 649년 라테란(Lateran,

로마에 위치한 가장 오래된 성당) 회의에서 마리아의 '하나님의 모성'이 교리로서 공포된 이후 아가의 신부 개념을 교회의 순결을 상징하는 마리아와 연결하는 해석이 더욱 활기를 띠게 되었다. 이와 함께 '신비-관조적(mystical - contemplation)' 해석이 성행하였다.[76]

그러나 마리아의 무염시태(無染始胎)나 몽소승천(蒙召昇天) 등은 성경적 근거에 의한 것이 아니며 이들의 '신비-관조'적 방식도 지나치게 주관적인 것으로 성경 해석의 정당한 방법으로 받아들일 수는 없는 면이 있다. 성경 해석에서 수용할 수 없는 '알레고리화(Allegorizing)'는 이러한 해석 방식의 산물들이다.

마리아론의 성경적 근거로는 엘리사벳이 마리아를 보고 "내 주의 어머니(눅 1:43)"라 한 것 외에는 찾기 어렵다. 그러나 이 구절은 육신을 입고 태어나신 예수 그리스도를 출산한 분을 의미하는 것으로서 이를 확대하여 마리아를 '하나님의 모성'으로 교리화하는 것은 받아들일 수 없는 것이다. 마리아의 하나님의 모성을 인정하지 않는 M. Luther 등의 학자들도 순결을 강조하고 신비 관조 방식으로 영성을 함양하는 것은 '해로울 것이 없다'는 이유로 묵인함으로 이런 방식의 해설은 여전히 지속되었으며 오늘날 마리아론(Mariology)은 가톨릭 교회의 중요한 교리로 남아 있다.

7) 드라마(Drama)론

드라마론은 오리겐으로부터 현재에 이르기까지 간헐적으로 발표되었으나, 드라마가 고대 유대 사회에 존재하지 않았다는 것과, 아가의 노래들이 누구의 대사인지 밝히는 지문이 없으며 또, 장면에 대한 지시가 없다는 것, 그리고 드라마의 중요한 요소인 plot을 발견할 수 없다는 이유 등으로 거부되기

---

76   이것은 신비적이고 영적인 방식으로 사물이나 현상을 깊게 사유(思惟)하는 것이다.

도 한다. 그러나 이 이유들은 아가가 드라마 형식으로 기록된 것임을 부인할 수 있는 충분한 근거는 되지 못한다.

구약 성경에는 곳곳에 '어떤 교훈을 전달하기 위하여 하나의 주제가 응집된 이야기'로 정의할 수 있는 내러티브(Narrative)는 무수히 많다. 그 안에는 대부분 plot이 있다. 따라서 고대 유대인들에게 있어서 공연되는 드라마(regular drama)는 접하기 어려운 것이었다 하더라도 드라마 형식(drama form)의 작품들은 생소한 것이 아니었다.

또한 이것이 한편의 드라마(대본)이면 지문(Text)와 지시(Direction)가 있어야 하는데 그것은 물론이고 대사도 누구의 것인지 파악할 수 없다고 하여 드라마론을 인정할 수 없다는 것은 현재의 기준으로 고대의 것을 평가하는 오류 중 하나라고 할 수 있다. 구약을 구성하고 있는 대부분의 내용들은 그 기간이 길든 짧든 구술단계를 거친다. 아가의 저자 역시 처음부터 이것을 의식하고 있었을 것이다. 그리고 그렇게 구전되어 오던 것이 녹취(recording)되는 시점에서 오늘날의 희곡에서 사용되는 지시나 지문이 기록되지 않는 것은 당연하다.

또 솔로몬 전 후 시대에는 드라마 개념 자체가 없었기 때문에 아가는 드라마가 아니라고 추정하기도 하지만 드라마의 기원과 그것을 포함하는 문화의 교류 등을 고려하면 이 역시 받아들일 만한 주장이 되기는 어렵다. 드라마는 그 훨씬 이전에 그리스 남부 미케네(Micene) 지역에서 발생한 것으로 알려져 있다. 아브라함 시기의 블레셋 사람들은 이 지역에서 이민하여 정착한 사람들이며 그들은 자신들의 문화를 유지하고 있었다. 경건한 종교인들은 의도적으로 그들과의 문화 교류를 꺼렸을 수 있겠지만 민간에는 그런 문화가 이미 낯선 것은 아니었을 것이다. 삼손이 블레셋 지역에서 유흥을 즐긴 사실은 한 예가 될 수 있다.

또한, 드라마 공연이 없었다고 해서 드라마 형식의 작품들이 없었다고 결론을 내릴 수는 없을 것이다. 아가가 드라마로 공연되었는지는 알 수 없으나 그 내용에는 반전이 이어지고 그것이 절정으로 향하는 plot이 있다. 등장 인물도 어느 정도 구분할 수 있으며 그들의 대사도 그 구분이 불가능한 것이 아니다. 그리고 코러스 역할을 하는 무리들이 등장하는 것으로 보아 이것은 공연된 드라마(regular drama)라고 할 수는 없다 하더라도 '드라마 형식'을 취한 것임을 의심할 필요가 없다. 여기서도 아가를 문자적-자연적으로 해석할 것이냐 드라마로 해석할 것이냐 하는 문제는 둘 중 하나를 선택해야 하는 것이 아니라 '두 가지를 다 취하여' 조화를 이루게 해야 할 것이다.

드라마론을 주장하는 학자들도 아가가 고대 유대 사회에서 드라마로 공연되었다고 보지는 않는 것 같다. 단지 아가는 남녀가 주고받는 단편적인 사랑의 노래의 선집으로 보지 않으며, 그 안에는 통일성이 있으며 주제가 발전되어 가는 줄거리가 있고 갈등 구조를 갖는 plot이 있는 성스러운 문학 작품으로 보는 것이다. 따라서 오늘날 공연을 위한 드라마(regular drama)가 갖추어야 하는 형식을 기준으로 하여 이를 평가하는 것은 적절하지 않다고 할 수 있다. 이 부분은 이후에 보다 자세히 설명할 것이다.

드라마론은 술람미와 왕이 주인공으로 등장한다는 2인 주인공설과 그 외에 목동의 이미지를 가진 자가 추가되는 3인 주인공설, 일명 목자가설로 나누어진다. 주인공이 2명이라 할 때 히브리어 성경으로는 남녀의 대사를 구분하는 것은 난해한 몇 구절을 제외하면 어려운 일은 아니다.

그러나 남성 중 왕 외에 목동이 등장한다고 할 때 남성들의 대사를 각각 구분하는 것은 '억지로 끼워 맞추기 전에는 불가능'한 것으로 보는 해설자들이 있다. 그러나 그 대사를 구분하는 것은 어려운 것이라 해도 불가능한 것이 아니며 '억지로 끼워 맞추지 않아도' 가능하다. 두 남성의 대사에서 나타나는 용어나 분위기, 또 이미지 등은 구별될 수 있으며 또한 여성이 어떤 남성에게 반응하는 대사에서 그 호칭을 통해 이것을 구분할 수 있다. 이것은 본문 해설에서 자세히 증거할 것이다.

6. 본서의 아가 해석 방법
3인 주인공 드라마론(Three Main Character Drama Theory)

아가가 비록 이중 삼중의 복잡한 Plot을 가지고 있는 것은 아니지만 3인의
주인공(Three Main Character)을 중심으로 긴장과 갈등이 연속되는 사건들 속
에서 혼성 코러스가 진행을 돕는 방식으로 전개되는 드라마 형식의 작품이
라고 할 수 있다.

아가 해설자들 중에는 아가는 고대 이집트의 연애시나 근동의 제의에 사
용된 노래들의 선집(Anthology)으로 주제나 줄거리가 없으며, 작품의 구심성
이나 원심성이 없다고 주장하기도 한다. 그러나 아가가 드라마 형식(Drama
Form)으로 기록되었다는 것은 선집이 아니라 주제가 있고 그 주제가 발전하
는 과정이 있는 줄거리가 있으며 그 내용이 매우 드라마틱(Dramatic)하게 전
개되는 plot이 있는 작품이라는 것을 말하는 것이다. 이것이 공연되었는지
는 알 수 없다.

드라마(Drama)란 헬라어 *dran* (행동하다, 나타내다, 연기하다)에서 나온 것으로
오늘날 '연극'이나 '연극 대본'을 말한다. 드라마의 구성 요건 중(학자들에 따라
몇 가지로부터 수 십 가지를 말하지만) 가장 중요한 것은 대본(Script, text)과 그 내용
을 행동으로 나타내는 배우(character), 그리고 그 극을 구성하는 플롯(plot)이
다. Plot이 없다면 그것은 드라마가 아니라 평범한 이야기로 취급된다. 작품의
완성도나 혹은 예술성 여부는 독자 개개인이 판단한 일이다.

1) 드라마론을 인정하지 않는 이유들에 대한 반론

아가의 문학양식이 드라마일 수 없다고 주장하는 이유는 구체적으로 다섯 가지 정도이다. 첫째는 고대 유대 사회에서는 드라마가 발견되지 않는다는 것, 둘째로 드라마의 발생 자체가 B.C. 500년경임으로 솔로몬을 전후로 한 시대의 유대인들에게는 드라마의 개념이 없었다는 것, 셋째로 드라마가 갖추어야 하는 플롯(plot)이 없거나 그것이 있다고 하기에는 너무 희미하다는 것이다. 넷째로 이를 드라마라 했을 때 각각의 대사(臺詞)가 누구의 것인지 구분할 수 없다는 것과, 다섯째 드라마가 갖추어야 하는 연출 지시(direction)나 지문(Text) 같은 것이 없다는 것이다. 이것에 대하여는 다음 네 가지로 반론이 가능하다.

(1) 고대 유대 사회에는 드라마가 없었다는 주장에 대하여

어떤 측면에서는 개방적이면서도 종교적으로는 폐쇄적인 고대 이스라엘의 특성을 고려하면 드라마가 공연되지 않았다는 것은 충분히 이해될 수 있다. 그러나 이것이 그들에게 낯선 것이었음을 의미하지 않는다. 오히려 그들 중 일부에게는 이런 형식은 매우 익숙한 것이었다.

고대 유대 사회에 공연된 드라마(regular drama)가 존재하지 않은 것은 사실일 가능성이 높다. 요세푸스가 전해주는 대로 "헤롯이 극장을 세웠을 때 경건한 유대인들이 혐오감을 느꼈다"는 기록은 이러한 주장에 힘을 실어주고 있다.[77] 또 어떤 이미지를 형상화하는 조형 예술에 대한 그들의 부정적 감정이나, 특히 후에 연기(演技)를 일컫는 말로 사용된 외식(ὑπόκρισις, 마 6:2,5,16 등)이 매우 부정적 개념으로 사용된 것으로 볼 때 연극(drama)의 공연이 그들 사회에서 활발한 예술의 한 장르로 그 모습을 드러내어 자리를 잡기는 어려웠을 것으로 추측된다.

이스라엘 문화원의 홍보 자료에 의하면 이스라엘이라는 국가의 명칭을

---

77 요세푸스, 15:81

사용한 최초의 극단(劇團)은 1917년 모스크바에서 설립되었다고 한다.[78] 이것이 그동안 이스라엘 사회에서는 연극이 존재하지 않았다는 확고한 증거는 될 수 없지만 유대 사회에서 연극을 어떻게 이해하였는지 알 수 있는 자료는 될 수 있겠다.

그러나 드라마에 대한 유대인들의 거부 경향이 사실이라 하더라도 그것은 공연된 드라마나 혹은 공연을 위한 드라마에 대한 것으로서, 드라마 형식(drama form)의 문학이 거부되었다는 것이라 할 수는 없다.

이미 구약의 상당 부분을 차지하는 내러티브(narrative)에는 대부분 드라마적 요소라 할 수 있는 정체성이 뚜렷한 인물들과 그들을 중심으로 펼쳐지는 이야기들에는 plot이 존재한다. 구약 정경과 그 외의 그들의 문학에 이런 형식의 내러티브가 상당한 분량을 차지한다는 것은 고대의 유대인들도 이런 작품에 상당히 익숙해 있었다는 뜻이며, 어떤 교훈을 전하는데 있어서 그런 형식이 독자들을 그 안으로 이끌어 들여 몰입하게 하는 효과가 크다는 것을 알고 있었다는 것을 의미한다.

① 내러티브(Narrative)와 Plot

L. Carr는 아가에는 plot이 없다고 단언한다.[79] 그의 견해에 따르면 아가는 사실적인 인물이 등장하지만 마지막 8장에 가서야 1장과의 관계를 알 수 있을 정도로 이야기의 발전이나 전개가 보이지 않을 뿐 아니라 각 구절마다 화자(話者)가 누구인지도 분명하지 않고, 등장 인물들도 그 특성이 매우 모호하기 때문에 이를 plot이 있는 드라마로 볼 수 없다는 것이다.

그러나 구약의 문학과 깊은 관계를 가지고 있고 그 전부터 존재했던 우

---

78 이스라엘문화원 http://www.ilculture.or.krt

79 G. L. Carr. *Song of songs*. A Complete Literary Guide to The Bible, Ed. Leland Ryken & Tremper Longman III, Ch. 20., Zondervan 1993. 283.

가릿(Ugarit)의 문학 작품 중에는 '줄거리가 있는 내용을 담은 서사시' 즉, 내러티브 형식의 이야기들이 포함되어 있다는 것은 이미 잘 알려진 사실이다. 이 내러티브에는 극적 긴장을 일으켜 청자(독자)들의 참여도를 높이는 plot이 어떤 형태로든 있다.

구약 성경에도 수많은 단편 내러티브(Narrative)가 포함되어 있다. 내러티브란 대체로 "명확한 주제가 응집력이 있게 구성된 형태로 되어있는 들려주는 이야기"로 정의할 수 있다. 이러한 형식으로 교훈을 전하는 목적은 그 주제를 건조하고 단조로운 화법 대신 독자(청자)들이 충분히 몰입될 수 있는 이야기로 구성하여 그 세계 안에 참여하게 하려는 것이다. 실제로 내러티브는 독자(청자)들에게 새로운 관점을 부여하고 그것에 따른 삶의 방식을 따르도록 하는 효과가 크다. Longman은 구약의 모든 내러티브에는 플롯(plot)과 등장인물(Characters), 설정(Setting)과 관점(point of view) 이렇게 네 가지 요소가 들어있다고 보았다.[80]

체트만(Seymore Chatman)은 "내러티브는 plot과 인물 배경에 의하여 구성된다"고 하였다.[81] 또한 G. R. Osborn은 plot에 대하여 이렇게 설명하고 있다.

> "Plot은 인과적 순서를 따르는 통일된 연속적 사건들을 포함하며, 이 사건들은 절정을 향해 조성되어 가며 독자들이 (이를 통해) 이야기의 내러티브 세계에 참여하게 한다."

Longman 역시 plot은 긴장을 불러일으키는 갈등이 동기가 되는 사건들의 연속(succession of events) 구조라고 하였다.[82] 이렇게 하여 독자들이 그 세

---

80   Longman, Tremper, III. *Biblical Narrative*. A Complete Literary Guide to The Bible, Ed. Leland Ryken & Tremper Longman III, Ch. 4., (Grand Rapids: Zondervan, 1993), p.71

81   Seymore, 19-27.

82   Lonman III, op.cit., p.71.

계에 자연적으로 참여하도록 하는 것이라 하였으며 그 예로 요나의 이야기를 소개하였다.

오스본(G. R. Osbourne)은 위의 설명에 덧붙여 Plot의 기본적인 요소는 갈등이며 거시적(책 전체)이거나 미시적(한 부분)에도 들어있다고 하였다. 미시적인 예로는 요 9장의 날때부터 맹인이 눈을 뜨게 된 것과 영적 맹인인 바리새인의 대조가 있는데 그 자체가 드라마적이라고 하였고, 마태와 마가복음은 요 9장이 품고 있는 내용을 거시적으로 나타낸 형태라고 하였다.[83] 만약에 아가에 통일된 연속적 사건이 있고 그 사건들이 일종의 반전과 갈등 구조 속에서 절정(climax)을 향해 간다면 드라마적인 plot이 있는 것이다.

그리고 네러티브는 시(詩, 노래) 형식으로도 표현된다(창 49장, 출 15:1-18; 신 32, 33장; 삿 5장; 삼상 2:1-10; 삼하 1:19-27; 왕상 12:16; 왕하 19:21-34). 선지서의 대부분은 시로 되어있고 시편, 잠언, 아가, 욥기 등은 전체가 시로 구성되어 있는데 그 중에는 잠언과 같이 단편적 문장으로 교훈을 전하는 것도 있지만 시(노래)의 형식으로 구성된 내러티브도 다수 포함되어 있다. 그러므로 내러티브와 시(노래)는 구분이 되는 문학 양식이지만 동시에 시(노래)는 내러티브가 실행되는 한 부분이라고 할 수 있다. 그리고 그 안에는 선명한 plot이 있어 독자들의 관심과 참여도를 높인다.

② 구약 성경 안에 있는 plot이 현저한 드라마적 내용들

구약 성경에 소개되는 대부분의 내러티브는 그 자체가 현저한 plot이 존재하는 드라마적(Dramatic) 작품들이다. 하나님께서 아브라함에게 약속하신 일들이 구속사(救贖史) 가운데 성취되는 과정 자체가 그러하며, 그 외에도 아브라함이나 야곱이나 요셉 그리고 모세를 둘러싼 단편적인 설화들인 내러티브에도 드라마적 plot은 얼마든지 발견된다. 이스라엘의 광야 생활도 그 사

---

83   Osborne, 284.

건들 자체가 드라마적이다.

사사기에 등장하는 인물을 중심으로 한 기사들도 매우 드라마적이다. 기드온이나 삼손의 기사도 그 자체가 plot이 있는 하나의 드라마이다. 서사시 형식으로 된 드보라의 노래(삿 5:1-31)에서도 이것은 발견된다. 가나안의 철 병거가 동원되었지만 많은 비로 인해 그 전력(戰力)을 나타내지 못한 것이나(5:4), 시스라와 같은 맹장(猛將)이 한 가정 주부에 불과한 여인에 의하여 죽임을 당하는 것은 매우 드라마적이다(삿 5:26-27). 여호수아의 여리고의 점령 과정이 그러하며 에스더와 룻은 지금이라도 약간의 문학적 기법을 가미하면 바로 공연이 가능한 드라마로 각색될 수 있을 정도이다. 이 이야기들 안에는 plot이 있다. 다윗이나 솔로몬을 중심으로 펼쳐지는 이야기, 더 나아가 이스라엘의 역사는 그 자체가 매우 드라마적으로 표현될 수 있다.

그러므로 공연된 드라마가 없거나 공연을 위한 드라마가 따로 제작되지 않았다고 해서 고대 유대 사회에는 드라마 형식의 작품이 없었다고 할 수는 없다. 오히려 이런 드라마 형식의 내러티브는 이들에게 매우 익숙했던 것으로 누구나 어떤 교훈을 전달하기 위하여 이런 기법을 충분히 어렵지 않게 사용할 수 있었을 것이다. 위에 열거한 이야기들은 이를 낭독하는 자(구술음송자)가 음성이나 표정 등에 연기적 요소를 조금만 가미한다면 더욱 더 인상 깊은 하나의 드라마로 공연될 수도 있는 것들이다.

(2) 솔로몬 전후 시대에는 드라마 개념이 없었다는 주장에 대하여

아가가 드라마 형식으로 기록되었다는 것을 인정하지 않는 또 다른 이유는 솔로몬 당시 유대인들에게는 드라마에 대한 개념이 없었다는 것이다. 드라마의 형식을 갖춘 것은 BC 500년경 그리스에서 발생한 것이기 때문에 아가의 연대를 솔로몬 치세 어간으로 볼 때 고대 유대만이 아니라 다른 지역에서도 드라마는 생소한 것이었다는 것이다. 그러나 연극사(演劇史)에서는 이보다 훨씬 더 앞선 시기에 이미 공연된 드라마가 있었다고 보는 견해가 지배적이다. 이것은 당시의 문화 교류 현상으로 볼 때 유대인 민간 사회에서는 이미 낯선 것이 아니었다.

Oscar G. Brockett, Franklin J. Hildy 에 따르면[84] 연극은 '이야기 하기'와 '제의(祭儀)'에 그 기원을 두며, 한편으로 무언극이거나, 리듬이 있는 체조를 연상시키는 춤에서, 또는 짐승의 소리로부터 진화(進化)되었다고 보고 있다. 드라마 기원론에 대한 학자들의 견해는 이와 크게 다르지 않다. 이것은 후에 판토마임과 모방으로 시작하여 참여하는 각각의 사람들에게 주어진 역할을 통해 정교해진다. 이로 볼 때 드라마는 특정 지역의 특정인에게서 발생된 것이 아니라 인간 사회에서 자연적으로 발생한 것으로, 고대의 어느 지역 어느 문명에서나 다 이와 유사한 표현 양식은 존재했던 것이다. 그것을 나타내는 '드라마'라는 용어 자체는 없었다 하더라도 드라마 형식은 이미 존재했을 수 있다.

① 이집트의 오시리스(Osiris) 신화

이집트의 피라미드 벽에 나타나 있는 50편 이상 현존하는 피라미드 원문(BC 2800-2400년??)은 죽은 파라오의 안녕을 확인하고 생명과 권력의 영속성을 보여주는 신화로서, 연극사에서 대부분의 학자들은 이는 정기적으로 사제들에 의하여 '공연된 증거물' 중 하나로 여기고 있다.[85]

BC 2500년부터는 오시리스(Osiris)의 죽음과 부활, 그리고 호루스(Horus)의 대관식을 이야기하는 '멤피트 연극(Memphite Drama)'이 공연되었다고 한다.[86] 이것은 아브라함 이전 시기이다. 또 역시 오시리스와 관련된 아비도스

---

84   Brockett and Hildy, 19-25.

85   Ibid., 28.

86   Ibid., 29.

수난극(Abydos Passion)은 BC 2500년부터 BC 550년까지 해마다 공연되었다. 그 공연의 개별적 형식과 내용에서는 학자마다 차이를 보이지만 어떤 형태로든 공연적인 행사가 있었다는 것에는 의견이 일치하고 있다.[87] 아브라함 후손들이 애굽에서 400여 년을 지냈으며 또한 팔레스타인의 애굽과의 오랜 교류로 볼 때 적어도 어떤 형태로든 유대인들은 이를 접했을 가능성이 충분히 있다.

② 고대 근동의 담무즈(Tammuz) 신화

메소포타미아 지역에서 발견된 증거물에 의하면 풍요를 기원하는 제의는 이미 고대 시대부터 이 지역에서 일반적으로 행하여지고 있었다. BC 2500년 이후의 것으로 보이는 근동의 수메르, 바벨론, 히타이트, 가나안 text는 이 시기에도 수많은 공연이 있었다는 증거로 인정되고 있다.[88]

담무즈(Tammuz 일명 Dumuzi)는 고대 홍수 이전 수메르의 4대 왕으로서 죽음에서 다시 살아난 신으로 인정받는 인물이다. 이 신화는 이스라엘 사회에 널리 알려진 것으로서 포로기 이후 유대력으로 4번째 달(6-7월 사이)을 '담무즈 월'로 칭할 정도이며 매년 그의 죽음과 부활이 반복되는 의식이 민간에서 행하여졌다.[89] 이것이 드라마 형식이었는지는 알 수 없으나 죽음과 관련된 것과 부활의 과정을 나타내는 줄거리가 있는 '표현 예술'의 한 방식으로 존재했던 것은 부정할 수 없다.

에스겔도 이스라엘의 타락상을 환상을 통해 여인들이 담무즈를 위하여 애곡하는 절기에 참여하는 것을 보았다(겔 8:14). 많은 학자들의 아가의 해설에도 이 신화적 배경에 대하여 대단히 자주 언급되고 있다. Meek는 아가의

---

87 Ibid., p.30.

88 Ibid., p.30.

89 *Tammuz*. ABC vol. 6. 318 and ISBE vol.4, 725-726.

대부분을 이와 연결지어 해석한다.

이 담무즈 신화는 다산과 풍요를 위한 제의(祭儀)로서 고대 근동만이 아니라 팔레스타인 그리고 애굽에 이르기까지 널리 퍼져 있었다. 담무즈 신화가 애굽 등지에 영향을 준 것인지 아니면 애굽의 오시리스 신화가 그것에 영향을 준 것인지는 명확하지 않으나 이 둘은 거의 유사한 것으로 그 내용 자체가 매우 드라마적(Dramatic)이다. 대적에 의하여 죽임을 당하지만 어떤 극적(劇的)인 과정을 거쳐 다시 부활하는 이야기로, 겨울이 지나고 봄이 와서 만물이 다시 소생하는 내용 중심에 있는 담무즈의 죽음과 부활은 다산과 풍요의 상징으로 여겨졌다.

이집트의 오시리스와 수메르의 담무즈, 그리스의 아도니스 야야기에는 반전이 거듭되는 현저한 plot이 있다. 담무즈 신화가 매년 거듭되는 제의 시에 드라마 형태로 '공연'되었는지에 대하여는 논란이 있으나 오시리스나 아도니스 이야기가 정기적으로 공연되었다는 것은 이미 연극계에서는 정설(定說)로 인정되고 있다.

③ 그리스의 드라마

현대적 드라마의 기원은 고대 그리스의 희극 및 비극으로 보고 있다. 이것의 시작은 BC 2,000년경 크레테(Crete) 섬이나 미케네(Mycenae) 등을 중심으로 한 에게해(Aegean Sea) 문화의 농경 제사로 알려져 있다. 현대 연극의 공연은 BC 534년경에 시작된 그리스의 디오니소스 축제로 보는 것이 일반적이지만 미케네(Mycenae) 문명은 이미 그 전에 존재하였다. 이것은 헬라도스 문화 (Helladic culture)가 미노스(Minos)[90] 문명의 영향으로 발달하던 BC 17세기로부터 BC 12세기까지 동부 지중해 연안에서 번성한 것으로 알려져 있다. 슐라이만(Sulaiman)이 미케네(Mycenae)에서 인간의 얼굴을 본뜬 매우 사실적

---

90   Minos는 크레테의 전설적인 왕으로 제우스와 에우로페의 아들로 알려져 있다.

인 가면(mask)을 발견하였는데 이것은 가면을 사용한 연극 공연이 있었던 증거로 인정되고 있다.[91]

M. S. Barringer에 따르면[92] 호메로스의 서사시 '일리아드 오딧세이(Iliad & Odyssey)'는 해상길을 장악하기 위한 트로이 전쟁(BC 1184-1174)의 영웅들에 대한 이야기를 기록한 것으로서(BC 800-700) 그 이야기는 그가 창작한 것이 아니라 단편적인 이야기를 모아 서사시로 표현한 것인데 이것 역시 드라마로 공연되었던 것임은 잘 알려진 바와 같다.

BC 545년에 아데네에서 집권한 피이시스트라토스(Pisistratos) 왕은 그의 권력을 좀 더 공고하게 하기 위하여 평민을 대상으로 하는 연극을 장려한 인물로 잘 알려져 있다. 이 시대의 드라마를 '시초'로 보기 때문에 솔로몬 시대에는 드라마가 없었다는 주장도 있으나, 전술 한 바와 같이 그 뿌리는 이미 오래 전부터 내리기 시작하였고 이 시대에 이르러 발전된 개념의 드라마의 새로운 장(場)이 열린 것으로 보고 있다.

이 시기에 행하여진 디오니소스 축제 때는 합창 경연대회가 있었는데 그것에 연극 경연 대회가 추가된 것이라고 한다. 이 당시에는 배우가 한 사람 혹은 두 사람이 등장하는데 한 사람이 가면을 사용하여 여러 명의 역할을 하였다. 여기에는 코러스도 등장한다. 당시 코러스는 15명 정도(역시 가면을 착용)로 극 진행에 필요한 질문과 답변, 그리고 극의 흐름에 대한 것을 합창 형식으로 표현하였다. 코러스는 이때 비로소 등장한 것이 아니라 그 이전에도 구술음송자를 돕는 복수의 보조자들이 있었는데 이 시기에 좀 더 발전된 형태로 그 규모가 커진 것으로 보고 있다.

여기서 코러스의 등장은 눈 여겨 볼 필요가 있다. 아가의 코러스와 비교할 수 있기 때문이다. 그리스 연극에서는 한 명의 배우가 의상이나 가면을 바꾸

---

91 그리스 남부의 문명 발상지 도시 중 하나로 아테네에서 남쪽으로 약 90km 지점에 위치.

92 Barranger, 56.

기 위하여 무대를 비우는 동안 코러스가 극의 진행을 돕거나 엑스트라들의 움직임을 설명하는 역할을 하였는데 그 작품에 따라 코러스의 비중과 숫자가 달라졌다. 일반적으로 코러스는 프롤로그(Prologue) 부분에도 등장하며 에필로그(Epilogue) 부분에서 마지막 합창(Exodus)과 함께 장중한 행진(Parodos)을 하며 무대 위로 올라가 연극이 끝날 때까지 남아 있었다. 마지막 행진에는 춤(군무)이 따랐다.

코러스의 역할은 다음과 같다.[93] 극 중 주인공에게 충고도 하고 의견도 표현하고 질문도 하는 적극적 역할도 하였으며, 사건의 윤리적 혹은 사회적 틀을 마련하고 극의 행동을 평가할 기준을 제시하기도 한다. 또한 극적 효과를 높이기 위하여 극과 개별 장면의 전반적인 분위기를 조절하는 역할도 하였다. 그 외에 동작과 노래와 춤을 더해 줌으로 극적 효과에 이바지하기도 하며 관객이 이미 일어난 사건과 앞으로 발생할 사건에 대하여 숙고할 수 있도록 막간 휴식 혹은 행동을 지연시키는 역할도 하였다.

④ 그리스 문화의 팔레스타인 전래

사사 시대에 삼손이 자주 왕래한 블레셋 사람들은 적어도 BC 1300년 이전에 이탈리아 남부나 그리스 남부에서 이주해 온 자들로서 이미 크레테와 미케네 문명에 익숙한 자들이었다. 이것은 신 2:23와 렘 47:4 등이 증거한다.[94] 이 구절에서 보듯이 블레셋 사람들은 최초 연극의 발상지로 알려진 갑돌(크레테)에서 팔레스타인으로 이주한 후손들이다.[95] 본래 팔레스타인

---

93 Ibid., 61.

94 또 갑돌(크레테)에서 나온 갑돌 사람이 가사(블레셋의 큰 도시 중 하나)까지 각 촌에 거주하는 아위 사람을 멸하고 그들을 대신하여 거기에 거주하였느니라(신 2:23). 이는 블레셋 사람을 유린하시며 두로와 시돈에 남아 있는 바 도와줄 자를 다 끊어 버리는 날이 올 것임이라 여호와께서 갑돌 섬에 남아 있는 블레셋 사람을 유린하시리라(렘 47:4).

95 블레셋(Philistines)은 본래 그리스 남부지역에서 이주한 자들로 "팔레스타인"은 블레셋 인의 땅이라는 뜻이다. 이들은 주로 팔레스타인의 남으로는 애굽강으로 부터 북으로는 욥바에 이르는 지중해 연안에 넓게 퍼져서 살고 있었다. 블레셋의 다섯 도시는 가사(가자), 아스글론, 가

(Philistine)은 블레셋 사람(Philistia)의 땅이라는 뜻이다. 팔레스타인의 대부분 지역을 차지한 적은 없는 것 같으나 그 지역에서 그들의 영향력이 매우 컸음을 의미한다. 바벨론의 침공 이후에는 이들이 아랍계 주민과 혼합되어 로마 제국 이후에는 정체성을 상실하였으나 이전에는 그들만의 독특한 문화를 가지고 있었다.

삼손이 블레셋 땅 가사의 데릴라를 찾았을 때 그는 기생이었다. 기생으로 번역된 히브리어 *zônā(h)* (삿 16:1)는 *znh* 의 분사형으로 노래와 춤을 보여주며 술자리에 흥을 돋고 몸을 팔기도 하는 여자들을 말한다. 이러한 일을 하던 데릴라는 그들의 조상으로부터 전래된 그리스 문명의 춤과 노래를 어느 정도 전수받은 사람이었을 것이다. 그 춤과 노래가 어떤 것이었는지는 알수 없으나 그들만의 전통이 포함된 가무(歌舞)를 데릴라가 몸에 익힌 것으로 삼손과 같은 사람들은 그러한 자들을 통해 그 문화에 접할 수 있었을 것이다. 신실한 믿음으로 살려고 하는 유대인은 그런 문화 안에 잠재된 유흥 오락적인 것을 경계하였을 수는 있으나 삼손 같은 사람들은 이에 흥미를 느꼈다고 할 수 있다. 이것은 사사기의 저자가 이를 경계해야 할 필요성을 강하게 느꼈을 정도로 암암리에 유대 사회의 저변을 파고들어 퍼져 나가고 있었음을 암시해주고 있다.

⑤ 솔로몬 이전

그보다 훨씬 이전의 아브라함은 메소포타미아의 우르(Ur) 출신이며 유프레데스 인근 하란에 장기간 머물렀다. 이삭도 블레셋(그랄) 지역과 밀접한 교류를 하였다. 야곱은 서부 메소포타미아 밧단 아람에서 20년 이상 그들과 어떤 형태로든 교류하며 생활하였음으로 이 지역의 문화가 전혀 낯설지 않았을 것이다.

드, 에글론, 아스돗이다(삼상 6:17)

또한, 요셉이 애굽의 총리로서 업무를 충실히 감당했다는 것은 경제적인 면만이 아니라 애굽인의 문화를 이해하고 있었다는 것을 시사한다. 요셉은 아버지 야곱의 시신에 애굽의 장례 관습에 따라 40일 동안 방부처리 ḥnṭ (embalm)를 하였다(창 50:2,3). 요셉이 죽었을 때도 이와 같이 하였다(창 50:26). 이것은 고대 유대 사회에는 없었던 관습으로 특별히 여호와의 뜻을 어기는 것이 아니면 주변 문화를 따르는 일도 있었음을 보여주는 한 예이다. 이것은 출애굽 전 이스라엘 백성들이 그 문화에 동화된 것은 아니라 하더라도 어떤 식으로든 노출되어 있었음을 의미한다. 멤피스 수난극이나 아비도스 수난극은 정기적으로 그곳에서 행하여진 것이지만 이와 유사한 작은 규모의 유사한 공연들은 시기와 지역에 관계없이 행하여 질 수 있는 것이다.

모세가 시내산에서 내려오기 전 백성들은 금송아지 앞에서 "일어나 뛰놀았다" 고 하였다(출 32:6). 뛰놀다 ṣḥq 는 "매우 소란스러운 음주와 성적 행위를 탐닉하고 난교(亂交)가 포함되는 행위"를 말한다. 이것 역시 그들이 애굽의 문화에 깊이 젖어 있었음을 보여주는 단편이다. 이러한 것이 자신도 모르게 배어 나올 정도이면 그들이 접한 다른 문화적 요소들에도 익숙하였을 것이라는 합리적 추론이 가능하다.

⑥ 솔로몬 시대의 교역(Trade)과 문화 교류

솔로몬의 광범한 지역과의 문물(文物)의 교류는 이미 잘 알려진 바와 같다. 특히 이집트 제20왕조의 문물은 거의 거부감 없이 수용되었다. 솔로몬 당시의 교역 활동은 매우 왕성하여 이집트나 레바논만이 아니라 소위 동방이라고 불리던 아라비아 등지에서 많은 물품이 수입되었는데 이러한 교역에는 물품만이 거래되는 것이 아니라 문화적 교류가 따르게 된다. 문화란 삶의 양식(樣式)을 총칭하는 것이지만, 전해 내려오는 이야기나 춤을 위시하여 노래 등이 이를 대표한다.

솔로몬 시대를 전후한 실크로드의 상황을 볼 때, 당시 팔레스타인은 외국의 문물을 충분히 접할 수 있는 여건이 마련되어 있었다. 실크로드는 BC 8세기 스키타이가 개척한 이후 이미 BC 7세기에는 육지로는 3대 간선과 5대 지선으로 연결되어 중국 낙양과 장안을 거쳐 테헤란에 이르고, 그곳을 기점으로 하여 북쪽으로는 튀르키에(Turkey) 이스탄불(현재 지명)을 거쳐 이탈리아 로마까지 연결되었다. 또한 남쪽으로는 바그다드를 거쳐 한 지류는 팔레스타인 북부 가버나움으로, 또 한 지류는 여리고를 거쳐 예루살렘과 이집트의 알렉산드리아로 연결되었다.[96]

스키타이가 실크로드를 개척했다고 하는 BC 800년경은 솔로몬보다 200여 년 이후를 말하지만 이들이 길이 없던 곳에 새로 도로공사를 한 것이 아니라 대부분 이미 존재하던 길을 '장악'하여 보다 발전시킨 것이다. 그 이전에 그 길은 이미 대상(隊商, Caravan)들의 무역로였다. 이와 같은 사실은 구약 성경을 통해서 알 수 있는 것보다 훨씬 더 광범한 지역과 교류가 있었다는 것을 말해준다.

또한 솔로몬의 여인들 중에는 바로의 딸과 모압과 암몬, 에돔의 왕의 딸들만이 아니라 헷 족속의 딸도 포함되어 있는데 솔로몬이 나이가 많아졌을 때 이 여인들은 마음을 돌이켜 다른 신(그들이 본래 섬기던 신)을 따랐다고 하였다(왕상 11:1, 4). 그 여인들이 '다른 신'을 따랐다는 것은 교리적으로나 사상적으로만 추종한 것이 아니라 그 신을 섬기는 의식을 행함에 있어서 주도적인 역할을 한 것으로서 그 여인들은 자신만이 아니라 주변의 사람들도 이 의식에 참여하게 하였다. 그 의식과 전례 안에는 이방의 문화적 요소인 그들 고유의 이야기(신화)와 춤과 노래가 포함되어 있는데 (주로 담무즈 신화나 이와 매우 유사한 것들) 그 의식은 어떤 주제를 풀어가는 줄거리가 있는 공연적 성격을 가지고 있었다.

---

96   정수일, 466-467.

유일신 여호와를 신실하게 섬기는 자들에게는 이런 이방 문화가 철저히 배격되어 공식적으로 받아들여진 적이 없다 하여도 민간에서는 주변국의 문화를 수용하여 그것이 그들의 여호와를 섬기는 것과 혼합되면서 종교적 갈등을 불러 일으켰던 것은 성경의 기록으로도 알 수 있다. 특히 솔로몬 시대에는 이방 사상의 영향에 대하여 강력하게 제동을 걸만한 선지자가 거의 없던 시대였다.[97] 이것은 곧 외국 문화들이 별다른 제동 없이 유대 상류 하류 사회 할 것 없이 유입될 수 있었다는 것을 보여주는 한 단편으로 볼 수 있다.

솔로몬 이후 북 왕국에서는 선지자들이 큰 위기감을 느낄 정도로 종교적 갈등이 있었다는 것은 그만큼 그들이 이런 문화에 영향을 깊이 받았다는 증거가 될 수 있다. 그러므로 고대 유대인들도 공연된 드라마를 접했을 수 있는 가능성은 얼마든지 있다. 그러므로 이들 사회에서 드라마가 공연된 적은 없고, 또 배격되었다 하더라도 최소한 그들에게 '드라마 형식'은 낯선 것은 아니었을 것이며 오히려 이러한 형식으로 메시지를 전달할 때 나타나는 효과를 잘 이해하고 있었을 것이다. 그 시대의 사람들에게 드라마 개념 자체가 없었다고 하는 것은 받아들이기 어려운 주장이다.

(3) 드라마가 갖추어야 하는 지문이나 지시가 없다는 지적에 대하여

드라마에 필요한 지문(text)이나 지시(direction)가 없다는 것을 아가를 드라마로 볼 수 없다는 이유로 내세우지만 대부분의 구약 성경, 특히 시가들이 구술전승(口述傳乘) 기간을 거쳐 문자화된 것을 고려할 때 이것은 합당한 반론이 되지 못한다. 구전되고 있는 드라마 형식의 작품 들에는 당연히 지문이나 지시는 없을 것이다.

구약 성경은 어느 특정 저자나 혹은 한 공동체에서 발생한 이야기

---

97 다윗 시대에는 갓, 나단, 사독 등의 선지자들이 왕께 직언하기도 한 기록이 있으나 솔로몬 시대에는 이런 역할을 한 선지자들이 보이지 않는다.

들이 어느 정도의 구술전승 기간을 두고 문자화된 것으로 보고 있다. H. Gunkel(1862-1932)이 주장하는 양식비평에서는 그 구술 기간이 비교적 장구하지만, 이러한 주장을 따르지 않는다 할지라도, 또 다른 차원에서 이러한 노래들은 비교적 길지 않았을 수도 있는 구전 기간이 있었다는 것을 부인할 수는 없다. 이러한 노래들은 처음부터 책상 앞에서 양피지에 기록되어 전수된 것이 아니라 구술용으로 지어진 것이다. 그리고 이것은 큰 소리로 읽혀 졌다. 곧, 큰 소리로 읽혀 질 것을 염두에 두고 지어진 것이다. 그리고 그 구술은 이를 최대한 완벽하게 재생할 수 있을 정도로 훈련된 '구술음송자' 들이 담당하였다.

탈굼에는 10가지 "입으로 불리우던 노래"가 소개되어 있다.[98] 이것은 구전되던 것을 후에 문자로 남긴 것이며 문자화된 이후에도 그것을 낭독하는 형식으로 보급되었다. 그 10가지란 다음과 같다. 아담이 그 죄 사함을 받고 안식일을 찬양한 것(시 92편), 모세가 홍해에서 부른 노래(출 15:1), 광야에서 이스라엘 백성에게 물이 주어졌을 때(민 21:7), 모세가 세상을 떠날 때 부른 노래(신 32), 여호수아가 태양이 머물렀던 사건을 찬양한 것(수 10:12), 드보라의 노래(삿 5), 사무엘의 어머니 한나가 아들을 얻었을 때(삼상 2:1), 다윗이 하나님이 보이신 기적들을 찬양(삼하 22), 그리고 솔로몬의 노래(아가)와 이사야의 노래(사 20:29)이다.

모세나 미리암의 노래가 그 즉석에서 기록되었다고 볼 수 없다. 아가 역시 어떤 작가에 의해 창작된 것이라면 어느 기간 동안은 그들의 공동체 안에서 특별하게 훈련된 자에 의하여 구술전승되었을 것이며, 이때 적어도 그것을 음송하는 자들은 그 대사가 누구의 것인지 알고 있을 것이다. 그래야 효과적으로 이 내용을 전달할 수 있기 때문이다. 그렇다면 청자들에게 효과적으로 전달하기 위하여는 그들은 그 대사가 누구의 것인지 알 수 있는 방법으로 음

---

98   Pop, 296.

송하였을 것이다. 당시 그렇게 구전되던 것을 그대로 채록한 것이라면 오늘날과 같은 지문(text)가 없는 것은 오히려 당연하다.[99] 오늘날의 시각의 기준으로 고대의 것을 평가할 수 없다.

중요한 것은 그 사회에 공연된 드라마가 존재하였는가, 혹은 드라마로서 외적 형태를 갖춘 대본이 있었는가 하는 것이 아니라, 아가의 내용 그 자체에 드라마적 요소 즉, 등장 인물들이 엮어 가는 갈등을 기반으로 하는 plot과 결말이 있느냐 하는 것이다. 이것이 있다면 공연 여부나 그 대본의 형식과는 관계없이 드라마 형식(Drama Form)으로 기록된 것이라 할 수 있다.

(4) 아가의 등장 인물과 대사 구분이 불가능하다는 의견에 대하여

왕과 술람미가 주인공일 경우(Two Main Characters) 남녀 대사 구분은 히브리어의 기초적 지식만 있어도 가능하다. 그러나 3인 주인공론에서 두 남성들의 대사를 구분하는 것은 다수의 학자들의 의견과 같이 "인위적으로 끼워 맞추지 않는 한 불가능하다"는 것이 충분히 이해될 수 있을 정도로 쉬운 일은 아니다. 그러나 불가능한 것은 아니다.

3명의 주인공이 등장하는 경우 2명의 남성 대사에는 남성들의 서로 다른 이미지가 나타나 있고, 사용하는 용어도 서로 다른 점이 있다. 그리고 남성의 대사에 반응하는 여성이 사용하는 남성에 대한 애칭을 통해서도 확인될 수 있다. 이런 것을 구분하는 방식이 '억지스러운 면이 있다'고 하여 거부하기도 하지만 그렇지만은 않다는 것을 본문 해설을 통해 밝힐 것이다. 한 남성은 목

---

99 키르키즈스탄의 영웅 마나스의 이야기를 구술하는 전문가를 '마나스치'라고 하는데 이들은 일주일 동안 지속되는 마나스의 이야기를 구술하는 전문적 훈련을 거친 사람들로서 그 대본은 지금도 없다. 한국의 예를 들면, 예를 들면 한국의 봉산탈춤의 현재 대본에는 구체적인 상황 설명과 등장인물과 그들의 대사가 나타나 있으나 과거에는 대본 조차 없이 수백 년 동안 구전되었다. 최초의 채록은 1936년 9월 1일에야 이루어졌다. 그 이후 수 차례에 걸쳐 여러 학자들이 채록을 반복하여 현재에는 알아들을 수 없는 고어를 현대로 바꾸는 등의 수정을 거쳐 현재는 2시간 정도의 분량으로 공연되는 표준 대본이 형성되었다. 대부분의 구전은 이러한 방식으로 문자화되는 과정을 거친다

동이고 또 한 사람은 왕이다.

그 외에 남녀로 구성된 코러스(혹은 남성 코러스와 여성 코러스가 구분되어 있을 수 있다), 그리고 주인공의 상태를 독자(청자)에게 나타내기 위하여 설정된 가상적 그룹이 있다.

아가가 드라마 형식으로 기록되었는지 여부는 오늘날과 같은 '드라마 대본의 형식'을 갖추었느냐 하는 것에 달려 있는 것이 아니라, 그 내용상 드라마의 가장 중요한 요소인 갈등을 바탕으로 사건이 통일성 있게 전개되어 절정에 이르는 plot이 있느냐 하는 것으로 판단하여야 할 것이다.

2) 아가가 드라마 형식으로 기록되었다는 내적 증거들

아가에는 전체를 관통하는 주제가 있는 통일성이 있을 뿐 아니라 한 저자가 면밀하게 구성한 구조가 보인다.

(1) 아가서의 통일성(Unity)

아가가 드라마 형식으로 기록되었다는 것은 우선적으로 이것은 이집트의 연애시나 고대 근동의 작품을 모은 선집(Anthology)으로 보지 않는다는 것을 의미한다. 그러나 이것을 한 편의 드라마라고 한다면 그 내용에 작품 전체를 관통하는 주제가 있어야 하며 통일성이 있어야 할 것이다. 또한 명확한 주제가 있다 하더라도 그것을 단순히 여러 에피소드를 열거하는 방식으로 엮어 놓은 것이라면 이는 드라마 형식으로 된 것이라 할 수 없다.[100] 통일성 여부를 논한 후 그 이야기의 주제가 작품 안에서 어떤 식의 구성(plot)를 통해 절정(Climax)에 이르는지를 찾아볼 것이다

Garrett은 아가가 통일성이 있다고 한다면 다음 세 가지의 문제에 대한

---

100   단순한 이야기와 드라마는 plot의 유무에 의하여 결정된다.

적절한 답이 있어야 한다고 하였다.[101] 첫째, 아가는 사랑시들의 집합인가, 아니면 문학적 통일성과 일관성을 가지고 있는가? 둘째로 통일성이 있다면 지배적인 구조가 있는가? 셋째는 한 저자에 의한 작품인가 아니면 많은 시인들에 의한 작품인가? 이에 대한 답으로 아가가 한 편의 드라마로 볼 수 있는지 그 가능성 여부를 가릴 수 있을 것이다. 또한 서로 다른 저자들의 작품이라 하더라도 하나의 주제 아래 연작(連作)한 것이거나 같은 주제를 다룬 작품들을 모아 놓으면 주제는 찾을 수 있겠으나 롱만(Longman III)의 주장처럼 원심성이나 구심성은 있어도 통일된 구조를 찾기 어려울 것이다. 여기서 통일성이란 시작부터 결말에 이르기까지 일관된 주제와 이를 발전시켜 가는 견고한 구성과 독자들을 작품 안으로 끌어당겨 몰입하게 하는 반전과 갈등의 요소가 있다는 것을 포함하는 용어이다.

아가를 노래들의 선집(Anthology)으로 보면 통일성 여부 자체를 논할 수 없을 것이다. 이에 대하여 Pop은 그의 주석에서 이 선집론(Anthology)에 대한 다양한 내용을 다음과 같이 소개하고 있다.

첫째, 뚜렷한 주제가 보이지 않는다는 설로는, 당시에 알려진 '짤막한 사랑노래(love-ditties)'들을 단순한 형태로 모은 것(Paul Haupt)이라는 주장과 둘째, 서로 다른 시대와 장소에 존재하던 것을 모은 것(J. Jastow) 셋째, 어떤 한 사람의 작품 중 몇 가지를 발췌한 것(N. Schumit) 등이 있다. Gordis는 솔로몬 시대에서 페르샤 시대까지 존재하던 것을 이후에 수집하여 그 중 19개를 옮긴 것이라 하였고, 또 구전으로 내려오던 것을 모아 편집한 것(Segal), 고대 근동지역의 종교와 거의 유사한 가나안 토착인들의 제의에서 사용되던 노래들을 편집한 것이라는(Meek) 주장이 있다.[102].

아가에는 주제가 있다고 보는 학자들도 다수 있다. Gledhill은 아가서는

---

101 Garrett, 26-27.
102 Pop 40-88 인용. 그는 방대한 자료들을 인용하여 이 내용을 상세하게 설명한다.

여섯 주기로 배열된 두서가 없는 형태를 가지고 있다고 하였다.[103] 통일성이 없다는 것으로 이해될 수 있는 여지가 있으나 '주기'가 있다는 것은 어떤 주제에 따라 시들을 편집했다는 것인데 이것은 주제가 명확하지 않다는 것을 우회적으로 말한 것이다. Keel은 아가가 어떤 편집자가 다양한 시들을 어떤 주제 아래서 수집하여 통일성을 부여한 것이라는 의견을 제시하였다.[104] 이와 유사한 견해로 Longman은 아가는 "구심성과 원심성은 있으나 통일된 구조는 없다(there are centripetal and centrifugal forces in the Song but no macro-structure)"라고 하였다.[105] 그 의미는 다소 모호한 면이 있으나 이것은 아가가 노래들의 무작위적 선집 (haphazard collection)이라는 주장과 통일성을 가진 한 사람의 작품이라는 주장의 경계에서 통일성을 부인하는 쪽으로 약간 치우친 것이라 볼 수 있다.

그러나 Murphy, Fox, Garrett등은 아가는 통일성이 있는 구조가 있다고 주장한다. Garrett은 아가를 명문 선집(Anthology)이라고 주장하는 학자들은 많으나 그들은 '아가를 그 명문 선집과 (내실 있게) 비교하는 일을 일반적으로 하지 않는다'고 지적하며[106] 아가의 역사성은 부인하면서도 현저한 통일성이 있다고 주장한다. 특히Fox는 반복적인 어구, 관련된 어구, 인물 묘사 방법과 내러티브 구조를 통해서 통일성이 있음을 알 수 있다고 하였다.[107] 단일 저자와 구조의 통일성에 대하여 Garrett은 M. T. Elliot의 설명을 다음과 같이 소개한다.[108] 그의 설명과 더불어 필자의 의견을 첨가한다.

첫째로, 일단 아가서 전체는 "봄(Spring)"을 배경으로 한다. 아가에서 말하

---

103   Gledhill, 37-39.

104   Keel, 17.

105   Longman III, *Song*, 55.

106   Garrett, 30.

107   Fox, 202-222 해설 참고

108   Garrett, 27, 28에서 인용

는 봄은 아가서의 배경이 계절상 봄이라는 모티프를 통해서 '과거를 청산하고 새로운 것을 시작하는 것'을 의미한다. 아가서의 독자는 이를 어렵지 않게 알 수 있다.

둘째로, 내용의 초점은 일관되게 주인공 여성 중심이다. 아가에는 남성들도 등장하지만 그들은 모두 그 여인과 관계된 사건을 풀어 가기 위한 인물로 등장한다. 이것은 고대 근동의 연애시가 주로 남성 위주의 성적 쾌락과 관련이 있는 것과 다른 점이라 할 수 있다.

셋째로, 주제는 "사랑 ʾāhābā(h)"이다. "입맞춤"과 "향기" 혹은 '백합' 그리고 "비둘기" 같은 유사한 이미지의 반복과, 눈을 쳐다보면서 무언의 감정을 교류하는 반사적 역동성도 단일 저자의 작품이라는 점과 통일된 구조의 근거로 제시된다(1:15, 4:10와 1:2, 4:10의 대조). 왕으로 보이는 한 남성의 관능적인 성적 요구가 있음에도 불구하고 여성은 궤도를 벗어나지 않는 모습을 보여줌으로 세속적인 것과 구별되는 사랑을 노래하고 있다.

넷째, 그리고 등장인물의 성격과 태도의 일관성이 보인다. 여성은 여러가지 환경의 변화에도 불구하고 '마음으로 사랑하는 자'를 놓지 않는다. 유혹하는 자는 일관되게 그 성격을 유지하며, 목자의 이미지를 갖은 자는 항상 여인의 요구에 따라 달려온다. 그리고 여성이 사랑하는 남성을 부를 때 "도디 dôdî" 그리고 남성이 사랑하는 여성을 부를 때의 "라(흐)야티 rǎʿyatî"라는 일관된 용어 사용이 통일성의 한 단면이다. '도디'는 일반적으로 여성이 사랑하는 남성에 대한 애칭으로 쓰이는 것이지만 아가에서는 주인공 여성이 오직 한 사람에게만 사용한다.

다섯째, 이와 같은 외형적 구조만이 아니라 내면적으로도 잘 짜여 진 구조가 있다는 증거로는 어떤 남성은 계속해서 여인을 은밀한 공간(1:4)이나 유흥의 자리(7:1)로 이끌려고 하지만 여성은 일관되게 유혹자의 유혹에서 벗어나려고 하고 있고 사랑하는 자를 '어미의 집'으로 데려가고 싶어한다는 것이다(3:4; 8:2). 이것은 저자가 계획한 주제에 따른 일관된 흐름이 있다는 것을 보여주는 것이다.

여섯째, 이 외에도 여인을 집요하게 유혹하는 자와 이에 따라 갈등을 겪는 여인의 심리를 나타내는 일종의 반복되는 패턴(pattern)이 있다. 남성 중 한 사람(왕)이 여인에게 유혹의 말이나 모종의 제스처를 취할 때 여인은 그와 동시에 유혹자가 아닌 '사랑하는 자(도디)'를 떠올린다(본문 해설에서 상세히 밝히겠다). 그리고 사랑하는 자가 찾아왔을 때 문을 즉시 열지 않고 있다가 뒤늦게 일어나 찾아 나서는 모습 속에서 여인의 마음 깊은 곳에 들어있는 내면의 미세한 갈등까지 반복적으로 묘사되고 있다(3:1-4; 5:2-8). 이것은 단순한 사랑의 감정이 아니라 시험으로 인하여 흔들리는 사랑이 마침내 그것을 극복하여 '더욱 높은 단계의 사랑으로 성숙해 가는 과정'을 말하고자 하는 것으로 보인다. 그리고 마침내 포도원을 허는 여우를 잡고(2:15) 제 자리로 돌아오는 것으로 마감되는 것은 통일성이 있는 단일 작가의 일관된 계획된 작품이라는 것을 보여준다.

일곱째, 통일성에 대한 마지막 증거는 후렴구(refrain)에 있다(2:7; 3:5; 8:4). 후렴구가 구조의 통일성의 증거가 될 수 없다고 하는 해석자들도 있다. 그들의 주장은 서로 다른 노래들을 발췌하고 열거하면서 그 사이 적당한 곳에 동일한 후렴구를 두어 단락을 구분하는 용도로 쓸 수 있다는 것이다. 그러나 이 후렴구는 모두 아가에서 보여주려는 주제를 반복적으로 강조하며 내용을 이 주제 아래 응집시키는 기능을 한다.

"내 사랑이 원하기 전에는 깨우거나 흔들지 말라"는 후렴은 혹자들의 주장처럼 "행복한 분위기를 깨지 말라"거나 "성적 욕구가 일어나지 않게 하라"는 뜻이 아니라 "사랑 자체를 달콤한 칭찬이나 세상 영화를 제시하는 방식으로 일으키지 말라"는 뜻이다(본문 해설에서 자세히 설명함). 즉, 진정한 사랑은 인위적으로 일으킬 수 있는 것이 아니라는 뜻이다. 이것은 아가에서 일관되게 나타나는 메시지이다. 이로 볼 때 이 후렴구는 내용의 흐름상 긴장을 더해주며 어떤 큰 단락을 마무리하는 역할을 하는 것일 뿐 아니라 아가의 핵심을 응집하는 기능을 한다.

이와 같은 것을 볼 때 아가가 단편 노래의 선집일 뿐 주제가 없다고 하는 주장은 받아들이기 어려우며, 또 '구심성과 원심성은 있으나 통일된 구조는 없다'는 애매한 주장도 수용하기 어렵다. 아가는 전체를 관통하는 주제가 분명하고, 그 주제를 강조하기 위한 극적 구조(plot)가 많은 곳에서 발견된다(아가의 plot에 대하여는 '아가의 줄거리'를 참고하라).

(2) 3명의 주인공(Three main Characters theory)

이 책은 아가의 주인공을 술람미 외에 남성 2인(왕과 목동)으로 보는 관점에서 해설할 것이다. 2인이 주인공이라 할지라도 드라마적으로 내용이 전개될 수는 있으나 3인의 주인공이 갈등 관계 속에서 펼쳐 가는 이야기라면 그드라마적 성격이 더욱 두드러지게 나타나며 이를 통해 더욱 인상적인 메시지가 전달될 수 있다. 왕으로 지칭되는 남성 외에 목자의 이미지를 가진 또 다른 남성이 등장한다고 하여 이를 목자 가설(Shepherd Hypothesis)이라고도 한다.

2명의 주인공(수람미와 솔로몬)이 있다는 주장 안에도 약간의 차이점은 있다. 그 내용에는 어떤 주제나 내용상의 전개가 있는 드라마가 아니라 그저 사랑의 대화 정도가 있을 뿐이라고 주장하는 학자도 있고, 방탕기가 있는 솔로몬이 술람미라는 정숙한 여인을 통해 마침내 진정한 사랑을 알게 되는 줄거리가 있는 이야기라고 한다. 또한 왕은 솔로몬이 아니라 시적 상징으로서 '신랑'을 높여 부르는 말이고 술람미는 신부로서 그들 사이에 모종의 갈등이 있었으나 극복하는 주제가 있는 이야기로 보는 학자들도 있다. 좀 더 나아가서 신랑과 신부를 하나님과 그의 백성을 나타내는 풍유로 보기도 하고, 솔로몬 치세 아래 위대한 성공을 우회적으로 나타내는 것, 남 왕국과 북 왕국의 재

결합을 염원하는 노래로 보기도 한다. 즉, 아가는 어떤 줄거리가 있는 이야기이기는 하나 드라마가 갖추어야 하는 요소인 plot이 없거나 매우 빈약하게 나타난다는 것이다.

그러나 아가서는 그 시작 부분 즉, Exposition(혹은 Prologue)에 해당하는 1:2-4부터 세 사람의 주인공(술람미, 왕, 목동) 사이에 갈등과 반전이 있는 plot을 암시하고 있다. 이 부분에는 여성을 중심으로 하여 주인공 격인 2명의 서로 다른 남성들이 등장한다. 이제 차례로 두 명의 서로 다른 이미지를 가지고 있고 또 서로 분위기나 격이 다른 용어를 사용하는 남성이 등장하는 증거들을 개략적으로 소개하겠다. 자세한 것은 본문 해설에서 밝히겠다.

첫째, 1:4에서 의도적인 반의적 동사가 사용된다. "(너는) 나를 인도하라 *mŏškēnî* (mšk 의 명령형, 2인칭 남성 단수 미완료)"와 "왕이 나를 "이끌어 들였다" *hĕḇî ʾănî* (bwˀ의 3인칭 남성 단수 완료형)에서 mšk 와 bwˀ는 반의적 동사로, 이 구절에서 두 명의 남성이 등장한다는 중요한 단서가 된다. 그러나 다수의 학자들은 "왕"과 "너(그)"를 시가에서 흔히 사용되는 인칭변환(enallage)으로 봄으로 이들을 동일 인물로 이해하기도 한다. 그러나 "이끌어 들이다 bwˀ"는 밖에서 안쪽으로 들어옴을 나타내며 "인도하다 mšk"는 안에서 밖으로 나가는 동작을 나타낸다. 즉, 방으로 이끌어 들인 자와 여인이 자신을 인도하라(take me out)고 요청하는 인물은 서로 다른 남성이다.

둘째, 1:4에서 사용된 이 반의적 동사, '인도하라 *mŏškēnî*'는 미완료이고 왕이 '이끌어 들였다 *hĕḇî ʾănî*'는 완료형이다. 히브리어에서는 완료와 미완료를 명확히 구분하지 않을 수 있으나 어떤 사건의 인과관계를 설명할 때는 원인은 완료로 결과는 미완료로 읽을 수밖에 없는 것이다. 인도하라(미완료)는 요청은 이끌어 들여졌기 때문이다(완료). 그러므로 여기에는 '방으로 이끌어 들인 남성'과 여인이 '인도하여 내라'고 요청하는 인물은 서로 다른 남성이다.

셋째, '도디'라는 용어 사용에 관한 것이다. 이것은 일반적으로 여성이 사랑하는 남성을 호칭하는 것이지만 아가에서는 주인공 여성이 두 명의 남성 중 '목동'에게만 사용한다. 1:1-4에서 입 맞추어 달라는 대상이나, 자신을 왕의 방에서 이끌어 내어 달라고 요청하는 대상에게 '나의 사랑(도디)'라고 하였다. 1:7이하에서 그 여자가 찾아가고 싶다는 사람은 '정오에 양 떼 곁에서 쉬는 자' 즉, 왕이 아닌 목동이다. 3:1, 2, 3, 4에서는 그를 "마음으로 사랑하는 자"라고 부르고 있다. 이것은 '도디'보다 훨씬 더 사랑의 깊이를 나타내는 말이다. 두 명의 남성이 등장한다고 했을 때 여인은 그 중 한 사람에게만 이 말을 할 것은 분명한 사실이다. 만약 여인이 이 두 사람을 구분하지 않고 모두 '도디'라고 한다면 아가는 정경에 들지도 못했을 것이고 술집에서나 흥얼거리는 노래로 취급되었을 것이다. 앞으로 계속되는 두 남성의 대사를 구분하는데 있어서 이것은 결정적인 역할을 할 수 있다. 두 명의 남성의 대사가 구분되기 어려운 것이기는 하나 어떤 미상의 남성의 대사에 대하여 여인이 그것에 대한 응답으로 '도디'를 사용한다면 그 남성은 목동이다.

아가의 중요한 중간 매듭으로 보이는 2:16; 6:3; (7:10)에서도 왕과 다른 이미지의 목동의 존재가 드러난다. 여인의 대사 "나는 그에게 속하였고 그는 나에게 속하였다" 혹은 "나는 그에게 속하였다"는 고백에서 따라 나오는 바로 '그'는 "백합화 가운데서 양을 먹이는 자"라고 하였다. 개역개정의 번역은 "그는 양떼를 먹이고 있다"고 하여 그의 행동을 보여주고 있으나 '먹이다(혹은 먹다) hārōʿě(h) 는 먹다(browes) 혹은 먹이다(feeding)로 번역되는 rʿh 의 단순(Qal) 남성 단수 분사형과 정관사 hā 가 결합된 것으로, 행위보다는 그가 어떠한 사람인지 그 신분을 나타내는 말이다. '그는 (양떼를) 먹이는 자'이다. 즉, 목동이다.

아가를 고대 근동이나 이집트 시에 강한 영향을 받은 작품으로 보는 자들은 목동과 왕을 구분하지 않으려고 한다. 그 이유는 신화의 주인공인 두무지(Dumuzi, 후에 Tammuz라 불리움)도 목동으로 소개되고 있기 때문이다. 그래서 왕을 신랑과 동일 인물이며 또한 그를 목동으로 보고 있기 때문이다. 다윗과 솔로몬도 한 때 목동이었다는 이유로 이런 점을 구분하려고 하지 않지만 이들이 국사를 맡은 후에도 '양떼들과 함께 정오에 쉬는' 목자의 일을 하였는지 의문이다. 목동은 일터인 초장(草場)으로 출퇴근할 수 있는 직업이 아니다. 봄에 양떼를 몰고 나가면 몇 개월 동안 양떼들과 함께 지내야 한다. 다윗과 솔로몬이 국사를 담당하면서 남는 시간에 아르바이트 하듯 양떼를 돌본다는 것은 생각하기 어려운 일이다.

넷째, 한 남성은 여인에게 올 때 '산에서 달리고 작은 산을 빨리 넘어온다(2:8).' 그리고 여인의 집에 도착한 그 남성은 '노루와 어린 사슴처럼 창으로 들여다보며 창살 틈으로 엿본다(2:9).' 그러나 또 한 남성은 '몰약과 유향과 상인의 여러가지 향품(귀한 수입품)으로 연기기둥과 같은 것을 만들어내며 화려한 '아필르온'을 타고 온다(3:6-11).[109] 그 가마 옆에는 60명의 무장한 호위대가 따르고 있다. 전자와 후자는 같은 인물일 수 없다. 저자는 그것이 누군인지 직접 밝히지는 않지만 독자나 청자가 이를 능히 구분할 것을 알고 있다. 왕이 여인의 방을 기웃거리며 창살 틈으로 엿볼 이유가 없다.

또한 한 남성이 여인의 집에 와서 밤 이슬이 머리에 가득할 정도로 오랜 시간 동안 계속 문을 두드린다. 그러나 열리지 않자 그냥 돌아간다(3:2-6). 그가 왕이라면 이렇게 문을 두드릴 필요도 없을 것이다. 문을 열라 할 때 여인이 이 핑계 저 핑계를 대며 시간을 끌 수도 없었겠지만, 또 두드렸다 하더라도 얼마간의 시간이 지나면 왕은 그 문을 스스로 열고 들어올 수 있는 신분이다. 이것은 왕의 이미지가 아니다.

다섯째, 남성들이 사용하는 용어(Terminology)들도 다르다. '은을 박은 금

109　개역개정에는 '자기(솔로몬)의 가마'로 번역되어 있으나 그 가마는 아필르온이라 불리우는 것이다(3:9).

사슬(1:11)'을 초기 정자들이나 독자들 중 목동의 대사로 보는 사람은 없을 것이다. 또 '나의 바로의 병거의 준마(암말)'에서 '나의'라는 소유격 대신 이를 연계사(해당 본문 해설 참고)로 본다 하더라도 이것을 목동의 대사로 볼 수는 없을 것이다. 또한 '왕비와 후궁들도 너를 칭찬한다(6:9)'도 목동이 어디서 들은 이야기를 하는 것이라고 보기에는 무리가 있다. 이것은 왕의 대사이다.

또한 4장에서 남성의 대사 중 '나의 신부'라는 말이 반복된다. 이것은 정혼이나 결혼한 사람에게만 쓰는 용어이다. 그것도 갓 결혼한 어린 신부나 며느리에게 사용되는 호칭이다. 이것은 목동의 대사이다. 왕의 *waṣf*로 보이는 7장에서는 여인을 누이라고는 하여도 '신부'라는 말을 쓰지 않았다. 왕은 이 대신에 '귀한 자의 딸'이라고 하였다(7:1).

그리고 왕의 대사를 종합해 보면 매우 화려하고(luxury) 궁중적 용어(royal terminology)를 사용하며 유흥적(playful)이고 대체로 가벼운(lighthearted) 느낌이며 매우 선정적(erotic)인 것들이 주를 이룬다. 목동의 이미지를 가진 자는 목가적(bucolic)이며 진지한 삶을 말한다. 그의 표현에도 유방 등의 표현이 있으나 이것은 당시 생산과 양육과 관련한 여성의 미덕을 노래하는 것으로 에로틱한 표현이라 할 수 없다. 그리고 왕은 여인에게 자신이 원하는 시간에 임의로 나타나지만 여인이 그를 찾지는 않는다. 반면에 목자적 이미지를 가진 자는 여성이 그리워하며 찾는 대상이자 여인이 원할 때까지 기다리는 사람이다.

제 2 부   아가 주해

SONG OF SONGS

제 1 막 (1:2-8)

프롤로그(Exposition, 1:2-8)

이야기로 구성되어 있는 소설이나 드라마 혹은 서사시 등의 작품에서는 대개 작품 서두에 도입(Prologue, Exposition, Point of attack) 부분을 두기도 한다. 이것은 간단하게 몇 줄 정도로 표시할 수도 있지만, 복잡한 갈등 구조가(plot) 가 있을 때는 비교적 길게 언급하기도 한다. 이것은 작품의 전반적 내용의 흐름을 암시함으로 독자의 흥미를 유도하여 참여도를 높이는 효과가 크다.[1]

1:2-4은 아가의 프롤로그 부분으로서 그 해석 방식에 있어서 가장 핵심적 논쟁을 해결할 수 있는 몇 가지의 단서가 제시되어 있다. 이 부분에는 아가의 주요 등장인물들이 소개되어 있으며, 그 사이에서 일어나는 긴장 관계와 그 결말이 어떻게 이루어질지 암시되어 있다.

여기서 등장하는 인물은 세 명이다. 왕이라 칭하는 남성과 주인공 여성,

---

1   Story를 단순한 이야기라고 한다면, 드라마란 climax를 향하여 가는 갈등을 포함하는 plot이 있는 것을 말한다.

그리고 그 여성이 '그' 혹은 '너'라고 칭하는 또 다른 남성이다. 왕은 그 여성을 '자기 방으로 이끌어 들인 사람'이고, 또 다른 남성은 여성으로부터 '밖으로 나가게 해달라는 요청'을 받는 사람이다. 그리고 그 외에 극의 진행을 돕는 코러스가 소개되는데 이들은 작가의 의도를 대변하기도 하고 독자(청자)들의 질문에 답하기도 한다. 이 대목에서는 그 여인이 원하는 것을 지지하고 도우려는 의지를 나타낸다. 이것으로 아가서의 큰 윤곽을 대략적으로 예견할 수 있게 한다.

다수의 해설자들은 이 부분에서 두 명의 남성이 등장한다는 의견에 동의하지 않는다. '너(그)'와 왕은 히브리 시가의 평행구에서 흔히 쓰이는 인칭변환(enallage)으로 보기 때문에 이 두 사람을 서로 다른 인물로 보지 않는다(1:4 해설 참고). 그러나 이 프롤로그만이 아니라 아가의 전반에 걸쳐 술람미를 중심으로 서로 각각 다른 이미지를 가진 두 남성이 등장한다.

아가는 단순한 남녀의 사랑 노래가 아닌 주인공 격인 세 사람의 관계 속에서 갈등 구조(plot)가 현저히 보이는 어떤 이야기(Narrative)를 마치 오늘날의 뮤지컬이나 오페라와 유사한 노래의 형식으로 담아 낸 것이라고 볼 수 있다. 이 책은 이러한 관점에서 해설을 이어 갈 것이다. 현대의 희곡(Drama)과 같이 지문(Text)이 있거나 연출 지시(Direction)가 없기 때문에 많은 대사들이 누구의 것인지 명확히 밝혀내는 것도 어려운 일이긴 하지만 구문 분석과 문맥을 고려하면 불가능한 것은 아니다.

제1장 왕의 방에 이끌림을 받은 술람미(1:2-4)

2 내게 입맞추기를 원하니 네 사랑이 포도주보다 나음이로구나 3 네 기름이 향기로워 아름답고 네 이름이 쏟은 향기름 같으므로 처녀들이 너를 사랑하는구나

4 왕이 나를 그의 방으로 이끌어 들이시니 너는 나를 인도하라 우리가 너를 따라 달려가리라 우리가 너로 말미암아 기뻐하며 즐거워하니 네 사랑이 포도주보다 진함이라

[1:2] 내게 입맞추기를 원하니　　이 구절을 직역하면 "그의 입(술)의 (많은) 입맞춤들로 내게 입맞추게 하라"이다. **"내게 입맞추라"** *yiššāqēnî* 는 "입맞추다 *nšq* "의 3인칭 남성 단수 지시형(jussive)에 1인칭 대명사 *ʾănî* 가 접미된 것으로서 "그로 하여금 내게 입맞추게 하라"이다. 대부분의 영어 번역본은 let him kiss me(would you kiss me. RSV)로 번역하였는데 한국어 개역개정 성경에는 '그(3인칭 단수)'가 나타나 있지 않다. '그'는 연속되는 구절에서 '너(2인칭 단수)'와 동일 인물이다.

입맞춤 *mīnnᵉšîqôt* 에 접두된 전치사 *min*은 from, out of, above, on the side, with 등 다양한 뜻을 가지고 있다. 대부분의 영어 성경은 이를 with를 '그의 입 *pîhû* '과 연결하여 '그의 입으로 내게 입맞추게 하라(with kisses of his mouth)'로 번역하였다. 그러나 *min*은 '더 많은(more)'이라는 뜻을 가질 수도 있는데, 학자들 중에는 이것이 문맥상으로 그 분위기를 잘 전달하는 것으로 보고 '그로 하여금 많은 입맞춤으로 내게 입맞추게 하라'로 번역하기도 한다.

입맞춤(들) *nᵉšîqôt* 은 입맞춤 *nᵉšîqa* 의 복수형이며(kisses), '그의 입 *pîhû* '이 부가적으로 쓰인 것은 존경이나 우정 표현의 입맞춤과 구분되는 연인과의 입맞춤을 말하기 위한 것이다(잠 27:6). 사랑하는 그 남자가 자신에게 깊은 애정을 담은 많은 입맞춤을 해주기를 바란다는 여인의 대사로 아가서는 시작된다. 이는 성적 쾌락을 위한 애무를 원하는 것이기보다는 자신이 사랑하는 자에 대한 사랑이 불같이 일어나기를 원하는 것이다.

너의 사랑이 포도주보다 나음이로구나 '너'(2인칭 남성 단수)는 바로 전구절

에 있는 '그'를 2인칭으로 바꾸어 부르는 것이고, **너의 사랑** *dōḏêḵā* 은 '사랑하는 자 *dôḏ*'에 2인칭 남성 단수 대명사 *ʾātā(h)* 가 접미된 것이다. LXX나 LV에서는 이를 "너의 가슴"으로 번역하였기 때문에 '너의 가슴이 포도주보다 낫다'로 읽으려 하기도 하나 이는 오역(誤譯)으로 보고 있다.[2]

사랑하는 자로 번역된 '도드 *dôḏ*'는 본래 삼촌 등을 나타내는 말인데, 아마도 친족 간의 결혼이 관습적으로 행하여진 환경에서 이런 용어들이 사랑하는 남성을 의미하는 것으로 사용되다가 그렇게 정착되었을 것이다. 구약 성경에서는 주로 여성이 사랑하는 남성을 부르는 호칭(애칭)으로 쓰인다.

다수의 해석자들은 '도드 *dôḏ*'가 남녀의 육체적 사랑을 암시하는 말로 이를 성행위를 염두에 둔 표현으로 보고 있다. 남녀의 사랑을 말하면서 성적 요소를 제외하는 것이 오히려 이상한 것이지만 이 구절에서는 반드시 그렇게 볼 필요는 없을 것이다. 성(性)의 초점을 성 행위에만 맞출 필요는 없는 것이다. 에스겔이 바벨론과 행음하는 이스라엘을 꾸짖는 말씀에서 '도드'는 성행위의 대상을 나타내는 말로 쓰였다(겔 23:17, 잠 7:18 참고).[3] 그러나 다른 구절에서는 단순히 육체적으로 성숙하여 결혼할 수 있는 연령의 사람을 가리키기도 한다(겔 16:8, 사 5:1).[4] 그러므로 이것이 반드시 관능적인 뉘앙스를 가지고 있는 용어라고 볼 수만은 없다. 문맥에 따라 그 의미는 달라질 수 있다.

특히 "나는 내가 사랑하는 자 *dôḏî* 를 위하여 포도원을 노래하리라(사 5:1)."에서 '도드'는 하나님께서 사랑하시는 이스라엘을 지칭하는 말로 사용되고 있고, 그리고 바로 이어서 7절에는 이 "포도원은 이스라엘"이라고 설명한다. 하나님과 그 백성과의 사랑을 관능적인 것으로 볼 수는 없을 것이다. 이

---

2 דודיך는 모음을 붙이는 방법에 따라 '너의 사랑 *dōḏêḵā*'나 '가슴 *dadayik*'으로도 읽혀질 수 있다.

3 겔 23:17 "바벨론 사람이 나아와 연애하는 침상에 올라 음행으로 그를 더럽히매"에서 "연애하는 침상"에 "도드"의 남성 복수 절대형이 쓰였다.

4 겔 16:8, "내가 네 곁으로 지나며 보니 네 때가 '사랑할 만한' 때라 at the age for love (*dôḏîm*)" 이것은 성적 관계가 가능한 연령을 말하는 것이지만 관능적 표현이라고 할 수는 없을 것이다.

를 볼 때 '도드'는 '특별한 관계에 있는 사랑하는 자'를 말할 것이다.

아가에는 도드 *dôḏ* 에 1인칭 대명사 *ʾǎnî* 가 접미된 형태인 "나의 사랑(도디 *dôḏî*)"이 계속 반복되어 나타나는데 이것은 주인공 여성이 사랑하는 한 남성을 지칭할 때만 사용된다(1:4; 3:1, 2, 3, 4 해설 참고).[5]

포도주보다 *miyyāyin*. 접두된 *mi* 는 비교급 "더욱(than, more than)"으로 쓰이기도 한다. 포도주 *yāyin* 는 일반적으로 발효된 음료를 말하는 것인데 이 구절에서는 포도주로 번역되었다. 흔히 포도주는 안정과 평안을 주며 기쁨(즐거움)을 더해주는 것들의 대명사처럼 쓰이는 경우가 많다. '포도주보다(훨씬, 확실히) 낫다'는 그 남자(너)의 사랑이 그들이 지금까지 경험한 어떤 기쁨과 행복보다 우월하다는 것을 나타낸다.

낫다 *kîṭôḇim*. *ṭôḇim* 에 접두된 *kî* 는 '왜냐하면' 혹은, '보다 나음' 등의 의미를 갖는 전치사이지만 때로 확고한 어떤 것을 강조하기도 한다. Pop나 Murphy는 *kî* 를 강조형으로 읽는다.[6] 이렇게 본다면 이것은 '비교적 낫다'보다는 확실히 낫다, 분명히 낫다는 뜻이 될 것이다.

[1:3 a] 너의 기름이 향기로워 아름답고   "너의 기름"은 *šᵉmānêḵā* 향품이 섞여 있는 일종의 향수 혹은 향 기름(oil, perfume)으로 번역되었다(NIV). 바로 다음의 평행구에서 '기름'을 '이름'으로 바꾸어 말하는 것으로 볼 때 '향기롭다'는 그 사람에게서 나는 체취보다는 그 사람 자체 곧, 인격에 관한 예찬일 것이다. **아름답다** *ṭôḇim* 는 형용사 '좋다(good)'의 복수형이다. 형용사가 복수형으로 쓰이는 것은 강조를 위한 것이기도 하다. 이 한 가지 단어로도 '좋음'을 다양하고 광범위하게 표현할 수 있다.

---

5   아 1:13, 14, 16; 2: 3, 8, 9, 10, 16, 17; 4:10, 16; 5: 2, 4, 5, 6, 8, 9, 10, 16; 6:1, 2, 3; 7:10, 11, 12, 13, 14; 8:5, 14

6   Pop, .298; Murphy, 125.

[1:3 b] 네 이름이 쏟은 향기름 같다　　a와 평행을 이룬다. **쏟은** *tûrăq* 은 '쏟다 혹은 붓다(pour) *ryq* '의 수동 사역형으로(Hophal) 쓰였다. 대부분의 학자들은 '쏟은 기름'을 봉해진 기름과 반대의 뜻인 쏟아진 기름으로 이해한다.[7] 쏟아진 향기름은 그 향내가 더 진할 것이고 멀리 퍼질 수 있을 것이다. 또한 이것은 이 병에서 저 병으로 아직 옮겨 담지 않은 순수한 기름(NASB, purified oil)을 말하는 것일 수 있다. 향유를 여러 차례 옮겨 담으면 그 향(香)의 질이 낮아질 가능성이 없지 않다.

그 뿐 아니라 이것은 기름의 고유 명칭일 가능성도 제시되고 있다. 또는 이것을 지역명인 고유명사 '투락' 지역에서 생산되는 오일(oil of Turaq)이라고도 한다. 이 역시 매우 고급 향유로서 어떤 해석이든지 이것은 "너의 기름이 향기로워 아름답고"와 병행하여 "너"라고 부르는 자의 최상의 아름다움을 더욱 강조하고 있다.

네 이름 *šᵉmĕḵā* 은 다른 사람과 구별하기 위한 고유의 기호(記號)로서 이름이기보다는 그 사람의 인격이나 인품을 총체적으로 나타내는 것으로서, 그 사람 존재 자체가 '순수한 기름' 혹은 '쏟아진 향기름'과 같다는 것은 한 인격에 대한 최고의 찬사라 할 수 있다. 향기름의 존귀함, 아름다움, 환상적인 분위기 등 그 여자가 생각해 낼 수 있는 가장 아름답고 존귀한 것들로 사랑하는 남성의 인품을 묘사한다.

[1:3 c] 처녀들이 (이와 같이) 너를 사랑하는구나　　이 구절에는 "이와 같이 *ᶜalkēn* "라는 말이 있는데 대부분의 번역에서는 그 의미를 분명히 드러내지는 않은 채 번역하였다. "이와 같이"는 전치사 '-위에 *ᶜal* '와 부사 '이와 같이 *kēn* ' 혹은 '그렇게'가 합해진 것이다. 그 여인이 사랑하는 자를 최고의 찬사로 높이듯 그 여인 외에 다른 처녀들도 그를 그렇게 생각하고 있다는 것이다.

7　이 동사는 '비우다'를 의미하기도 한다.

처녀들 ʿǎlāmôt 은 결혼 적령기에 든 젊은 여성으로 개역개정에서는 주로 처녀로 번역한다. 관사가 없는 것으로 보아 일반적인 결혼 적령기의 여성들을 말한다.

너를 사랑하는구나 ʾǎhēḇûḵā. "그들이(처녀들이) 사랑하였다"에서 그 남성(너)이 주인공 여성이 아닌 다른 복수의 여성들과 사랑을 나누었다는 것이 아니라, 그 여자가 '도디'라고 부르는 남성은 당시 처녀들이라면 누구나 사모할 만한 충분한 남성적인 매력이나 용모, 혹은 인품을 지니고 있다는 뜻이다. 이것은 모든 처녀들이 그렇게 생각할 것이라는 일종의 확대발상(擴大發想, Expansion of Thinking)으로 사랑에 빠진 자들에게 흔히 나타나는 현상이라 할 수 있겠다. 남성을 극찬하는 하나의 방법이다.

[1:4]은 아가서 전체의 내용을 암시하는 중요한 정보를 제공한다. 이 구절에서 두 사람의 서로 다른 남성이 나타난다. 이것은 아가에 주인공 격인 남성이 2명이라는 목자가설을 뒷받침하는 대단히 중요한 근거가 된다.

BHS에서 1:4절은 다음과 같은 구조로 되어있다. 개역개정은 b가 a의 앞에 놓였다.

> a. 너는 나를 인도하라 우리가 달려가리라
>
>   b. 왕이 나를 그의 방으로 이끌어 들이셨다
>
> c. 우리가 너로 말미암아 기뻐하고 즐거워하리라
>
> d. 우리가 너를 기념(칭송) 하리라(개역개정에는 번역되지 않음)
>
>   e. 네 사랑이 포도주보다 진함이라
>
> f. 처녀들이 너를 사랑함이 마땅하다

본문에 나타난 것을 그대로 보면, "너는 나를 인도하라(ⓐ)"고 말하는 이유는 "왕이 나를 그 방으로 이끌어 들였기(b)" 때문이다. 그리고 이어지는 c-d 는 서로 동의적 평행을 이루고 e는 c, d의 이유를 나타내는 종속적 평행구라 할 수 있다. 그리고 f는 독립된 행이다.

[1:4 a] 너는 나를 인도하라 우리가 달려가리라　　"나를 인도하라 *mŏškēnî*" 는 *mšk* 의 명령형, 2인칭 남성 단수 미완료이며 "왕이 그 여자를 이끌어 들였다 *hĕḇîʾanî*"는 *bwʾ* 의 3인칭 남성 단수 완료형이다. 이 두 개의 행에서는 각각 *mšk* 와 *bwʾ* 라는 반의(反意)적 동사가 사용되었다. 그러나 많은 해석자들은 여기서 이 두 단어의 차이점에 큰 의미를 두지 않는다. 그 '너(그)'와 '왕'을 흔히 시가(詩歌)의 평행법에서 보이는 수사(修辭)적 인칭변환(enallage)으로 이해하여 같은 사람으로 보기 때문이다.[8] 그러나 '너(그)'와 '왕'은 각각 대조를 이루는 대구(對句)를 이끄는 주어로서 이 두사람은 다른 인물이다. Ginsburg 는 이 구절을 히브리어로 자세히 살피는 사람은 이 부분에 등장하는 남성을 한 사람으로 볼 수 없을 것이라고 하였다.[9]

'너(그)'와 '왕'을 동일인으로 받아들인다면 "너는 나를 인도하라"는 왕이 이미 이끌어 들인 방에 있는 여성이 왕에게 자신을 인도해 달라고 요청하는 것이 되며, 여인이 '많은 입맞춤'을 요구하는 대상은 왕이 된다. 그렇다면 이것은 곧 왕에게 자신을 더 적극적 사랑(혹은 사랑의 행위) 안으로 리드(lead)해 달라는 의미가 될 수 있으며 이에 따라 나오는 "우리가 달려가리라"는 그 여인과 왕이 일체가 되어 더 높은 황홀경에 이르자는 뜻이 될 것이다.

인칭변환이나 시제변환 등은 시가에서 흔히 사용되는 것이지만, 그보다 더 중요한 것은 이 부분을 enallage로 볼 수 있는가 하는 것이다. 시가 등에

8　*enallage*는 그리스어로 변화, 교환이라는 뜻의 수사학적 용어로서 격, 수, 성별 혹은 시제를 다른 형태로 대체하는 법이다. 수사학적 효과를 위한 통사적 대체이다. 실수나 오류로 인한 것은 *solecism*이라고 한다.

9　Ginsburg, 130.

서 흔히 쓰이는 기법이라 해서 모든 시가의 모든 구절에 쓰이는 것은 아니기 때문이다. 이 구절을 그렇게 볼 수 없는 이유는 다음과 같다.

첫째, 여기서 사용된 동사 '인도하라'와 '이끌라'는 서로 대조되는 반의(反意) 동사로서 '너(그)'와 '왕'이 동일인이 아니라는 것을 보여주고 있다. 여인을 방으로 이끌어 들인 자는 왕이며, 그 여인은 다른 남성에서 자신을 그 방에서 인도해내어 달라고(take me out) 요청하고 있다.

"너는 나를 인도하라 mŏšḵēnî"에서 '인도하라'로 번역된 말은 mšk 의 명령형으로 '어떤 장소나 상황에서 이끌어 내라'는 뜻이다. mšk 는 구약에 총 37회 쓰이는데 빈도가 높은 순으로 하면, to draw up, to prolong, to be postponed, to bend, to carry 등으로 모두 어떤 상황이나 장소의 안쪽으로부터 바깥쪽으로 이끌어(당겨) 내는 동작을 나타낸다.[10] KJV는 'draw me,' NIV는 'take me away'로 번역하였다. 아가에서는 이 구절에만 이 용어가 나타난다.

반대로, "왕이 이끌어 들였다 hěḇîʾǎnî"는 bwʾ 의 사역형으로 어떤 관계나 장소의 바깥쪽에서 안쪽으로 접근하는 동작(come, come in)을 나타낸다. 이것은 '인도하라 mšk'와는 용법상 반의(反意)적 의미를 갖는다.[11] 아가 안에

---

10   DBL Hebrew에는 이 단어를 다음과 같이 정리하였다. (1) draw up, drag, pull, take away (2) belong, extend (3) prolong (4) deferred (5) carry (6) follow after (7) stimulate. 이 모두 안에서 바깥으로 이끌어 내는 동작이며 이와 관련된 것으로 그 용례는 다음과 같다.
      mšk의 용례: 요셉을 구덩이에서 이끌어 내다(창 37:28); 모세가 장로들을 불러 내다(출 12:21); 멍에를 메지(pull, 끌다, 당기다) 않은 소(신 21:3); 시스라의 군대를 기손 강으로 이끌어 내다 (lure, draw out. 삿 3:7); 스불론 사람들이 내려가다(marched down, 삿 5:14); 매복했던 사람들이 기브아로 돌격하다(dash, 삿 20:37); 거짓으로 끈을 삼아 죄악을 끌다(사 5:18); 하나님이 인자하심으로 너를 이끌어 내다(렘 31:3); 구덩이에 있는 예레미야를 끌어 올리다 (렘 38:13); 그와 그 무리를 끌지어다(drag away, 겔 32:20); 손을 (앞으로 뻗어) 악수하다 (호 7:5); 하나님이 사랑의 줄로 이끄시다(이끌어 냄, 호 11:4); 그를 자기의 그물로 당기다(시 10:9, He draws them into his net. KJV, NASB, RSV); 하나님이 간교한 자를 이끌어 내시니(욥 24:22); 그리고 활을 당기다, 나팔을 불다 등에도 사용되었다. 모두가 어떤 방향을 향하여 "안으로부터 밖으로" 나아가게 하는것과 관련되어 있다. BDB, Oxford 역시 거의 유사하게 설명하였다.

11   bwʾ. DBL Hebrew는 (1) come, go (이것은 목적지가 정해진 곳으로 가는 것 곧, 그 목적지 안

서 bwᵓ는 총 9회 사용되었는데(1:4; 2:4, 8; 3:4; 4:8, 16; 5:1; 8:2, 11) 예외 없이 "밖에서 안으로 들어가는 행위"를 나타낸다. 이 외에 구약 성경에서 이 단어는 약 2600회 사용되는데 거의 대부분이 어느 지역이나 상황 안으로 "다가옴이나 들어옴"을 의미한다. '너'와 '왕'이 같은 인물이라고 미리 판단하면 mšk와 bwᵓ의 차이점을 간과하게 되거나 아니면 고의적으로 무시할 수 있다. 그러나 아가서의 저자는 이 두 가지 동사를 통해 앞으로 전개될 아가의 흐름을 암시하고 있다.

조금 더 덧붙인다면, 암 9:13에는 한 절에 이 두 가지 동사가 다 들어있어 그 의미를 보다 선명하게 해주고 있다. "보라 날이 이를지라 그 때에 파종하는 자가 곡식 추수하는 자의 뒤를 이으며 포도를 밟는 자가 씨를 뿌리는 자의 뒤를 이으며"에서 '그 날이 이르다 bwᵓ'는 멀리서 가까이 다가오는 것이며 '뿌리다 mšk'는 안에서 밖으로 내보내는 것을 말한다(sow the seed).

으로 들어가는 것을 의미한다(창 12:13, "우리가 도착하는 곳마다(everywhere which we come) (2) arrive (3) return(왕상 22:27, 우리가 평안히 집으로 돌아올 때까지) (4) bring.
BDB, p.97-98: (1) come in: a. go out and come in, b. taking part in worship of congregation, c. entering on official duty, d. bride coming, e. entering a women's tent or apartment, f. associating with, g. entering into specific relation, h. of burial, i. of sun, j. of harvest, come in, (2) approach, arrive: a. come with b. come upon, attack, c. come to pass, d. has presented itself before me, e. until thou comest to, f. attain to, g. be enumerated (3) walk, associated (4) go.
이 두 동사의 차이를 좀 더 분명하게 하기 위하여 그 용례를 살펴보면, 삼상 25:26에서 bwᵓ는 대부분의 번역에서는 명확히 드러나지 않으나 "다윗이 나발과 같은 사람과 같이 취급되지 않기를 바란다(Lord has restrained you from bloodguilt)"에서 피 흘림에 "관여(말려드는 것)"하지 말라는 아비가일의 말 속에 들어있다. 이는 일반적으로 어떤 관계 속으로 "오다, 들어오다"는 뜻을 갖는다. 가인과 아벨이 각각 여호와께 제물을 가져올 때(창 4:3,4); 노아의 방주에 들어 감(창 6:18; 7:9,13); 어떤 집이나 장소에 들어 감(창 19:8; 23:10,18, 출 28:15, 삿 18:18); 어떤 장소에 오다(창 12:11; 41:57, 에 6:4, 왕하 11:19); 여호와의 총회에 참여함(신 23:1,2); 여인이 출가하여 남편에게 들어갈 때(수 15:18, 삿 15:1)에 쓰인 것으로 mšk와는 대조되는 개념이다.
이것은 음식을 먹는것과도 관련이 있다. 다니엘은 왕이 주는 음식과 포도주를 자신의 입에 "넣지" 않겠다고 하였다(단 10:3); 먹었으나 먹은 것 같지 않고(창 41:21); 음식이 창자(내장)에 들어가다(민 5:22)에 쓰였다. 또한 들어 가고 나감을 같이 언급하는 중에 "들어감"에는 bwᵓ가 쓰였다(수 6:1, 왕상 15:17). 그 밖에도 용례가 다양하지만 이 말은 대부분은 들어오는 것 혹은 접근하는 것을 나타내는 뜻으로 쓰였다.

인물이 나타나는 평행구에서는 인칭변환(enallage)은 흔히 보이는 것이지만, 1:2-4절에는 그렇게 보이지 않는다. 1:4 a와 b는 서로 종속되거나 구체화 내지는 강화하는 것이 아니라 대비(contrast)나 대조 (antithesis)를 나타내는 대구(對句)로서 그 내용은 반의적이다. 따라서 '너'와 '왕'은 같은 인물이 아니라 서로 대조되는 다른 인물이다.[12] 위에서 언급한대로 4절에서 왕은 여인을 "이끌어 들였고(b)," 여자는 너(그)의 도움으로 "나가고자(a)" 하는 긴장과 갈등 관계를 매우 강렬하게 표현하고 있다.

1:4을 시작으로 하는 아가서 전체 줄거리는 '왕의 이끌어 당김'과 이것을 '벗어나려는 여인의 노력'의 갈등 속에서 마침내 이를 벗어나 온전한 평화에 도달하는 것으로 막을 내린다(8:10). 비록 초반에는 여인이 왕에게서 벗어나려는 의지가 그다지 강렬하게 보이지는 않지만, 그러나 "불로도 끄지 못하고 많은 물로도 끌 수 없는" 사랑의 힘으로(7:6,7) 결국 여인의 뜻은 이루어진다.

둘째, "너는 나를 인도하라 *mŏškēnî*"는 *mšk* 의 미완료 명령형으로 표현되지만 "왕이 이끌어 들였다"의 *hĕbî'ănî* 는 *bw'* 의 사역형이며 시제상으로는 완료형(he has brought me)이다. LV나 LXX역시 인도하라는 현재형으로, 그리고 이끌어 들였다는 완료(과거)형으로 번역한다. 이 역시 히브리에서 시제를 명확히 구분하지 않는 특징으로 인해 이러한 시제 구분에 별 의미를 두지 않

---

12 혹자는 히브리시의 특성인 평행법(parallelism, 히브리 시에서만 보이는 것은 아님)의 특성을 이해하면 이 부분을 수사적 인칭변환으로 보는 것이 합당하다고 하지만 이것은 그렇게 모든 시나 시구에 적용될 수 있는 것은 아니다. Kugel이 히브리 시의 평행법의 기본 단위를 두 개의 행(bi-colon)으로 정리하여 발표한 이후 그것을 교과서 적으로 받아들이는 경향으로 인하여 두 행을 한 단위로 하여 서로 대구로 보는 경향이 없지 않다. 그러나 아가만이 아니라 대부분의 시에 단행 (mono-colon 혹은 stich)과 두 행으로 구성된 병렬(bi-colon 혹은 distich), 그리고 세 행으로 구성된 것(tri-colon 혹은 tri-stich)이 섞여 있고 그 중 mono-colon이 bi-colon 사이에 삽입된 경우도 흔히 볼 수 있다. 이 병렬(평행) 법은 구분하기가 쉽지 않을 뿐 아니라 두 개의 평행구가 나란히 병렬되어 있어도 반드시 그 두 행이 서로의 뜻을 동의적이나 반의적으로 보완하는 것만은 아니다. 평행구는 수단과 이유, 그리고 구체화를 시도하는 종속의 평행과 대비(contrast)와 대조(antithesis)를 위한 것, 연속과 비교, 강화(intensification)와 구체화(specification)를 위한 것도 있다. 어떤 것은 명백히 구분되기도 하나 또 어떤 것은 복합적으로 섞여 있는 것도 있어 이를 명백히 구분하는 것 또한 매우 어려운 것이다

을 수 있다. 그러나 여인이 "너는 나를 인도하라"고 요청하는 "원인"으로서 "왕이 이끌어 들임"을 말하고 있는 것이라면 이 시제는 반드시 고려되어야 할 것이다 (서론 참고). 주옹은 이렇게 설명한다.[13]

> 히브리어에서 시간의 형태들은 동작의 시제(tense)와 서법(상, modality)을 동시에 표현한다. … 그것들은 주로 과거, 미래, 현재의 시제를 표현한다. 그러나 자주 동작의 서법(敍法, mood)이나 시상(時相, aspect)을 동시에 표현하기 때문에 여러 언어들보다는 시제를 좀 불완전 하게 표현한다. 이 시상들은 두 가지로 구성된다: (1) 그 동작이 특유하고 단독적인지 혹은 반복적인지에 따라 결정되는 동작의 통일성과 복수성 (2) 그 동작이 한 순간에 이루어지는지 혹은 얼마 간의 상당한 시간을 두고 이루어지는지에 따라 결정되는 동작의 즉각성과 지속성이다. 의심할 여지없이 이 두 시상은 서로 닮았으며 일반적으로 동일한 형태로 표현된다.

주옹의 설명처럼 히브리어 문법에서는 시제(동작의 시점)를 엄격하게 구분하기는 어려울 수 있고 또, 그럴 필요도 없을 수도 있지만, 시가의 형식 안에서도 어떤 사건의 원인과 결과를 설명해야 할 필요가 있을 때는 과거(완료)와 현재(미완료) 를 구분하여 이해해야 할 것이다. 따라서 아가를 단순히 당시에 존재하던 노래들의 모음(Anthology)이 아니라 통일성이 있는 '노래로 구성된 내러티브'로 본다면 그 주제를 점진적으로 명확히 해나가는 과정에서 어떤 행위나 사건의 '원인과 결과'를 설명해야 할 필요가 있을 것이다. 이런 경우에는 시제는 마땅히 구분되어 읽혀져야 할 것이다.

예를 들면, 모세의 노래(출 15:1-18)와 미리암의 노래(출 15:21)나 드보라의 노래(삿 5장)에서, 그 본문에 나타난 감사와 찬양이 과거에 있었던 하나님의 은혜로운 행위에 근거한 것임을 밝힐 때는 감사와 찬양은 미완료로, 그 원

---

13 주옹, 385.

인이 되는 하나님께서 행하신 위대한 사건 설명은 완료 시제를 사용하고 있다. 물론 미리암이나 드보라의 노래 등은 서사(敍事)적 성격을 가지고 있기 때문에 아가의 그것과는 구별되어야 한다고 할 수 있으나, 아가를 어떤 사건이 (fiction이든 nonfiction 이든 간에) 전개되는 과정을 노래로 표현한 작품으로 볼 때는 과거에 있었던 원인과 그것으로 인하여 나타나는 결과로서 현재를 나타낼 때는 시제는 다르게 표현될 수밖에 없을 것이다.

그 외에 하나님을 찬양하는 시편에서도 이런 예는 무수히 발견된다. 시편 저자의 찬양과 감사, 그리고 애통함과 후회의 원인이 되는 어떤 과거 사건을 기술할 때는 완료형으로, 그것이 원인이 되는 현재의 감사와 찬양은 미완료로 쓰인다.[14]

위에서 말한대로 1:2-4의 내용은 작품 전체의 내용과 흐름을 암시하는 Exposition (prologue, point of attack)으로서 주인공으로 보이는 여인이 왕의 이끌어 들임을 받아 왕의 은밀한 방 안에 있는 것으로 시작된다. 그러나 여인은 왕이 아닌 '너(그)'에게 많은 입맞춤을 요구하고 있다. 그리고 자신을 그런 상황 속에서 인도하라(인도하여 내라)고 요청한다. 그 요청은 미완료 명령(지시)형으로, 그 원인이 되는 사건은 완료로 표현하여야 할 것이다.

우리가 (너를 따라) 달려가리라 "너는 나를 인도하라"와 연결된 "우리가 달려가리라 *nārûṣā(h)*"는 서두르다 혹은 달리다 *rwṣ* 의 1인칭 복수, 권유형이다. 1인칭 권유형은 소원이나 의욕을 나타내는 것으로 기꺼이, 속히 가겠다는 의지의 표현이다. 이 구절에는 "인도하라"와 "우리가 달려가리라" 사이에 "너를 따라 *ʾaḥărêḵā (after you)*"가 들어있는데, 이 부사구는 목적어를 대신하

---

14 예를 들면 시 3:5; 8:3은 하나님께서 행하신 어떤 일을 기초로 찬양하고 있고, 다윗이 아비멜렉에게 피했다가 미친 척하여 목숨을 건진 사건을 회상하며 지은 시(34:6). 사울을 피해 도망다닐 때(57:6), 요압이 소금 골짜기에서 12,000명을 죽이고 돌아온 때(시 60:2). 이 밖에도 어떤 사건을 회상하며 지은 많은 시에서는 완료와 미완료가 당연히 구분되어 있다. 이것은 애가나 선지서에 포함된 노래 형식의 글에서도 현저히 나타난다.

는 것으로서 '너를 따라 우리가 달려가리라'로 읽을 수 있다.

여기서 이 말을 하는 '우리(1인칭 복수)'는 아가에 등장하는 코러스가 자신들을 지칭하는 것이거나, 시가에서 흔히 보이는 자신의 존재를 좀 더 확장한 표현일 수 있으며, 혹은 사랑을 나누는 자들 간의 일체감에서 나오는 소위 '황홀경의 복수'일 수 있다. 그러나 일반적으로 드라마 형식의 작품 중에는 프롤로그와 에필로그는 코러스가 등장하는 경우가 많이 있다. 이렇게 본다면 '우리'가 누구인지 아는 것은 어렵지 않다. '우리'에 대한 해설자들의 대표적인 견해들은 이러하다.

Pop은 S. N. Kramer의 견해를 받아들여 이것을 황홀경에서 나오는 남녀의 일체감의 표현이라고 하였다.[15] Hess 역시 이를 남녀의 감정이 하나 된 일체감에서 나오는 황홀경의 복수라고 하였다.[16] 특히 Hess는 이를 "우리가 너를 위하여 금 사슬에 은을 박아 만들리라(1:11)"와 "우리를 위하여 포도원의 작은 여우를 잡으라(2:15)"의 "우리" 역시 이와 같은 의미라고 하였다. Hess나 Kramer의 의견을 따른다면 이 구절은 여인이 왕에게 자신을 인도해 달라고 요청하고 또 왕은 여인과 하나가 되어 그 목적(황홀한 경험)을 향해 달려갈 것이라는 뜻으로 풀이된다. 이렇게 본다면 '인도'하라는 '밖으로 이끌어 내어 달라'가 아니라 '적극적 애무'을 우회적으로 표현한 것이 된다.

그러나 이를 황홀경의 복수로 볼 수는 없을 것이다. "우리가 너를 위해 금 사슬에 은을 박아 만들리라(1:11)"에서 '우리가 만들리라 *nă ʿăśéllāk*'는 만들다 *ʿśh* 의 단순(Qal) 미완료 1인칭 복수와 for, to에 해당하는 *l* 와, 그리고 2인칭 단수인 너(you)가 접미된 것으로 그 행위의 목적은 '너를 위한 것'이다. 황홀경이란 서로가 공유하는 것이지 둘 중 한 사람을 위한 것은 아닐 것이다. 또한 "너희는 우리를 위하여 여우를 잡으라(2:15)"에서도 "우리"를 역시 황홀

---

15 Pop, 304에서 인용

16 Hess, 86.

경의 복수라고 하였으나 이것은 성적 행위와 무관한 것으로 자신들의 안정적인 삶을 방해하는 것들을 같이 제거하자는 말을 하고 있을 뿐이다.

'우리'가 포함된 복수형 동사는 이어지는 행에서도 계속해서 사용된다. '우리'는 너로 말미암아(in you) 기뻐하고 즐거워할 것이며(c), '우리'는 너를(to you) 기념(칭송)할 것이다(d, 개역개정은 생략됨). 만약 여기서 '너'라는 2인칭 (남성 단수) 대명사가 없다면 Kramer나 Hess의 견해처럼 이해될 수도 있을 것이나 '너'가 쓰인 것으로 보아 이것은 황홀경을 나타내는 복수로 해석하기에는 무리가 따른다. 그것은 '우리'를 위한 것이 아니라 '너(남성 단수)'를 위한 것이기 때문이다.

한편, '우리'는 왕과 같은 인물이 자신을 스스로 높여 부르는 호칭(Majestic Plural or Royal Plural)이라는 의견도 있다. 그러나 '우리'가 왕을 나타내는 말이라면 "우리가 따라가겠다"는 대상인 '너'는 여성이라야 하지만 본문에 '너'는 2인칭 남성 단수이다. 또, 계속 따라 나오는 '우리'를 주어로 하는 연속 행(1:4c, d)인 "우리가 기뻐할 것이다, 즐거워할 것이다, 너를 기념(칭송) 할 것이다"의 '너'도 남성 2인칭 단수이다.

또한, 이것을 단수의 여성이 자신을 복수로 표현되는 한 집단과 일치시키는 표현이라는 견해가 있다. 메소포타미아의 시가에서는 여성이 자신과 어떤 집단과의 일체감을 나타내기 위하여 자신을 복수로 언급하는 경우가 있다고 하는데, 이러한 인칭변환의 예는 고대 근동의 시만이 아니라 현대의 시가 속에서도 흔히 발견된다. 여러 해석이 다 가능한 것이지만 그 중에서 이 부분의 가장 적절한 해석을 선택하는 것이 아가 해석의 과제라 할 것이다.

또한, 아가에는 남녀 주인공 말고도 '너희' 혹은 "우리"라는 복수의 남녀로 구성된 자들이 등장한다. '예루살렘의 딸들'로 지칭되는 그룹이 있으나 이들은 전면에 나타나는 그룹이 아니며 그들만의 대사가 없는 것으로 볼 때 가상적 그룹에 해당하는 것으로 보인다. 그러나 자신들을 "우리"로 지칭하는 그룹이 전면에 등장한다. 이들은 오늘날 뮤지컬 등에 등장하는 "코러스"의 역할과 매우 유사하기 때문에 이 책에서는 앞으로 이들을 '코러스'라고 부르겠다. 때로는 주인공이 그들(코러스)을 향하여 무엇을 호소하듯 하는 내용이 있고(3:5; 5:8; 8:4) 또, 반대로 그들이 내용의 전개를 돕기 위하여 부르는 노래가 있다(1:4b, 8; 5:9; 6:1, 10, 13a, 13b; 8:5, 8). 그리고 이들은 일종의 작가의 생각을 대변하는 나레이터(narrator) 역할도 한다(3:6-11). 아가에서 '우리'라는 대명사가 반드시 그 코러스를 가리키는 것은 아니지만, 1:4에서 3번이나 반복되어 나타나는 '우리'는 이들과 연결하는 것이 적절한 것으로 보인다. 이들은 주인공 여성에게 매우 우호적이다.

이 구절에서 '우리'를 코러스라고 한다면 그 주인공 여인은 코러스 무리 안에서 독창(Solo)을 하면서 먼저 나타나는 것이거나, 코러스가 주인공 여성이 하고자 하는 말을 대신하여 간접 화법으로 표현하는 것일 수도 있다(1:8; 3:6-11; 5:9; 6:1,10; 8:5,8-9등).

주인공 여성이 "너(그)"에게 많은 입맞춤을 요청하는 독창을 하면서 나타나고 코러스가 "우리가 달려가리라(1:4 d)"는 합창으로서, 그 여인이 원하는 것을 코러스(우리)가 적극 지지하고 같이 행동하겠다는 뜻일 것이다. 즉, 극의 시작 부분에서 주인공 여성과 코러스가 함께 Exposition 부분을 담당하는 것이라 보아도 무방하다. 코러스의 역할은 아리스토텔레스가 그의 시학에서 말한 것을 참고하면 유익할 것이다.[17] 드라마 형식의 작품에서는 코러스가 그 작품의 문을 여는 Exposition과 또 막을 내릴 때 Exodus 부분을 담당하는 것은 흔한 것이다.

---

17 아리스토텔레스, 106의 기술에 의하면 극중 코러스는 배우의 한 사람으로 간주하며, 코러스의 역할은 주로 객관적이고 공정한 해설자이기도 하며 줄거리의 좁은 틀을 벗어나 각종 사건에 대하여 작가의 견해를 직접 이야기할 수 있다. 특히 과거에 있었던 일을 전할 때는 사건과 관객의 시간과 공간의 간격을 이어주는 역할을 한다.

[1:4 b] 왕이 나를 그의 방으로 이끌어 들이시니(들이셨다) 　왕의 방(들) 왕이 그 여성을 이끌어 들였다는 방(들) *ḥĕḏĕr* 은 침실로 번역되기도 하나(삼하 13:10; 욜 2:16) 이는 은밀한 격실(隔室) 혹은 구별된 방(apartment)이거나 사적 공간을 말하는 것으로서 복수형으로 쓰였다. *ḥĕḏĕr* 는 문자적으로 침실을 포함하지만 보다 넓은 의미의 사적 공간 개념으로 더 빈번히 사용되었다(잠 24:4, 창 43:30, 신 32:25, 삿 3:24, 시 105:30). 한편으로 왕의 비(妃)가 되기 위하여 준비기간 동안 머무는 곳으로 볼 수도 있다(에 2:12-14).[18]

왕을 문자 그대로 솔로몬이 아닌 신랑을 시적 상징으로 보는 학자들도 이것을 침실(bedroom) 혹은 신방(新房)으로 본다. 이런 견해를 단호하게 부인할 수는 없지만 왕의 여인이 되기 위하여는 몸을 단장하는 것이나 기본적 궁중 예절을 익히는 준비 기간이 있었던 예로 볼 때, 이러한 해석은 다소 성급한 상상일 수 있다. 아가에서 주인공 여성은 왕의 유혹으로부터 자신을 잘 지켜 낸 자로 묘사된다(1:5; 6:10).

[1:4 c] 우리가 너로 말미암아 기뻐하고 즐거워하리라 　　"너로 말미암아(in you) *bāḵ*"는 전치사 *b* (in)과 2인칭 남성 단수 대명사 *āḵ* 가 합하여 진 것이다. 여기서도 1:4 c를 1:4 b와 연결하여 '너'와 '왕'을 동일인물로 보는 견해를 따르면 여기서 '너' 역시 '왕'이겠지만, b를 a와 c 사이에 삽입된 것으로 보면 '너'는 여인이 자신을 인도해 달라고 한 그 남성을 가리키는 것이다.

우리가 기뻐하리라 *nāḡîlā(h)* 는 최고의 기쁨을(exult, rejoice) 나타내는 *gyl* 의 권유형으로 의지와 소원을 나타내며, **즐거워하리라**(delight) *niśmˀḥa(h)* 역시 즐거워하다 *śmḥ* 의 권유형이다. 역시 코러스가 이를 담당하는 것으로 보

18　에스더가 다른 여인들과 함께 왕비 후보로 간택되었을 때에 왕에게 나아가기 전 6개월은 몰약 기름을 쓰고, 후 6개월은 향품과 여자들에게 쓰는 다른 물품을 써서 몸을 정결하게 하는 기간이 있었다.

는 것이 적절할 것이다. 1인칭(우리) 권유형은 화자의 의지를 나타낸다. 기뻐하고 즐거워하는 대상은 여인이 사랑하는 자이다. 코러스는 여인이 사랑하는 자를 기뻐한다고 함으로 그 여인의 이 같은 의지를 적극 지지한다.

[1:4 d] 우리가 너의 사랑을 기념하리라(찬양하리라)   이 부분은 개역개정에는 생략되어 있다. 히브리 성경에는 이 행에 '높이다 혹은 기념하다'에 해당하는 *zkr* 의 사역형(Hiphil) 1인칭 복수 권유형인 *năzkîrā* 이 들어있다. '기념하다'는 과거의 어떤 시점이나 기간에 있었던 어떤 일에 대한 기억을 떠올리는 것으로서 그 내용이 매우 훌륭한 것이었음을 암시한다. KJV, NKJV는 "기억하다 (remember)"로 NIV는 "찬양 (praise)"으로 NASB, RSV, ESV는 "극찬하다, 높이다(extol)"로 번역하였다. "너의 사랑 *dōdêkā*"은 목적어로 쓰였다. 역시 그 대상은 왕이 아니라 여인이 사랑하는 자이다.

[1:4 e] 너의 사랑이 포도주보다 진함이라(진함을)   기뻐하고 즐거워하고 극찬한다는 동사의 목적절이다. 따라서 그들이 높이고 기뻐하는 것은 '포도주보다 진한 너의 사랑'이다. 1:2에서도 '너의 사랑'을 최상의 포도주로 비유하였는데 여기서도 같은 표현을 반복함으로 좋은 것을 최상급으로 나타낸다 (1:2 해설 참고)

[1:4 f] 처녀들이 너를 사랑함이 마땅하니라   마땅하다 *mêšārîm* 는 대체로 '정당하다, 옳다(fairness, upright)'로 번역되어 있다(NIV, KJV, NASB). 그러나 *mêšārîm* 을 포도주의 일종이라 보기도 하고(Gordis), 이와 유사한 의미에서 '부드럽다'는 형용사로 보는 해설자들도 다수 있다.

그러나 이 구절은 "처녀들이 너를 사랑하는구나(1:3 d)"을 다시 한 번 강조하여 반복하는 대구로서 그 처녀들이 그를 그렇게 사랑하는 것은 당연한(마땅한) 것이라고 노래한다. 비교적 약한 표현을 보다 강한 표현으로 반복하여 마무리 짓고 있다. 이것은 주인공 여성이 비록 왕의 방에 이끌려 들어와 있으나 '너(그)'를 사랑하는 것이 마땅하다는 것을 코러스가 대신 말해주는 것으로 '그것이 옳다' 혹은 '그것이 마땅하다' 더 나아가서 '그래야만 한다'는 것을 드러내는 것으로 볼 수 있다. 처녀들을 이것에 관련시키는 것은 그 여인의 바람은 누가 봐도 정당하다는 것을 의미한다. 코러스는 작가의 설명을 대신하신 역할도 한다.

Targum은 "의로운 자들이 당신을 사랑하였다"로 옮겼다. Carr는 '고르지 못한 곳이 평탄하게 될 것(사 40:4)'이라는 말씀의 용례를 들어 '정당하고 옳다'는 뜻을 지지하고 있다. 이것 역시 아가의 전체 내용이 어떻게 흘러갈지 암시하고 있다.

[해설]

1:2-4은 작품 전체의 내용과 흐름을 암시하는 Exposition (prologue 혹은 point of attack)으로, 세 사람의 주인공을 소개하며 동시에 사건 전개를 암시한다. 왕이 직접 여인을 이끌고 들어온 것인지, 왕의 명령으로 누군가 이 일을 수행한 것인지는 알 수 없으나 여인이 왕의 은밀한 방 안에(혹은 왕의 여인이 되기 위하여 준비하는 거처)에 있는 것으로 시작된다.

여인이 임의로 밖으로 나갈 수 있었던 것으로 보아(3:1,2; 5:6, 7) 신체적으로 구금된 상태는 아니었다. 그러므로 자신의 의지로 그 자리를 떠날 수도 있지만 어떤 이유인지 그 여자가 마음으로 사랑하는(1:7) 자인 '너(그)'에게 자신을 인도(Take me out)해 달라고 요청하고 있다. 이것은 약한 의지를 드러내는 것으로도 이해될 수 있으나 그런 왕의 유혹을 이길 수 있는 것은 '자기 의지의 결단력'이 아니라 '사랑하는 자의 사랑을 더 깊이 인식하는 것'이 답이 될 수 있다는 메시지를 전하는 것일 수도 있다. 하나님을 사랑하고 하나님을 찾는 자들 모두에게 세상 유혹을 이기는 방법을 제시하는 것일 수 있다. '그(너)'는 지금 그 자리에 있지 않으나 그 여자의 마음에 항상 있는 사람이다.

왕이 그의 방으로 이끌어 들였다는 것은 "은을 박은 금 사슬 (1:11)"과 각종 희귀 보석들이 상징하는 부귀와 영화 같은 모종의 약속이 포함되었음을 시사한다. 왕의 여인이 된다는 것은 그에 따른 부귀와 영화가 주어진다는 보장이 들어있다는 것을 모를 독자(청자)는 없을 것이다. 여인이 스스로 그곳을 벗어날 수 있음에도 그렇게 하지 못하는 것은 이러한 이유 등으로 당연히 거부해야 할 것을 단호하게 거부하지 못하고 망설이는 모습을 떠올리게 한다.

이러한 상황에서 여성은 "너(그)"에게 도움을 요청하고 있다. 그 사건의 현장에 있지 않은 "너"에게 많은 입맞춤을 요구하는 것은 '많고 격렬한 입맞춤의 행위' 자체를 요구하는 것이기보다는 '그의 사랑과 그에 대한 사랑'을 더 깊이 느끼게 해달라는 요청으로 즉, 행위보다는 관계에 초점이 맞추어져 있다. '그(너)'는 당연히 왕보다 더 큰 권세를 가지고 있지 않다. 그래서 힘으로 여자를 데리고 나갈 수 없다는 것을 여인은 잘 알고 있다. 여인은 자신의 의지를 더욱 왕성하게 일으켜야 그런 유혹들을 미련없이 버릴 수 있다는 사실을 알고 '그(너)'에게 그에 대한 자신의 사랑을 불일 듯 일어나게 해 달라는 요청을 하고 있다. 약한 의지를 강하게 해 줄 수 있는 것은 오직 사랑이다.

이 부분에 등장하는 1인칭 복수형 '우리'는 아가의 진행을 돕는 코러스이다. 여인의 말을 대신 해주기도 하며 작가의 생각을 대변하기도 한다. 반복되는 후렴구와 때때로 나타나는 일종의 내용 진행을 돕는 지시(direction)의 기능을 대신하는 것으로 볼 때 코러스의 역할은 아가에서 상당히 중요한 부분을 차지하고 있다. 이들은 그 여인의 소원을 적극 지지하고 지원하겠다고 함으로 아가의 내용이 어떻게 진행될 것인지 기대를 갖게 한다.

제2장 술람미의 자기 소개(1:5-7): 게달의 장막과 솔로몬의 휘장

> 5 예루살렘의 딸들아 내가 비록 검으나 아름다우니 게달의 장막 같을지라도 솔로몬의 휘장과도 같구나 6 내가 햇볕에 쬐어서 거무스름할지라도 흘겨보지 말 것은 내 어머니의 아들들이 나에게 노하여 포도원지기로 삼았음이라 나의 포도원을 내가 지키지 못하였구나 7 내 마음으로 사랑하는 자야 네가 양 치는 곳과 정오에 쉬게 하는 곳을 내게 말하라 내가 네 친구의 양떼 곁에서 어찌 얼굴을 가린 자 같이 되랴

[1:5] 예루살렘 딸들아　　　딸 *bāṯ* 은 일반적으로 결혼할 수 있을 정도로 성장한 여성 들을 가리키는 말로서 학자들 중에는 "예루살렘의 딸"들은 결혼식에 참여한 여성 하객(wedding guest)이라고도 하고, 왕의 부인들 혹은 첩들(harem)이라고 주장 하기도 한다.

　　"예루살렘의 딸"에 대한 언급은 아가서에 총 8회 나타난다. 그 중 4회는 주인공 여인이 "내 사랑이 원하기 전에는 흔들지 말고 깨우지 말라"고 할 때 그 말을 하는 대상이며(2:7; 3:5; 5:8; 8:4) 나머지는 "왕의 가마 장식에 예루살렘 딸들의 사랑이 엮여 있다(3:10)"고 할 때와, "시온의 딸들아 나와서 솔로몬의 왕관을 보라(3:11)," 그리고 여인이 사랑하는 자를 묘사한 후 "예루살렘의 딸들아 이는 내 사랑하는 자라(5:16)"는 구절에 나타난다.

　　'예루살렘의 딸들'이 이러한 한 무리의 집단으로 소개되고 있지만, 이들은 주인공 여성의 방백(Aside)[19]이나 혹은 독백(Monologue)의 대상으로 설정된 그룹으로 보인다. 그들의 실체는 아가 전면에 드러나지 않으며 또, 이들의 대사로 보이는 것도 아가에서 보이지 않는다. 포도원을 돌보는 시골 출신으로 피

19　방백(Aside)이란 무대 위의 다른 인물들은 듣지 못하는 주인공의 독백의 한 종류이다.

부가 햇볕에 그을린 채 특별한 단장도 하지 못한 이 여성과 대조되는 밝고 맑은 피부에 한껏 꾸민 도시 여성들을 가상적으로 설정하여 그들과 비교하는 방식으로 자신의 내면적 특징을 피력하는 것으로 볼 수 있다.

이들이 가상적 그룹이라 하더라도 독자나 청자는 "예루살렘의 딸"이라는 용어만으로도 충분히 연상할 수 있는 것이 있다. 예루살렘으로부터 왕을 수행하는 여성들로, 아마도 전국에서 선발된 뛰어난 외모를 가진 젊은 여성들일 것이며 이에 걸맞는 다양한 몸 관리를 받은 자들로 볼 수 있겠다. 코러스가 주인공 여인에게 우호적 관심을 보이는 그룹이라면 반대로 '예루살렘의 딸들'에게 주인공 여성은 또 한 사람의 라이벌로 여겨지는 자일 것이다. 그렇다면 당연히 주인공 여성에게는 비우호적인 그룹으로 연상될 수 있을 것이다(2:7 해설 참고).

내가 검지만 아름답다 검다 šeḥôrā(h) 는 햇볕에 노출되어 황갈색으로 검어진(swarthy) 피부를 말한다.[20] 이것은 제사장이 한센병 완치 여부를 알아보기 위하여 환부에 검은 털이 났는지 살폈다고 할 때 쓰였고(레 13:31, 37), 검은 말(슥 6:2, 6), 검은 머리카락(아 5:11)에도 사용된 말로서 색깔 자체가 어둡고 검은 것을 말한다. LV역시 거무스름하다 fusca 로 번역하였다. 때로 다른 구절에서 이것은 건강함을 나타내기도 한다. 여인이 검은 피부를 가지고 있다는 이유로 솔로몬의 애굽 공주와의 결혼을 정당한 것으로 미화하기 위하여 아가서를 기록했다는 설도 있으나(왕상 3:1) 여인은 자신의 피부가 "포도원을 지킴(1:6)"으로 인하여 햇볕에 그을린 것이라 밝히고 있음으로 이런 상상은 거부된다. 이것은 인종(racial)을 나타내는 것과는 무관하다.

(그러나) 나는 아름답다 nāʾwā(h). 여기서 쓰인 nāʾwā(h) 는 아리땁다는 뜻의 어여쁨 yāp̄e (아 1:8; 2:10, 13; 4:1, 7; 5:9; 6:1, 4, 10)과 큰 차이는 없어 보이나 조금 다른 분위기의 말로 '적절한 조화'를 이루었다는 뜻으로 쓰이기도 한다.

---

20 '이른 새벽의 어스레함 šaḥar'에서 유래된 말이다.

"사랑스러움, 매력적, 혹은 적당하고 합당하다"는 내면적 아름다움을 포함하기도 하며(아 2:14; 4:3; 6:4, 시 33:1; 147:1, 잠 17:7; 19:10; 26:1), 특히 같은 단어가 쓰인 "예루살렘처럼 아름답다(6:4)"과 같이 이 구절에서는 우아함(elegant, graceful)을 나타내는 격조 높은 아름다움을 나타낸다. 비슷한 말인 *yāpe* 는 휘황찬란하다는 *yâpâ(h)* 에서 온 말로 가시적 아름다움에 가깝다고 할 수 있는데 이것이 *nāʾwā(h)* 와 항상 다른 의미로 쓰이는 것 같지는 않으나 구약 성경에서 *nāʾwā(h)* 의 사용 빈도가 훨씬 적은 것으로 보아 저자가 의도적으로 이 단어를 선택하였을 수 있다.

이 여인이 자신의 외모를 게달 *qēḏār* 의 장막에 비교한 것을 보면 이 아름다움은 내면적인 여인의 중심을 강조하기 위한 것이라 할 수 있다. 이것은 예루살렘의 딸들이라는 가상적 그룹에게 말하는 형식을 갖추고 있으나 독자들에게 '공개적'으로 말함으로 자신의 마음을 더욱 견고하게 하려는 의도도 있을 것이다.

여인이 왕의 방에 와 있다는 것은 그 여인이 부귀와 영화를 잡아보려는 계획 아래 인위적으로 연출한 행동의 결과로 오해될 수 있는 가능성은 얼마든지 있다. 현재 왕 옆에서 수발 드는 예루살렘의 여인들은 그런 사람들일 가능성이 충분히 있다. 그러나 이 여인은 그런 의도가 전혀 없는 '아름다운 내면'을 그대로 유지하고 있음을 밝히는 말이라 할 수 있다. 게달의 장막과 솔로몬의 휘장의 대조로 '아름답다'는 의미는 보다 구체화된다.

게달의 장막 같고 *kᵉʾŏhŏlē qēḏār*. 게달 *qēḏār* 은 북 아라비아의 유목민으로 이스마엘의 후손이다(창 25:13). 매우 호전적 종족으로 소개되기도 한다 (시 120:5, 사 21:16). 어근인 *qdr* 은 "검다, 어둡다"로서 일식(日蝕)이나 월식(月蝕) 현상을 나타낼 때(욜 2:10), 밤 혹은 어둠(미 3:6, 렘 4:28), 슬픔(렘 8:21)을 나타내는 어둡고 부정적 표현에 사용된다.

특히 이들이 사용하는 장막은 바람과 뜨거운 태양 열을 막아주는 훌륭한 기능을 가지고 있는 것으로 알려져 있다. 주로 검은 염소 털을 정교하고 두텁게 짜서 만든 것으로 먼 길을 여행하는 사람들은 이와 같은 장막을 선호하였다고 한다.[21] 이것은 태양과 비, 바람을 막는 기능을 우선으로 하였기 때문에 외형적으로는 아름다울 수가 없을 것이다. 아마도 이에 대한 설명을 부가 하지도 않아도 당시 사람들은 이것을 충분히 이해하고 있었을 것이다

솔로몬의 휘장 같다. 솔로몬의 휘장 *kîrî͑ôṭ šelŏmō(h). yᵉrî͑a(h)* 은 주로 두터운 커튼(curtain)을 가리키는 것으로 어떤 규모가 큰 천막이거나 임시 건물 내부를 여러 칸으로 구분할 때 사용하는 것으로 각양의 무늬가 있는 직물로 된 휘장일 수도 있다. 솔로몬의 휘장이라는 표현을 사용함으로 평범한 아름다움을 넘어 화려함을 말한다. 이렇게 말함으로 외면적으로 보이는 것과 전혀 다른 내면의 아름다움으로 독자의 관심을 이끈다.

이것은 보이는 것과 다르게 상상하기 어려운 아름다운 내면을 나타낼 때 보편적으로 쓰이는 강렬한 대조 방법이다. 출 26-30장에 소개되는 광야의 성막도 이와 유사하다. 가장 바깥 쪽은 비와 광야의 바람, 그리고 뜨거운 태양의 열기를 막기 위하여 검고 투박한 해달의 가죽으로 감싼 형태이지만 그 내부의 벽은 정금을 입힌 조각목(싯딤 나무) 판자들이 연결된 것이고 향단(香壇)과 진설상 역시 정금을 입힌 것이며 촛대는 순금을 쳐서 만든 것이다. 외부의 빛이 들어오지 않는 암실 같은 내부에서 그 촛대로부터 나와 정금에 반사되는 빛의 아름다움은 상상하는 것 이상일 것이다. 그리고 백색의 두꺼운 천에 홍색 자색 청색으로 그룹을 정교하게 표현한 휘장으로 성소와 지성소를 구분하였다. 외부에서 성소로 진입하는 문 역시 같은 모양의 휘장으로 되어 있다. 내부에서 보이는 천장(앙장) 역시 같은 양식이다. 볼품없어 보이는 해달 가죽으로 된 외면과 이 내면은 극과 극의 대조를 이룬다.

게달의 장막과 솔로몬의 휘장을 나란히 놓아 여인의 용모를 비유하는 것

---

21   *Kedar.* ISBE vol.3, 5; The Anchor Bible Dictionary Vol. 4, 9.

은 비록 외적으로는 검고 투박하지만 그 내면의 아름다움을 대조적으로 강조하려는 것이다. 5절의 핵심은 외면적으로 그을린 피부에 대한 단순한 변명이 아니라 내면의 아름다움을 더욱 돋보이게 하기 위한 화법이라고 할 수 있다. 여성의 내면의 아름다움이란 순결이나 정조 혹은 단아함이나 부지런함 등으로 표현된다(잠 31:30).

Wellhausen에 의하여 솔로몬 $\check{s}^e l\bar{o}m\bar{o}(h)$ 은 살마 *Salmah* 로 대치되어야 한다는 주장이 제기되었는데 살마(살몬)는 룻기에 나오는 보아스의 아버지이다(룻 4:20, 대상 2:11).[22] 그의 후손들은 남쪽 아라비아에 거주하였다. 그러나 이런 주장은 여러가지 이유에서 지지를 받지 못하고 있다. 여인이 그 전에도 들은 적이 있겠으나 조금 전 왕의 방에서 직접 목격한 아름다운 솔로몬의 휘장을 언급하는 것이다.

[1:6 a] 나를 흘겨보지 말라　　　보지 말라 예루살렘의 딸들처럼 희고 밝은 피부가 아닌 시골 처녀의 용모를 가진 그 여자를 무시하는 듯 '빤히' 쳐다보는 사람들에게 하는 말이다. 실제로 누가 그렇게 보았을 수도 있으나 이는 가상적 표현일 수도 있다. **흘겨보다** *tirᵓû* 는 2인칭 남성 복수 희구형이다. 복수의 여성(예루살렘의 딸들)을 언급하면서 남성 복수를 사용한 것은 문법이나 필사상의 오류가 아니라 여성 2인칭 복수형은 때로 남성형으로 대치되기도 한다.[23]

"**보다**"는 *rᵓh* 일반적으로 사물을 보는 것, 혹은 그 이상으로 읽어내는 것을 의미한다. KJV는 쳐다보다(look)으로, NIV와 NASB는 빤히 쳐다보다(stare)로 번역하였다. M. Dahood는 이를 '내가 검다고 부러워하지 말라'로 읽으려

22　살마(룻 4:20, 대상 2:11)는 솔로몬과 철자가 매우 유사하다. שׁלמה(살마)와 שׁלמה(솔로몬)에서 שׁ와 שׂ는 유사하게 보이지만 *s*와 *š (sh)*로서 서로 다른 것이다.

23　주옹, 603. 2인칭 복수에서 여성형은 가끔 남성형으로 대치된다. 룻 1:8, 욥 2:22, 암 4:1. 사실 2인칭 여성의 복수형은 드물다. 접미사와 함께 그것들은 남성형으로 대치된다. 예: 룻 1:8, "너희가 죽은 자와 나를 선대한 것 같이 *you have delt*에서 ᶜăśîtem는 ᶜśh의 2인칭 남성 복수 완료형이다.

고 하나 이 여인이 자신의 피부가 검어진 이유를 자랑하는 것이 아니기 때문에 이런 의견은 받아들이기 어렵다. 이는 '이상하다는 듯이 혹은 멸시하듯 빤히 쳐다봄'을 의미하는 것이다.

내가 햇볕에 쬐어서 "태양이 나를 응시하였다"를 의역한 것이다. 응시 *šĕzāpāt* 는 *šzp* 의 완료형이다. 사실은 '쬐다'를 표현하는 더 적절한 단어가 있으나 '응시 (look upon, catch sight)'라는 말을 사용한 것이다. Garrett은 쬐다 *šdp* (솨다프)를 응시 *šzp* (솨자프)로 대신한 언어 유희라 할 수 있다.[24] 예루살렘의 딸들에게 자기를 '흘겨보지 말라'고 한 것과 '태양이 자신을 보고 있다'를 묘하게 비교하는 것일 수 있는데, 그렇다면 이것은 태양으로부터 자신을 지키지 못하였을 뿐 아니라 태양이 자신의 모든 삶을 다 지켜보고 있다는 뜻이 될 수도 있을 것이다.

혹자는 여기서 '태양의 응시'가 언급되는 것은 당시 메소포타미아의 태양의 신(神) 담무즈(Tammuz 혹은 Dumuzi) 신화의 영향을 받은 것이거나 인용한 것으로 보기도 한다. 그러나 검게 그을린 피부를 말하며 태양 볕을 언급하는 것은 어떤 사상의 영향과는 관계없이 얼마든지 말할 수 있는 것이다.

거무스름하다 *šĕḥarḥor* 은 이곳에만 쓰였다. 햇볕에 그을린 피부를 말한다. 1:5의 '검다 *šĕḥôrā(h)*'를 다시 매우 유사한 표현으로 반복하고 있다. 비교적 밝고 하얀 피부를 가진 것으로 생각되는 '예루살렘의 딸'들과 비교하면서 자신의 피부가 검게 된 이유를 설명한다. 본래부터 그런 것은 아니었다는 것을 은근히 드러낸다.

[1:6 b] 내 어머니의 아들들이 나에게 노하여 포도원지기로 삼았다　여인은 지금 자신이 포도원지기가 된 이유를 설명한다. "어머니의 아들들"이라는 표현은 아버지가 계시지 않다는 뜻일 수 있다. 아버지 대신 오빠들이 이 여인을

24　Garrett, 132.

포도원지기로 삼은 것은 '여성(딸)'을 별로 존중하지 않았거나 어느 정도 자유를 제한한 것'으로 해석될 수 있다. 젊은 여성이 포도원지기로 일을 하는 것은 노동 양(量)과 그 강도(强度)로 볼 때 흔한 일은 아니라고 한다. 구체적으로 어떤 사정이 있었는지 알 수는 없으나 아마도 아버지가 계셨더라면 딸에게 이런 일을 시키지는 않았을 것 같다. 단순히 피부색만을 말하는 것이 아니라 더 많은 어떤 것을 말하려는 것 같으나, 여기서는 처녀가 포도원지기가 된 이유를 말하려는 것으로 보인다. 여인이 포도원지기가 아니었으면 왕을 만날 일도 없었기 때문이다(6:11,12 해설 참고).

[1:6 d] 내가 나의 포도원을 지키지 못하였다   지키다 *ntr* 는 아가서에서 이 구절 외에도 2회 더 나타난다. 8:11,12에서는 솔로몬의 '포도원을 지키는 자들'에 쓰였다. 문자 그대로 포도원 관리(care)를 말하는 것이다. 해설자들은 이것도 하나의 은유로 보아 자신의 정조를 지키는 것과 관련하여 해석하기도 한다. 그런 것을 연상할 수도 있을 것이다. 그러나 아가 외에 렘 3:5, 나 1:2, 레 19:18에는 모두 이 말이 진노나 원망을 풀지 않고 그대로 품고 있는 것과 관련이 있는데 이것은 최소한 '원래의 상태를 그대로 유지하는 것'을 말한다.

나의 포도원. 포도원 *kěrěm* 이라는 말은 아가에서 6회 반복된다(1:14; 2:15; 7:12; 8:11,12). 다수의 학자들은 포도원은 동산과 함께 여성의 몸을 은유하는 것으로 보고 있다. 고대 이집트나 근동의 연애시 등에서 포도원이나 동산이 여인의 몸을 비유하는 것으로 쓰이고 있음을 그 근거로 제시한다.

해석자들 중에는 이러한 맥락을 따라 "포도원"을 지키지 못하였다 함을 자신의 몸을 왕에게 허락했다는 뜻으로 이해한다. 왕의 방들(1:4)을 침실로 본다면 가능한 해석이라 할 수 있겠다. 왕을 신랑을 높여 부르는 호칭으로 보는 견해를 가진 학자들도 왕의 방을 신방으로 보기 때문에 대체적으로 이렇게 해석하고 있다.

시가에서 이런 직유나 은유는 매우 흔한 것이지만, 그러나 이러한 것도 어떻게 해석하는가에 따라 아가서 전체의 흐름을 서로 다르게 이끌어 갈 수 있다. 같은 용어를 사용하더라도 그것이 지시하는 의미는 다를 수 있다.

한편으로는 이를 오빠들의 지시에 따라 야외에서 일을 하다 보니 '햇볕에 노출되어 피부를 관리하지 못 하였다(6 a)'는 뜻으로 보고 포도원을 단순히 이 여인의 얼굴 용모를 말하는 것으로 보기도 한다. 비교적 단조롭게 보이기는 하지만 이 연의 앞뒤 문맥을 고려할 때 매우 기본적이며 담백한 해석이 될 것이다.

또한 이를 좀 더 확대하여 포도원은 문자 그대로 이 여성의 삶의 터전인 포도원을 나타낸다고 할 수 있다. 아가에서 포도원을 언급하는 구절을 개별적으로 살펴보면 다음과 같다. "나의 사랑하는 자는 엔게디 포도원의 고벨화 송이(1:14)"에서 포도원은 사람들에게 익숙한 것을 통하여 사랑하는 여인의 소박한 아름다움과 동시에 그 여인을 통해 기쁨을 얻는 남성의 이미지를 목가적 언어로 표현한 것일 뿐이며, 이 구절에서 포도원은 여성의 몸에 대한 은유이기보다는 그 여인 존재나 삶 자체이거나 그의 삶의 터전을 말할 것이다.

"우리를 위하여 포도원을 허는 작은 여우를 잡으라(2:15)"에서 여우는 실제로 포도 순을 갉아먹는 해로운 동물로서 그들의 삶(포도원) 속에 들어와 훼방하는 존재로 비유되고 있다. 또 "포도원에 움이 돋았는지 가보자(7:12)"에서 "포도원"은 그들의 삶을 유지하고 더 나아가 풍성하게 해주는 터전이다. "솔로몬이 바알 하몬에 포도원이 있다(8:11)" 역시 무엇을 은유할 수도 있지만 일차적으로는 문자 그대로 솔로몬 소유의 포도원이다.

따라서 포도원을 지키지 못했다는 것은 정조에 관한 것이기보다는 단순하게 피부 관리와 관련된 것으로 보는 것이 문맥상 자연스러울 수 있으며, 또한 왕의 방으로 이끌림을 받은 사실 그 자체가 자신이 스스로 잘 가꾸어야 하는 삶(포도원)을 안정적으로 지키지 못한 것이라는 어느 정도의 자책이 들어있는 고백이라 할 수 있다. 평온한 그들의 삶 속으로 갑자기 왕(솔로몬)이 들어옴으로 인하여 발생한 사건이지만 자신의 미온적 태도가 원인 중 한 부분을 제공했을 수 있다고 보는 것이다. Ginsburg는 이 구절을 해석하며 "평온하게(quietly)"라는 말을 첨가하여 "내가 나의 포도원을 평온하게 지키지 못하였구나(mine own vineyard I kept not quietly)"로 의역하였다.[25] 이렇게 독백으로 이루어진 고백이 오히려 그 여자를 더욱 더 "여인 중에 어여쁜 자"로 돋보이게 할 수 있다.

[해설]

'예루살렘의 여인들'은 왕에게 발탁되어 다양한 수발을 하는 여인들로 설정된 극 중 가상 그룹이다. 이들은 왕에게서 더 가까운 자리에 있기 위하여 암암리에 경쟁하는 자들일 수 있다. 그러므로 그 그룹에 어떤 여인 한 사람이 더 들어온다면 경쟁자가 한 사람 더 생기는 것이다. 그런데 자신들과 비교했을 때 피부가 검은, 즉 외모가 출중해 보이지 않는 시골의 한 여인이 갑자기 나타난 것이다. 그래서 빤히 쳐보거나 흘겨볼 수 있을 것이다. '흘겨보다'에는 멸시와 함께 적대감이 들어있다.

그리고 게달의 장막과 솔로몬의 휘장을 대조하면서 여성의 정숙함으로 대표되는 내면의 아름다움을 말하고 있다. 이것은 단순히 용모와 관련된 피부색에 대한 것만을 말하는 것이 아니라 자신은 왕의 여인이 되기 위하여 의도적인 어떤 행동(유혹 등)을 하지 않았을 뿐 아니라 '사랑하는 자'를 변함없이 마음으로 사랑하고 있음을 나타낸다. 이것을 '아름다움 *nā'wā(h)*'이라는 표현으로 압축하였다. 잠언에서 한 마디로 요약하는 여성의 내면적 아름다움은 "오직 여호와를 경외하는 자(잠 31:30)'이다. 여인이 자신을 아름답다고 하는 것은 이러한 의미로 하는 말일 것이다.

---

25   Ginsburg, 134.

여인이 처음 왕의 눈에 뜨인 장면은 6:11,12에 설명되어 있다. 이것을 먼저 말하지 않는 것은 이에 대한 궁금증을 유발하고 또 지속시킴으로 극의 효과를 더욱 높이기 위한 작가의 기법으로 추측된다. 이 여인은 포도원을 돌보는 사람으로 파종 시기를 가늠하기 위하여 포도동산에 내려갔을 때 "부지중"에 왕을 만났다고 하였다(6:11,12 해설 참고). 이는 우연을 가장한 연출된 것이 아니었다. 이때 왕의 눈에 띄어 왕의 방에 이끌림을 받은 것이다. 현재 왕의 방에 있으면서 예루살렘 여인들에게 따가운 눈총을 받고는 있으나 자신은 여전히 내면적으로 정숙하며 합당한 아름다움을 가지고 있다고 독자(청자)들에게 말하고 있다.

코러스와 여인의 대화(1:7-8)

[1:7] 내 마음으로 사랑하는 자야 … 지금 어디 있는지 알려다오　사랑하는 자를 찾는 여인의 강렬한 소원을 나타내는 독백 내지는 방백(Aside)d과 같은 방식으로 처리되었다. 이 여성은 "마음으로 사랑하는 자"를 찾고 있다. 1:2-4에서 '왕'과 '너'가 동일 인물이라면 조금 전 같은 방에서 사랑을 나눈 남성에게 "지금 어디 있는가? 내가 찾아가겠다"는 것은 그 흐름이 대단히 어색하다. 여기서 왕과 너를 같은 인물로 보는 학자들이 이런 문제를 해결하기 위하여 제시하는 설명은 크게 두 가지 정도로 요약되는데 이는 즉각 반론이 가능하다.

첫째, 아가는 어떤 연속된 이야기가 아니라 당시 어느 정도 알려진 연애시들의 선집일 뿐 내용이 서로 연결되는 것이 아니라는 것이다. 그래서 왕의 행방에 대하여 물을 수 있다고 한다. 그러나 제1막에서 연속되는 연(聯)들은 왕의 방을 배경으로 펼쳐지고 있는 일련의 사건을 다루고 있다.

둘째, 1:2-4 이후 어떤 '알 수 없는 이유로' 남녀가 서로 분리되었으나 두 사람이 다시 합해지기를 간절히 바라는 여인의 애틋한 마음 정도로 해석하기도 한다. 그러나 본문에는 '왕(신랑)과 술람미'가 어떤 일로 인하여 분리되었는지 작은 암시조차 발견할 수 없다. 아가는 기록으로 남겨지기 전 어느 정도 구술음송되던 것이었다. 청자들은 이것이 음송되는 짧은 시간에 작가가 충분히 암시조차 하지 않은 없는 것을 역으로 추적하여 연구하면서 듣지는 않을 것이다.

여인은 왕의 방에 있으나 '마음으로 사랑하는 자'를 그리워하고 있다. 그 사랑하는 자인 '그(네)'는 지금 어느 들판에서 양을 먹이고 있는 그 사람이다 (1:7 참고). 해석자들 중에는 2-4절은 신랑과 신부가 왕과 왕비처럼 묘사되었고 5, 6절은 여자가 포도원지기로, 7절부터는 목동이 등장하는 것을 봐서 여인이 사랑하는 남성을 왕이나 목동과 같은 다양한 비유로 소개하고 있으며, 그리고 12절에 그 남성이 다시 왕의 이미지로 등장한다고 주장한다. 그러나 왕과 목동은 아가에서 대조적인 인물로 등장한다. 왕과 목동을 동일인으로 보는 시각으로는 1:7의 내용을 자연스럽게 해석할 수 없다.

여기서 여인이 찾는 자가 왕이라면 조금 전까지(1:2-4) 같은 방에 있던 것으로 보이는 자를 왜 갑자기 찾아 달라고 하는지 이해하기 어렵다. 또한 왕과 목동을 동일 인물로 본다면, 왜 조금 전까지 함께 있던 왕이 목자가 되어 양을 치고 정오에 낮잠을 자는 목장에 나가 있는지 사후(事後)라도 설명이 있어야 하지만 그런 시도는 별로 보이지 않는다.

[1:7 a] 내게 말하라 *hăggîḏā(h)* 는 명령형(혹은 권유형)으로 아가서의 흐름에 중요한 역할을 하고 있다. 아가는 이미 왕의 방으로 이끌어 들여진 여인의 노래로 시작된다. 왕의 방에 있을 때에도 여인은 마음은 '마음으로 사랑하는 자'에게 향해 있었다. 1:2에는 그 방에는 있지 않은 자를 그리워하며 그에게 많은 입맞춤을 요구하였고, 여기서는 그가 "지금 어디 있는지 말해 달라"고 한다. 왕을 찾는 말이라고 할 수 없다.

마음으로 사랑하는 자 *šě'āhăḇā(h)*. 이 표현은 3:1, 2, 3, 4에 반복되어

나타난다. **마음** *nĕpĕš* 은 영혼, 마음(soul, heart)을 말한다. **사랑하는 자** *šĕ ʾāhăḇā(h)* 는 사랑 *ʾāhăḇā(h)* 에 which, that과 같은 접사 *šĕ* 로 인하여 "사랑하는 자"를 나타낸다. 이것은 "나의 사랑하는 자 *dôḏî* "보다 사랑의 깊이를 더한 표현이다. 마음은 한 인격의 총체를 나타낸다. 여인이 간절하게 찾는 '너(그)'가 자신에게 어떠한 의미를 갖는 사람인지 더 깊이 드러낸다. 이 여인이 사랑하는 자(도디)는 양을 치며 정오에 쉬는 목동이며, 그는 여인이 '마음으로 사랑하는 자'이다. '도디'는 여인이 사랑하는 이 남성에게만 사용하는 말이다. 마음으로 사랑하는 자는 오직 한 사람이다. 여인이 왕도 마음으로 사랑하고 목동도 마음으로 사랑한다는 것은 있을 수 없다.

어디(where)라는 의문사가 두 차례 반복된다. **어디** *ʾēḵā(h)* 는 여러 곳에서 '어떻게(how)'로 쓰이기도 한다(사 1:21, 렘 48:17). 그러나 문맥상 이 구절에서는 '어디(where)'가 적절하다. **네가 양치는 곳과 정오에 쉬는 곳이 어디인가?** 이 여자가 진정으로 그리워하고 사랑하는 자는 양을 치는 목자이다. 혹자는 솔로몬도 양을 가지고 있음으로 목자라 할 수 있기 때문에 '양치는 자'는 솔로몬과 동일 인물이라고 주장한다. Dumuzi (후에 Tammuz로 불리움) 신화에서 두무지는 목동이었다. 아가가 이것의 강한 영향을 받았다고 여기는 학자들은 왕과 목동을 같은 인물로 보는 것을 망설이지 않는 것 같으나 솔로몬이 왕이 된 후 국사도 돌보고 양도 쳤을 것으로 생각하는 사람은 없을 것이다. 다시 말지만 양을 돌보는 것은 남는 시간에 아르바이트 식으로 할 수 있는 일이 아니다.

솔로몬이 직접 포도원을 돌볼 수 없음으로 그의 포도원을 누군가 관리했듯이(8:11) 그가 양을 많이 가지고 있다 하더라도 그 양을 들판에서 먹이며 한 낮에 뜨거운 태양을 피하여 쉬는 목자로 볼 수는 없다. 다윗도 양을 치던 사람이었으나 국사를 맡은 왕이 된 후에 '정오에 쉬는 목동'일을 하였다는 상상은 하기 어렵다. 당시 독자나 청자들은 목동의 일이 얼마나 고되고 분주한 것인지 아는 사람들이다.

네가 양을 치는 곳이 어디인가? 치다 *ṭirᵉĕ(h)* 는 "방목하다(graze), 먹이다 (feed)"의 미완료 능동형이다. **정오에 쉬게 하는 곳은 어디인가?** '쉬다 *tărbîṣ*' 는 몸을 쭉 펴고 눕는 동작이다(lie down, stretch oneself out). 이 역시도 '눕다' 는 말로 인하여 성적 분위기를 나타내는 것으로 보려는 해석들이 있으나 그 렇게 봐야 할 이유는 없다. '눕다'는 쉬는 자세를 나타내는 것일 뿐이다. 목자 들은 양떼를 몰고 나가면 수 개월 동안 들판이나 산에 머물러 있게 되는데 일상이 매우 분주하다고 한다. 특별한 일이 발생하지 않는 한 낮에 (정오) 뜨 거운 태양을 피하여 잠깐 시원한 곳에서 쉬는 시간을 갖는데, 이때가 오붓한 만남을 가질 수 있는 비교적 여유로운 시간일 것이다. '쉬다 *tărbîṣ*'는 비교적 오랜 시간을 나타내는 것이라고 한다. 그러나 '정오'의 뜨거운 태양을 피하는 길지 않은 시간에도 쓰일 수 있으며, 잠깐이라도 같은 일이 반복되면 긴 시간 을 나타내는 표현을 쓸 수 있다.

[1:7 b] 내가 어찌 얼굴을 가리운 자같이 되랴　　가리우다 *ᶜōṭᵉyā(h)* 는 옷이든 수건이든 무엇으로 감싼 것을(cloth, wrap oneself, cover) 말한다. 창 38:14-25 에는 다말이 시부(媤父)인 유다 앞에 나타날 때 이 말이 쓰였다. 그것이 창녀 의 복장이라고 단정할 수는 없으나 이때 유다는 다말을 창녀로 보았다. 목자 들이 쉬는 곳으로 얼굴을 가리운 여인이 나타나 이곳 저곳을 기웃거린다면 오해를 받을 수 있을 것이다. 단순히 자신의 신분을 노출하지 않으려는 일종 의 변장을 나타내는 말일 수도 있으나 '얼굴을 가린 것'을 다른 사람이 그렇 게 오해할 수밖에 없는 것이라면 그렇게 하고 싶지 않다는 뜻이 될 것이다.

또한 이것을 압살롬의 난을 피하여 "다윗이 머리를 가리고 울며 감람산 으로 올라가는 장면(삼하 15:30)"과 연관 지어 '슬픔을 나타내는 자같이 보이 고 싶지 않다'로 보기도 하나 문맥상 적절하게 보이지 않는다. LV와 LXX, 그리고 페쉬타(Peshitta)에서는 이 말의 어근인 ʿth 를 '길 잃은 자'로 변경하였다.[26] 즉, 길을 잃고 방황하는 자처럼 보이고 싶지 않다는 뜻이 될 수 있겠다.

어찌하여 *šāllāmā(h)*. 접속사 *šā* 와 의문사 '왜(why) 혹은 무엇(what)'을 의미하는 *lāmā(h)* 가 합하여진 형태이다. 그러나 접미된 *mā(h)* 를 의문사로 보지 않는 학자들도 있다. 다니엘이 왕의 음식을 거부하여 초췌해질까 두려워하는 환관장이 그에게 한 말 중 "너의 같은 또래의 소년들만 못한 것을 그(왕)가 보게 할 것이 무엇이냐(why should he see you ⋯ 단 1:10)"에서 무엇(for why)에 해당하는 *ʾăšer lŏmmā(h)* 는 '무엇을 하지 않도록(lest)'으로 번역하는 것이 적절하다.[27] 이 견해를 따른다면, '사랑하는 자가 정오에 쉬는 곳을 알려주어 나로 얼굴을 가리운 자같이 되지 않게 해달라'는 것이다.

정오 *ṣŏhŏrăyim* 는 한 낮 혹은 정오를 가리키는 말로 햇볕이 가장 강할 때이다. 정오 정도의 시간에 양들을 모아 놓은 후 시원한 곳에서 휴식을 취하는 것은 팔레스타인의 목자들에게는 보편화된 관습이라고 한다.

이 여인이 쉬고 있는 목자들 주변을 배회하는 여인으로 오해를 받는다면 자기 자신에게도 불행한 것이고 사랑하는 자에게도 누(累)를 끼치는 일이 될 것이다. 정오에 쉬는 장소를 정확히 알고 싶어하는 것은 이런 이유도 있겠지만 찾아다니는 시간이 없이 속히 만나기를 바라는 여인의 마음도 반영되어 있다. 그러나 이 말은 반드시 그곳으로 찾아가겠다는 것을 의미하기보다는 그만큼 보기를 원하는 마음을 나타내는 것으로 보인다.

[1:8] 코러스의 합창이다　여인이 그 사랑하는 자를 그리워하는 장면은 일단락되고 코러스가 여인에게 충고한다.

여인(들) 중에 어여쁜 자야 "여인(들) 중에" *bănnāšîm* 는 *b* (in)에 관사 *ha*

26　페쉬타 *Peshitta*는 히브리어 성경을 시리아어로 번역한 것이다.

27　Pop, 330.

가 연결되어 있는 것으로 보아 "여인들"은 한정된 집단을 말하는 것으로 이 장면과 관련되어 있는 왕의 어여쁜 여인들 중에서도 가장 뛰어난 자로 표현되고 있다.

어여쁜 자 *hǎyyāpā(h)* 는 *yāpě(h)* "아름답다(beautiful)"의 최상급으로 쓰였다. Pop는 이것은 육체적 묘사에 쓰이는 말이라 하였다.[28] 이 말은 드러나는 아름다움을 말할 때 쓰이지만 '여성으로서 외면적인 모든 것을 고루 균형 있게 갖춘 것'을 말하는 것으로서 외모 이상의 것을 함축한다.

창 39:6, "요셉의 용모가 빼어나고 아름다웠다(handsome in form and appearance, ESV) *yepe(h) tōʾǎr wîpe(h) mǎrʾě(h)*"에서 *tōʾǎr* 는 외모(in form)이고 *mǎrʾě(h)* 는 용모(appearance)로 번역되었다. *yāpě(h)* 는 '빼어나다'와 '아름답다'에 두 번 다 사용되었다. 이것은 보디발의 아내나 다른 사람이 보기에도 요셉의 생김새가 준수였다는 것이 강조된 것인데 이는 외모만을 말하는 것이 아니라, 외모를 통한 남성적인 모든 매력을 나타낸다. 즉, 보이는 것을 통하여 보이지 않는 것까지 나타내는 것으로, 요셉의 기사는 요셉의 신앙적 됨됨이에 초점을 맞춘다. 다윗도 "빛이 붉고 눈이 빼어나고 *yāpě(h)* 얼굴이 아름다웠다(삼상 16:12)"고 하였는데 이 역시 그의 '용모를 통해' 총명함과 신실함, 건강 상태 등을 나타낸 것이라 할 수 있다. 단순히 생김새만을 의미하지는 않는다.

창 41:2의 요셉의 꿈 해설에서 "아름답고 살찐 송아지"에도 아름답다는 *yāpě(h)* 용어가 쓰인다. 이 구절에서 "아름다움(attractive)"은 일단 육안으로 보기에 건강하고 균형 잡힌 몸을 말하지만 그 송아지가 '최상의 상태(건강, 품질)'임을 나타낸다. "말씀을 듣지 못하는 기갈이 올 때 그 날에는 아름다운 처

---

28 어여쁘다, 아름답다 *yāpě(h)*는 1:8; 5:9; 6:1에서는 최상급으로, 4:1,7; 6:4,10에서는 절대형으로 쓰였다. 4:16에서는 남성형으로 쓰였고, 동사형 *yapû*는 4:10, 7:1에 사용되었다. 이는 육신적(용모) 묘사로 남성, 여성 모두에게 사용되고 짐승에게도 쓰인다.

녀와 젊은 남자가 다 갈하여 쓰러지리라(암 8:13)"에서도 '아름다운 처녀'는 이와 같은 의미로 볼 수 있다. 이 말은 외면이기는 하나 얼굴이나 몸매의 아름다운 자태 그 이상의 것을 말하는 최고의 여성들을 말한다(1:5 참고).

이 여인의 아름다움을 최상급으로 표현하는 것은 우선적으로 외모적 평가이기는 하나 용모의 아름다움도 그 성격과 질(質)의 차이는 있다. 이와 같은 표현은 5:9, 6:1에도 반복된다. "여인 중 어여쁜 자"를 용모만으로 이해한다면 지금 이 여인은 햇볕에 그을린 검은 피부를 가지고 있는 자로서 이는 오히려 조롱의 말이 될 수 있다.

양떼의 발자취를 따라가서 염소 새끼를 먹이라　　가다 *yṣ*의 명령형이 쓰였다. 명령은 권유보다 강렬한 의미를 가지고 있다. 마음으로만 원하지 말고, 머뭇거리지 말고, 수동적으로 이 상황을 해결하려 하지 말고 좀 더 적극적으로 행동할 것을 요구하고 있다.

먹이라는 r'h의 명령형으로 코러스는 '그를 그렇게 갈망한다면 더 이상 그와 분리된 채로 있지 말고 그를 찾아가서 그 옆에서 목동과 같이 일을 하라'고 말한다. 뭔가 망설이는 여성에게 보다 단호한 결단을 촉구하고 있다. 이것은 여성이 마음으로 사랑하는 자를 그리워하는 것과 이와 비례하지 않게 보이는 행동을 지적하는 것이라 할 수 있다. 코러스는 때때로 작가의 뜻이나 청자들의 요구를 반영하는 역할을 하기도 한다.

[해설]

여인은 목동을 "마음으로 사랑하는 자"라고 고백한다(3:1, 2, 3, 4). 그러면서 그 사랑하는 자를 찾아 가려고 하는 마음과 동시에 왕의 방으로 표현되는 현실에 머물러 있고 싶어하는 심리 묘사가 돋보인다. 사랑하는 자를 찾아가려고 하면 얼마든지 그렇게 할 수 있으나 이 여인은 찾아갈 수 없는 이유를 만들어내어 스스로 그것에 붙잡혀 있다.

혹시 누가 나를 '얼굴을 가리운 자'로 본다면 자신에게나 사랑하는 자에게 누가 될 것이라고 말한다(1:7 b). 망설여질 수 있는 이유로는 충분하다. 그러나 이것은 그 여인이 사랑하는 자를 그 정도로 그리워하고 사랑한다면 이런 이유 정도는 무시될 수도 있을 것이다. 코러스는 여인이 어떤 핑계를 만들어 내는 여인의 미묘한 심리에 대하여 날카로운 지적을 한다.

지금 여인은 마음으로 사랑하는 자와 분리된 채 왕의 방에 있다. 아 3:2; 5:6,7 등에서는 여인이 사랑하는 자를 찾아 헤매고 다니는 장면을 볼 수 있는데, 그렇다면 이 여인은 스스로 그곳을 벗어날 수도 있음에도 불구하고 그 안에서 사랑하는 자가 자신에게 와서 강력한 힘으로 이끌어 내어 주기만을 바라고 그 이상을 하려고 하지 않는다. 청자(독자)들은 이 점을 아쉬워할 것이다.

그리고 "양떼의 발자취를 따라 가라"는 코러스의 대사는 이 여인이 마음만 먹으면 사랑하는 자를 얼마든지 찾아 갈 수 있다는 것을 암시한다. 그러나 이 여인은 마음으로만 사랑하는 자를 찾고 있다. 무엇이 그 여자를 망설이게 하는가? 왕의 뜻에 고분고분 따를 때 제공받을 수 있는 영화와 부귀 등에 대한 기대가 그 여자의 마음 한 모퉁이를 붙잡고 있는 것은 아닌가. "마음에는 원이로되 육신이 약하도다(마 26:41)"라는 말씀이 떠오르게 하는 장면이다. 그 여인이 그 남성을 '마음으로 사랑하는 것'은 조금도 거짓은 아닐 것이다. 그러나 여인은 '어떤 이유로 인하여' 그 남성을 그리워하는 만큼 독자(청자)들이 만족할만한 적극성을 보이지 않는다.

제 2 막 (1:9-3:5)

갑작스러운 장면 전환과 화자(話者)의 변환은 아가서에서 자주 반복된다. 이 것은 자세한 설명이 없이도 당시의 독자나 청자가 이를 자연스럽게 이해할 수 있는 방식으로 전개되었을 것이다. 만약 이런 것이 이루어지지 않는다면 그 작품성은 현저히 감소될 수밖에 없다. 오늘날의 독자가 이해하기 어렵다고 해서 당시의 독자나 청자들에게도 난해한 문제는 아니었을 것이다.

제1장 왕의 유혹(1:9-11)

9 내 사랑아 내가 너를 나의 바로의 병거의 준마에 비하였구나 10 네 두 뺨은 땋 은 머리털로, 네 목은 구슬 꿰미로 아름답구나 11 우리가 너를 위하여 금 사슬 에 은을 박아 만들리라

[1:9] 내 사랑아 내가 너를 (나의) 바로의 병거의 준마에 비하였다　　　이것은 왕의 대사이다. 왕이 여인을 방으로 이끌어 들인 후 본격적으로 여인을 유혹하는 대사가 시작된다. **내 사랑** *răᶜyātî* 은 이웃, 친구, 동료를 가리키기도 하지만 아가서에서는 남성이 사랑하는 여성을 일컫는 말로 쓰인다. 이 용어는 1:9, 15; 2:2, 10, 13; 4:1, 7; 5:2; 6:4에서 반복된다. 왕도 목동도 다 같이 여인에게 쓰는 호칭이다.

　　(나의) **준마** 개역개정에서는 준마(駿馬, 바르게 잘 달리는 말)로 번역하였으나 이것은 문자적으로 암말(mare)이다. 수컷 말은 구약 성경에 140회 가량 나타나지만 암말은 이곳에 유일하게 쓰였다. 일반적으로 쓰이는 용어가 아님을 의미한다. 나의 암컷 말(준마) *sûsātî* 는 말의 여성형에 1인칭 소유격이거나 혹은 연결사인 *î* 가 접미되었다. 이것이 소유격이면 '현재 왕이 소유하고 있는 바로의 준마'이다. 또한 이 것은 두 명사 간의 연결 어미로 쓰였을 수 있다.[1] 그 예로 애가 1:1에서 예루살렘을 말할 때 "많은 사람 *rabbātî ᶜăm*, 큰 (위대한) 도성 *rabbātî bᵃggôyîm*, 열방 중 (의) 공주 *sārātî bămmᵉdînôt*"가 연이어 나오는데 여기서 각각 접미된 *î* 는 두 명사를 연결하는 어미로 쓰인 것이다. 이렇게 본다면 "나의 바로의 병거의 준마"가 아니라 "바로의 병거들 사이의 암말 (a mare of the chariots of Pharaoh)"이다.

　　해설자들은 대체적으로 이를 소유격 어미로 보고 있다.[2] 솔로몬은 애굽에서 많은 말과 병거를 들여왔다(왕상 10:28-29). 이것이 그 중 하나라면 바로의 병거에 매인 암말은 "내가(솔로몬이) 소유한 바로의 암말"로 표현될 수 있을 것이다. 전투용 병거는 한 쌍의 종마(種馬, stallion)가 이끄는데, 수컷 말과 함께 암말을 두면 수컷 말이 훨씬 더 활발하게 움직이기 때문에 이렇게 암수 한 쌍의 말을 병거에 매는 경우가 있다고 한다.

1　Murphy, 221-222 설명 참고

2　Pop, p.337-338.

둘 중 어떤 것이 정당한 것인지 정확히 알 수는 없으나 여기서 화자가 말하고자 하는 것은 확실하다. 여인을 바로의 병거를 이끌던 암컷 말에 비유하고 있다는 것이다. 애굽의 바로가 사용하던 것이라면 여러 말 중 선택된 최고 품종의 암말일 것이고 그것을 솔로몬이 들여왔다면 그 중에서도 최상의 것으로 선택된 것으로 봐야 할 것이다. 화자는 최고의 암말의 특징인 윤기가 흐르는 날렵한 몸매를 연상하게 하는 표현으로 여인의 아름다움을 칭송하고 있다. 말의 품질은 주로 치아 상태나 날렵한 몸매가 평가 기준이 된다.

병거들 *rikbē* 은 *rĕkĕb* 의 복수이다. 이것이 단수로 쓰일 때는 군사적 용도로 쓰이는 병거들의 단(團)을 의미하기도 하며 때로 전차(戰車, chariot)와 말들을 합해서 말하기도 한다. 통상적으로 단수로 표현되는 병거는 단일한 병거나 마차 부대를 일컫는 집합으로 사용된다. 여기서 언급되는 복수형의 병거는 '바로가 사용한 개인 병거' 들일 것이다. Hess는 고대 이스라엘이나 주변 국에서는 일반적이지 않은 것으로 이것은 말들이 흔히 하는 농경이나 전투와 관련된 일을 하기보다는 왕실에서만 소유하여 왕의 병거를 끄는데 사용되었을 것이라 추측한다.[3] 바로가 이렇게 사용하는 병거를 끄는 용도의 암말이라면 특별히 선택된 것으로서, 여인을 이러한 암말에 비교하는 것은 몸매나 빛깔 등의 외모적 장점과 함께 고결함(nobility)과 최고의 가치를 드러내려는 것으로 보인다.

여인에 대한 왕의 *waṣf* 는 대개 선정적인 외모 묘사에 집중되어 있고 여성을 다분히 오락의(playful) 대상으로 여기는 분위기이다. 암말이 수말을 자극하여 더 빨리 달리게 하는 역할을 한다면 이러한 은유 자체가 그런 의미를 함축하여 그 여인과 자신과 연결 짓는 것으로 볼 수 있겠다.

이것은 아가에 등장하는 두 명의 남성들의 대사를 구분하는 중요한 단서를 제공한다. '바로의 병거의 암말'은 왕이 아니면 어울리지 않는 용어(Loyal

---

3 Hess, p.104.

Terminology)이다. 아가를 구술할 때 청자들은 이 부분을 목동의 대사로 듣지는 않을 것이다. 이와 대조적으로 여인이 '마음으로 사랑하는 자'인 목자가 사용하는 용어는 매우 목가적이며, 쾌락이나 오락적이기보다는 관계를 중요시하며 평범한 삶에 대한 관심이 돈보이는 특징이 있다.

[1:10] 네 두 뺨은 아름답구나   뺨 *lᵉḥî*은 턱 양 옆의 볼을 가리킨다(5:13). **아름답다** *nāʾwû* 는 "잘 어울리다, 적절한, 사랑스러운(proper, suitable, lovely)"이라는 뜻으로 고상한 아름다움을 나타내는 말이다. **땋은 머리털** *tôrîm* 은 "꼬아진 진 것(a turn)"이라는 뜻으로, 보석이라면 구슬이 달려있거나 꼬아진 형태의 장식을 말할 것이고, 머리카락을 말하는 것이라면 앞 이마로 흘러 내린 고불고불한 머리카락일 수 있다. 목의 **구슬 꿰미** *ḥărûzîm* 는 목 부분의 옷깃에 달린 구슬 장식이거나 목걸이이다. 이마의 머리카락으로부터 양 볼과 목으로 이어지는 아름다움을 더욱 돈보이게 하는 장신구이다.

[1:11] 우리가 너를 위하여 만들리라 *naʿăśě(h)*   Hess등 현대의 많은 해석자들은 '우리'를 '황홀경의 복수'라고 주장하지만(1:4 참고), '너를 위하여'라는 표현을 고려하면 매우 어색하게 들린다. 왕과 여인이 하나되어 "은을 박은 금 사슬"을 만드는 것으로 이해하여 이 표현을 성적 결합의 결과물로 설명하려는 노력은 적절하다고 볼 수 없다. 황홀경은 상호간에 느끼는 것이지 '너'를 위한 것이라고 할 수는 없기 때문이다. 이것은 고대 왕들이 자신을 가리켜 우리(we)라고 한 것처럼 위엄과 권위를 나타내는 복수형(plural majesty)일 수 있다. 왕은 지금 여인에게 화려한 장신구를 줄 수 있다고 하여 그 마음을 얻으려고 하고 있다.

금 사슬 *tôrê nāzāḇ*. 사슬 *tôrê* 은 고불고불한 모양의 어떤 것을 말하고 *nāzāḇ* 는 금을 통칭하는 말이다. **은을 박은** *nᵉqudda(h) kěsěp* 에서 '박은

nᵉqudda(h) 은 금속을 마치 단추처럼 붙인 장식품으로 "은을 박은 금 사슬 (혹은 은을 더한 금 사슬)"은 당시 최고급의 여성 장신구를 말한다. "오빌의 순금 *kĕtĕm* 으로 꾸민 왕후가 왕의 오른쪽에 서다(시 45:9)"에서 *kĕtĕm* 은 *nāzāb* 와 동의어로 쓰이기도 하는 순금(pure gold)이다.

금은 당시에는 최고의 가치를 나타내는 것으로 주로 성전과 왕실에서 독점 사용되었다. 은(silver) 역시 오늘날과 달리 거의 금과 같은 가치를 가지고 있었으며 시대와 지역에 따라 금보다 그 가치가 높을 때도 있었다고 한다.[4] 금 사슬에 은을 박은 장신구는 당대 최고가의 물품에 최고가의 물품이 더해진 최상급 여성의 장신구를 말한다. 이 표현은 포도원을 지키는 여인이 평생 갖기 어려운 것으로 최상의 부귀 영화를 함축하고 있다.

솔로몬은 자신의 영화를 과시하기 위하여 "마시는 그릇을 다 금으로 만들었고 궁전 안에 그릇도 정금으로 제작하였다(왕상 10:21)." 솔로몬의 세입금은 연간 금 666 달란트였다고 한다(왕상 10:14)." 여기서 왕은 '금과 은' 즉, 이것으로 상징되는 '영화와 부귀'를 여인에게 줄 수 있다는 뜻을 내비친다. 이것은 '그 여인이 왕을 따라 줄 때'에 한정되는 조건적인 약속일 것이다. 왕은 이렇게 하여 여인들의 마음을 얻는데 성공한 적이 있을 것이고, 또 이 여성의 마음도 그렇게 해서 얻을 수 있다고 믿고 있을 것이다.

1:7-10에서 사용된 용어들은 아가의 주인공 중 남성을 2명으로 보는(목자 가설) 견해를 가진 자들에게는 매우 중요하게 다루어진다. 이는 두명의 남성 주인공 즉, 왕과 목자의 존재를 구분할 수 있게 하기 때문이다. 9-10의 왕의 용어(royal terminology)는 여러가지로 목동의 대사와는 차이를 보인다. 목동은 여인에게 은을 박은 금사슬을 줄 수 있는 사람은 아니다. 이것이 실제적인 은, 금이 아니라 상징적인 의미를 갖는다 하더라도 이 말을 하는 자는 목동의 이미지가 아니다. 지금 이 여인은 왕의 방에 있다.

---

4   *Gold*, ISBE Vol.2, 520-522.

제2장 술람미의 목동 생각(1:12-17)

12 왕이 침상에 앉았을 때에 나의 나도 기름이 향기를 뿜어 냈구나 13 나의 사랑하는 자는 내 품 가운데 몰약 향주머니요 14 나의 사랑하는 자는 내게 엔게디 포도원의 고벨화 송이로구나 15 (보라) 내 사랑아 너는 어여쁘고 어여쁘다 네 눈이 비둘기 같구나 16 (보라) 나의 사랑하는 자야 너는 어여쁘고 화창하다 우리의 침상은 푸르고 17 우리 집은 백향목 들보, 잣나무 서까래로구나

[1:12] 왕이 침상에 앉았을 때 나의 나도 기름이 향기를 뿜어냈구나　　왕이 침상에 앉았을 때 앉았을 때 ʿǎḏ 는 "하는 동안(while)" 혹은 "까지(until)" 등을 나타내는 전치사가 쓰였다. 이것은 '-까지'로 읽는 것이 더 합당하다는 의견도 있으나(삿 5:7; 아 2:7, 17; 3:4, 5; 4:6; 8:4) 의미상의 변화는 없는 것으로 보인다. **침상** mēsēḇ 은 사방이 둥글게 되어 있어서 누울 수도 있고 기댈 수도 있는 연회용 긴 의자이거나 탁자이다. 지금 여인은 왕과 함께 침상(bed)에 있는 것이 아니라 하더라도 매우 가까운 거리에 있는 상황임을 알 수 있다. 그런데 왕의 이와 같은 대사가 계속되고 있음에도 불구하고 여인의 마음은 목동으로 채워져 있다.

　　나의 나도 기름이 향기를 뿜어내다. 나도 nērd 는 예수의 발에 이 향품을 부은 여인이 제자들로부터 비난을 받았을 정도로 고가의 향품이다(막 14:5, 눅 7:37 요 12::5). 그 용어는 페르샤어에서 온 것이며 산지는 북쪽 혹은 동쪽 인도라고 알려져 있다. 일종의 사랑의 묘약(love charm)으로도 알려져 있을 정도로 쉬 사라지지 않는 진한 향을 가지고 있다고 한다. Ginsburg는 여성의 '나도 nērd '는 목동이라고 하였다. 다음 구절에서 여인은 그 목동을 '몰약 향낭'에 비유하였는데 이 두 구절이 동의적으로 쓰인 것이라면 그렇게 볼 수 있

을 것이다.

나도 기름은 여성들의 최애(最愛) 품일 것이다. 평범한 서민으로 보이는 이 여성이 나도를 가지고 있었는지는 모르지만 그것과는 상관없이 사랑하는 자를 '나의 나도'라고 함은 가장 귀하게 여기는 대상임을 나타낸다. 그 대상은 왕이 아니라 그 여자가 품 가운데 몰약 향주머니에 비유하고 있는 그 남성 즉, 목동이다. 왕은 지금 여인의 가장 가까운 곳에서 '은을 박은 금 사슬'을 만들어 줄 수 있다고 하는데 그 순간에 여인이 떠올리는 사람은 그 여자의 나도와 같은 목동이다. 이 나도가 만약 왕이 준 것이면 '나의 나도' 대신 '그의 나도'로 쓰였을 수 있을 것이다.

[1:13] 나의 사랑하는 자는 내 품 가운데 몰약 향낭이요　　"사랑하는 자"에는 *dōdî* 가 쓰였다. 이것은 여성이 사랑하는 남성을 지칭하는 말로서 이것은 여성의 대사이며, 아가에서는 이 여인이 '사랑하는 자'인 목동에게만 쓰는 호칭이다. 여성의 이 대사는 이후 14절까지 이어진다. 그 여인이 왕의 방에 있으면서 '자신에게 입 맞추어 주고 인도해 주기를 바라는 자(1:2)'를 그리워하듯, 이 여인은 은을 박은 금 사슬을 줄 수 있다고 하는 왕의 유혹에도 '마음으로 사랑하는 자'인 목동에 대한 생각이 나도 향처럼 뿜어져 올라오고 있다.

이 구절은 왕이 침상에서 일어난 이후의 일이 아니라(12절과 시간 차이를 둔 다른 장소에 나오는 대사가 아니라) 왕의 유혹의 공세가 이루어지는 중에 여인의 마음 속에서 일어나고 있는 일이다.

몰약 향낭 *ṣᵉrôr hămmōr* 은 몰약나무 수지 덩어리를 잘게 부수어 다른 향기름을 약간 섞어 작은 주머니에 넣은 것이다. 여인들이 목걸이처럼 착용하는 일종의 향수와 같은 효과를 나타내는 용품이다.[5] 향낭 *ṣᵉrôr* 은 다른 향

5　몰약은 남 아라비아산으로 Commiphora 나무에서 생산된다. 나무 껍질에 상처를 내어 수지를 모아 만드는 것으로 덩어리 진 것을 잘게 부수어 이것을 여러 단계로 가공하여 약간의 점도가

기름과 섞여있는 몰약을 담아두는 작은 주머니로 물기가 머금어지지 않는 재료로 만들어진 것이다. 주 내용물인 몰약은 나드만큼은 아니지만 서민적 여인들에게는 귀한 향품으로 알려져 있다. 나도 기름과 몰약 향낭이 대조되면서 동시에 조화를 이루고 있다.

내 품(가슴) **가운데** (놓여있는). 내 품 *šāḏā* 은 여성의 가슴을 말하는 *šaḏ* 의 쌍수(雙數)이다. **놓여 있다** *yālîn* 는 *lyn* 의 미완료형으로 "밤을 지내다, 머물다"의 의미이다. 잠깐 동안을 나타내는 것이 아니라 긴 시간을 나타내는 것으로 이 말은 밤 이슬이나 찬 바람을 피할 수 있는 '오두막' 등으로도 번역되기도 한다.[6]

몰약 향낭은 항상 자신의 마음에 머물러 있다는 뜻으로 사용되고 있다. 이러한 표현을 통해 그 여자의 가슴에 항상 머물러 있는 자는 여인이 사랑하는 자 곧, "마음으로 사랑하는 자"임을 고백하고 있다. 이것은 왕의 유혹에 화답하는 말이 아니라, 왕의 귀한 선물 공세(혹은 약속)가 계속됨에도 불구하고 자신의 내면에서 계속 향을 뿜어내는 자는 목동이라는 고백이다. 이런 유형의 표현은 아가에서 몇 차례 반복되는 일종의 패턴(pattern)처럼 왕의 유혹이 있을 때마다 여인이 나타내는 반응이다(7:1-9 a의 왕의 유혹에 대한 7:9 b-13도 이와 유사하다). 이것은 본문 해설을 통해 계속 소개할 것이다.

[1:14] 나의 사랑하는 자는 내게 엔게디 포도원의 고벨화 송이로구나   13절의

여인의 독백은 14절에 이어진다. 나의 사랑하는 자 *dōḏî* 는 항상 목동을 가

있는 액체(기름)로 만든다. 고가의 상품으로 여성들을 위한 미용제로, 약품으로, 방부제로도 사용되었다. 덩어리 져 있는 상태에서 그 빛깔이나 투명도에 따라 등급이 결정된다. 그 맛은 매우 쓰지만 향기가 좋아 고가에 거래되었다고 한다. 향낭에 쓰는 것은 가공되기 전의 작은 덩어리를 잘게 부수어 다른 향료와 섞은 것으로 이것은 서민이 충분히 가질 수 있는 것으로 알려져 있다. 액상 몰약(liquid myrrh, *'ōber mōr*는 매우 고가의 상품이다(5:5).

6 창 19:2, "발을 씻고 주무시고(spend the night)", 창 24:54 "유숙하고", 민 22:8 "유숙하고", 삼하 12:16 "밤새도록", 삼하 17:8 "(잠을) 자다", 렘 4:14 "오래 머물다", 욥 1:13 "밤을 새다"로 각각 번역되었다(개역개정)

리킨다. 목동은 '금사슬에 은을 박아 줄 수 있는 자'와는 전혀 다른 이미지를 가지고 있다. 엔게디는 사해 서쪽에 위치한 오아시스로 유명한 곳으로서 적어도 B.C. 7세기부터 잘 가꾸어 진 포도원이 있었다고 한다. 아가서의 배경이 엔게디 지역 안에 어느 한 곳임을 말해주는 것이기보다 여인은 사람들에게 잘 알려진 곳을 하나의 비유로 사용하고 있다. 왕의 화려한(luxury) 이미지와 반대로 소박한 목가적(Bucolic)이미지이다.

고벨화 송이 고벨화 *kōpèr* 는 일반적으로 사이프러스(cypress) 혹은 헤나(henna)로 알려진 나무이다. 열매는 포도와 비슷하다고 한다. 팔레스타인 주변 지역에서 흔히 볼 수 있는 것으로 2m 정도 자라며 그 꽃은 향기가 강하여 그것을 건조하여 여인들이 머리장식으로 사용했다고 한다. 이 역시 특별할 것은 없으나 여성 자신을 아름답게 해 줄 수 있는 사람으로 비유되고 있다. 여인은 자기 자신을 소개할 때도 역시 별로 특별할 것은 없으나 소박한 아름다움을 가지고 있는 샤론의 수선화, 골짜기의 백합화라고 하였다(2:1 참고). 화려한 이미지의 왕보다 엔게디 포도원의 고벨화 송이와 더 잘 어울린다. 자신을 진정으로 향기롭게 해 주고 아름답게 해 줄 수 있는 몰약 향주머니요 고벨화 송이로 비유될 수 있는 평범한 인물이라 할 수 있는 목동이다.

[1:15] 내 사랑아 너는 어여쁘고 어여쁘다 내 사랑 *rāʿyātî* 은 남성이 사랑하는 여성을 부를 때 쓰는 말이다. 이것은 14절 여성의 노래에 대한 남성의 화답이다. 여성과 남성이 서로 노래를 주고받고 있는 장면이다.

"너는 어여쁘다"나 "네 눈은 비둘기"라는 표현은 왕이나 목동 둘 다 여인의 아름다움을 말할 때 쓰는 표현임으로 이 구절만으로는 화자가 누구인지 구별하기는 어렵다. 만약 16절의 여인의 대사가 15절의 남성의 노래에 화답이라 한다면 이것은 목동의 대사이며, 이 구절이 그것과는 무관하게 여인의 대사인 14와 16절 사이에 삽입된 것이라면 왕의 대사일 가능성도 있다. 왕의 대사라면 은을 박은 금사슬을 주겠다는 말의 연속 대사이다.

그러나 "도디"가 사용된 16절의 여성의 대사가 15절의 남성 대사에 대한 화답의 성격을 가지고 있기 때문에 이것은 목동의 대사이다. '도디'는 여성이 목동에게만 쓰는 호칭임을 다시 강조하겠다. 또한 15,16에 "보라"라는 동일한 감탄사가 반복되는 것은 이 두 절이 한 쌍을 이루는 것을 보여주는 것으로 15절은 목동의 대사이다. 그리고 계속 언급되는 "우리의 침상 ʿĕreś"과 집 bāyit 은 여성과 목동이 서로 주고받는 대사이다.

(보라) 너는 아름답다 (보라) 아름답다 hinnāk yāpāh. 개역개정에서는 생략되어 있으나 "보라 hinnāk"라는 감탄사가 '너는 아름답다'와 또 '너(너의 눈이) 아름답다' 앞에 두 차례 반복된다. 이것은 hin 이라는 감탄사의 여성형이다. 이는 "참으로" 혹은 "오!"라는 감탄사로 번역될 수 있다. 이렇게 함으로 "아름답다"는 찬사가 진심이라는 것을 강조하고 있다. yāpě(h) 는 "아름답다, 어여쁘다, 아리땁다"로 번역되는 모든 것을 적절히 갖춘 여성의 아름다움을 말한다. 이 구절에서는 여성형인 yāpāh 로 쓰였다.

네 눈은 비둘기 눈 ʿáyin 과 뺨 răggôt 은 반투명 면박으로 얼굴을 거의 가린 여성에게서 가장 확실하게 볼 수 있는 부분으로 미모를 말할 때 자주 사용된다. 뺨(입 옆 부분보다 위쪽 관자놀이와 그 아래 부분)과 눈은 그 여인의 내면을 대변한다. 특히 눈은 말할 수 없는 것을 말할 수 있는 기관이다(4:9; 6:5).

비둘기 yônā(h) 는 선지자 요나의 이름을 제외하고도 성경에 자주 나오지만 (구약 33회) 매우 다양한 이미지를 가지고 있음으로 이 구절에서는 비둘기의 어떤 면을 여성의 눈과 비교하는지 알기 어렵다. 어디서나 비둘기는 다정한 연인을 묘사할 때 자주 등장하는 상징물이다. 아가에 한정하여 본다면 비둘기는 모두 사랑스러움을 나타낼 때 은유나 직유로 쓰인다(4:1; 5:12; 6:5; 7:4). 개역개정은 "눈이 비둘기 같구나"로 직유로 번역하였으나 "네 눈은 비둘기 your eyes are dove, NIV)"로 은유로 쓰였다.

이것은 때로 여성이 남성의 사랑스러움을 표현할 때도 쓰였다(5:12). Keel 은 비둘기가 고대 근동에서는 성적 상징물로 쓰였다고 하면서 그 단편적인 증거를 제시한다.[7] 그러나 민속적 이야기들이나 시가 등에서는 어느 동물이나 성적 상징이 부여될 수 있다는 점을 고려할 때 그렇게 단언할 수만은 없는 것이다. 이는 화자의 주관에 따라 달라지지만 상대방이 충분히 알아들을 수 있는 표현으로 '사랑스러움'을 표현하는데 만족스러운 대상이었을 것이다.

흔히 비둘기의 눈을 아름답다고 하는 것은 아마도 흰자의 맑음과 검은 눈 동자의 대비 또는, 고정된 눈동자를 두고 하는 말이 아닐까 생각한다. 비둘기는 안구의 근육이 발달하지 못하여 눈동자를 이리저리 돌리면서 사물을 보는 것이 아니라 고개를 돌려야 원하는 것을 볼 수 있다고 한다. 이렇게 한 곳에 고정된 눈동자를 지조와 연관하여 말할 가능성이 다분히 있다.

[1:16] 나의 사랑하는 자야 *dōḏî*   이것은 여성의 대사로서 바로 전에 있었던 남성의 대사(15)에 대한 화답이다. 여기서도 감탄사 "보라 *hin*"에 2인칭 남성 대명사가 접미된 *hinnᵉḵā* 가 앞에 위치한다. 이것은 15절에 두 번 연달아 사용된 *hin* 에 대한 응답이며 또, 15절과 그 구조가 거의 비슷한 것으로 보아 이것은 15절 남성의 대사와 한 쌍을 이루는 여성의 화답이다.

너는 어여쁘고 화창하다 어여쁘다 *yāp̌e(h)* 는 이미 설명된 것이고, 화창하다 *nāˀîm* 는 '기분 좋은, 즐거운, 정중하고 친절하다(handsome, delightful)'는 뜻이다.

우리의 침상은 푸르고 우리의 침상 *ˀap̌ˁarśēnû* 에 접두된 *ˀap̌* 는 여기서는 '역시, 진실로' 등의 의미를 갖는(too, surely, but) 접속사이거나 감탄사이다. "진실로 우리 침상은 푸르다"는 뜻이 될 수 있다.

푸르다 *raˁănān* 는 초록(green) 색상을 말하나 대부분 울창한 나무와 연

---

7   Keel, 70-73.

결되어 번영(flourishing)이나 신선함(fresh)을 상징적으로 나타낸다. 혹은 푸른 나뭇잎을 의미하기도 한다. 매우 희망찬 미래를 예측, 소망하는 말이다.

침상으로 번역된 ʿĕreś 는 대부분의 서민 가옥에도 있는 등받이가 있는 긴 의자(couch)이거나 기대어 쉴 수 있는 가구로서 반드시 잠을 자는 용도로 쓰이는 것은 아니다.[8] 이것은 집 bāyit 을 대신하는 대표적 물건이라 할 수 있다.

집 bŏttê 은 bāyit 의 복수형으로 선행사와 수를 일치시키기 위한 일반화의 복수로 본다.[9] 한 가족이나 혹은 그 이상의 소규모 가족이 살 수 있는 안식처를 일컫는다. 3:4에서 '집'은 여인이 '마음으로 사랑하는 자'를 만나서 돌아가는 곳으로 여성의 어머니 집이다. 8:2의 '집' 역시 '여인의 어머니의 집'을 말하는 것이다. 이 구절의 '우리들의 집'은 그들의 삶의 터전이거나 터전이 될 집을 말한다. 왕이 집을 언급한 것이라면 왕궁일 것인데 왕궁을 집 bāyit 으로 표현하지는 않을 것이다. 이러한 이유로 15절을 목동의 대사로 본다.

Garrett은 신 12:2, 왕상 14:14.23, 왕하 16:4 등에 다산 비옥의 종교적 매춘이 성행하였다는 예를 들어 "침상이 푸르다"를 '성적 열락을 즐길 시간이 다가왔음을 말하는 것'으로 해석한다.[10] 그러나 이것은 여인과 목자 간에 주고받는 목가적인 노래로 '화려하게 꾸며진 왕의 침상(1:12)'과 대조되지만 '부족함이 없는 그들의 보금자리' 즉, 그들의 평온하고 행복하며 번영을 충분히 기대할 수 있는 삶을 나타낸다고 할 수 있다. 왕의 방이나 궁전의 화려한 분위기와 대조적인 거처를 말하는 것으로, 왕의 유혹이 여인의 마음을 얻는데 실패한 것을 보여준다.

---

8   DBL Hebrew

9   Murphy, 132.

10   Garrett, 148.

[1:17] 우리 집은 백향목 들보 잣나무 서까래(로구나)   이것은 여성의 대사일 수 있고 동시에 그 여성과 목동이 함께 부르는 이중창(duet)으로 처리할 수도 있을 것이다. **들보** *qōrôt*는 지붕(roof)이나(창 19:8), 벽 혹은 내벽(wall, 왕상 6:15, 16)으로 번역될 수 있다. 들보(들) *qôrā*이 복수형인 것으로 보아 건축물의 상부구조를 말하는 것으로 보인다. 영어 성경은 대부분 들보(beams)로 번역하였다.

백향목 *ʾěrēzîm*은 *ʾěrēz*의 복수형으로 당시 가장 견고한 건축 자재로 알려져 있으며, **서까래** *bᵉrôṭîm*는 잣나무 *bᵉrôṭîm*로(복수형) 제작되었다고 하였다. 잣나무는 사이프러스(cypress tree)이거나 전나무(firs)로 견고한 건축 자재이다. 정확히 가옥의 어떤 부분을 말하는 것인지는 알기 어렵지만 기초부분을 제외한 중요한 골조들을 열거하는 것으로 보인다.

이것은 왕의 궁전이나 거처와 같이 사치스러운 것들로 장식되지는 않았지만 견고하고 안전하게 지어진, 그리고 소박하지만 부족함이 없이 이루어진 그들의 견고한 보금자리를 의미한다. 집과 그 안의 침상은 그들의 삶의 터전 중 가장 긴밀한 교제가 이루어지는 곳이다. 지금 여인과 목자는 섹스에 관한 이야기를 주고받는 것이 아니라 "삶"을 말하고 있다.

[해설]

왕은 여인을 은밀한 방으로 이끌어 들인 후 적극적으로 그 여자의 마음을 얻으려고 한다. "은을 박은 금 사슬(1:11)"은 당대 최고의 귀중품이다. 오늘날은 은이 금보다 그 가치가 덜 하지만 고대에는 은과 금은 그 가치의 차이가 없었으며 어떤 경우에는 은이 더 고가였을 때도 있었다고 한다. 이것은 포도원을 지키는 여인으로서는 평생 가질 수 있는 기회가 없을 만큼 고가품이며 이것은 그 여성이 상상할 수 있는 세상의 부귀와 영화를 상징적으로 나타내는 것이다. 왕은 이것을 줄 수 있다고 하였다. 여성의 마음을 흔들어 놓기에 충분할 것이다.

그리고 여인을 '바로의 병거의 암말'로 비유하였다. 암말이 이곳에서만 나오는 것임을 고려할 때 이 역시 흔히 볼 수 없는 귀중한(유일한) 것으로서 그 뛰어난 아름다운 자태를 최고로 높이고 있다. 여인에 대한 최고의 찬사일 것이다. 왕은 이러한 예찬이나 선물 역시 여인의 마음을 흔들어놓기에 충분하다고 생각했을 것이다.

그러나 그런 상황 속에서 여인은 그 왕의 말에 반응하는 대신 마음으로 사랑하는 자를 떠올리고 있다. 앞으로도 왕의 유혹이 있을 때마다 여인은 목동을 생각한다. 이런 상황은 아가에서 반복적으로 나타나는 중요한 특징 중 하나이다. 그 여자에게 '나도' 같은 존재는 왕이 아니라 목동이다. 그리고 자신을 가장 향기롭게 해 줄 수 있는 '항상 품 가운데 있는 몰약 향주머니'는 목동이다. 그는 여자가 '마음으로 사랑하는 자'이다. '품 가운데 있다'는 것은 늘 그곳에 있다'는 동사를 의역한 것이다. 왕이 은을 박은 금사슬을 말할 때 여인은 그것을 목에 건 자신의 아름다운 모습을 상상하는 것이 아니라 몰약 향낭에서 나오는 목동의 향기를 맡는다.

그리고 현실 속에서 이루어지는 것은 아니지만 마치 오페라의 남녀 교창(咬唱)과 같이 서로 사랑의 노래를 주고받는다. 15-16절은 각각 '보라"라는 감탄사가 2번 나오면서 남성은 여성을, 여성은 남성을 평범한 것이지만 소박한 아름다움을 가지고 있는 것들로 비유하여 더 풍성한(푸르른) 앞날을 노래하고 있다. 15와 16절은 그 구조가 거의 같은 한 쌍을 이루는 남녀의 주고받는 노래이다.

여기서도 여성의 고도의 심리 묘사가 이루어진다. 눈 앞에 있는 사람은 왕이고 그 입에서는 여성이 다른 곳에서는 들을 수 없는 예찬과 화려한 선물 약속이 암시되고 있다. 그러나 여인은 현재 그 장소에는 없는 사랑하는 자를 떠올리며 그와 사랑의 대화를 나누고 있다. 만약에 뛰어난 연출가나 배우들에 의하여 이것이 무대 위에서 공연된다면 아가의 작품성은 더욱 찬란하게 빛날 것이라는 생각을 하게 된다.

제3장 여인의 회상(2:1-7)

1 나는 샤론의 수선화요 골짜기의 백합화로다 2 여자들 중 내 사랑은 가시나무 가운데 백합화 같구나 3 남자들 중 나의 사랑하는 자는 수풀 가운데 사과나무 같구나 내가 그 그늘에 앉아서 심히 기뻐하였고 그 열매는 내 입에 달았도다 4 그가 나를 인도하여 잔칫집에 들어갔으니 그 사랑은 내 위에 깃발이로구나 5 너희는 건포도로 내 힘을 돕고 사과로 나를 시원하게 하라 내가 사랑함으로 병이 생겼음이라 6 그가 왼팔로 내 머리를 고이고 오른팔로 나를 안는구나 7 예루살렘의 딸들아 내가 노루와 들사슴을 두고 너희에게 부탁한다 내 사랑이 원하기 전에는 흔들지 말고 깨우지 말지니라

아가는 남녀의 사랑의 노래이지만 단편의 노래들을 무작위로 모아 놓은 것이 아니라 극시(劇詩) 형태로 서로 정교하게 연결한 것이다. 그 중에는 비현실적 서법(敍法, irrealis mood)이 상당 부분 포함되어 있다. 현실에서 벌어지는 사건이 아니라 과거를 회상하거나 혹은 마음에 그리는 심상(心象, image)이나 꿈(dream)을 현실처럼 이야기하는 것을 말한다.

2:1-6에서는 여성의 독백(monologue) 사이에 남성의 소리가 삽입되어 있고(2:2), 2:10-15에는 (모습은 드러내지 않지만) 남성의 소리만 들리는 기법으로 처리되어 있다. 그리고 코러스와 같은 역할을 하는 그룹이 등장하여 극의 흐름을 설명한다. 2:1-2는 남녀가 주고받는 노래로 여인의 회상이 시작된다.

2:1-3은 1:13-17에서 계속되는 장면이거나 새 장면이 시작되는 것으로 볼 수 있다. 남성의 모습은 등장하지 않고 음성만 들린다(2:2).

[2:1] 나는 샤론의 수선화 골짜기의 백합   아가가 노래 *šîr* 인 것을 감안하면 이 부분은 여성의 독창이라 할 수 있겠다. 이를 레시타티보(Recitativo, 대사에 중점을 둔 서정적 노래)와 같이 이해하는 것이 아가의 분위기를 이해하는데 도움이 될 것이다.

샤론 *šārôn* 은 팔레스타인 중부 사마리아에서 지중해에 이르는 평야를 말하는 특정 지역으로 알려져 있다. 술람미의 출신 지역과 관련이 있는 지역으로 추측을 하기도 한다. 그러나 이와 달리 요단 동편에 거주지를 얻은 갓(Gad) 지파의 땅을 소개하면서 "그 자손들이 바산 길르앗과 샤론 *šārôn* 에 거주하였다(대상 5:16)"는 기록을 볼 때 샤론이라고 불리는 지역이 한 곳에 국한된 것이 아님을 알 수 있다.

이런 이유 등으로 "요단 동편의 갓 자손의 땅 샤론 *šārôn* (대상 5:16)"을 사이론 *šairôn* 으로 고쳐서 읽으려고 하기도 하기도 한다. 유세비우스(Eusebius)나 제롬(Jerom)은 다볼산과 디베리아 호수 근처의 한 평야로 보고 있다.[11] 샤론은 문자적으로 '관목들의 숲(scrub forest)'이라는 뜻으로[12] 일반 명사로 쓰일 경우에는 비옥한 땅을 의미한다. 샤론 앞에 있는 관사 *hā* 는 샤론이 지중해 연안의 그 곳을 말하는 고유명사이기보다는 샤론이라 불리우는 여러 곳 중 한 곳을 가리킨다고 볼 수 있다. 이런 이유 등으로 이는 특정 지역명이 아닌 팔레스타인의 평야(plain) 중 하나로 본다.

수선화 *ḥăṣṣēleṯ* 는 장미(rose) 혹은 크로커스(crocus, 이른 봄에 피는 다양한 색

---

11 Pop, 367.
12 ISBE, 451.

깔의 '작은' 튤립 모양의 꽃이 피는 식물)로 번역된다.[13] 이 구절과 사 35:1에만 나오는 용어이다. LXX는 일반적인 꽃으로 번역하였고 KJV, NIV, NASB는 모두 장미 (rose) 로 번역하였다. 사 35:1, 2는 이스라엘의 회복을 노래하는데, 그 중에 "사막이 백합화같이 피어 즐거워한다(35:1)"에서 개역개정의 '백합화'는 KJV 에서는 장미(rose)로, NIV는 (crocus), NASB 역시 crocus 로, Latin Vulgate에 는 백합(*lillum*) 으로 번역되었다. 장미라고 해서 흔히 생각하는 아름다우나 가시가 있는 그 꽃과는 종류가 다른 매우 흔한 꽃의 한 종류이다. 어떤 해설 자들은 이를 한국의 무궁화와 같은 것이라고도 소개하고 있다.

골짜기의 백합. 백합 *šûšǎn* 은 물에 어느 정도 잠겨 있는 백합류(water lily) 로서 연(蓮, lotus)의 일종으로 추측된다. 꽃 잎은 아래쪽은 흰색이지만 가장자 리 윗부분에 이르러 입술을 연상시키는 은은한 붉은색을 띰으로 여인을 상 징하는 식물로 종종 쓰인다고 한다. 이것은 유속이 완만한 곳이나 물이 범람 하는 삼각주에서 흔히 보이는 꽃이다. 백합으로 번역된 연(蓮, lotus)은 애굽의 건축이나 미술품에서도 빈번하게 보이는데 건축물 기둥이나 어떤 구조물의 밑받침의 장식에 주로 쓰인다.

한편으로 이것은 환각 작용을 하는 식물로도 알려져 있다(영어 사전에서 lotus를 찾아보라). Garrett은 연(蓮)에 대한 이집트의 이미지를 받아들여 이 구 절에서는 백합화보다는 건축물 기둥 받침대에 그 모양이 자주 나타나는 연 (蓮)으로 읽음으로 연인과의 사랑과 삶의 중심에 여인 자신이 있다는 것을 나 타내는 것이라는 Keel의 주장을 받아들이고 있다. Hess는 수선화와 연(백합) 을 다산의 개념으로 확장한다.[14]

골짜기(들)은 ᶜēmēq 의 복수형으로 깊은 계곡일 수도 있고 비교적 완만한

---

13 crocus는 사 35:1에서는 백합(lily), Targum은 수선화(Narcissus)로, LV는 *flos*(일반적인 꽃) 으로 번역하였다.

14 Hess, 124.

경사의 골짜기일 수 있다. 겨울에 내린 비로 인하여 골짜기 들에는 많은 양의 물이 흐르고 이로 인해 이것 저곳에 생겨난 웅덩이에 백합(연)이 서식한다고 한다. 골짜기와 백합이 서로 나란히 놓여 건기가 지나고 풍성한 생명을 상징하는 봄이 오고 있음을 우회적으로 표현하고 있다.

이것은 1:5,6과 연결하여 여인의 '자신을 소개하는 표현'으로서 대부분의 해석자들에 의하면 여인의 이런 말은 자신의 아름다움을 과시하기보다는 특별할 것이 없는 평범한 여성 중 한 사람이지만 그러나 '여성의 아름다움과 생명력을 지닌 자'로 언급하는 것으로 본다. 특히 연(蓮)은 그리 맑지 못한 물 속에서 자라는 식물로 속(俗)된 것 속에서 그와는 구별(聖) 된 아름다운 모양으로 자라나는 이미지를 가지고 있다. 이러한 표현을 통해서 아가에서 보여주려고 하는 것은 진정한 아름다움은 인위적으로 꾸민 특별한 것에 있지 않고 자연스럽고 소박하지만 내면의 진실함과 사랑스러움으로 나타내려는 의도를 읽을 수 있다. 이는 여성 자신이 "게달의 망막 같지만 솔로몬의 휘장(1:5)"으로 비유한 것과 유사한 것이라 할 수 있다.

[2:2] 여자들 중에 내 사랑은 가시나무 가운데 백합화　　여성의 노래(2:1)에 대한 남성의 화답이다. 아직 남성의 모습은 드러나지 않은 채 소리만 들린다. 이러한 장면은 오늘날의 뮤지컬이나 오페라에서도 흔히 보이는 연출 기법으로서, 여성을 대면하여 이런 말을 하는 것보다 독자(청자)에게 여성이 자신에게 어떠한 존재인지 더 인상 깊게 알리고자 하는 기법이다.

여자들 중 내 사랑. 내 사랑 *ră'yātî*는 남성이 사랑하는 여성을 칭할 때 쓰는 말이며, **여자들** *hăbbānôt* 은 '딸들(1:5)'이라는 뜻이지만 일반적으로 여성을 가리킨다. 술람미는 자신을 특별할 것이 없는 소박한 내면적 아름다움을 지닌 자로 소개하지만(2:1) 남성은 그 여인을 적어도 자신에게는 모든 여인 중 특별한 존재로 표현하고 있다.

가시나무 가운데 백합 가시나무 *ḥôḥ* 는 흔히 알려진 가시덤불(thorn bush)이나 혹은 가시가 돋친 검은 딸기나무(bramble, blackberry)를 말하는 것으로 그 가운데 있는 백합은 그 주변 환경으로 인하여 더욱 더 청초한 아름다움이 돋보일 것이다. **백합** *šôšǎnnāh* 은 소박하지만 아름다운 꽃을 피우는 모든 백합류를 총칭한다. 여인이 자신을 말할 때 쓴 표현을 그대로 인용하고 있다.

2:1에서 여인의 대사는 소박한 내면의 아름다움을 말하고 2:2에서 남성은 샤론의 수선화와 골짜기의 백합에서 좀 더 나아가 가시나무 가운데서 단연 돋보이는 여인이라는 목가적 언어를 사용하고 있다. 이 대사의 화자는 목동이다. 이 구절에는 '나의 바로의 병거의 준마'나 '은을 박은 금사슬이 잘 어울리는 여인'이라는 왕의 표현과는 미묘하게 대조된다.

[2:3 a] 2절과 평행을 이루는 것으로 여성이 사랑하는 남성에게 다시 화답하는 아름다운 노래이다. 히브리어를 국제음성기호로 표기한 것을 소리 내어 읽어보면 아가의 분위기를 좀 더 느낄 수 있을 것이다.

> 2:2, (남성) 여자들 중에 내 사랑은 가시나무 가운데 백합
>
> *kᵉšôšǎnnā bên ḥăḥohîm kēn rǎʿyātî bên ḥǎbbānôt*
>
> 2:3 a, (여성) 남자들 중에 내 사랑은 수풀의 나무들 가운데 사과나무
>
> *kᵉṭappûḥǎ bǎʿǎṣê ḥǎyyǎʿǎr kēn dôdî bên ḥǎbbānîm*

[2:3 b] 남자들 중 나의 사랑은   "내 사랑 *dôdî*"은 일반적으로 여성이 사랑하는 남성을 지칭하는 말이지만, 주인공 여성은 왕을 향하여 이 용어를 한차례도 쓰지 않았다. '마음으로 사랑하는 자(1:7)'와 '나의 사랑(도디 *dôdî*)'는 같은 인물이다. 아가에서 도디 *dôdî* 는 목동에게만 쓰인다.

수풀의 나무들 가운데 사과나무 같고 잡목으로 가득한 숲 속에서 사과

나무는 *tappûḥă* 그 중에 특별히 귀한 것이다. 해석자들 중에는 고대 이스라엘 사회에서 식용 사과가 알려져 있지 않았다고 하여 이것을 '살구'로 보기도 한다. 그러나 고대 그리스의 벽화 등에서도 사과를 든 모습이 나타나는 것으로 보아 그렇게 단정할 수는 없을 것이다. LXX에서는 멜론으로, LV에서는 사과로 번역하였다.

아가에는 사과가 여러 차례 언급되어 있는데(2:5; 7:8; 8::5) 이것은 새로운 기운을 주고(2:5), 상큼한 향기(7:8)를 가지고 있으며, "어머니가 자신을 낳은 집이 사과나무 아래 있다(8:5)"고 말함으로 매우 좋은 환경을 암시하기도 한다. 이것은 '골짜기의 백합(2:1)과 대구를 이룬다. 요엘 선지자는 이스라엘의 범죄로 인하여 "포도, 무화과, 석류와 대추 그리고 사과가 시들었다"고 함으로 사과는 그들의 필수적 과일 중 하나로 언급하고 있다(욜 1:2). 백합화는 시각적 형태의 아름다움을 나타내는 것이고 사과는 미각과 후각적 아름다움을 표현하는 것으로 둘 다 선정적 연관성을 가지고 있는 것으로 보기도 한다.

Garrett은 여기서도 사과는 그리스-로마의 문화에서 여인의 성과 깊은 관련이 있는 것으로 소개한다. 그러나 그리스나 로마만이 아니라 아시아의 여러 지역의 사과 등 여러 종류의 과실들이 성적 이미지로 쓰이고 있는 것을 벽화 등의 자료들을 통해서 볼 수 있다. 특별히 사과만이 아니라 다른 과일들도 각기 그 모양이나 색깔 등으로 인하여 연상되는 성적 상징물로 흔히 쓰이고 있기 때문에 사과를 구태여 '여인의 성'을 상징하는 것으로 연결 지을 필요는 없을 것이다. 다른 문학 작품에서 이를 그런 의미로 사용하였다 하더라도 같은 소재로 다른 분위기나 의미를 표현하는 것은 얼마든지 가능하다.

그 뿐 아니라 2:3 a에서 여성이 남성의 이미지를 이렇게 표현하는 것이기 때문에 이것은 여성의 성을 상징한다고 볼 수 없다. 중요한 것은 문맥이다. 이 구절과 평행을 이루는 '여인을 가시나무 가운데 백합'으로 비유한 것은 어디로 보나 성적 이미지와는 무관하게 보이는 것과 같이 '남성을 사과로 비유하는 것' 역시 성적 매력을 말한다고 볼 수 없다. 이것은 그 남성이 새 기운을 주는 존재임을 표현하는 것이다.

[2:3 b] 내가 그(그의) 그늘에 앉아서 심히 기뻐하였다　개역개정의 '그 그늘'은 the shadow가 아니고 '그의 그늘(his shadow)'이다. **그의 그늘** *bᵉṣillô* 은 새 기운을 돋우는 사과가 열리는 나무 그늘이다. 사랑하는 자의 사랑을 받는 삶을 비유적으로 나타내는 말이다. 또한 그늘 *ṣel* 은 위협을 당할 때의 피난처와 같은 의미로도 사용된다(삿 9:15, 겔 17:23, 사 49:2). 팔레스타인의 뜨거운 태양은 가히 살인적일 수가 있는데 이때 그늘은 생명을 지켜준다. 다윗은 여호와께서 자신의 그늘이 되어 주셨음을 찬양한다(시 17:8; 57:2; 121:5). 그가 제공하는 그늘에서 누렸던 안정적이고 행복했던 시절을 회상하고 있다.

　　앉아서 *yāšaḇtî* 는 머물다 혹은 거하다(be settled, dwell)의 완료형이다. 왕의 방은 잠깐 스쳐가는 곳이라면 이곳은 오래 머무는 삶의 현장이다. **기뻐하였다** *ḥimmaḏtî* 은 *ḥmr* 강조(piel) 완료형으로 매우, 크게(great, ESV) 기뻐하였다(pleasing, delight)는 의미로 쓰였다. 이것은 때로 갈망하다(covet, desire)로 번역되기도 하였다(창 3:6, 출 20:7).[15] 이것이 완료형으로 쓰인 것은 '과거의 회상'이나 '상상'을 나타낼 수 있다. 비록 그 여성의 몸은 왕의 방이나 그 근처에 있으나 그 마음은 사랑하는 자에게 향해 있음을 보여준다. 여자의 마음은 사랑하는 자로 가득 채워져 있다. 남성에 대한 그리움과 사랑의 깊이를 더 깊이 나타내기 위한 표현이라 할 수 있다. 기쁨은 원하는 것이 이루어진 것과 밀접한 관계를 갖는 말이다.

[2:3 c] 그 열매는 내 입에 달았도다　**열매** *pᵉrî* 는 수풀 속에 사과로 비유한 남성을 가리킨다. 입은 *ḥēḵ* 입이나 입술, 혹은 혀를 말하기도 하고 입 안에 있

15　창 3:6, "그 열매가 탐스럽다"; 출 20:17, "남의 아내를 탐내지 말라"에 쓰인 말이다.

는 입천장(palate)이나 잇몸 등 입안의 구조물을 포함하여 '말을 하는 기관'으로 쓰이는 용어이기도 하다(욥 6:30; 잠 5:3). 여기서 입은 자신의 감각을 대표하는 기관으로 쓰였을 것이다.

달았도다 mā<u>t</u>ôq 는 맛(taste)을 나타내는 말로, 행복감의 정도를 나타내기 위한 형용사이다. '기뻐하다'나 '입에 달았다'는 좁게는 신체적인 행동을 포함하는 관능적 경험이나 이와 유사한 경험을 표현하는 것이라고 할 수 있지만, 넓게는 사랑하는 남녀 사이에서 느낄 수 있는 행복감을 말하는 것으로서 2:1-3에서는 서로의 좋은 감정이나 만족감을 드러내는 것이다. 여인이 회상하며 그리워하는 자는 화려한 왕궁에 거하며 웅장하고 화려한 '아필리온(가마, 3:9)'을 타고 오는 왕이 아니라 가시나무 가운데 사과나무같은 목가적인(Bucolic) 인물이다.

[2:4] 그가 나를 인도하여 잔칫집에 들어갔다　　**그가 나를 인도하였다** hĕbîānî 는 bw(1:4)의 완료 사역형으로[16] 어떤 것을 상상하거나 과거의 일을 회상하고 있다. 그러나 목동이 여인을 "나의 신부"라는 호칭을 사용한 것을 보면(4:9-11) 정혼(定婚)한 사이로 보이는데, 그렇다면 이것은 상상이기보다는 회상일 수 있다. **잔칫집**은 포도주의 집 ĕlbê<u>t</u> hăyyāyin 을 의역한 것으로서 큰 (기쁜) 행사나 모임을 위한 연회장(banquet house)이나 포도주의 집(the house of wine)으로 번역된다. 과거 어느 시점에 있었던 결혼식이나 정혼식(定婚式))을[17] 암시하는 것일 수 있다.

그 사랑은 내 위의 깃발이라 직역하면 "내 위에 있는 깃발은 사랑이었다"

16　1:4에서 "왕이 나를 그의 방으로 이끌어 들였다"에 사용된 동사로 여기서는 '인도'로 번역하였다. "너는 나를 인도하라"와 혼돈될 수 있다.

17　정혼(定婚, betrothal)이란 고대 이스라엘의 결혼 절차 중 하나로 오늘날의 약혼식과 비슷하지만 차이가 있다. 정혼 후 통상적으로 약 12개월 후에 결혼을 하게 되는데 이때부터 신랑 신부로 불리운다. 정혼 때는 신랑이 지참금을 가지고 신부의 집에 가며, 그 후 신랑은 생활할 터전을 준비한 후 결혼식에 임하는데 이때는 신부가 신랑의 집에 가게 된다(출 22:16 ; 마 1:18 참고)

이다. **깃발** *děḡēl* 은 보편적으로 군대나 이와 같은 기능을 하는 집단의 표식을 나타낸다. 갑자기 나타나는 군사적 용어가 어울리지 않음으로 인해 이것에 대한 다양한 서로 다른 견해들이 있다. 이 말의 어근인 *dḡl* 은 '바라보다(look on)'라는 사전적 의미를 가지고 있다. Gordis는 이를 아카디아어 *dagâlu* (경외함과 놀라움으로 바라보다)에서 유래한 것으로 보고 '나를 (그러한) 사랑으로(사랑의 눈으로) 바라보았다(look upon me with love)'로 읽는다.[18] Hess는 이를 '의지(intent)'로 해석하여 '나를 향한 그의 의지는 사랑이었다'로 해석한다.[19]

그러나 '깃발'이 군대나 각 이스라엘의 지파가 자신의 존재를 알리는 표식이었다면 그것을 그대로 사용하여 여인이 그것이 자신이 누구인지 알리는 표식이었다는 뜻으로 말하는 것이 그다지 어색해 보이지 않는다. 때로 여성에게는 남편이나 자녀가 자신을 당당하게 할 수 있는 존재임으로 이러한 은유는 충분히 가능하다. Murphy나 Pop은 이와 유사한 견해를 가지고 있는 것 같다.

또한 깃발은 많은 집 중에 그 집만을 특별히 지정하는 일종의 표식일 수 있다. 특별한 날에 특별한 일이 있는 집(장소)을 사람들이 쉽게 찾을 수 있도록 표식을 한 것으로 깃발은 단순히 장소를 알리는 기호로서 표식일 뿐만 아니라 그 안에는 즐거움, 행복 등이 내포된 상징물로 쓰일 수 있을 것이다.

사랑 *ʾăhăḇā*. 여인은 '그 깃발은 사랑'이라 말함으로 사랑을 깃발로 은유하였다. 그리고 그것과 관련된 잊을 수 없는 아름다운 추억을 떠올린다. 사랑하는 자와 정혼을 하는 등 어떤 행사가 있으면 그것을 알리는 깃발로 그 장소를 표시하는데 여인에게는 그의 사랑 그 자체가 자신에게는 깃발이었다고 회상하고 있다. 즉, 자신을 당당하게 하고 존재감을 느끼게 하는 것이 그의 사랑이었다는 뜻이 될 수 있을 것이다. 역시 그 남성에 대한 그리움의 표

---

18   Gordis, 81.

19   Hess, 74.

현이라 할 수 있다.

[2:5] 너희는 건포도로 내 힘을 돕고 사과로 나를 시원하게 하라　2:3, 4과

2:6은 깃발을 꽂아 둔 '잔칫집' 안에서 일어났던 일을 회상하는 것이고 5절
은 그 설명을 연장하는 것이 아니라 현재 그것을 회상하며 사랑과 그리움으
로 인하여 병이 난 듯한 '현재의 마음'을 표현하고 있다. 이것은 4절과 6절 사
이에 삽입된 것이다. 사랑으로 인한 그리움으로 여인의 기운이 소진될 수 있
을 것이다.

[2:5 a] 너희(들)　이 구절에서 도우라 *smk* 와 시원하게 하라(새롭게 하라) *rpd*

에 사용된 동사는 모두 2인칭 남성 복수 강조(Piel) 명령형이다. 남성 복수는
때때로 여성 복수 대신에 사용되기도 한다.[20] 다수의 학자들은 여기서 여성
대신 남성 복수형이 사용된 것은 특별한 어떤 대상에게 전하는 말이 아니라
극도로 고양된 감정 상태에서 발화(發話)된 것으로 특정한 대상을 향한 것은
아니라고 보고 있다. "너희"라는 복수 인칭은 반드시 누구를 특정하여 지칭
하는 것일 필요는 없을 것이다.

　한편으로, 이전에 이미 1인칭 복수(우리)가 여러 차례 사용되었고 또 여기
서 남녀 외에 복수로 지칭될 수 있는 코러스가 있음으로 "너희"는 코러스 역
할을 하는 집단을 지칭하는 것일 수 있다. 코러스는 때로 작가의 생각을 전
해주기도 하지만 청중을 대신하기도 하는 다역(多役)의 기능을 하는 것을 고
려하면 그 극의 흐름은 더욱 더 뚜렷하게 이해될 수 있다. 또한 "도우라, 시원
하게 하라"가 2인칭 남성 복수 명령형인 것은 (여성 코러스를 향한 것일 수도 있겠지
만) 남성 코러스에게(8:8,9) 하는 말일 가능성이 있으나 대상을 특정하지 않아
도 극의 흐름에는 문제가 없을 것이다.

20　Pop, 378.

너희는 건포도로 내 힘을 돕고. 건포도 ᵓăšîšôṭ 는 유대인 사회에서 잔치를 할 때 빼놓을 수 없는 음식이다. 현재 배경으로 잔칫집 등이 언급되는 것으로 보아 결혼식이나 정혼식과 같은 모임에서 제공된 것으로 보이는데, 이 것은 원기를 돋우는데 효과적인 것으로 알려져 있다.

도우라 sắmmᵉḵû 는 "유지하다, 눕다, 쉬다, 회복하다"의 뜻인 smk 의 2인 칭 남성 복수 명령형이다. 음식이나 물을 제공하는 행위를 통해 기운을 회복할 수 있게 하라고 강하게 요청한다(창 27:37, 시 51:12).[21]

사과로 시원하게 하라. 시원케 하라 rpd 는 위로하다(comfort, KJV) 혹은 기분이나 기운을 새롭게 하다(refresh)로 번역되기도 한다.[22] 건포도와 사과는 고대 근동의 문학에서 주로 성적 활기를 돕거나 이를 상징하는 것으로 사용되었다는 이유로 이를 성행위와 연결 짓는 학자들이 다수 있다. 그러나 그러한 사용 예가 있다고 해서 건포도나 사과가 꼭 그것만을 나타낸다고 볼 수는 없다. 같은 소재로도 서로 얼마든지 다른 것을 말할 수 있으며 또 다른 분위기를 나타낼 수 있다(2:3 b 참고).

이 구절에서 건포도나 사과는 대표적이고 상징적인 잔치의 귀한 음식으로서 원기를 돋우며 기분이나 몸을 새롭게 하는 것으로 알려져 있었다. 그 사랑으로 인하여 발생한 병의 치료약으로 사과와 건포도를 말하고 있다. 여인에게 있어서 최상의 건포도나 사과는 '마음으로 사랑하는 자' 밖에 없을 것이다(2:3). 사랑하는 자를 만나고 싶어하는 간절한 호소로 해석될 수 있다. 여인의 힘을 돕는 건포도와 사과는 문자 그대로 일 수 있으나 상징적으로는 사랑하는 자 '도디'이다.

---

21 시 51:12, "회복시키소서 주의 구원의 즐거움을, 자원하는 심령을 주사 나를 붙드소서"에서 붙들다는 smk의 번역이다.

22 3:10에는 가마 안에 있는 의자(누울 수 있는 긴 의자)의 등받이(support)로 쓰였다.

[2:5 b] 내가 사랑함으로 병이 생겼음이라　　*kîhôlăt* 는 병이 나다 *ḥlh* 에 왜냐하면 *ki* 이 접두된 여성 단수 단순형(Qal) 분사이다. 사랑 *ʾǎhăḇā(h)* 과 연결되어 '사랑의 병'을 말한다. **병이 나다** *ḥlh* 는 어떤 이유로 인하여 발생한 병(삼상 19:14; 왕상 14:1)이나 피곤함(사 57:10), 부상을 입은 것(왕하 1:2) 등을 말한다. 이 여인의 병의 원인은 사랑 때문이다. 사랑의 부작용으로 말미암은 것이 아니라 충분히 채워지지 않는 사랑의 갈증으로 인한 것이다. 이것을 치료할 수 있는 것은 건포도와 사과 즉, 사랑하는 자 밖에는 없을 것이다.

[2:6] 그가 왼팔로 내 머리를 고이고 오른팔로 나를 안는구나　　다시 회상 혹은 상상으로 돌아간다. 2:4에서 연결된다(2:5는 이 두 구절 사이에 삽입된 것이다). 일반적으로 사랑하는 남녀의 사랑의 표현은 이렇게 할 것이다. 이것을 반드시 성 행위를 완곡적으로 묘사하는 것이라고 해설할 필요도 없을 것이다. 사랑하는 연인들의 자연스러운 동작이라 할 수 있다. 이 구절에서 사용된 동사들은 미완료형을 사용함으로 과거의 사실을 현재진행형으로 표현함으로 그 사실을 보다 생생하고 인상깊게 전달하고 있다.

[2:7] 첫 번째 후렴: 예루살렘의 딸들아 내가 노루와 들사슴을 두고 너희에게 부탁한다　　이것은 중요한 단락을 구분하는 후렴구(refrain)이다. 3:5, 8:4에도 반복되는 것으로 진행되는 사건의 의미나 일단락 짓거나 혹은 계속되는 사건들에 통일성을 부여하기 위하여 사용된다. 이것은 아가의 내용을 떠 받치고 있는 중요한 기둥과 같은 메시지이다. 이것은 특별한 대상에게 전하는 말이기보다는 자신의 감정을 독자(청자)들에게 발표하기 위하여 사용하는 일종의 인용문(*verba dicendi*)이라고 하는 Pop견해에 동의한다.[23]

23　*Verba Dicendi*는 말을 위한 말(Word of Speaking)이라는 의미를 갖는 라틴어로, 독자들에게 자신의 말이나 생각을 좀 더 생생하게 전달하기 위하여 "서로에게 익숙한 말을 인용"하는 기법

예루살렘의 딸들에게 여기서 이 대사의 대상은 예루살렘의 딸들이다. Pop 등의 해석자들은 이들은 결혼식에 초대된 하객이나 왕의 여인들(harem) 일 수 있다는 의견을 제시하였다. 1:6에서 '예루살렘의 딸들'은 술람미를 흘겨 보던 자들로 소개되었다. 그들은 이 여인에게 우호적인 코러스와 다른 그룹으로 보이나 무대 위에는 나타나지 않는 가상적 그룹이다. 이들을 언급하는 것은 '왕'을 포함한 독자(청자)에게 자신의 메시지를 간접적으로 전하는 것이다.

너희 ʾatĕm는 2인칭 남성 복수이다. "예루살렘 딸들"은 분명히 여성 복수 이고 그 위에 언급되는 노루(들)와 들사슴(들)도 모두 여성 명사이다. 여성 명사라 하더라도 남성으로 지칭하는 경우에 대하여는 2:5 a 해설을 참고하기 바란다. 노루와 들사슴에게 직접 부탁하는 것은 아님으로 '너희'는 예루살렘의 딸들이겠지만 여기서도 어떤 대상을 특정하는 것은 아니다.

부탁한다 biṣbaʾôt 는 šb 의 완료형으로 '맹세한다'로 번역되기도 한다. 부탁의 강도(强度)를 짐작할 수 있게 한다. 맹세를 할 때는 주로 신의 이름(들) 이 언급되는데, 이 구절에서는 신(들) 대신에 노루(들)과 들사슴(들)이 언급되고 있다.

노루(들)와 들사슴(들)으로 biṣbāʾôtʾô bᵉʾayʾlôt hăśśādĕ 에서 노루(들)와 들사슴(들) 앞에 전치사 b (in, among, with 등)를 '두고'로 번역하였다. 암컷 노루는 '체바오트 ṣᵉbāʾôt '로 만군의 여호와(여호와 체바오트)의 체바오트 צְבָאוֹת 와 발음이 동일하다. 그리고 암컷 사슴(혹은 영양) "사데 śādĕ "는 "전능하신 하나님(엘 샤다이 ʾēl šădăy)의 샤다이 שַׁדַּי 와 발음이 유사하다. 그래서 만군의 여호와와 전능하신 하나님의 이름을 직접 언급하는 것을 피하는 방식을 쓴 것으로 보기도 한다.

LXX에는 "땅의 힘과 능력(by the power and forces of the field)"으로, 탈굼은 '만군(천사들을 군대에 비유)의 주와 이스라엘 땅의 힘(by the Lord of Hosts and by

---

이다. Pop, p.385.

the Strength of the land of Israel)'으로 각각 번역하였다. Meek는 이것은 신성한 사랑의 여신들을 가리킨다고 하였다.[24] Pop는 다수의 학자들이 주장하듯 노루와 들사슴을 "만군의 주(the Lord of Hosts)"를 상징하는 말로 해석하는데 동의한다.[25]

그러나 '노루나 들사슴'은 이 외에도 여인이 사랑하는 자를 비유하는 말로 언급되기도 하고(2:9, 17) 여인의 가슴(breast)을 비유할 때도 사용되었다 (4:5; 7:3). 또 아가서 외에 잠언에서도 사랑하는 아내를 비유하는 말로 사용되었다(잠 5:19). 이런 이유에서 노루와 들사슴은 어떤 신의 힘이나 땅의 기운을 신적으로 표현한 것이기보다는 날렵하고 아름다운 외형적 특징으로 인하여 하나의 '사랑의 이미지'로 쓰인 것으로 이해할 수 있다. 여인이 노루와 들사슴을 언급하는 것은 어떤 신성한 힘보다는 '사랑 그 자체'를 언급하는 것이라 하는 것이 더 자연스러운 해석이 될 수 있겠다.

내 사랑이 원하기 전에는 흔들거나 깨우지 말라. 내 사랑 ʾēt hā ʾăhăbā(h) 에서 ʾēt 는 목적 표지 전치사이며 hā 는 관사로 the, that, who의 역할을 한다. 개역개정은 "나의 사랑이 원하기 전에는"으로 번역함으로 독자들은 '그 여인이 사랑하는 자(도디)가 원하기 전에는 깨우지 말라는 뜻으로 이해하게 될 것이다. 그러나 '내 사랑'의 관사 ha 를 who로 읽으면 사랑하는 사람을 가리 킬 수도 있지만 이를 the 로 보면 '사랑 그 자체'를 말할 수 있다 NKJV, NIV, RSV, ESV는 '사랑(love)'으로 번역하였고 KJV와 NASB는 팔호 안에 '나의(my)'라는 말을 삽입하였다.

~까지 ʿăd 는 as far as나 until, while 로 번역될 수 있다. 따라서 이 구절은 '내 사랑(그 사람이) 원하기 전에는'으로 번역하기보다는, 큰 차이는 없어 보이나, '사랑(사랑 그 자체)이 원할 때까지'로 해석하는 것이 아가의 전체 메시지

---

24   Meek, 114.

25   Pop, 386.

와 더 잘 어울릴 것 같다.

흔들지 말라 깨우지 말라 흔들다(stir, 혹은disturb)와 깨운다(arouse, awake)
는 ꜥwr라는 어근이 같은 말이 두 번 반복된 것이다. 앞의 것 tāꜥîrû는 사역형
(Hiphil)이며 뒤의 것, tᵉꜥôrᵉrû는 강조형(Piel)이다. 두 가지 다 미완료 2인칭 남
성 복수형이다. 이렇게 같은 단어가 나란히 놓이는 것은 강조하기 위한 것이
다. 이에 대한 학자들의 해석은 크게 두 가지로 구분된다. '왼팔로 내 머리를
고이고 오른팔로 나를 안는구나'(2:6)와 연결하여, 첫째 그 아름다운 꿈을 깨
우지 말라, 혹은 이를 방해하지 말라고 보는 견해와, 둘째로 (성적인) 욕구 등
을 격동하여 금지된 선을 넘지 않게 해 말라는 뜻이라는 주장이 있다. 이에
대하여 좀 더 자세한 설명이 필요하다.

흔들다, 깨우다 ꜥwr는 구약 성경에서 80회 가량 언급되는데 거의 대부분
이 '잠잠하고 평안한 상태를 일깨우고 흔드는' 의미로 사용되었다. 예를 들면
"독수리가 그 둥지를 어지럽게 하는 행동 ꜥwr(신 32:11)"이나 "아침마다 깨우
시되 ꜥwr 나의 귀를 깨우치사 ꜥwr(사 50:4)"에서 안일함이나 멈춘 상태로 있는
상황에서 자신이 각성되기를 바라는 요청으로 쓰였다. 예레미야는 이제 곧
남 유다에 들이닥칠 심판을 예고하면서 "재앙의 큰 바람이 일어날 것 yēꜥor
(ꜥwr의 수동형)"이라 하면서(렘 25:32) 이것 역시 거짓 평안이 깨어질 것을 예고
하였다. 또한 "내 영광아 깰지어다, 비파와 수금아 깰지어다 내가 새벽을 깨
우리로다 (시 57:8)"에서는 ꜥwr가 세 차례 반복되는데 이는 더 이상 하나님의
영광 앞에서 침묵하지 않겠다는 결심을 나타내는 것이다. "칼아 깨어서 목자
들을 치라 (슥 13:7)"에서는 칼이 잠잠히 있는 것과 반대되는 동작을 나타낸다.

이러한 용법을 이유로, 다수의 해설자들은 "흔들다, 깨우다 ꜥwr"는 성적
자극이나 성적 각성을 은유적으로 표현하는 것으로 보고 "흔들지 말고 깨우
지 말라"를 완벽한 사랑이 이루어질 때까지 성적 충동이 일어나지 않게 해 달
라는 것으로 이해하기도 한다. 곧 여인이 바라는 '사랑'은 성적 쾌락을 추구하

는 사람들이 원하는 것과는 다른 '진실되고 순수한 것임을 나타내는 것이라' 하였다. 그러면 이것은 이 말씀의 독자나 청자들에게 성적 방종을 경계하는 것으로 아가는 방종적 사랑을 경계하는 교훈으로 볼 수 있다는 것이다. 아가를 정당한 성적 쾌락을 하나님이 허락하신 것이라고 하는 해설자들은 이 구절을 방종에 대한 일종의 제어 장치로 여기는 듯하다.

또 한편으로 Fox는 사랑이 그것을 원할 때까지는 '그 분위기'를 방해하지 말라는 뜻이라고 주장하였다.[26] Gordis 역시 이 구절에서 여인은 이미 열정적 사랑에 빠져 있음으로 성적 자극을 하지 말라는 표현을 할 필요가 없을 것이라고 하였다.[27] 이 부분의 전후 문맥을 보면 '방해하지 말라'는 것이 더 그 흐름에 적합한 해석이라 할 수 있겠다.

그러나 Ginsburg는 이를 '나의 사랑이 원하기 전에는'이기보다는 '사랑 그 자체'가 원하기까지, 혹은 '사랑하는 마음이 일어나기까지' 흔들지 말고 깨우지 말라 뜻으로 이해한다.[28] 다시 말해서 인위적으로 사랑을 격동하여 일깨우려고 하지 말라는 것으로, 화려한 선물이나 여성의 아름다움의 예찬 등의 인위적인 방식으로 술람미의 마음을 얻으려는 자극을 하지 말라는 뜻으로 이해한다.

그렇다면 이 후렴은 서로 포옹하고 있는 장면과(2:6) 연결된 것이 아니라 독립된 구절로 전체 내용을 하나의 주제 아래 다시 응집하는 효과를 주는 것이다.

이러한 견해가 합당하다고 여기는 이유 중 하나는, "깨우다, 흔들다 ʿwr" 의 어의와 용례로 볼 때 이것을 성적 욕구를 격동하는 것으로 해석할 수는 있으나 본문의 내용과는 어울리지 않는 면이 있기 때문이다. 그 이유는 첫째,

---

26 Fox, 110.

27 Gordis, 82.

28 Ginsburg, 149.

이 부분은 남성(목동)이 실제로 여인 옆에 있는 것이 아니라 여인의 심상(상상) 안에서 일어나는 대화를 기록한 것이다. 실제로 사랑하는 자를 만나는 것은 3:2-4에야 비로소 이루어진다. 이어지는 2:8-15도 사랑하는 자의 음성만 들리는 것으로 장면 처리가 되어있다. 현재 목동과 만나지도 못한 상황에서 그 남성과의 성적 격동을 불러일으키지 말라는 해설은 적절하게 보이지 않는다.

둘째, 이 여성은 이러한 장면을 상상하는 것이지만 이미 어느 정도 행복하다. "왼팔로 고이고 오른팔로 나를 안는구나(2:6)"는 깨고 싶지 않은 꿈과 같은 것이다. 여기서 성적 격동을 일으키지 말라는 이 상황과 전혀 어울리지 않는 말이라 할 수 있다. 그러한 요청을 할 이유가 없어 보인다.

이와 같은 후렴구는 아 3:5에도 나타난다. 여기서는 사랑하는 자를 찾아 나섰다가 마침내 찾아서 어머니의 집으로 돌아온다. 그 장면에서 '깨우지 말고 흔들지 말라'고 한 것은 '아직 그 시기가 이르지 않았음으로 성적 격동을 일으키지 말라'는 매우 어색하다. 이런 상황 가운데서 "지나친 성적 자극을 피하고 싶다"는 것은 아가서의 내용을 지나치게 선정적인 틀 안에서 해석을 시도하는 것에서 나오는 역발상이라 할 수 있겠다. 오히려 깨어나고 싶지 않는 꿈을 방해하지 말라는 것이 더 적합한 해석일 것이다.

또한 8:4의 후렴구에서도 "노루와 들사슴에게 부탁"은 생략된 채로 이 구절이 반복된다. 이것은 아가의 절정을 이루는 한 부분으로, 사랑하는 자와 완전한 합일을 이루게 된 상황에서 조차 "성적 격동을 불러 일으키지 말라"고 해석하는 것 역시 자연스럽지 않다. 이 말은 더 이상의 흔들림이 없기를 바라는 마음을 표현하는 것이다.

이러한 것을 종합하여 볼 때 이것은 특정 상황에 대한 것을 설명하는 것이기보다는 아가의 주된 메시지를 돋보이게 하는 말로서 '사랑 그 자체가 원하지 않는 것을 인위적으로 격동하지 말라'는 의미로 받아들여야 할 것이다. 진정한 사랑은 인위적인 달콤한 말이나 귀금속 선물 공세로 인하여 발생하거나 이루어질 수 있는 것이 아니라는 것을 내 비치고 있다. 그런 식으로 얻을 수 있는 사랑이라면 그것은 진정한 것이 아닐 것이다. 왕이 사용하는 방식으로는 사랑을 얻지 못할 뿐 아니라 진정한 사랑을 방해할 수도 없다는 뜻으로 보는 것이 아가의 전반적 내용과 가장 잘 어울리는 해석이라 할 수 있다.

[해설]

왕의 유혹이 계속되는 동안 여인은 그 말을 들으면서도 목동을 생각한다. 이러한 패턴은 아가에서 계속 반복된다. 이 자체가 매우 극적(dramatic)이다.[29] 은을 박은 금 사슬을 줄 수 있다는 왕의 말에 그것을 목에 두른 자신을 상상하는 것이 아니라, 여인은 과거에 있었던 사랑하는 자와의 아름다운 기억을 불러내고 있다.

여인은 샤론의 수선화이며 사랑하는 자는 가시나무 가운데 백합 같다고 노래하는데 이것은 자신의 아름다움을 드러내려는 것이 아니라 자신이 '사랑하는 자'와 얼마나 잘 어울리는 한 쌍인지 말하려는 것이다. 샤론은 익히 알려진 지중해 연안의 그 지역을 지칭하는 고유명사이기보다는 비교적 비옥한 평원을 말하는 것으로 수선화가 자랄 수 있는 곳이다. 남성은 가시덤불 가운데 사과나무로 비유되어 이 둘은 여러모로 완벽하게 어울린다.

그리고 여인은 과거 어느 시점에 사랑하는 남성과 함께 있었던 잔칫집을 떠올린다. 잔칫집은 결혼식이나 정혼식이 있었던 곳을 말한다. 정혼은 주로 신부의 집에서 이루어지며 결혼은 약 일년 정도 후 남편의 집에서 행하여 진다. 아가의 끝부분에 '남성을 낳은 어머니의 집'으로 가는 것을 볼 때 이들은 현재 정혼 상태로 추측된다. 많은 집들 가운데 잔치가 있는 곳임을 나타내

---

29   3:16-11에 이어지는 4장의 목동과의 대화; 6:4-7 a의 왕의 유혹과 이와 연결되는 6:10-12의 목동의 여인 예찬; 6:13-7:9 a의 왕의 *wasf* 와 7:9 b-8:3의 여인의 목동 생각은 왕이 나타날 때마다 반복되는 패턴이다.

기 위하여 깃발을 지붕 위에 세운다. 깃발은 존재를 알리는 표식이며 더 나아가서는 위풍당당함을 드러내는 의도가 있는 것이다. 사랑하는 자의 사랑이 그 여자의 존재를 확인시켜주고 또 그 여자를 일으켜 세우며 당당하게 한다고 고백한다.

그리고 그 집에서 사랑하는 자와 다정히 포옹하였던 기억을 소환하였다. 여인은 그 기억을 떠올리고 있다. 그리고 현재 채워지지 않는 사랑으로 인하여 사랑의 병이 났다고 호소하며 그것을 채워 달라는 요청을 하고 있다. 그 결핍을 채우고 그 사랑의 병을 치료하는 건포도는 사랑하는 자를 은유한다.

'예루살렘의 딸들'에게 "흔들지 말고 깨우지 말라"는 부탁을 하지만 예루살렘의 딸들은 실체가 없는 가상적 그룹이다. 이 가상의 그룹을 통하여 독자(청자)에게 발언하고 있다.

'노루와 들사슴'을 언급하는 것은 예루살렘의 딸들 외에 누구나 다 경험을 했을 법한 '사랑' 그 자체를 의미하는 것이고, 흔들지(격동) 말라는 것은 선물이나 달콤한 말을 통해 사랑을 인위적으로 일으키려고 하지 말라는 작가의 마음을 전하는 것이다. 아가에서 전달하려는 중요한 메시지 중 하나이다. 동시에 그런 시도를 멈추어 달라는 요청이라 할 수도 있다. 진정한 사랑은 그렇게 해서 얻을 수 있는 것도 아니고, 그렇게 해서 얻을 수 있는 것이라면 진정한 사랑이라 할 수 없다.

제4장 여인에게 달려오는 목동(2:8-17)

8 내 사랑하는 자의 목소리로구나 보라 그가 산에서 달리고 작은 산을 빨리 넘어오는구나 9 내 사랑하는 자는 노루와도 같고 어린 사슴과도 같아서 우리 벽 뒤

에 서서 창으로 들여다보며 창살 틈으로 엿보는구나 10 나의 사랑하는 자가 내게 말하여 이르기를 나의 사랑, 내 어여쁜 자야 일어나서 함께 가자 11 겨울도 지나고 비도 그쳤고 12 지면에는 꽃이 피고 새가 노래할 때가 이르렀는데 비둘기의 소리가 우리 땅에 들리는구나 13 무화과나무에는 푸른 열매가 익었고 포도나무는 꽃을 피워 향기를 토하는구나 나의 사랑, 나의 어여쁜 자야 일어나서 함께 가자 14 바위 틈 낭떠러지 은밀한 곳에 있는 나의 비둘기야 내가 네 얼굴을 보게 하라 네 소리를 듣게 하라 네 소리는 부드럽고 네 얼굴은 아름답구나 15 우리를 위하여 여우 곧 포도원을 허는 작은 여우를 잡으라 우리의 포도원에 꽃이 피었음이라 16 내 사랑하는 자는 내게 속하였고 나는 그에게 속하였도다 그가 백합화 가운데서 양 떼를 먹이는구나 17 내 사랑하는 자야 날이 저물고 그림자가 사라지기 전에 돌아와서 베데르산의 노루와 어린 사슴 같을지라

여인이 병이 날 정도로 그리워하는 자가 그 여인을 찾아오는 장면이다. 여인은 현재 목동이 산과 언덕을 넘어오는 것을 볼 수는 없기 때문에 이것은 여인의 심상에서 일어나는 일을 기록한 것이다. 상대방과 대면 중 어떤 요구가 있을 때는 그것을 거절하기는 어려운 면이 있으나 심상 속에서는 그렇게 할 필요가 없기 때문에 이러한 서법은 여인의 마음을 보다 솔직하게 드러낼 수 있다.

[2:8] 내 사랑하는 자의 목소리구나 보라 그가 산에서 달리고 작은 산을 빨리 넘어오는구나   보라! 사랑하는 자(도디)의 소리로다 2:8-9에서 그가 달려오는 것을 여인이 볼 수는 없으나 심상 속에서 그 움직임을 듣고 또 보고 있다. **소리** *qôl* 는 반드시 사람의 음성만을 말하는 것은 아니며(창 4:10, 출 19:19) 소리로 대변되는 움직임을 감지했다는 뜻으로 쓰이기도 한다. 누군가 멀리서

달려오는 동작을 마치 눈으로 보는 것처럼 생생하게 표현하는 것이다. Pop 는 이를 이어지는 감탄사 "보라"와 연결하여 "소리를 들어보라"는 일종의 감탄사로 이해한다.

보라 *hinnē-zĕ* 는 감탄사와 지시대명사 *zĕ* (this)가 합한 것이다. **그가 오고 있다** *bā* 는 오다 *bwᵓ*의 분사형이다. **달리다** *mᵉdǎllēg* 는 *dlg* 의 강조(Piel) 분사로 껑충껑충 뛰어오르는 동작(leaping)을 번역한 것이다(삼하 22:30, 습 1:9, 사 35:6). **넘어오다** *mᵉgǎppēṣ* 역시 *qpṣ* 의 강조 분사로, 구약 성경에 6회 사용 중 '닫다(to close 혹은 to shut up)'는 뜻으로 5회(사 52:15, 시 77:9; 107:42, 욥 5:16, 신 15:7), 그리고 나머지 1회는 모으다(to be gathered, 욥 24: 24)로 쓰였다. '언덕을 움켜쥐는' 상징적 동작과 바로 전 행의 '달리다(leaping)'와 평행을 이루는 것을 감안하면 '한 걸음에 넘어오다(bounding)'로 의역이 가능할 수 있을 것이다. 이것은 천천히 걷는 것과는 반대로 언덕들을 한 달음에 매우 신속하고 경쾌하게 뛰어오는 것을 나타낸다. '산과 언덕' 그리고 '달리다'와 '넘어오다'는 시의 전형적 대구를 이루는 것으로 각 행이 서로를 반복하여 보완함으로 그 의미를 더욱 생동감 있게 전달한다.

이것은 모두 현재진행형으로 번역되어 있으나 분사형으로서 진행되는 '동작'보다는 그렇게 동작하는 '그'에 초점이 맞추어져 있다. 따라서 '보라, 그가 오고 있다'보다는 '오는 그를 보라, 달리는 그를 보라, 넘어오는 그를 보라'로 이해하는 것이 본문이 나타내려는 것에 더 가깝다고 할 수 있다.

[2:9 a] 내 사랑하는 자는 노루와도 같고 어린 사슴과도 같이   노루 *ṣᵉbî* 는 날렵하게 뛰는 들짐승 외에 "아름다움"과 "영광"이라는 뜻을 동시에 가지고 있다. 삼하 1:19에서는 *ṣᵉbî* 가 영광(glory)으로 번역되었다. 이 구절에서는 노루 (gazelle) 뒤에 어린 사슴 *ᶜōpĕr* 과 관사가 접두된 다 자란 수컷 사슴 *ᵓǎyyāl* 이 나란히 놓여 있다. 히브리어의 관사는 약한 지시대명사 역할을 할 수 있음으

로 ʿōp̄er 과 관사가 접두된 ʾayyāl 를 합하여 '어린 사슴'으로 번역하였다. 어린 사슴이란 젖먹이 사슴이 아니라 아직 어린 편에 속하지만 충분히 자란 날렵하고 활기 찬 사슴을 말한다.

노루와 사슴을 언급하는 것은 뛰고, 달리고, 넘어오는 동작을 묘사하기 위한 것일 수 있고, 바로 다음 구절인 "벽 뒤에서 창으로 들여다보는(9 b)"것과 연결될 수 있다. 전자라면 그 사랑하는 자의 경쾌한 몸 놀림을 노루와 사슴에 비유한 것이고 후자라면 호기심 많아 보이면서 뭔가 부끄러워하는 남성의 행동을 나타내는 것이라 할 수 있다. 두 가지 특징을 한꺼번에 나타낼 수도 있겠다.

[2:9 b] 우리 벽 뒤에 서서 창으로 들여다보며 창살 틈으로 엿보는구나   바로 전 구절(2:8)에서 보이는 **보라** hinnē - zē 라는 감탄사가 여기서도 쓰였다(개역 개정에서는 생략됨). 감탄사의 반복은 이 여인에게는 그 사랑하는 자가 자신에게 이렇게 달려와 찾는 것이 더 없이 가슴 벅찬 일임을 나타낸다. 동시에 이것이 여인의 상상이기는 하지만 허구적 가상이 아님을 나타내기 위한 것이다.

그가 우리 벽 뒤에 서서. 벽은 가옥의 벽 kōt̄el 을 말한다. **창(들)으로** '들여다보다'에서 창문이 복수형으로 쓰인 것에 대하여 Delitzsch는 그 남성이 위치를 옮겨가면서 창문들을 통해 들여다보고 있음을 의미하는 것으로 설명한다. 쉽게 연상할 수 있는 동작이다.

창살 hᵃrᵃkkîm 은 이곳에 한 번 언급된 것으로 지붕이나 채광창으로 번역되기도 한다. 영문 성경에는 주로 격자로 된 창문 막이(lattice)로 번역되었다. **엿보다**는 눈을 한 곳에 고정하여 자세히 보다(gaze) ṣg̱ḥ 의 분사형이다. 이 역시 이곳에만 쓰였다. "창문(들)으로 들여다보며 창살 틈으로 엿보다"에서 창문 ḥᵃllôn 역시 이곳에만 나타나는 것으로(hapax legomenon) 창살과 창문은 시적 대구를 이루기 위하여 사용한 것으로 보인다. 또한 세 가지 동사는 모두 분사형으로 그렇게 행동하는 '그'의 모습을 보다 생생하게 전달한다.

노루와 들사슴은 그 아름다운 자태와 경쾌한 발걸음을 돋보이게 하기 위한 것으로 쓰였다면 2:9 b에서 창살 틈으로 엿보는 것과 연결 짓기는 애매한 면이 있다(삼하 2:18).[30] 그러나 역시 호기심 많아 보이는 동작을 하는 노루나 어린 사슴이 산에서 내려와 집 안을 기웃거리며 들여다보는 것은 어렵지 않게 연상할 수 있다.

지금 이 장면에서 남성은 왕의 이미지가 아니다. 왕이 노루와 들사슴처럼 산과 언덕을 뛰어 달리는 것도 상상하기 어렵다. 왕은 60인의 호위를 받으면서 화려한 가마 '아필르온 ʾăppiryôn'을 타고 나타난다(3:7,8). 그러나 이 남성은 산과 언덕을 껑충껑충 뛰어 한달음에 달려온다. 그리고 여인의 방 창 밖에서 이 창 저 창을 기웃거리며 창살 틈으로 들여다본다. 문을 열고 당당하게 들어오는 것과는 정 반대의 행동이다. 왕이 여인의 방을 '엿본다'는 것은 상상하기도 어렵다. 이것은 왕의 이미지와는 전혀 어울리지 않는다. 왕은 자신이 원하는 시간에 언제든 여인에게 오지만 이 남성은 여성의 형편을 먼저 헤아린다. 그럽다고 해서 왈칵 문을 열어 제치지 않는다. 이 사람은 여성이 말하는 '내 사랑하는 자(도디)'로 목동이다.

[2:10-15]에서는 그 여인이 있는 곳에 도착한 남성의 대사가 이어진다   3:1에서 여인이 '침상에서 그를 찾았다'는 표현을 보면 이 장면도 서로 대면하여 대화를 나눈 것이 아니다. 침상에 있으나 잠을 이루지 못하는 여인의 심상 속에서 일어나는 일이다. 1:4에서 "너는 나를 인도하라 msk"는 여인의 요청에 (1:4) 따라 '사랑하는 자'가 온 것처럼 상상 속의 대화를 나눈다. 그러나 이것은 허구이기보다는 실제 상황보다 어쩌면 더 진솔한 서로의 마음을 교환하는 것을 보여주기 위한 문학적 표현 기법이라 할 수 있다.

---

30   삼하 2:18 "스루야의 아들 중 아사헬의 발은 들 노루와 같이 빠르다" 참고

2:10 "나의 사랑하는 자가 내게 말하여 이르기를 나의 사랑 내 어여쁜 자야 일어나 함께 가자" 여인이 '마음으로 사랑하는 자(1:7; 3:1, 2, 3, 4)'인 남성의 말을 "마음으로" 듣고 그것을 간접화법 형식으로 전하고 있다. 여인은 사랑하는 자가 무엇을 원하고 있는지 이미 다 읽어내고 있다.

일어나라 *qûmî* 는 *qwm* 의 명령형으로 단순한 물리적 동작을 나타내기도 하지만 육체적으로나 정신적으로 정지되어 있거나 혼미한 상태에서 벗어나라는 것을 의미할 수 있고(창 13:17), 어떤 행동을 취하는 것(시 10:1; 12:5; 44:26; 86:14)이나 혼란 속에서 바로 서는 것(시 20:8) 혹은 각성하는 것(잠 6:9)을 말하기도 한다. Pop은 '일어나라 *qûmî*'는 팔레스타인 북방 방언으로 보인다고 하였는데, 그렇다면 아가는 솔로몬의 저작이 아니라는 간접적 증거가 될 수 있다. 이 구절은 13절에 다시 한번 "일어나서 가자"가 반복되는 수미상관법(inclusio)을 사용함으로 10-13의 내용을 하나로 단단히 묶어주고 있다.

(함께) 가자 그리고 가자(and come away) *ûleḵîlāḵ* 는 *hlk* 의 명령형이다. '함께'는 의미를 살리기 위하여 번역에 첨가한 것이다. 남성의 말을 간접화법으로 전하고 있지만 이것은 여인의 마음 깊은 곳에서 나오는 소리이다. 여성은 그 남성이 무엇을 원하고 있는지 이미 잘 알고 있다.

[2:11] 겨울도 지나고 *hǎsseṯô ʿaḇār*　　구약 성경에서 겨울은 *ḥōrep̄* 이 사용되는데 (창 8:22, 시 74:17, 렘 36:22, 암 3:15, 슥 14:9) 오직 이곳에서만 *seṯāw* 가 쓰였다. 고대 아랍어나 유대-아람어(Judeo-Aramic)와 시리아어에서 흔히 발견되는데 이는 비(rain)와 어근이 같은 것이라고 한다. 시기적으로는 대강 4월 중순 이후로 본다.[31]

비가 그치다 *hǎggěšěm ḥǎlǎp̄* 는 '겨울이 지났다'와 대구를 이룬다. 비 *gěšěm* 는 대체로 우기인 겨울에 세차게 내리는 강한 비(부슬부슬 내리는 비와

31　Exum, 127.

대조되는)를 말한다(창 7:12). 이것은 풍성한 생명력을 공급하는 비를 말하기도 하지만(레 26:4, 겔 34:26) 때로 활동을 멈추게 하고 위축되게 하는 기간이라는 의미로도 쓰인다. '겨울이 지나고 비가 그쳤다'는 것은 그들에게 있었던 혼란의 시기는 지나고 새로운 날이 왔다는 것을 나타낸다.

[2:12] 지면에는 꽃이 피고   겨울이 지나고 비가 그치면 꽃이 피는 시기가 온다. 꽃은 주로 *nēṣ*로 쓰이는데(창 40:10, 사 18:5, 욥 15:33) 구약 성경 중 이곳에서만 *hănniṣṣānîm*으로 쓰였다. Pop는 기본형 *niṣṣ*의 복수에 접사 *hā*가 첨가된 것으로 황량한 지면에 아름다운 꽃들이 피어오름을 시적 강조 표현을 한 것으로 설명한다(겔 1:7 참고).[32] **피다** *nirʾû*는 *rʾh*의 수동 완료형으로 '그 모습을 드러냈다'이다. 감추어져 있던 것이 모습을 드러낸 것을 의미한다.

노래할 때가 이르렀다. 개역개정 성경은 '새가 노래할 때'라고 번역이 되어 있으나 '새'는 의역을 한 것으로 본문에는 없는 말이다. **노래하다** *zāmîr*는 가지치기(pruning)라는 의미도 있는데 이는 7-8월에 이루어진다. Meek를 비롯하여 아가가 담무즈 제의에서 온 것으로 보는 해석자들은 이것을 그 의식 중 어떤 한 시기에 부르는 노래와 유사한 것으로 본다. 그러나 포도나무의 첫 번째 가지치기는 (포도 농사를 하는 자들에게는 이미 잘 알려진 대로) 수액이 가지로 유동하기 전 3월 하순 정도부터 이루어지기 때문에 구태여 이러한 신화에 연결할 필요는 없을 것이다.

노래하다 *zāmîr*는 구약 성경 곳곳에서 기쁨의 노래나 찬양의 의미로 쓰이는데(사 24:16; 25:5, 삼하 23:1, 시 95:2; 119:54) 바로 다음 구절의 비둘기(turtle dove)의 노래이거나 새 봄을 맞이하여 가지치기를 하는 농부들의 감사 찬양을 가리키는 것이다.[33]

---

32   Pop, 395.
33   Exum, 127.

비둘기의 소리가 우리 땅에 들리는구나. 비둘기(turtle dove)로 번역된 *tôr* 는 암수 사이가 매우 좋다고 알려진 멧비둘기(산비둘기)이다(창 15:9, 레 1:14; 5:11, 민 6:10). 아가서의 다른 구절에서는 (집)비둘기 *yônā(h)* 가 많이 언급되는데(아 1:5; 2:14; 4:1; 5:2, 12; 6:9), 아름다움을 말할 때는 비교적 용모가 더 뛰어난 (집) 비둘기로 비유하고, 특별히 멧비둘기는 암수가 항상 함께 다니는 특징으로 인하여 사이 좋은 남녀를 비유하는데 쓰인다고 한다. 이것은 철새로서 이른 4월에 팔레스타인에 모습을 드러낸다고 하는데 그들의 소리 역시 봄을 알리는 소리이다.

우리 땅. 땅 *ʾĕrĕṣ* 은 12 a에서는 지면(on earth)으로, 12절 끝 부분에는 우리 땅(our land)으로 반복되어 나타난다. 이것은 낭비적 반복이라 할 수는 없을 것이다. 끝부분의 '우리의 땅에 *beʾarṣēnû*'는 그 푸른 열매가 익는 그 대지 (땅, on earth)를 우리 것이라고 하여 '그들에게 속한 것이거나 그들을 위하여 준비된 것'임을 나타낸다. '우리'는 1:16-17, 2:9에서도 여인과 사랑하는 남성을 하나로 묶어 표현한 것인데 이것은 그 여인이 있어야 할 곳은 '왕의 방'이 아닌 '우리의 땅'이라는 것을 나타내고 있다.

[2:13] 무화과 나무에는 푸른 열매가 익었고 **푸른 열매** *p* *ăggê* 는 봄철에 무화과 나무에 열리는 첫 열매로 아직은 익지 않은 것이다(마 21:1, 막 11:1, 눅 19:29). **포도나무의 꽃**과 이것들의 향기 역시 모두 다 봄이 왔음을 알리는 표현이다. 이 향기가 매우 진하다고 한다. 그 남성은 지면에 꽃이 피고 산비둘기 소리가 들리며 무화과 나무에 푸른 열매와 포도나무의 꽃향기를 말함으로 그들에게 겨울이 지나고 약동하는 새 삶의 시간이 왔다는 것을 계속해서 말하고 있다.

나의 사랑 나의 어여쁜 자야 일어나 함께 가자 10절과 13절에 이 구절이 같이 반복되어 수미상관(inclusion)을 이룬다. 아가서의 주제를 강조하는 보조적 문구라 할 수 있다. 세 절에 나타난 말을 한 구절로 요약하면 '새로 시작하자'라고 할 수 있다. 이 구절에서는 남성이 여성을 향해 '같이 가자고 할 뿐' 여성이 그곳(왕의 방)에 있는 이유에 대한 추궁이나 질문이 없다. 마치 호세아가 아내를 대하듯이 하고 있는 것을 본다. 그곳에 있는 이유가 무엇이든 현재 그 자리를 떠나 본래 그들이 생활하던 본거지로 돌아가자는 권유이다.

[2:14] 바위 틈 낭떠러지 은밀한 곳에 있는 나의 비둘기   비둘기 *yônā(h)* 는 아가서에서 대부분 어여쁨과 사랑스러움을 나타낸다(1:15, 4:1). 특히 5:2에서는 "나의 누이, 나의 사랑, 나의 비둘기, 나의 온전한 자"라는 중복 표현을 사용함으로 비둘기의 이미지를 선명하게 한다. 비둘기는 고대 이집트나 고대 근동의 그림들, 그리고 문학 작품들 안에서 자주 인용되는데 주로 남녀의 사랑의 매개체로서 등장한다. 6:9은 "나의 비둘기, 내 완전한 자는 하나뿐"이라 함으로 그 남성은 아름답고 정숙하고 사랑스러운 여성 중 오직 그 여인만이 자신의 유일한 사랑임을 고백하고 있다. 여기서도 비둘기가 Tammuz 신화에서 자주 나타나는 상징적인 새라는 이유로 아가와 그 제의(祭儀)를 연결하려는 주장이 있으나 구태여 그렇게 하지 않아도 그 뜻은 충분히 전달될 수 있다.

바위 틈 틈 *ḥāgû* 은 바위의 갈라진 사이 틈이며, **바위** *sēlă* 는 바위들로 이루어진 절벽이다. **은밀한 곳** *sēter* 은 협곡과 같이 갈라진 틈 사이 안에 있는 숨을 수 있는 장소이다(삼상 25:20).

낭떠러지 *măḏrēḡā(h)* 는 절벽(혹은 급경사 지역)이다. 사나운 짐승들의 공격이나 폭풍 등을 피하기 위하여 비둘기 같은 조류들이 숨는 곳이다. 위치적으로는 다가가기도 어렵고 소통을 하기도 어려운 곳을 말한다. 여기서는 위태로워 보이는 것을 나타내기도 하지만 보호의 대상으로서 비둘기를 나타낸다고 할 수 있다. 낭떠러지는 후기 히브리어에서는 절벽을 올라갈 수 있는 계단이라는 뜻으로도 쓰였다고 한다. 남성은 지금 항상 암수가 같이 있어야 하지만 어떤 이유로 위태로워 보이는 높은 낭떠러지에 홀로 분리된 멧비둘기를 언급함으로 안타까운 마음을 나타내고 있다.

내가 보게 하라 *hărʾîniy* 는 보다 *rʾh* 의 사역 명령형이다. **얼굴** *mărʾě(h)* 은 한 사람을 대표한다. **내가 듣게 하라** *hăšmiïʿni* 는 듣다 *šmʿ* 의 사역 명령형으로 앞 구절의 '보게 하라'와 나란히 대구를 이루어 강조되고 있다. 남성은 그 여성이 자신 앞에 그 모습을 드러내기를 강하게 요청하고 있다.

네 소리를 듣게 하라. 듣게 하라 *hăšmî-î* 는 "듣다 *šm* "의 사역(Hiphil)형이다. **네 목소리는 부드럽다** 부드럽다 *ʿarēb* 는 달콤하다(sweet), 상냥하다(pleas-ant)로 번역되기도 한다. **네 얼굴은 아름답구나** 아름답다 *nāʾwě(h)* 는 우아한 아름다움을 나타내기도 한다(1:5 4:3 6:4 해설 참고). 얼굴과 목소리는 그 사람이 가지고 있는 인격 자체를 나타내는 것으로 그 남성은 그 여성이 자신의 앞에 모습을 드러내기를 요청한다.

[2:15] 우리를 위하여 여우 곧 포도원을 허는 작은 여우를 잡으라 　　남성의 목소리가 계속 들리고 있다. 여인은 그들 사이에 있는 여우의 존재를 인식하고 있다는 뜻이다.

잡으라 *ʾěḥězû* 는 *ʾḥz* 의 2인칭 남성 복수 명령형에 1인칭 복수 대명사가 for, to를 의미하는 전치사와 함께 접미되었다. "너희는 잡으라… 우리를 위하여"이다.

'너희'가 누구인지 밝히는 것은 매우 어렵다. 이것을 왕의 대사라고 한다면 '너희'는 포도원을 관리하는 자들을 말할 것이다(8:11). 포도원의 여우를 잡는 일은 그들의 중요한 업무 중에 하나이기 때문이다. 그러나 이 구절 앞뒤에 사용되는 여인이 사랑하는 자(도디)로 보아 이것은 왕의 대사라 할 수 없다. 그렇다면 '너희'는 아가에서 '우리'로 표현되는 그룹 곧, 코러스이거나(1:4, 7) 아니면 예루살렘의 딸들일 수도 있다. 코러스는 주인공들과 대화를 나누고 그것을 대변할 수도 있는 역할을 하는 그룹이다. 여기서도 '너희'는 남성 복수 2인칭으로 쓰였다. 여성 복수 2인칭은 때로 이렇게도 쓰인다(2:5 참고). 그러나 이 구절의 '너희'는 어떤 특정 집단을 대상으로 하는 것은 아니라 어떤 발화(發話)를 위하여 설정된 불특정 대상일 것이다.

작은 여우들 *qāṭān šûʿālîm*. 여우 *šûʿāl* 는 개과 중 여우 속에 속한 동물로 항상 간교함의 대명사로 쓰인다(눅 13:32). 때로 고대근동에서 이것은 성적으로 문란한 자를 비유하는 말로도 쓰였다. 작은 종류의 여우는 꼬리를 제외한 몸통이 성인의 손바닥 정도 되는 것으로 포도나무 잎 뒤에 숨으면 잘 보이지 않는다고 한다. 또 매우 민첩하기까지 하여 잡는 것도 쉽지 않다고 한다.

포도원을 허는. 헐다 *ḥbl* 는 파괴하다, 황폐케 하다는 뜻이다. **포도원에 꽃이 피었다**는 말이 뒤에 연결된 것은 이때가 여우들이 극심하게 활동하는 시기로 새싹을 보호하기 위한 것이다. 이때 즈음에 아이들을 동원하여 여우 잡는 게임을 하기도 한다고 한다. 여기서 포도원은 성적 상징물이기보다는 그들이 지켜야 하는(1:6) 생활 그 자체이며 삶의 터전이다.

작은 여우는 그들의 행복을 방해하는 사람이나 세력일 수도 있고 유혹에 쉽게 반응하는 타락한 마음이나 죄성(罪性)을 말할 수도 있을 것이다. 여인은 사랑하는 남성이 멀리서 산을 넘어오는 소리만이 아니라 창문 틈으로 엿보며 "얼굴을 보여 다오" 그리고 "소리를 듣게 하라"는 소리도 듣고 있다. 그뿐만 아니라 그들의 삶을 방해하는 "여우를 잡자"는 소리도 듣고 있다. 비록 그 남성이 현장에서 귀에 대고 하는 말은 아니지만 그보다 더 잡음이 없는 순수한 소리를 듣고 있다.

[2:16 a] 내 사랑하는 자는 내게 속하였고 나는 그에게 속하였도다   이것은 여성의 대사로서 의역된 것이다. 직역을 하면 이러하다.

"도디는 내게 속하고 *dôdî liy*   나는 그에게 속하다 *ʾănî lo*"

"내게 속하다(나의 것)"은 전치사 for, to에 1인칭 단수 대명사 *ʾănî* 가, "그에게 속하다(그의 것)"는 역시 같은 전치사에 3인칭 남성 단수 대명사 *hû* 가 연결된 것이다.

아마 그 전에도(왕의 이끌림을 받기 전) 이들은 진실한 사랑을 나누었겠으나 여인은 이러한 일을 통하여 새삼 사랑의 깊이를 새롭게 인식하였다. 여성은 자신이 그 남성과 어떤 일로도 결코 '분리될 수 없는' 자라는 것을 강렬하게 느끼고 있다. 이들에게 이와 같은 시험(시련)은 그 사이를 멀어지게 하는 것이 아니라 더욱 더 긴밀한 사랑을 확인하게 하는 계기가 되고 있다.

아가에는 마치 볼드(bold)체로 강조하는 것처럼 진정한 사랑의 심도(深度)를 점진적으로 나타내는 구절을 발견할 수 있다.

도디는 나의 것, 나는 너의 것(My beloved is mine I am beloved's. 2:16)

나는 도디의 것, 도디는 나의 것(I am beloved's my beloved is mine. 6:3)

나는 도디의 것(I am beloved's. 7:10)

처음에는 1인칭 단수(나)에 방점이 있다. 두 번째는 나와 3인칭 단수(도디)는 상호적이다. 그리고 마침내 "나"는 사라지고 "도디"에 흡수되어 버린 듯한 표현이다. 이것은 진정한 사랑의 발전 과정을 보여준다. 여인은 혼란스러운 경험을 통해 지쳐가는 것이 아니라 진정한 사랑을 발견한다. 후렴과 함께 아가의 전면을 받치고 있는 또 하나의 중요한 골격이라 할 수 있다.

[2:16 b] 그가 백합화 가운데서 (양떼를) 먹이는구나   여인이 '속했다'는 그가 누구인지 말하고 있다. 그는 (양 떼를) 먹이는 자이다. 이 구절에서 "양떼"

는 본문에는 없는 말이지만 이 말은 주로 가축을 먹인다는 뜻으로 쓰임으로 이렇게 의역을 한 것이다. '**먹이는 자** *hārŏ'ě(h)* 는 먹다(browes) 혹은 먹이다 (feeding)로 번역되는 *r'h* 의 단순(Qal) 남성 단수 분사형과 *hā* 가 결합된 것이다. **먹이다** *r'h* 는 가축을 먹이는 것으로 방목(graze)을 말한다. 대부분의 해석자들은 여기서 *hā hārŏ'ě(h)* 를 "그가 (양떼를) 먹이고(방목) 있다(he is grazing …)"는 현재형으로 읽는다.

Garrett이나 Longman등 다수의 해설자들은 "먹이다 *r'h*"를 양 등의 가축을 먹이는(방목) 것으로 보지 않고 "그가 이 백합화(들) *šôšănnîm* 사이에서 먹는다"는 뜻으로 읽고 이것을 남성이 여성(들)과 육체 관계를 맺는 장면이라고 하였다(4:5; 6:2).[34] 그 외 다수의 해석자들도 4:16과 5:1의 "먹다"를 육체적 관계를 나타내는 비유어로 이해하면서 이 구절과 연관시켜 역시 이와 유사한 의미에서 백합(들)을 여인들의 몸을 은유한 것으로 본다.

그러면 그 남성은 '여인들(백합 들, 복수)에게 둘러 싸여 먹는 자'이다. 여인들과 이런 관계를 가질 사람은 아가서 안에서는 왕 밖에 없다. 그러나 이것은 이렇게 해석될 이유가 없다. 2:11-13의 내용은 봄이 시작되었음을 알리는 것으로, 이 구절 역시 비가 그친 후 계곡에 만개하는 백합화(lotus)를 언급함으로 새로운 시작을 상징하는 봄이 왔음을 계속 언급하는 것일 뿐이다.

'먹이다'는 *hā hārŏ'ě(h)* 는 분사형으로 서술적 용법으로 '그가 먹이고 있다(who is grazing)'로 읽을 수 있으나 한정적 용법으로 '먹이는 자(who grazing, the grazing among the lilies)'이다. '(양떼를) 먹이다'의 분사형 *rŏ'ě(h)*는 대부분 '먹이는 자' 즉 '목자(Shepherd)'로 번역된다. 그러므로 이것은 "나는 그에게 속하였다"와 연결되어 "그는 백합 가운데서 (양떼를) 먹이는 자" 곧 '목동(목자)' 이라는 뜻이다. 즉, 여인 자신이 속했다는 그 남성은 목동이라는 것을 밝히는 말이다.

---

34   Garrett, 246; Longman, Song, 115.

예를 들면 솔로몬의 가마 옆에 "칼을 잡은" 싸움에 익숙한 용사들이 호위하고 있었는데(3:8), "칼을 잡다"는 분사형이다. 이 역시 서술형으로 "그들이 칼을 잡고 있었다"로도 번역은 가능하나, '칼을 잡은 자'로 그들의 동작보다는 그들이 어떤 사람인지 나타낸다. '그가 (양떼를) 먹이고 있다' 역시 그의 동작을 설명하는 것이기보다 '그'가 무엇을 하는 사람인지 설명하는 것이다.

[2:17] 돌아 오라 *sōḇ* 는 *sbb* (turn, surround)의 2인칭 남성 단수 명령형이다(삼상 22:17,18). 여성의 남성(목동)을 향한 대사가 이어지고 있다. 다시 그 남성이 자신의 곁으로 와 주기를 바라는 요청이다. LV는 "다시 돌아오라(return)"로 번역하였다.

날이 저물기 전에 날 *yôm* 은 일반적으로 날(day)를 말하지만 일광(daylight)를 말하기도 한다. 저물다 *yāpûḥă* 는 숨을 내쉬다(breath, exhale)는 뜻으로 매우 시적인 표현이다. **그림자가 사라지다** 사라지다 *nāsû* 는 *nws* 의 완료형이며, 그림자 *ṣēl* 는 일광이 있어야 나타나는 것임으로 이 구절은 '날이 저물다'와 대구를 이루어 그 전에 속히 와 달라는 뜻을 다시 반복하여 강조하고 있다.

베데르 *bĕṭĕr* 는 "(두) 조각"이라는 뜻으로(창 15:10, 렘 34:18,19) 예루살렘 남서쪽에 위치한 산이라는 설이 있으나 확인할 수는 없다. 아마도 긴 협곡을 말하는 것으로 보이는데 반드시 어떤 지명을 나타내는 것으로 볼 필요는 없을 것이다. 긴 협곡 사이를 뛰어다니는 민첩한 노루와 어린 사슴을 연상시킨다.

노루와 어린 사슴 같을지어다. 같으라(be like) *dᵉmē(h)* 는 "같다 *dmh*"의 명령형이다. 여기서 노루와 어린 사슴은 여성이 남성을 은유할 때 사용하는 동물로 사랑스럽고 아름다우며 영화로운 자태만이 아니라 민첩함을 나타낸다. 또한, 노루 *ṣᵉḇî* 는 어린 사슴과 함께 '사랑'을 나타내는 이지미로 사용되어 '사랑 그 자체'를 상징하기도 하지만 때로 영광(glory)의 의미로 쓰이기도 한다(삼하 1:19). 이를 볼 때 여인은 이 말에 "사랑과 영광"을 나타내는 이중 의미를 사용하는 것으로 보인다.

여인은 사랑하는 자가 속히 자기 앞에 모습을 드러내어 주기를 바라고 있다. 그리고 사랑스러움의 상징으로 쓰인 베데르산의 노루와 어린 사슴 같이 함께 있기를 바라는 마음을 이렇게 표현하였다. 이후 이에 대한 응답은 4:6에 있다.

[해설]

여인은 심상 속에서 사랑하는 자를 떠올리고 있다. 그의 소리가 들린다. 소리는 반드시 청각을 통해서 듣는 것만을 말하지 않는다. 청각적인 것을 시각적으로 표현할 수 있듯이 시각적인 것을 청각적인 것으로 표현할 수 있다. 여기서 사용된 분사형들은(달리다, 넘어온다 등) 서술적으로 '진행형'으로 번역되어 있으나 한정적 용법으로 번역한다면 '그의 동작'을 나타내는 것이기보다는 그런 동작을 하고 있는 '그'를 보여주는 것이다. "보라"라는 감탄사는 '그'에게 초점이 맞추어진 것이다. '달려오는 그, 그리고 '넘어오는 그'를 '보라'로 읽어야 할 것이다. 여인은 비록 왕의 방에 있지만 사랑하는 그가 자신에 이렇게 오는 장면을 그리고 있고 또 그렇게 믿고 있다.

그리고 자신이 있는 방(집)에 도착하여 벽 뒤에 서서 창문으로 들여다보며 자신을 찾고 있다. 심상 속에서 이루어지는 것이지만 그가 노루와 산을 넘어 달려오는 것을 알았다면 왜 밖으로 나가 영접하지 않는가? 창 틈으로 들여다보는 것을 알면서도 자신의 모습을 감춘 채로 방안에 머물러 있었을까? 사랑하는 자를 이토록 그리워하면서도 적극적인 반응을 하지 않는 여인의 미묘한 심리가 심도 있게 그려져 있다. 왕이 약속하는 모종의 것들에 대한 미련이 여인의 마음에 작용하고 있는 것이다. 이제 심상 속에서 일어나는 것이지만 '사랑하는 자의 말'도 듣는다. 그가 무엇을 말할지 이미 알고 있다는 뜻이기도 하다. "일어나 함께 가자!" 그리고 "우리를 위하여 여우들을 잡아 달라"고 한다.

이 장면을 비현실적 서법을 사용한 것은 여인의 마음을 보다 더 정직하고 극적으로 표현하려는 의도일 수 있을 것이다. 때로 현실 속에서 일어나는 일보다 심상 속에서 일어나는 일들이 그 내면에 있는 깊은 것까지 더 많은 것을 표현할 수 있다.

이런 갈등 속에서 여인이 절실히 깨닫는 것이 있다. 자신은 그에게 속했다는 것이다. 어떤 일이 있어도, 어떤 상황 속에서도 자신이 사랑하는 자는 '그'라는 것이 확인된다. 그와 멀어지거나 분리되는 것은 불가능하다는 것이 다시 확인되었다. 그는 (양떼)를 먹이는 자 즉, 목동이다. 그가 날이 저물기 전, 너무 늦기 전에 와 주기를 바라고 있다.

제5장 목동을 찾아 나서는 여인(3:1-5)

1 내가 밤에 침상에서 마음으로 사랑하는 자를 찾았노라 찾아도 찾아내지 못하였노라 2 이에 내가 일어나서 성 안을 돌아다니며 마음에 사랑하는 자를 거리에서나 큰 길에서나 찾으리라 하고 찾으나 만나지 못하였노라 3 성안을 순찰하는 자들을 만나서 묻기를 내 마음으로 사랑하는 자를 너희가 보았느냐 하고 4 그들을 지나치자마자 마음에 사랑하는 자를 만나서 그를 붙잡고 내 어머니의 집으로, 나를 잉태한 자의 방으로 가기까지 놓지 아니하였노라 5 예루살렘 딸들아 내가 노루와 들사슴을 두고 너희에게 부탁한다 사랑하는 자가 원하기 전에는 흔들지 말고 깨우지 말지니라

[3:1 a] 내가 밤에 침상에서 마음으로 사랑하는 자를 찾았노라 침상 *miškāḇ*. 아가서를 성적 분위기가 농후한 작품으로 보는 자들은 "침상"을 성적 행위를 나타내는 은유적 표현으로도 보려고 하지만 여기서는 사랑하는 자를 그리워하며 잠 못 이루는 여성의 애타는 마음을 전해준다. 술람미는 지금 침상에 홀로 있다.

(내가) **찾았노라** *biqqǎštî* 는 찾다(Seek) *bqš* 의 강조(Piel) 완료형이다. 위의 사건들이 여인의 심상 속에서 일어난 일임으로 찾는 것 역시 심상 속에서 일어난 일이다.

밤(들) *bǎlêlôt* 은 밤(night) *lǎylā* 의 복수형으로 in, among 등을 의미하는 전치사 *b* 가 접두 되었다. 이를 주관적으로 길게 느껴지는 밤으로 이해하는 해석자들도 있으나 문자적으로는 여러 날 동안의 밤을 의미할 것이다(in the nights, during the nights). **찾았다**는 *bqš* 의 Piel (강조) 완료형이다.

마음으로 사랑하는 자 *šě'āhǎḇā(h) nǎpši*. 이미 1:7에서 이 표현이 사용되었고 그 외에도 세 차례 반복적으로 언급된다(3:2, 3, 4). (내) **마음으로** *nǎpši* 는 영혼, 마음 등을 의미하는 soul이나 heart이다. 한 인격의 좌소이자 총체를 나타낸다. 진심을 나타내는 표현이다.

사랑하는 자 *šě'āhǎḇā(h)* 는 사랑 *'āhǎḇā(h)* 에 which, that과 같은 관계대명사 *šě* 가 결합되어 "사랑하는 자"를 나타낸다. 이것은 지금까지 사용된 도디 *dôdî* 대신 쓰인 말로 이보다 "마음으로 사랑하는 자"는 훨씬 더 강렬하고 진정한 사랑을 나타낸다.

[3:1 b] 찾아도 찾아내지 못하였노라 (내가 그를) **찾았다**(seek) *biqqǎštîw* 역시 *bqš* 의 완료형으로 여기서는 3인칭 남성 대명사 *hû* 가 접미되었다. **(그러나) 찾지 못하였다.** 찾다는 *mṣ'* 의 완료형이다. *bqš* 는 발견하기까지의 과정(to seek)을 나타내며 *mṣ'*는 그 결과 (to find)를 나타내는 것으로 그 차이는 있으나 3:1

에서 여인이 마음으로 그 남성을 '찾는다'는 동사가 4회 반복되어 그 여성의 남성에 대한 그리움을 두드러지게 표현하고 있다. Ginsburg는 그 여자가 왕의 방에 있으나 그 사랑하는 자를 포기하지 않은 것을 보여준다고 해설한다.[35] Tammuz 제의와 우가릿(Ugarit) 문서에도 이런 장면들이 나타나 있음으로 그것을 차용한 것으로 보기도 하나 누군가를 그리워하며 침상에서 잠 못 이루는 표현들은 동서양의 남녀 사랑의 이야기나 노래에서는 얼마든지 있다.

[3:2] 이에 내가 일어나서 성 안을 돌아다니며 마음에 사랑하는 자를 거리에서나 큰 길에서나 찾으리라　　이제 새로운 장면이 시작되면서 여인은 더 이상 그리워하기만 하는 것이 아니라(1:7,8) "마음으로 사랑하는 자"를 찾아 나서는 훨씬 더 적극적인 행동을 취한다. 이 장면은 여인의 심상 속의 일이 아니라 실제 상황이다. 여기서 3가지의 동사가 1인칭 권유형으로 쓰여서 스스로 의지를 강하게 나타낸다. 시적 운율을 잘 맞추어 이 부분을 더욱 더 인상깊게 표현하고 있다.

　　나는 일어나리라　　ʾāqûmā,

　　나는 돌아다니리라　　ʾăsôbᵉḇā,

　　나는 찾으리라(seek)　　ʾăḇăqšā

　　나는 일어나리라 ʾāqûmā 는 그 의지를 더욱 더 강하게 표현하고 있다. 일어나다 qum 는 몸을 일으키는 물리적 동작이지만 대부분은 무엇인가를 시도하려는 의지를 나타낼 때 사용된다(2:13 참고). 돌아다니다, 찾는다는 행위의 강도를 더하는 점층법(漸層法, Gradation)이 사용되고 있다.

　　성 안 ḇāʿîr. **성(城)** ʿîr 는 단수이며 어떤 특정한 도시(성)를 지칭하지는 않는

35　Ginsburg, p.149.

다. 왕이 여인을 이끌어 들인 방이 있는 비교적 많은 사람들이 거주하는 어떤 성이다. **거리**는 šûq 의 복수형으로 성 안에 있는 길들을 말하고, **큰 길**은 사람들이 많이 왕래하거나 모여 있는 비교적 넓은 공간을 말하는 rᵉḥōb 의 복수형이다. 이 여자는 성안을 두루 다니며 마음으로 사랑하는 자를 찾는다. 이곳 저곳을 기웃거리며 찾는 모습을 충분히 연상할 수 있다. Garrett은 도성을 처녀성에 비유하고 있으나 그렇게 볼 이유는 없어 보인다.

그러나 찾지 못하였다 3:1에서 사용된 표현이 똑 같이 반복된다. "찾고자 하는 의지"가 강하였지만 결국은 '찾지 못하였다'고 함으로 안타까운 마음을 나타내며 극적 긴장을 고조시키고 있다.

1:7, 8에서는 "그렇게 찾고 싶으면 양들의 발자취를 따라가라"는 코러스의 강도 높은 권유가 있었고, 2:9-10에는 그 사랑하는 자가 벽 뒤에 서서 창문으로 들여다보며 "일어나 함께 가자"고 하였으나 어떤 이유에서인지 여자는 그를 따라 나가지 않았다. 이것이 비현실적 서법으로 처리되어 꿈이거나 꿈과 같은 상상 속에서 이루어진 일이지만 여인의 복잡하고 미묘한 심리를 반영하고 있다. 왕의 유혹에서 벗어나야 한다는 마음과 또 한편 그 주어진 기회를 포기하고 싶지 않은 마음이 내면에서 줄다리기를 하고 있는 상황임을 보여주고 있다. 그러나 이제 여인은 일어나 그를 찾으러 나간다. 그 여자의 망설임은 그렇게 오래 가지 않는다. 이 거리 저 거리를 돌아다니고 사람들이 모여 있는 곳마다 혹시 그가 있는지 확인하였으나 찾을 수 없었다.

[3:3] 성 안을 순찰하는 자들을 만나서(순찰하는 자들이 순찰할 때 나를 만나서)
"마음으로 사랑하는 자"를 찾는 중 "순찰자"에게 그의 행방에 대하여 물음으로 그 간절함은 더욱 더 강하게 표현된다.

순찰하는 자들이 순찰할 때 나를 만나다. 만나다 mᵉṣāʾûnî 는 mṣʾ 의 3인칭 복수 완료형으로 "그들(순찰자)이 나를 찾았다"이다. 사람들이 왕래하는 시간이 아닌데도 여기저기 기웃거리고 있는 여성을 순찰자들이 발견하였다.

성에 순찰자가 등장하는 것은 포로 이후라고 주장하며 5:7의 순찰자들 *hăšṣōmᵉrîm* 을 성을 보호하기 위한 '성벽'으로 보는 주장도 있으나 현재 이 구절의 순찰자는 야간 임무가 부여된 순찰자(혹은 파수꾼)이며 이것은 포로기 이전의 기록에도 나타난다(사 62:6, 시 127:1, 합 2:1).

그들이 순찰할 때 순찰하다 *ōḇeḇîm* 는 순회하다, 돌아다니다(patrol)을 의미하는 *sbb* 의 남성 복수 분사이다. 거리보다는 주로 성벽 위나 주변을 왕래하며 감시하는 임무를 맡은 자라고 한다. 이런 것을 볼 때 이 여성이 성벽을 만났다고 할 수는 없다.

여인이 마음으로 사랑하는 자의 행방을 묻기 위하여 순찰자를 찾아 간 것이 아니라 그 여인이 마음으로 사랑하는 자를 찾아 이 거리 저 거리, 이 광장 저 광장으로 다니다가 마침내 성벽에서 근무하는 순찰자에게 발견된 것으로, 거리를 이곳 저곳 정신없이 헤매고 다니는 여성의 모습을 연상할 수 있다.

[3:4] 그들을 지나치자마자 마음에 사랑하는 자를 만나서 그를 붙잡고 내 어머니의 집으로 나를 잉태한 이의 방으로 가기까지 놓지 아니하였노라   **그들을 지나치다**(pass over) *ᶜāḇărtî* 는 *ᶜbr* 의 완료형으로 이것은 지나다(pass), 극복하다, 넘어서다(get over, transgress)는 뜻이 포함되어 있다. 순찰자들에게서 무슨 정보를 입수하였는지는 알 수 없으나 이제 그들을 떠났다. **무엇을 하자마자** *kimᶜăṭ* 는 순찰자를 떠난 후 매우 짧은 시간이 지났음을 의미한다. **내가 마음으로 사랑하는 자를 만났다** 만났다 *šᵉmmāṣāᵗî* 는 찾다(find) *mṣ* 의 1인칭 완료형이다. **붙잡다**는 *ᵓḥz* 의 완료형으로 이것은 "강하게 붙잡는 것(grasp, seize)"을 의미한다(창 25:26; 출 15:14).[36] '만나다'와 '붙잡다' 역시 표현의 강도를 높여 가

---

36   창 25:16, "야곱이 에서의 발꿈치를 잡았다" 출 15:14, "블레셋 주민이 두려움에 (사로)잡혔다" 참고

는 점층적 표현이라 할 수 있다.

"(그를) 놓지 아니하였노라"의 '놓다 ᵓᵃrpĕnnû 는 '느슨해지다,' '불안정해지다,' 혹은 '혼자 남겨지다'의 미완료 희구형으로 그 앞에 부정어로 인하여 '더이상 놓지 않겠다'는 강력한 바램을 나타낸다. 이것은 이 여인의 강한 의지를 나타내는 것으로 이전 세 구절 '나는 일어나리라, 돌아다니리라, 찾으리라'의 권유형(의지)으로 표현된 의지를 더욱 확고하게 해주고 있다.

내 어머니의 집으로 가기까지 이제 여인은 왕이 제공한 방을 떠났다. 그리고 사랑하는 자와 함께 그 여자의 어머니의 집으로 갔다. 어머니와 '나를 잉태한 자 hôrātî'는 같은 의미의 다른 표현으로 시가에서 흔히 보이는 반복표현이다(호 2:5). 해석자들 중에는 이것을 그 남자와 성관계를 하려는 욕구 표현으로 보려고 하지만 이런 표현이 반복되는 또 다른 구절 '내가 너를 이끌어 어머니 집에 들이고(8:2)'와 연결하여 본다면 이것은 은밀한 장소를 찾는 행위이기보다는 사랑하는 자와 안정적이고 정착된 삶을 바라는 표현이라 할 수 있다.

[3:5] 두 번째 후렴: 예루살렘의 딸들아 내가 노루와 들사슴을 두고 너희에게 부탁한다 사랑하는 자가 원하기 전에는 흔들지 말고 깨우지 말지니라(2:7 해설 참고) 2:7, 8:4에 사용된 후렴과 같은 구절이 여기서도 반복된다. '사랑하는 자 hā ᵓᵃhăbā(h)'에서 hā 는 '사랑 그 자체'를 나타내는 정관사로 쓰였을 수 있다. 그러면 이것은 '사랑하는 자'이기보다는 '사랑 그 자체(the love)'를 말하는 것으로, '사랑'을 인위적인 어떤 것으로 일으키려고 하지 말라는 뜻이 될 수 있다 (2:7 참고). 이 후렴구는 어떤 상황을 특정한 것이기보다는 아가의 내용을 구분하는데 쓰이며, 또한 이것을 계속 반복해서 언급함으로 독자나 청자들이 아가의 중요한 골격이 어떤 것인지 놓치지 않게 한다.

[해설]

여인은 심상 속에서 사랑하는 자를 그린다. '찾아도 찾지 못하였다'는 찾지 못한 실망감을 말하기보다는 그에 대한 그리움의 강도를 나타낸다. 아가를 한편의 '꿈'으로 보는 해설자들은 이 부분 역시 당연히 '꿈'을 꾼 것으로 본다. 그러나 3:1의 밤(nights)은 복수형인 '밤 들'로서 여러 날들 동안 침상에서 사랑하는 자를 찾은 것이다. 침상이라는 말이 반드시 잠을 의미하는 것만은 아닐 것이다. 사랑하는 자에 대한 그리움은 거실이나 부엌보다 침상에서 더 간절해질 것이다. 저녁마다 똑 같거나 비슷한 꿈을 꿀 수도 있는 것이지만 그렇게 해석하기보다는 밤마다 특히 침상에서 사랑하는 자를 더욱 그리워하였다고 하는 것이 자연스럽다.

술람미는 더 이상 사랑하는 자를 그리워할 수만은 없었다. 침상에서 일어나 사랑하는 자를 찾으러 밖으로 나갔다. 술람미를 침상에서 일으킨 것은 목동에 대한 사랑이다. 심상 속에서 일어났던 것이지만 그의 음성을 마치 현실이었던 것처럼 듣고 나서 성 안을 두루 돌아다니면서 그를 찾았다(seek). 거리(길)와 큰 길(광장 같이 사람들이 많이 모이는 곳)을 돌아다니는 술람미를 순찰자들이 발견하였다. 순찰자는 성벽 위를 파수하거나 성벽 근처에서 경계 근무를 하는 자들이다.

이 여인이 이들 눈에 뜨이게 된 것으로 보아 성 안에서 그를 찾다가 발견하지 못하여 성 밖으로 나가려고 하였던 것으로 보인다. 술람미를 막아서는 순찰자들에게 그 목동을 보았느냐고 묻는다. 그를 찾고자 하는 간절한 마음이 나타난다. 순찰자들의 대답은 소개되지 않았다. 그들을 지나치자마자 어느 곳에서 그를 만났다. 아마도 성 밖의 어느 곳일 것이다. 그리고 그와 함께 여인의 어머니의 집으로 갔다. "놓지 아니하였 노라(3:4)." 여인은 어떤 일이 있어도 그를 놓지 않을 것임을 예고한다.

제 3 막 (3:6-6:3)

제1장 왕이 다시 찾아옴(3:6-11)

> 6 몰약과 유향과 상인의 여러 가지 향품으로 향내 풍기며 연기 기둥처럼 거친 들에서 오는 자가 누구인가 7 볼지어다 솔로몬의 가마라 이스라엘 용사 중 육십 명이 둘러쌌는데 8 다 칼을 잡고 싸움에 익숙한 사람들이라 밤의 두려움으로 말미암아 각기 허리에 칼을 찼느니라 9 솔로몬 왕이 레바논 나무로 자기의 가마를 만들었는데 10 그 기둥은 은이요 바닥은 금이요 자리는 자색 깔개라 그 안에는 예루살렘의 딸들의 사랑이 엮여져 있구나 11 시온의 딸들아 나와서 솔로몬 왕을 보라 혼인 날 마음이 기쁠 때에 그의 어머니가 씌운 왕관이 그 머리에 있구나

3:6-11에는 왕의 가마 행렬이 등장한다. 향품의 진한 향과 함께 연기 기둥이 오르고 60명으로 조직된 경호부대가 둘러 싼 '솔로몬의 가마'라 하였고, 그 가마는 레바논의 나무로 지어졌으며 기둥은 은이고 바닥은 금이라고 묘사

하고 있다. 이 부분은 극의 진행을 돕는 코러스가 이 장면을 소개하고 있다.

아가서를 왕과 술람미의 결혼과 관련된 사랑의 노래로 보는 자들은 이 대목을 결혼을 위한 행렬(wedding procession)로 본다. 또한 Provan은 이것은 실제로 누군가 가마를 타고 오는 것이 아니라 솔로몬 왕궁을 연상하는 것이라는 의견을 제시하기도 한다.[1] 또 다른 해설자들은 이것은 두 편의 시 즉, 광야에서 올라오는 공주의 행렬(6-8)과 왕좌에 앉은 솔로몬 왕에 대한 묘사한 것(9-11)이 합해진 것으로 보고 이것을 이집트의 신 아몬(Amon) 축제 행렬(festal procession)과 연결 짓기도 하며, 60명과 은, 금 등의 소재로 볼 때 시리안 *waṣf*가 그 배경일 것이라고 하였다.

[3:6] 이는 누구인가 *mî zōʾt. mî* 는 주로 사람을 가리키는 의문대명사이고 *zōʾt* 는 지시대명사 여성 단수이다. 사물을 가리킬 때는 주로 *ma(h)* 가 쓰인다(6:10; 8:5). LXX에서는 '누구'로 번역하였다(사 60:8; 63:1; 렘 46:7,8 등). KJV나 NIV는 who로, NASB는 what으로 번역하였다.

그러나 Pop은 아카디아어의 *mî* 사용 용례로 보아 이것이 사물을 가리키는 의문 대명사로도 쓰일 수 있다고 하였는데[2] 구약 성경의 다른 곳에서도 이것이 사물을 가리키는 것으로 쓰이기도 하였다(삿 13:17; 미 1:5).[3] 그렇다면 그 가마에 탄 '인물'보다는 여성 명사인 그 가마 *mittā(h)* (여성 명사) 자체를 부각시키는 것으로도 볼 수 있다. Ginsburg역시 *mî* 는 흔히 인물을 말하는 것이지만 (특별한 경우) 사람(들)이 그 안에 있을 때는 사물을 나타내는 대명사로 쓰일 수 있다고 하였다(창 33:8).[4] Garrett 역시 **이것** *zōʾt* 은 모호한 여성 지시대명

---

1   Provan, 299-300.

2   Pop, 423.

3   삿 13:17 what is your name? 미 1:5, what is the transgression of Jacob?

4   Ginsburg, 151. 창 33:8 "what do you mean by all these drove I met?"

사로서 '중립적'으로 쓰일 수 있다고 하였다.[5] 이 말은 반드시 가마 안에 있는 인물이 아니라 다가오고 있는 '광경'을 지칭할 수도 있다는 뜻이다.

곧 "이것(이 사람)은 무엇(누구, 여성)인가"라는 질문에 대한 답변으로 '그것은 솔로몬의 가마 *miṭṭā* (여성 명사)라'가 된다. 6절은 우선 그 가마를 일차적으로 관찰한 것이라면 "보라 *hinne(h)* "로 시작되는 7절은 이를 보다 구체적이고 세부적으로 묘사한 것이라 할 수 있다.

거친 들 *miḏbār* 은 주로 "광야"로 번역된다. 이것을 출애굽 시의 광야와 연결하여 영적 의미를 부여하는 경우도 있으나 여기서는 사람들이 일상의 삶을 사는 도시와 반대말로 쓰일 수 있다. 도시와 도시 사이에 있는 지역으로 사람이 일상 생활을 할 수 있는 곳은 아니지만 양 등의 가축을 먹이는 곳으로 활용될 수 있는 곳이다. 가마가 이런 지역을 통과하여 지금 도시 안으로 들어오는 장면이다. 왕의 방에 있었던 여인이 나가버린 것을 알고 그곳으로 왕이 다시 찾아오는 장면이다.

오는 자(올라오다) 올라오다(go up) *ʿōlāh* 는 *ʿlh* 의 여성 단수 분사형이다. J. Deree는 A. Robert의 "Le Cantique des Cantiques"를 인용하여 "올라가다"는 애굽에서 예루살렘으로 갈 때 쓰이는 (관용적) 용어라고 하였다.[6] 현 상황은 그렇게 이해할 수 있다 하더라도 이것은 성경의 용례를 볼 때 반드시 그렇다고 할 수는 없다. 이런 표현은 주변 팔레스타인이나 이집트, 그리고 더 멀리 있는 티그리스나 유프라데스에서 이스라엘 영역 안으로 들어올 때도 사용되었다(스 1:3,11; 2:1,59; 4:2; 7:6,7,28 등등). 그 뿐 아니라 고도가 낮은 지역에서 높은 지역으로 오를 때도 쓰기도 하지만, 그것과 관계없이 보다 중요한 의미가 있는 지역으로 이동할 때도 이렇게 표현한다. "벧엘로 올라가자 *ʿlh* (창 35:3)"는 야곱의 말이나 "유다가 아내가 죽은 후 딤나로 올라갔다 *ʿlh*"고 할 때

---

5 Garret, 177.

6 Deree, 119.

도(창 38:12) 쓰였다. 또한 종교적, 사회적, 정치적으로 중요한 인물을 향할 갈 때도 사용한다.

연기 기둥처럼 kᵉtîmărôṯ ꜥāšān. **기둥**(column) tîmārā 은 아가서에서 2회 사용되었다. 이 구절에서 언급한 기둥 tîmārā 높이 자라는 야자나무와 같은 어근에서 나온 것이다. tîmārā 는 쭉 뻗은 기둥 같은 모양(column)으로, 출 13:22의 기둥 ꜥāmûḏ 은 위에 있는 지붕 등을 받치는 기둥(pillar)로 번역하지만 그 차이는 크지 않다.

이를 광야에서 이스라엘을 인도하던 구름기둥과 연계하는 해석도 있는데, 서로의 유사성을 보고 그렇게 연상할 수는 있으나 종류가 다른 것이다. 이 구절의 **연기** ꜥāšān 는 무엇인가 태워서 나는 것이고(smoke) 출 13:22의 구름기둥 ꜥāmûḏ hěꜥānān 의 구름으로 번역된 ꜥānān 은 높은 고도에 있는 수증기 즉, 구름을 말하는 것이다. 욜 2:30에는 tîmārā 가 여호와의 임재를 나타내는 것으로 쓰였다. 그 연기 기둥이 보여주는 장엄함으로 인하여 그렇게 비유된 것이라 할 수 있겠다(출 13:21, 22; 14:19, 24; 느 9:12, 19; 삿20:40).

향내 풍기며 mᵉqûṭṭěrěṯ. 이것은 향을 태워 연기를 피워 오르게 하는 것이다(make smoke offering). '향기를 내다'의 어근인 qṭr 은 향기내는 가루(powder)라는 뜻이 들어있다. 이것은 향기로운 제물(offering sacrifice)에도 쓰이는 말로 유향과 상인들의 향기 나는 가루를 태워 일어나는 향기이다. 행렬로 인하여 일어나는 먼지를 묘사하는 것은 아닐 것이다.

몰약과 유향과 상인의 여러가지 향품으로 상인의 용품이란 그 지역에 없는 수입된 각종 진귀한 용품을 말한다. 몰약 mōr 은 향기는 내되 태우는 것이 아니지만 유향 lᵉḇōnā(h) 은 태워서 향기를 내는 것으로(4:6, 14 참고) 당시 신분이 높은 자들은 고유의 향을 유향에 섞어 태움으로 자신을 알렸다(고후 2:14, 그리스도의 향기 참고). 연기 기둥은 시각적인 묘사이며, 향내를 풍긴다는 것은 후각적인 것을 묘사하는 것이라 할 수 있다. 행렬의 장엄함을 나타내기 위한 과장법으로 향연(香煙)을 연기 기둥으로 표현한 것으로 보인다. 이 것은 그 행렬의 가마 $mi\underline{t}\underline{t}\overline{a}(h)$ 를[7] 타고 있는 주인공이 매우 고귀한 신분의 사람이라는 것을 암시한다. 아마도 그곳의 사람들은 누구나 그 장관을 보고싶어 했을 것이다.

그러면 누가 그 가마 안에 타고 있는가? 이것은 가마 그 자체 혹은 그 행렬 그 자체의 장엄함을 묘사하는 것이지만 그 안에 있는 인물을 뺀 비어 있는 가마를 말하는 것은 별 의미가 없을 것이다. 솔로몬이 보낸 가마에 신부가 타고 있다고 보는 해설자들이 많이 있으나 그럴 가능성은 적다. Ginsburg에 의하면 신부가 타는 가마는 눕거나 혹은 거의 눕는 것처럼 기댈 수 있는 침대나 긴 의자가 없다고 하였다.[8]

[3:7] 볼지어다 솔로몬의 가마라 $hinn\overline{e}(h)$ $mi\underline{t}\overline{a}\underline{t}\hat{o}$ $\check{s}\check{e}lli\check{s}olom\overline{o}(h)$ 감탄사 **보라** $hinn\overline{e}(h)$ 로 이 장면에 독자의 시각과 청각을 집중시키려고 한다. 솔로몬의 가마 $mi\underline{t}\overline{a}\underline{t}\hat{o}$ 는 여성명사 가마 $mi\underline{t}\underline{t}\overline{a}$ 에 3인칭 남성 대명사 $h\hat{u}$ 가 접미된 것이고, 솔로몬이라는 이름에는 접사 $\check{s}\check{e}$ 와 전치사 l^e 가 결합되어 있다. 그것은 솔로몬이 소유한 가마라는 뜻이다. 이것만으로는 그 가마 안에 솔로몬이 타고 있는지는 알 수 없으나 다음 구절이 그 안에 솔로몬이 타고 있음을 말해준다.

가마 옆 호위병 60의 호위병(guards)은 왕의 행차에 항상 따르는 경호 병력을 의미할 것이다. 굳이 가마에 타고 있는 사람을 언급하지 않아도 경호부대가 있다는 것은 그곳에 왕이 있다는 뜻이다. 법궤 위에는 정금으로 만들어진 그룹 $k^e r\hat{u}\underline{b}\hat{i}m$ 이 양편에 서로 날개의 끝 부분이 맞닿도록 세워져 있었는

---

7 가마 $mi\underline{t}\underline{t}\overline{a}(h)$는 침대를 말한다. 종종 누울 수도 있는 긴 의자(couch)로 번역되기도 하고(NASB), 마차(carriage, NIV), 침대(bed, KJV)로도 번역되었다. 라틴 벌게이트는 침대 *Lectulum*로, LXX 역시 앉는 침대 κλινής로 번역하였다. 개역개정은 '가마'(輦, 사람들이 어깨에 메는 큰 가마 litter)로 번역하였다. 당시 신분이 높은 자들이 이용하던 것이다.

8 Ginsburg, 152.

데, 하나님의 임재를 따로 말하지 않아도 그룹이 거기 있다는 것은 하나님이 그곳에 계심을 나타낸다(출 25:18).

[3:8] 칼을 잡은 사람들　　'잡은'은 ʾāḥŭz 의 수동 분사이며 칼 ḥĕrĕb 은 장검 (長劍)을 말한다. 싸움에 익숙하다는 lmd 의 강조(Pual) 분사형이다. 이것은 오랜 기간 동안 연습을 통해 기술을 익힌 탁월한 전투 능력을 갖춘 전투 전문가를 가리키는 것으로 많은 사람들 중에서 특별히 선발된 용사들일 것이다. **"밤의 두려움으로 말미암아** mippăḥăd **"** 전치사 min 과 "두려움 혹은 예기치 않은 공격을 의미하는 păḥăd "가 합해져 있다. 예기지 않은 어떤 일들로부터 항상 왕을 보호하는 정예 경호부대원들이다. **허리에 칼을 차다.** 이것도 '칼을 잡다'에 사용된 그 칼 ḥĕrĕb 을 말하는데, 손에 잡은 것도 있고 허리에 찬 것 즉, 칼 두 자루를 가지고 있다는 것인지 아니면 같은 것을 다르게 반복하는 것인지는 알 수 없으나 중무장한 모습이다.

[3:9] 솔로몬 왕이 레바논의 나무로 자기의 가마를 만들었는데　　**가마** 이 구절에서 가마는 솔로몬의 가마 mittā(h) (3:7)와는 달리 '아필르온 ʾăppiryôn 으로 소개되었다. 이것은 구약 성경에서 이곳에 단 한번 사용된 것이다. 이 용어는 외국어에서 차용된 것이지만 당시 사람들에게는 특별한 설명이 필요할 정도로 낯선 말은 아니었을 것이다. Ginsburg는 이것이 동양에서 신분이 높은 사람들이 타고 다니던 것으로 햇볕을 막기 위하여 사방에 가림 막이 있는 큰 규모의 가마(palanquin)이라 하였다.[9]

　　Murphy는 산스크리트어 paryanka (litter)에서나 혹은, 페르샤의 upariyana 에서 온 것이라는 주장을 소개하였다.[10] 그러나 충분하게 설명하지는

9　Ginsburg, 152.

10　Murphy, 149.

않는다. 또 헬라어 φορεῖον (sedan, litter)에서 차용한 것이라고 보기도 한다. LXX에서도 이 용어를 사용하고 있고 LV 역시 가마의 뜻을 갖는 ferculum 으로 번역하였다. Mishia Sota 9:14에는 하디안 전쟁을 가리키는 "마지막 전쟁" 중 "신부는 아필르온 ᵓappiryôn 을 타고 도시를 지나서는 안된다"는 기록으로 보아 이것은 특별한 날 특별한 용도로 장식된 가마인 것은 분명하다.

미타 miṭṭā(h) 와 아필르온 ᵓappiryôn 을 서로 다른 종류의 가마로 보는 견해도 있다. 그러면 그 행렬에는 적어도 두 대의 가마(혹은 그 이상)가 포함되는 것이다. 또 다른 견해는 miṭṭā(h) 는 이동식 침대와 같은 비교적 규모가 큰 가마를 일컫는 용어이고 ᵓappiryôn 은 이것을 더 상세히 설명하는 것으로 보는 것이다. 크기에 차이가 거의 없다면 멀리 있을 때는 그저 가마의 행렬로 보일 뿐 이것이 구분되지 않았을 수도 있겠으나 시야에 그 모습이 확연히 들어올 때 그것이 '은으로 된 기둥과 금으로 된 바닥, 그리고 깔개는 자색이며 그 안에는 예루살렘의 딸들의 사랑이 엮여져 있는 아필르온 ᵓappiryôn 인 것을 알 수 있었다'고 할 수 있다.

솔로몬 왕이 만들었는데 이 구절에서는 솔로몬이 '왕'으로 지칭된다. 아가의 경우 9회 중 2회는 솔로몬이라는 이름이 없이 왕으로 지칭되었고(아 1:4,12), 5회는 왕이라는 칭호는 없이 솔로몬이라는 이름만 나타난다(1:1,5: 3:7; 8:11,12). 그리고 나머지 2회는 왕이라는 칭호와 함께 솔로몬이라는 이름이 기록되어 있다(3:9,11).

'왕'이라고 하는 것만으로도 권력과 부귀를 손에 쥐고 있는 유혹자를 나타내기에 충분하지만 여기서는 역사적인 인물인 솔로몬 왕이 언급되고 있다. 굳이 이름을 밝히는 것은 아가가 nonfiction이라는 증거가 되지는 못하지만 어떤 역사적 배경 안에서 저자가 그렇게 '설정'한 이야기임을 시사하는 것이다. 솔로몬은 여호와 하나님의 말씀을 너무 느슨하게 적용하여 다양한 부국강병 정책을 사용하였다. 그 결과 이에 따른 부작용으로 심각한 종교적 혼합이 일어났고 남북 왕조는 결국 그런 일들이 원인이 되어 멸망하였다.

아가는 이런 혼란한 상황 속에서 '솔로몬의 유혹'으로 대변되는 배교를 극복하는 것이 곧 이스라엘의 국가적 안정을 회복하는 길이라는 선지자적 메시지를 담고 있다. 솔로몬 이후로부터 포로기까지 선지자들의 주된 예언과 아가는 매우 유사한 것으로 보인다. 그 선지자들의 메시지를 드라마 형식으로 표현했다고 해도 결코 과장된 것이 아니다.

가마 중에서 '마타' *miṭṭā(h)*는 "솔로몬"의 가마로(3:7), '아필르온' *ʾǎppiryôn*은 "솔로몬 왕이 레바논 나무로 만든 가마"로 표현되었다(3:9). 왕이라는 호칭을 일관되게 사용하는 것이 아니라 특별한 의도로 사용하고 있음을 보여주고 있다. 왕은 한 나라를 통치하는 정치 군사적 면의 통치자이지만 여기서 왕은 그의 가마를 "아필르온"이라 함으로 그 위에 부귀와 영화를 소유한 자로 나타내고 있다.

솔로몬 왕이 만들었다는 것이 손수 연장을 들고 제작했다는 것은 아닐 것이다. 솔로몬의 소유라는 것을 나타낼 수도 있고 또, 세상 문물을 잘 아는 자로서 자신의 영화로움을 과시하기 위하여 다른 나라의 귀족들도 사용하는 아필르온과 차별화한 특별한 자재의 선택이나 제작법, 구조 등에 대한 디자인의 기초를 제공했을 수 있을 것이다. 이런 것을 타고 있다는 것 자체가 아무나 소유할 수 없는 최고의 것을 누리고 있다는 것을 의미한다.

[3:9,10] 레바논의 나무와 은과 금　　　솔로몬이 만든 가마 *ʾǎppiryôn* 의 기본 자재는 레바논의 나무이다. 이는 레바논의 백향목을 의미할 것인데 목재로서는 최고의 품질이다. 거기에 기둥은 은이며 바닥은 금, 깔개는 자색(3:10)이라고 하였다. 은과 금은 당시 최고의 가치를 갖는 것이며 왕을 상징하는 자색의 깔개와 어우러져 부귀와 영화의 극치를 나타내고 있다. 백향목에 은과 금을 입혀 장식한 것이거나 상감(象嵌) 한 것으로 추측된다. 그렇지 않다면 그 무

게를 많은 사람들의 어깨로도 감당할 수 없을 것이다.

그 안에는 예루살렘의 딸들의 사랑이 엮여져 있다. 엮여져 있다로 번역된 *rāṣûp* 는 *rṣp* 의 수동 분사형으로 상감기법(inlaid)을 의미하기도 한다. 이역시 이곳에 한 번 쓰였다. Murphy는 아카디안의 *raṣāpu* 에서 온 것으로 보고 "정리(arrange) 나 연결(join)"이라는 뜻으로 추측한다(겔 40:17).[11] Provan은 *rṣp* 의 명사형 *riṣpa* 는 언제나 성전이나 왕궁의 "돌을 깔아 놓은 마당"을 나타내는 것으로(대하 7:3, 겔 40:17-18), 기둥이나 대규모 구조물에 쓰이는 용어일 뿐 아니라 여기에 입힌 은 금 등의 무게를 고려할 때 이것은 가마와 같은 이동식이 아니라 고정된 큰 규모의 건축물(fixed structure)이라고 주장하였다. 따라서 거대한 연기 기둥이 오는 것은 "솔로몬 궁을 연상 혹은 상상"하는 것으로 해석한다.[12]

그러나 소규모의 포장(pavement)된 구조물을 가리킬 경우 특별히 다른 용어로 표시할 수 없을 때는 규모와 관계없이 이런 말을 사용할 수 있는 것이며, 가마의 규모가 비교적 큰 것이라면 그 위용을 강조하기 위하여 과장법을 사용한 것으로도 볼 수 있을 것이다. 특히 *rṣp* 을 은이나 금으로 상감(象嵌)한 기법으로 본다면 백향목 자재의 무게에 조금 더 중량이 실린 것으로 여러 사람의 어깨로 멜 수 있는 문자 그대로 이동식 가마를 나타내는 것이 가능하다.

'**사랑으로**'라고 번역되는 *ʾăhăḇā* 는 '가죽(leather)'으로 사용된 예가 있음으로 그렇게 보는 것이 자연스럽다는 견해가 있으나(호 11:4)[13] 시어에서는 '사랑으로(을) 엮여 있다(엮였다)'는 표현은 얼마든지 가능하다. Ginsburg나 Murphy는 여기서 '사랑'을 대격 (Accusative)으로 보고 '사랑을 엮었다'로 읽는다. 즉,

---

11 Murphy, 149. 겔 40:17 "삼면에 박석이 깔린 땅이 있고"에서 '박석'은 바둑판 모양의 돌로 깔린 포장도로를 의미한다.

12 Provan, 300-301.

13 호 11:4, "내가 줄 곧 사랑의(가죽) 줄로 그들을 이끌었고" 여기서 사랑을 '가죽'으로 보는 견해가 있다.

제작자의 태도나 정성을 나타내는 것으로, 그 내부 작업을 예루살렘의 딸들이 사랑을 쏟은 정성으로 하였다는 뜻이 될 것이다.

이 말은 그 가마에 어떤 방식으로 든 예루살렘 딸들의 헌신이 있었다는 것이거나, 조금 더 상상력을 발휘하면 상감기법으로 여인들의 모양이 새겨져 있었거나, 또는 많은 예루살렘의 딸들이 왕의 수발을 들기 위하여 동승하였었음을 암시하는 것으로도 이해할 수 있겠다.

[3:11] 나와서 보라, 시온의 딸들아　　시온의 딸들 b^{e}nôṯ ṣiyyôn 은 예루살렘의 딸들과 동의어로서 어떤 특정 그룹을 가리키는 것이 아니라 이런 일에 호기심을 가질 만한 여성들을 말한 것이다. 또 다시 주의를 환기시켜 이 장면에 집중하도록 유도하기 위하여 언급하는 가상적인 그룹일 것이다.

왕관. 왕관 ʿaṭārā(h) 은 왕관(crown)이나 화관(garland)을 말한다. 신랑이 혼인 식에서 쓰는 사모(head dress)는 이것과 달리 p^{e}ʾēr 이라고 한다(사 61:10). 왕관과 사모 이 두 가지가 서로 혼용될 수 있는지는 알 수 없으나 동일한 것은 아닐 것이다. 이것은 통치의 상징인 왕관을 의미하는 것이 아닌 화관으로 특별한 행사가 진행 중임을 시사한다.

혼인날 마음이 기쁠 때에 어머니가 씌워준 관 이 왕관은 '그의 혼인날 yôm ḥaṯūnāṯô'에 어머니가 씌워 준 것이라고 설명을 첨가하였다. **마음이 기쁠 때**는 그 결혼식 날을 말한다. '**왕관을 씌우다**' ʿiṭṭ^{e}rā 은 권위를 상징하는 '관을 씌우다' ʿṭr 의 강조(Piel) 완료형이다. 여기서 '관을 씌우다는 왕의 통치권을 나타내는 상징이기보다는 (왕관이든 화관이든) 영화로움을 나타내는 것인데 그것을 '어머니가 씌워준 것'이라고 함으로 이 관(冠)은 왕권을 나타내는 것이 아니라 기쁨과 영화로움을 나타내는 것으로 설명하고 있다.

그의 결혼식 날 yôm ḥaṯūnāṯô. '어머니가 결혼식 때 씌운 것'이라는 표현이 유대인의 결혼식 전통을 암시하기도 하지만 다수의 학자들은 혼인식 때 신랑에게 어머니가 왕관을 씌운다는 근거는 찾을 수 없다고 한다. 그러나 아가의 저자는 솔로몬의 아필리온이나 어머니가 '결혼식 날 씌워 준 왕관'과 특별하게 장식된 아필리온을 언급함으로 솔로몬은 지금 자신의 부귀와 영화를 극대화한 모습으로 술람미를 자신의 여인으로 삼고자 다시 접근하고 있음을 나타낸다. 솔로몬이 원하는 대로 그 여인이 그것에 마음을 줄지는 아직 알 수 없다. 그는 왕이기 때문에 그의 뜻을 누구도 거역할 수 없을 것으로 생각할 것이고, 또 당연히 이런 식으로 부귀와 영화를 과시하면 여인의 마음도 얻을 수 있다고 생각할 것이다.

Ginsburg는 "나의 영광을 거두어 가시며 나의 관모를 머리에서 벗기시며(욥 19: 9)"의 예를 들어 왕관은 '왕을 상징(symbol of royalty)하는 것이 아니라 '행복의 표지(emblem of happiness)'라고 하였고,[14] Garrett은 여기서 솔로몬은 "그 이스라엘의 왕"을 가리키는 것이 아니라 시적 상징 인물로서 이상적인 신랑의 모습을 연출하는 비유적인 인물의 기능을 한다고 하였다.[15]

[해설]

3:6에서 솔로몬의 가마 행렬은 이미 언급되었던 "은을 박은 금사슬을 주리라"가 다시 다른 환경 안에서 확대되어 나타나는 것으로 이해할 수 있겠다. 왕의 유혹에도 불구하고 여인이 왕의 방에서 나와서 사랑하는 자와 함께 여인의 어미의 집으로 돌아간 후 왕은 '은을 박은 금 사슬'보다 더 매력적인 것을 제시하며 또 다시 술람미를 찾아오는 장면이다. 이것이 시간적 순서에 따라 진행되는 일을 기록한 것이라면 왕의 방에서 나와서 사랑하는 자와 함께 그들이 살던 곳으로 돌아가 버린 여인을 왕이 다시 찾아오는 장면이다. 또 다시 왕의 집요한 유혹이 더욱 노골화된 형태로 나타난다.

---

14   Ginsburg, 153.
15   Garret, 182.

어떤 성(城)안으로 마차의 행렬이 들어오고 있다. "들에서 오는 자가 누구인가(3:6)"라는 질문은 넓은 광야에서 가까이 다가오고 있는 마차 행렬에 독자나 청자의 시선을 집중시킨다. 이에 대한 답으로 '솔로몬의 가마(3:7)'라고 하였다.

그리고 가마에 대한 묘사가 따라나온다. 처음에는 솔로몬의 가마 *mittā(h)* 라고 하였다가(3:7) 이를 다시 아필르온 *ʾappiryôn* 으로 소개하였다(3:9). 두 종류의 가마이기보다는 전자는 멀리서 본 것이고 후자는 가까이 왔을 때 본 것으로 보인다. 레바논 나무(백향목)에 은과 금을 입혔고(상감) 자색의 깔개가 있는 화려한 가마를 타고 오는데 그 안에는 예루살렘의 딸들의 사랑이 엮여져 있다고 하였다. 이것은 매우 상징적 표현으로 이 가마에는 솔로몬에게 수발을 들던 많은 여인들의 정성과 헌신이 있었음을 우회적으로 표현한다.

60명의 칼을 잡은 싸움에 익숙한 자 곧, 경호부대가 옹위한 것으로 보아 여기에는 솔로몬이 타고 있었을 것이다. 몰약과 유향과 상인의 여러가지 물품(진귀한 수입품들)으로 향내가 진동하고 또 향품을 태운 연기가 기둥처럼 솟아오른다. 이것을 볼 때 이것은 민정 시찰 등 국가의 안보를 위하여 행차하는 모습은 아니다. 이것은 솔로몬의 영화를 과시하는 행차이다. 솔로몬은 머리에 그의 어머니가 씌워준 왕관(화관)을 쓰고 있었고, 특히 이 가마를 아필르온이라 함으로 자기 집으로 돌아가버린 여인을 다시 혼인하는 신부(왕비)처럼 태우고 가려는 의도가 있음을 짐작할 수 있게 한다. 그 아필르온 자체가 이미 '은을 박은 금 사슬'보다 더 강렬한 유혹이다.

왕은 이렇게 '아필리온을 타고 경호부대와 함께 오는 자'이다. 그러나 여인이 사랑하는 자, 백합화 가운데서 (양떼를) 먹이는 자인 목동(2:16 ㅎ)은 '산에서 달리고 작은 산을 넘어와 창문으로 엿보는 자(2:8,9)'이다. 왕과 목동은 동일한 인물이 아니다.

특별히 솔로몬이라는 이름을 사용한 것은 아가에 역사성을 부여하기 위한 것으로 솔로몬 이후부터 포로기까지 선지자들의 메시지와 아가의 내용을 연관시키기 위한 것으로 보인다. BC 9세기 이후 선지자들의 메시지를 하나의 드라마로 표현한 것이라 할 수 있다.

제2장 목동의 술람미 예찬(4:1-5:1)

이 역시 비현실적 서법으로 여인이 심상으로 듣는 목동의 *waṣf*이다. 4:1-5:1까지 이어지는 긴 대화들이 끝나고 나서 5:2에 또 다시 "내가 잘지라도 마음은 깨었는데"라는 여성의 대사가 이것이 비현실적 서법으로 기록된 가능성을 보여준다. 3:6-11에 왕이 가마를 타고 오는 장면과 연결되어 있으나 이것은 목동의 대사가 중간에 삽입된 것이다. 4:1-15는 남성의 대사이고 16절은 이에 대한 여인의 응답이다. 이 부분을 목동의 대사로 보는 이유는 다음과 같다.

첫째, 이 *waṣf*에 대한 화답으로 나타나는 여인의 대사에서 "나의 사랑하는 자(도디 *dôḏî*)가 '그의' 동산(3일칭 단수 소유격)에 들어와 그 아름다운 열매를 먹기를 원한다(4:16)"고 하였는데, 이곳에 사용된 도디 *dôḏî*는 여성이 "마음으로 사랑하는 자" 즉, 목동에게만 쓰는 호칭이기 때문이다.

이 부분은 왕의 *waṣf*인 것으로 보기 쉬우나 만약 이 부분을 왕의 *waṣf*라고 한다면 술람미가 도디 *dôḏî*라고 부르는 남성이 2명이 될 것이다. 그러면 술람미는 아가의 주인공이 될 수도 없고 그런 내용의 작품을 정경으로 받아들이지 않았을 것이다.

아가에서 반복적으로 보이는 패턴 중 하나는 왕의 접근과 유혹이 있을 때마다 여인은 그것에 반응하기보다는 그 순간에 목동을 생각하는 것이다. 그리고 왕의 *waṣf*에 대하여 즉각 반응하는 여인의 대사는 한 곳도 나타나지 않는다. 1:9-11에서 왕이 "은을 박은 금 사슬"을 말할 때 술람미는 목동을 생각한다(1:12-17). 이것은 후반에도 다시 나타난다(6:13-7:9 a / 7:9 b-8:3).

둘째, 4:1-5의 표현과 4:7-15역시 분위기가 약간 다르기는 하나 서로 다른 두 남성의 대사로 구분할 수 없다. 이를 내용상 두 부분으로 나눈다면, 앞부분은 여성의 외모에 대한 비교적 평범하게 보이는 예찬이지만 뒷부분은 분명히 자신의 신실한 배우자를 최고로 예우하거나 축복하는 내용이다. 이런 차이점으로 인하여 전자(1-5)는 목동, 후자(7-15)는 왕의 대사라고 하는 의견도 있으나 오히려 이것은 여성의 외모와 내면을 총체적으로 예찬하는 목동한 사람의 대사이다. 목동에게 술람미는 아름다운 이(齒牙)와 (4:2) 입술(4:3), 당당한 목(4:4), 쌍태 어린 사슴 같은 유방을 가진(4:5) 자이며 동시에 각종 과수를 맺게 하는 샘이요 우물이요 시냇물과 같은 생명수이다(4:12-15).

Ginsburg는 4:1-5은 가마 행렬을 멀찍이 따르던 목동이 술람미에게 다가와 말을 건네는 장면이라고 하였다.[16] Provan은 3:6에서 시작되는 왕의 가마 행렬을 술람미가 밤에 꿈을 꾼 것이라 하고 이 악몽과 같은 것이 지난 후 사랑하는 자를 만나 듣는 말이라고 하였다.[17] 위의 두 가지 의견은 설명이 충분하지 않아서 그대로 받아들이기는 어렵지만 이 부분을 목동의 대사로 보는 것이다.

이 모든 것은 여인의 심상 안에서 일어나고 있는 것으로 여인은 목동의 마음의 소리를 마음으로 듣고 있다. 이러한 기법을 사용하는 것은 여인이 표면적으로 드러내기 어려운 속 마음을 다 드러내고 있다는 것을 표현하려는 것이다. 서로의 얼굴을 마주 대했을 때보다 더욱 진정성(眞情性) 있는 속 마음을 전할 수 있는 것이 심상 속의 대화일 수 있다. 아가의 비현실적 서법은 이러한 성격을 갖는 것으로 보인다.

---

16 Ginsburg, 154.

17 Provan, ??

한 가지 더 덧붙일 것은 이 *waṣf*는 여성이 어떻게 생겼는지 그 모양을 독자(청자)들에게 소개하려는 것이 아니라 목동 자신에게 그 여인이 어떤 사람인지 나타내기 위한(爲限) 것이다.

1 내 사랑 너는 어여쁘고도 어여쁘다 너울 속에 있는 네 눈이 비둘기 같고 네 머리털은 길르앗 산기슭에 누운 염소 떼 같구나 2 네 이는 목욕장에서 나오는 털 깎인 암양 곧 새끼 없는 것은 하나도 없이 각각 쌍태를 낳은 양 같구나 3 네 입술은 홍색 실 같고 네 입은 어여쁘고 너울 속의 네 뺨은 석류 한 쪽 같구나 4 네 목은 무기를 두려고 건축한 다윗의 망대 곧 방패 천 개, 용사의 모든 방패가 달린 망대와 같고 5 네 두 유방은 백합화 가운데서 꼴을 먹는 쌍태 어린 사슴과 같구나 6 날이 저물고 그림자가 사라지기 전에 내가 몰약 산과 유향의 작은 산으로 가리라

[4:1] 내 사랑 너는 어여쁘고 어여쁘다 너울 속에 있는 네 눈이 비둘기 같고 '마음으로 사랑하는 자'의 음성이 그 여자에게 이렇게 들려오고 있다. 다수의 해석자들은 여기서 언급되는 '너울'을 결혼식과 연결하고 있다. 그래서 이 장면을 술람미와 왕의 "결혼식"이 진행되는 과정 중 첫날밤이 시작되는 부분으로 추정한다. 아가서에서 언급되는 왕을 솔로몬이 아니라 신랑을 높여 부르는 말로 보는 자들 역시 같은 견해를 가지고 있는데, 그 이유는 고대 근동에서 결혼 의식에 쓰였던 *waṣf*와 유사점이 있고, 이집트의 여신 하솔(Hathol)의 이야기와 유사한 면이 발견되기 때문이라고 한다.

Deree는 너울(Veil)은 앗시리아 문명에서는 신부와 동의어로 쓰이며, 수메리안의 잠언에도 유사한 표현이 있고 리브가가 이삭이 다가올 때 너울을 가지고 얼굴을 가렸다는 사례를 들어(창 24:65) 이것은 '결혼하는 신부가 착용

하는 것'이라고 하여[18] 이를 결혼식 장면으로 보고 있다. 그러나 너울은 이보다 더 다양하게 사용된다.

너울(veil) 속의 눈 너울로 번역된 '차마 ṣămmā(h)'는 구약에 4번 나타나는데 번역상 논란이 있다(4:1, 3; 6:7, 사 47:2). Dahood 와 Pop 등은 이를 머리카락(lock) 으로 읽는다.[19] 이것은 가는 실을 꼬아 만든 술(tassel, fringe)을 가리키거나 새싹(새싹이 난 모양) 혹은 아래로 내려진 풍성한 머리카락을 나타내기도 하기 때문이다.[20] 이로 볼 때 ṣămmā(h) 는 머리부분에서 이마로 늘어뜨린 반투명의 얇은 천으로 만들어진 것이거나, 머리카락일 수 있고, 혹은 머리에서 눈까지 내려오게 하는 여러 가닥의 가는 실로 꼰 '술' 모양의 장식을 말할 것이다(4:3). 그리고 이것은 여성이 평소에 쓰는 장식품목에 포함되는 것으로(사 47:2) 다양한 상황 속에서 착용될 수 있는 것이다. 그러므로 이것이 반드시 결혼식을 위한 신부의 면사포라고 단정할 수는 없다.[21]

특히 본문의 '너울 ṣămmā(h)'은 결혼하지 않은 여자가(혹은 미혼의 여자만) 쓰는 것으로 흔히 알려져 있다. 위에서 언급한 Deree는 창 24:65에서 리브가가 취한 너울을 예로 들었으나 그것은 이 구절에서 말하는 너울과 다른 것으로 '차이프 ṣāʿîp'라고 부른다. 같은 것이 아니다. 이 차이프 ṣāʿîp 는 유다와 그의 며느리 다말의 사건에도 쓰였는데 (창 38:14,19) 여기서 다말은 과부의 옷을 벗고 차이프 ṣāʿîp 로 얼굴을 가리웠다. 다말은 변장을 한 것이지만 유다는 그것을 제의적 창녀 qᵉdēšā 로 보았다(15).[22] 본문의 '차마'와 '차이프'는

---

18 Deree, 138.

19 Pop, 457.

20 צמה, BDB, 855.

21 사 47:1, 2에는 바벨론의 멸망을 예고하면서 "다시는 곱고 아리땁다는 칭함을 받지 못할 것"이라 하였고, "맷돌을 취하여 가루를 내는 것"은 당시 노예들이 하던 중노동이며, "면박 ṣăm-mā(h)을 벗으라"는 더 이상 치장을 하지 못할 것을 예고하는 것이다. 여기서 너울(면박)은 결혼식에 사용할 수는 있으나 여성이 낯선 남자들 앞에서 사용하는 치장 용품 중 하나일 것이다.

22 창 38장에서 유다는 "양털을 깎을 때(12,13) 딤나로 올라 갔다." 양털을 깎을 때 당시 가나안 종교에서는 특별히 성적 능력을 강조하는 제의가 있었는데 qᵉdēšā는 이 제의를 위한 창녀(일

서로 엄격하게 용도가 구분되는 것인지 확실하지는 않으나 '차마 ṣammā(h)'
는 결혼식에만 쓰는 것은 아니다. 미혼의 여성이 남성과 일정한 거리를 두기
위하여 착용하기도 하나 많은 사람이 모인 자리에서 사용하며, 개인적인 만
남에서 특정 상대방 남성에 대한 정중한 예의를 갖추기 위한 것이기도 하다.

"너울"에 해당하는 히브리어는 여러가지가 있다. ṣāʿîp 는 얼굴이나 얼굴
의 일부를 가리는 반투명 너울(창 24:65; 38:14,19)이고 reḏîḏ 는 추위를 막을 수
있는 정도로 온 몸을 감싸는 숄(shawl, 아 5:7, 사 3:23), 그리고 măswēh 는 모세
의 얼굴에서 나는 광채를 차단하는 용도로 쓰였던 '수건'으로 번역되었다(개
역개정 출 34:33-36).[23] 대체로 영어 성경들이나 개역개정은 이를 구별하지 않고
너울(veil)로 번역하였다. 본문의 ṣammā(h) 는 반투명의 천이나 실 같은 것을
정교하게 꼬아 만든 것으로 얼굴의 일부를 가리는 일종의 미혼 여성들의 장
식품으로 보인다. 특히 남성 앞에서 예의를 갖추는 용도로 사용된 것으로 이
것만으로 '결혼식이 있었다'고 볼 수는 없다.

너울 속에 있는 네 눈 너울을 통해 보이는 눈의 신비스러운 아름다움을
말하고 있다. 여성의 이마나 눈 윗부분까지 내려오는 머리카락이나 머리 장
식, 혹은 반투명의 천으로 된 너울에 가려진 여성의 눈은 신비하고 아름답
게 보일 수 있을 것이다. 눈은 한 사람의 마음을 대변하는 기관으로 비유되
기도 한다(창 3:5; 삼상 16:12).

네 눈이 비둘기 같고 직역하면 "너(여성)의 눈은 ʿênăyiḵ 비둘기(들) yônîm"
이다. 이것은 그 여성의 눈이 '비둘기의 눈'으로 은유된 것일 수 있고, '비둘
기' 자체의 어떤 이미지로 은유되었을 수 있다. 이런 것은 매우 주관적 표현
임으로 작가가 비둘기의 어떤 면을 아름답다고 하는지 정확히 알 수는 없다.
고대 이집트나 근동의 미술 작품들 속에서 비둘기가 사랑의 매개체로 쓰인

반 창녀는 zōnâ)이다. 다말은 이 복장을 하고 시부에게 접근하였다.

23 *Veil*. ISBE Vol. 4, 967

흔적들이 발견되는 것을 볼 때 가장 사랑스러운 것들을 은유할 때 주로 쓰이는 소재이다.

여인의 눈은 단순한 모양보다는 그 내면을 '침묵 속'에서 말해주는 창과 같은 역할을 충분히 할 수 있기 때문에 내면적인 아름다움을 말할 가능성이 높다. 혹자는 비둘기 눈에 흰 부분 가운데 자리잡은 검은 눈동자의 아름다움을 말하는 것으로 추측하기도 한다. 또 비둘기는 주변 사물을 눈동자를 움직여서 보는 것이 아니라 머리를 움직여 본다고 한다. 이렇게 고정된 눈동자로 인하여 곁눈질하는 것과 반대되는 정숙한 이미지 곧, 정직과 지조를 상징하는 동물로 사용되기도 한다. 비둘기는 어떤 면을 나타내는지 정확히 알 수는 없으나 격조 높은 아름다움을 말하기 위하여 사용하는 은유임에는 틀림이 없을 것이다.

머리털은 염소 떼 같구나 너(여성)의 머리카락 *śaʿrēḵ* 은 한 무리의 (암) 염소들 같다 *kᵉʿēḏer hāʿizîm*. 직유법을 사용하고 있다. 팔레스타인의 염소(goat)는 부드럽고 긴 털을 가지고 있으며 대부분 진한 검정색이며 윤이 난다고 한다(1:5). 고대 근동의 *waṣf* 에서 윤기가 나는 검은 여성의 머리카락이 비교적 자주 언급되는 것을 보면 이렇게 표현하는 것은 당시에는 최고의 예찬이었을 것이다. 구약 성경에서도 머리카락으로 그 아름다움을 표현하는 것을 종종 볼 수 있다(삼하 14:26).

산기슭에 누운 "누운"으로 번역된 *šeggolšû* 은 눕다, 기대다, 앉다 등을 뜻하는 *glš* 의 3인칭 복수 완료형으로 아가서에서만 쓰였다(6:5). LXX는 '드러낸 (reveal)'으로, 그리고 LV는 '오르다(ascend)'로, 다른 영역본에서는 '내려가다 (descend, NIV, NASB)' 혹은 '나타난(appear, KJV)'으로도 번역되어 있다. 그 산의 경사진 기슭에 무리 지어 오르내리는 검은 염소 떼로 여자의 길게 늘어뜨린 머리칼을 비유하고 있다. 개역개정의 "눕다"라는 번역은 Delizsch가 말한 것과 같이 거의 수직에 가까운 절벽을 오르내리는 염소들의 동작을 멀리서 봤을 때 마치 정지된 것처럼 보이는 표현일 수 있다. 정지되어 있는 것 같으면서도 미세하게 움직이는 것을 묘사하고 있다.

길르앗은 요단 동편에 석회암이 많은 지역으로 르우벤과 갓, 그리고 므낫세 지파의 땅에 걸쳐 있는 지역으로(민 32:1) 많은 골짜기로 이루어진 유명한 목초지이다(창 31:21, 렘 1:19). 특별히 이 지역을 언급하는 것은 그곳에서 자라고 있는 가축들의 우수한 품질을 말하려는 것으로 보인다. 염소의 품질은 주로 그 털의 색깔과 윤기로 그 등급이 결정되었다고 한다.

[4:2] 네 이(teeth)는 목욕장에서 나오는 털 깎인 암양과 같고 　머리카락이 검은 털을 가진 염소에 비유되었다면 여성의 이(齒牙)는 희고 깨끗한 암양의 털에 비유되고 있다. 목욕장에서 갓 씻겨 나온 암양의 흰털은 아직 아무 것도 묻지 않은 깨끗한 상태일 것이다. 그런 상태에서 털이 깎이면 매우 깨끗하게 보일 것이다. 양의 흰털은 종종 눈(雪)과 비교될 정도이다(단 7:9, 계 1:14, 사 1:18). 또한 희고 가지런한 치아는 동서고금을 막론하고 미인의 조건 중 하나로 취급되고 있다. 검은 머리카락과 하얀 이가 대조되면서 아름다움을 돋보이게 하고 있다. 여성의 눈이 비둘기에 비유되는 것과 함께 이것은 여인의 고결하고 순결함 그리고 아름다움을 아울러 나타내는 예찬이다.

쌍태를 낳은(낳는, 가진) 양 쌍태를 낳다 *mǎtîmôt* 는 '두배가 되다, 한 쌍이 되다 *t'm*'의 사역 분사형이다. 명사로 쓰일 때는 쌍둥이(창 38:27), 혹은 두 겹(출 26:24; 36:29)의 의미로 쓰였다. 이것은 쌍둥이로 태어난 새끼양을 말하기보다는 "쌍태를 가진 암양들"을 말하는 것으로 보인다. 목욕장에서 나온 털 깎인 양은 긴 털로 덮여 있던 몸이 거의 드러남으로 볼록한 배가 마치 쌍태를 가진 것처럼 보일 수도 있고 쌍태를 가졌다면 볼록한 배가 사랑스럽게 돋보일 수도 있을 것이다. 암양이 쌍태를 가지는 일은 극히 드문 일이라고 한다. 그러나 쌍태를 가질 경우 그들 사이에서는 매우 좋은 '징조'로 여겼다고 한다.

새끼 없는 것은 하나도 없다는 그 양떼들 중 배 모양이 다른 것은 없이 하나 같이 같은 배 모양을 하고 있다는 표현이다.

그 여성의 이가 하얗다는 것을 말하면서 모두 '쌍태를 가진 암양'을 말하는 것은 똑같은 모양의 희고 가지런한 치아의 아름다움을 말하려는 것이다. 학자들 중에는 위쪽 치아와 아래 것의 정확한 교합을 말하는 것이라고 하기도 하지만, 여인의 아름다움을 예찬하는 것이라면 "흠잡을 데 없이 가지런한 치열"이라고 하는 것이 더 나은 칭찬이 될 것이다.

[4:3] 입술은 홍색 실 같고 네 입은 어여쁘고　　얼굴 중 눈에서 머리카락으로, 또 치아 그리고 이제는 입술과 입, 그리고 두 뺨에 대한 예찬으로 이어지고 있다. **홍색 실**에서 실 *keḥûṭ* 은 실이나 매듭 등을 의미한다. 이것은 입술의 모양이 아니라 입술색이 홍색 *šānî* 이라고 말한다. 홍색은 화려함(삼하 1:24, 렘 4:30)을 나타내기도 하고 밝고 강렬함을 나타낼 때 쓰였다(사 1:18). 여기서는 혈색이 좋은 건강한 상태와 미적 아름다움을 동시에 나타낸다고 할 수 있다. 입술이 이러한 색을 띠었다는 것은 사악하고 독(毒)과 거짓이 들어있는 입술이 아니라는 것을 우회적으로 표현한다고 볼 수 있다.

입술 *śāpā(h)* 과 **입** *miḏbār* 은 시적 표현을 위한 동의어 반복(tautology)일 수 있다. 따라서 굳이 그 차이를 찾을 필요는 없겠지만 입 *miḏbār* 이라는 독특한 표현으로 인하여 다양한 의견들이 제시되고 있다. 히브리어로 입은 주로 *peh* 를 사용한다. 이 구절에서 쓰인 *miḏbār* 라는 단어는 이곳에서만 나타나는데(hapax) *dbār* 는 동사 '말하다 *dbr* '에서 온 것으로 흔히 '말씀'으로 번역된다. 이것이 *mi* 와 합하여져 '말씀이 있는 곳 혹은 '실행되는 곳' 곧, '입'으로 번역되었다.

miḏbār 는 '광야'라는 의미로도 쓰인다. Fox는 이를 광야로 보고 '당신의

입술은 홍색 실 같고 당신은(광야의) 오아시스 같은 존재'라고 하였다.[24] 눈, 머리칼, 치아, 입술과 뺨으로 연결되는 중 입술과 뺨으로 연결되는 중 사이에 입술과 입이 두 번 반복되는 점이 어색한 면이 있다. 그러므로 Fox의 견해와 같이 '입술과 입'에서 입을 광야의 오아시스로 비유된 것으로 볼 수는 있겠다.

그러나 입술과 입 *midbār* 을 이중으로 묘사하여 용모를 통하여, 정직하고 밝은 (홍색) 입술과 '입'이 어여쁘다(격조 높은 아름다움)를 조합하여 내면의 인격까지도 표현하려는 의도를 갖는 것임을 배제할 수는 없다. 말이란 항상 그 말을 하는 사람의 인격을 나타내는 것과 관련이 있다. 이것이 한 사람의 인격에 관한 것을 돋보이게 하는 것이라면 왕의 *waṣf* 가 매우 선정적인 분위기인 것에 비하여 목동의 그것은 여인의 인격에 대한 예찬이 두드러지게 나타난다.

어여쁘다 *nā'wě(h)* 역시 시각적 아름다움을 포함하나 그 이상의 것을 포함한다 (아 1:5; 2:14; 6:4). 시 33:1, 147:1에서는 "여호와를 찬양함은 모든 선한 자에게 마땅한 것 *nā'wě(h)*"에 쓰였다. 이 말에는 천하거나 요란하지 않은 격조 높은 아름다움을 표현할 때 사용된다.

너울 속의 네 뺨 너울은 4:1과 같은 것이다. 뺨 *rǎqqā(h)* 에 대하여 Murphy는 정확한 부위를 말하기는 어려우나 눈 아래 쪽으로부터 턱 부분까지를 포함하는 것으로 보고 있고 Pop는 눈 섶이 있는 양쪽 눈두덩이로 (brow) 보고 있다. 삿 4:21, 22; 5:26에서 모두 "관자놀이(temples)"로 번역하였다. 따라서 뺨은 입 양편의 볼이기보다는 좀 더 윗부분인 눈과 이마의 양 옆 부분으로부터 좀 더 아래 부분까지 말할 것이다. 머리로부터 드리워진 너울에 가리워지지 않은 부분이다.

석류 한쪽 같구나 석류는 *rimmôn* 여러 종류가 있다고 하지만 이미 보편적으로 알려진 그 과실을 말할 것이다. **한쪽** *pělǎḥ* 이란 열매가 익어 반으로

---

24 Fox, 130.

갈라진 한쪽으로 그 아름다운 색들이 조화된 안쪽 면을 말한다. 삼하 11:21에서는 *pēlaḥ* 를 맷돌 한 짝으로 번역하였다. 석류는 봄을 알리는 과실 중 하나이고(아 7:12), 몸의 활기를 솟게 하는 가나안 7대 과실 중 하나이다(민 20:5, 신 8:8, 욜 1:12). 유대인들은 석류 열매 안에 씨가 613개 들어있다고 생각하였는데 이는 613개의 율법 조항의 수와 일치시킨 것이다. 이것을 그대로 받아들일 수는 없지만 그들이 이렇게 생각하는 것은 그들이 석류의 이미지를 어떻게 보고 있는지 짐작할 수 있게 한다. 그 외에도 그것의 풍요로움과 다양한 효용성 등의 이미지로 인하여 제사장의 의복과 성전의 기둥 장식에도 사용되었다(출 28:33, 34; 왕상 7:18; 대하 3:16).

여기서 석류는 모양의 아름다움을 나타내는데 쓰인 것으로, 석류 열매는 전체적으로 붉은색 계통의 외피로 둘러 싸여 있고 그 내부는 노르스름하며 석류 알(씨)은 짙은 핑크나 자주 빛이 나는 진한 붉은색이 일반적이다. 색 자체도 아름답지만 그 색의 조화 또한 오묘한 아름다움을 나타내기에 적합하다고 할 수 있다. 고대 근동이나 동양에서도 이것은 문학 작품이나 의복 문양에 풍요와 다산을 상징하는 것으로 쓰인다. 한국의 전통 혼례복에도 석류 문양이 발견된다. 이 구절에서 석류 한쪽(반쪽)을 말하는 것은 위와 같은 석류의 의미가 함축된 용모에 대한 것으로 여인의 홍조 띤 뺨을 표현하는 것인데 이것 역시 여인의 다소곳하고 정숙한 아름다움을 표현하기에는 매우 적합한 것이다. 이러한 말에는 일종의 축복이 포함되어 있다.

[4:4] 너의 목은 다윗의 망대 *mig̱dāl*   다윗의 망대는 예루살렘의 남동쪽에 위치했을 것으로 보지만 후일에 이곳이 다 파괴되어 정확하게 파악할 수는 없다고 한다. 고라 자손의 시에 하나님께서 시온을 견고하게 하셨음을 찬양하며 "시온의 망대를 계수해보라(시 48:12)"한 것을 보면 성 안에 다수의 망대가 있었다는 것을 알 수 있고, 느헤미야가 성을 재건하였을 때도 "함메아

망대에서부터 하나엘 망대까지"를 말함으로 (느 3:11, 25) 곳곳에 망대가 설치되어 있었음을 알 수 있다. 망대 중 다윗의 이름이 붙은 것을 보면 위치적으로 매우 중요한 것일 뿐 아니라 그 모양도 다른 것에 비해 뛰어났을 것으로 추측할 수 있다.

망대 *miḡdāl*. 어근은 크다, 위대하다는 의미를 갖는 *gdl* 이다. 비교적 소규모의 군사시설인 망대(탑, turret)는 *ṭîrā(h)* 라는 단어를 쓴다. 또한 광야 같은 곳에서 멀리 관측하기 위하여 세운 높은 망대는 *miṣpĕ(h)* 라고 한다. 이 구절의 망대 *miḡdāl* 는 보는 사람들로 하여금 자부심을 갖게 하는 멋진 기념비적이고 교훈적인 구조물 내지는 건축물이었을 것이다.

무기를 두려고 건축한 *bānûy ṭālpiyyōt*. **무기** *ṭālpiyyōt* 는 이곳에만 쓰인 말로 매우 모호하다. LXX는 히브리어를 그대로 음역한 고유명사로 쓰고 있다. LV는 (작은 규모의) 망대(cum propugnaculis)으로, Talmud 에는 이것을 언덕 *tēl* 과 입술 *piyyôt* 이 합하여 진 것으로 보고 이를 예루살렘으로 설명하였다. 영어 번역은 '병기 고(KJV, RSV)' 혹은 '다듬어진 돌로 쌓은 (NIV, NASB, ESV)'으로 각각 다르게 번역하고 있다. "다듬은 돌"이란 직육면체 벽돌과 같이 만든 것으로 이것을 정교하게 쌓으면 적의 공격에도 무너지지 않는 장점과 함께 외형도 훌륭하게 보일 것이다. 망대의 중요 기능 중 하나는 유사 시 사용해야 할 무기를 두기 위한 것이 포함됨으로 위의 두 가지가 의미가 내포되었을 수 있겠다.

Keel은 고대의 망대는 가늘고 길기보다는 육중한 경향이 있다고 하였다. 여기서 여인의 목을 망대에 비유한 것은 '가녀린 여성의 긴 목'을 말하는 것으로 보이지는 않는다. 규모가 큰 망대는 대부분 우뚝 솟아 있기는 하나 가늘다고 할 수는 없어 보이기 때문이다. 적의 투석기의 공격에도 견딜 수 있으려면 크고 육중해야 한다. 남녀 구분 없이 긴 목은(짧은 목과 대비하여) 신체의 수려함과 건강함을 나타내지만 여기서는 망대의 특징 중 '높이 솟아오른 당당한 모습'으로 여인의 목을 비유하는 것이라 할 수 있다(아 6:4 참고). 4절에 있는 망대에 걸어 둔 방패들이 이런 것을 뒷받침해 준다.

R. B. Laurin은 망대는 얻을 수 없는(inaccessible), 극복하기 어려운(insur- mountable), 순결함(purity), 처녀성(virginity), 그리고 신실함(faithful)을 나타내는 것으로 고개를 높이 든, 뭔가 좀 쌀쌀맞아 보이는 듯한(aloof) 아름다움을 표현하는 것으로 보았다.[25] 분명히 여인의 아름다움을 예찬하는 것이지만 단순히 드러나는 외적인 것만을 말하는 것이기보다는 그 여인의 내면이나 삶을 우회적으로 표현하고 있는 것으로 보인다. 외부의 어떤 공격에도 쉽게 무너지지 않는 당당함을 표현하는 것으로 보인다.

[4:4] 방패 천개, 용사의 모든 방패가 달린 망대   여성의 목을 망대에 비유하는 것은 망대의 모습 자체보다는 용사들의 방패를 언급하기 위한 것일 수 있다.

천개의 방패 *māgēn* 는 비교적 작은 방패를 말하고 용사의 모든 방패 *šelēṭ* 는 뜻이 모호하지만 원형의 방패로 비교적 큰 것으로 보인다(삼하 8:7, 왕하 11:10, 렘 51:11, 겔 27:11). 방패가 두 번 언급된 것은 서로 다른 종류의 방패를 말하기보다는 앞에 말한 것을 뒤에 다시 좀 더 상세화하는 것일 수 있고 두 종류의 방패들이 각각 전시된 모습을 보여주는 것일 수 있다. 이것은 적에게서 노획한 전리품일 가능성도 있고 또는 어떤 전투에서 혁혁한 공을 세운 아군 용사들이 사용하던 방패를 걸어 놓은 기념품일 가능성도 있다.

솔로몬은 금으로 된 큰 방패 이 백 개, 작은 방패 삼 백 개를 만들었다(왕상 10:16,17). 이것은 솔로몬의 위상을 높이기 위한 의전용이다. 전투용 방패는 금으로 만들지 않는다. 그 후 르호보암 때에 애굽 왕 시삭의 공격으로 이 방패들을 다 빼앗겼으나, 그 후에 르호보암이 이를 대신하여 놋으로 방패를 만들어 성전에 들어갈 때 시위대가 이 방패를 들고 왕을 호위하였다(왕상

---

25   Pop, 465에서 인용

14:26-28). 이것도 의전(儀典)용으로 쓰인 것이다. 망대에 천 개의 방패를 이렇게 달아 놓은 것 역시 유사시에 사용하기 위한 전투용 장비이기보다는 어떤 업적을 기념하며 그 망대의 견고함과 영화로움을 상징하는 것으로 보인다.

천개 *ʾelep* 는 실제로 천개의 방패를 의미할 가능성은 매우 낮다. '일 천'은 수사(numeral)이기보다는 대부분 헤아릴 수도 없이 많음을 나타내는 형용사적 의미로 쓰인다(신 33:17, 삼상 18:7, 시 68:17, 시 119:72). 천개의 방패가 걸린 망대를 언급하는 이유는 일차적으로 목에 걸고 있는 구슬 꿰미에 달린 보석류와 그 외적 모양을 유사하게 표현하려는 것이고, 더 나아가서 위엄이 있는 '범접하기 어려운 분위기'를 나타내는 것이라 할 수 있다(4:12 참고). 이 역시 상대를 정숙한 여성으로 평가하는 말로 당사자에게는 대단한 찬사가 될 수 있다.

[4:5] 두(two) 너의 유방은 *šᵉnayim šādayik*   유방은 쌍수(雙數)이기 때문에 구태여 두 개(two) *šᵉnayim* 라는 표현은 필요 없다. 그러나 이는 낭비적 표현이기보다는 강조형일 것이다. **너의 유방** *šādayik* 은 성적 매력을 나타낼 수 있으나(겔 16:7; 23:3) '후손의 복'을 의미함과 동시에 여성의 우아함에 대한 찬사로 쓰일 수 있다(창 49:25, 사 28:9, 욜 2:16). 오늘날은 이런 것이 노골적인 성적 표현일 수 있겠지만 고대 사회는 여성의 잉태와 출산, 양육을 자연스럽게 받아들였기 때문에 이런 표현들을 공개적으로도 하여도 외설적 표현으로는 생각하지 않았을 것이다. 이것은 이 말을 하는 사람이 어떤 생각을 가지고 있느냐 하는 것에 따라 의미가 달라질 수 있을 것이다. 여인을 그저 성적 대상으로 보는 것이라면 육체를 탐욕적 시각으로 면밀히 훑어보는 것이고, 이에 비해서 여성을 한 인격체로 본다면 한 여인으로서 아름다움을 예찬하는 것이다. 이 둘 중 하나를 결정하는 것은 문맥이다. 지금 여인에 대한 예찬은 보이는 것을 통해 보이지 않는 여성의 인품에 초점이 맞추어져 있다고 할 수 있다.

백합화 가운데서 꼴을 먹는 두 마리의 (새끼) 영양 *šᵉnayim ʿŏpĕrîm*, **쌍태**

어린 사슴 *tā'ănim ṣᵉbiyyā(h)*. 앞 부분의 (새끼) 영양은 개역개정 성경에는 생략되어 있다. 영양(fawn, stag)과 사슴(gazelle) 은 다른 종류이지만 아직 어릴 때는 그 모습이 매우 유사하고 또 사랑스럽다고 한다(2:9, 17; 8:14). 그리고 이것은 왕성한 번식력을 가지고 있어서 출산과 양육을 해야 하는 여인에게는 매우 적절하고 기쁘게 느껴지는 비유일 것이다. 거의 똑같은 모양의 두 마리의 어린 사슴이 백합화(lotus) *šôššǎnnîm* 가운데서 풀을 뜯는 모습과 여인의 유방은 잘 어울리는 비유이다.

백합화에 대하여 많은 의견이 있으나 단지 어린 사슴과 아름다운 조화를 이루는 것으로 이해할 수 있다. 백합화(lotus) *šôššǎnnîm* 는 물에 잠긴 연(蓮)의 일종으로(2:1) 사슴이 좋아하는 식물이라고 한다. 4:1-5은 여성이 어떻게 생겼는지를 알리려는 것이기보다는 이 예찬을 하는 목동 자신에게 이 여성이 어떤 사람이며 어떤 의미를 갖는지 고백하는 것이다. 이것은 고대 이집트나 근동의 연애시에서 볼 수 있는 노골적 성적 묘사가 있는 선정적 표현과는 달리 여성의 고결함과 순결함 그리고 우아함을 표현한다.

[4:6] 날이 저물고 그림자가 사라지기 전에 내가 가리라 몰약 산과 유향의 작은 산으로 가리라(2:17 참고) **날이 저물기 전에** 날 *yôm* 은 일반적으로 날(day)을 말하지만 일광(daylight)를 말하기도 한다. **저물다** *yāpûḥǎ* 는 숨을 내쉬다(breath, exhale)로 시적 표현이다. **사라지다** *nāsû* 는 *nws* 의 완료형으로 그림자 *ṣēl* 는 일광이 있어야 나타나는 것임으로 '그림자가 사라지다'는 '날이 저물다'와 대구를 이룬다. 이것은 시한을 정하는 것이기보다는 '지체함이 없이'라는 의미이다(2:17).

나는 가리라 *'ēlěk* 몰약의 산으로 *'ělhǎr hǎmmôr*, **유향의 언덕으로** *gibᵉǎt lᵉbōnā(h)*. 해설자들 중에는 이곳을 Florus의 진술을 근거로 하여[26] 로마의

---

26 AD 1세기 로마의 시인, 작가로서 'Epitome Rerum Rom(로마의 약사(略史))'의 저자이다.

장군이자 정치가였던 폼페이우스 (BC 106-48)가 지나갔다고 하는 레바논 지역의 유향과 발삼 숲으로 보기도 하지만, Delitzsch는 그들이 지났다는 그 숲은 다마스커스 정원이라 하여 이런 견해에 반대한다.[27] 또 한편 Gerleman등은 이곳은 실제 어떤 지역이 아니라 이집트의 사랑의 시에서 언급하는 지역인 '푼트(Punt)'와 관련된 것을 그대로 옮긴 것으로 보기도 한다.[28] 또 다른 의견으로, Garrett은 이것을 어느 지역의 산이나, 신들의 영토로 알려진 푼트(Punt)나 상상 속의 엘리시안(Elysian)과 같은 신화적 고유 명사가 아니라 여성의 유방을 가리키는 직설적 은유라고 하였다.[29] 그리고 이것을 "네 유방이 종려나무 열매 송이 같다 그 종려나무에 올라가서 그 가지를 잡으리라 하였나니 네 유방은 포도송이 같고(7:7, 8)"와 연결되는 구절로 이해하였다. Hess는 이 구절의 해설에서 "관능적인 이미지와 열정의 급류가 그를 따라 폭포처럼 따라 내려온다"고 하였다.[30]

여성이 이미 사랑하는 자를 "내 품(가슴) 가운데 몰약 향주머니"로 은유한(1:13) 것이나, 여성의 몸에서 언덕이나 산을 비유될 수 있는 것이 유방이기 때문에 그렇게 볼 수도 있겠다. 그러나 산이나 언덕은 몰약이나 유향을 사용하는 여성의 '몸'만을 말하는 것이기보다 그 여성 '자체'를 말할 수 있다.

오랜 동안 분리되어 있던 사랑하는 자가 여성의 품을 그리워한다는 표현은 반드시 성적 욕구만을 말하는 것이 아니라 그 사람 자체를 그리워한다는 것을 나타내는 표현이기도 하다. '얼굴을 보여 다오'라고 할 때 그 말을 한 사람이 보고자 하는 것은 육신의 한 부분인 얼굴이 아니라 그 사람 자체를 의미하는 것과 같다. 왕의 *waṣf* 임이 분명한 7:8,9에서는 여성의 몸을 노골적

---

27 Delitzsch, p.61.
28 Punt는 고대 이집트와 교역이 있었던 곳이라고 알려진 신화적 도시로 이집트시 파라다이스와 같은 것이다.
29 Garrett, 192.
30 Hess. 224.

으로 성적 대상으로 보고 있다는 것을 부인할 수 없으나, 그러나 이 부분의 목동의 술람미 예찬은 사랑하는 여성 자체를 그리워하고 삶을 노래하고 있다. 두 사람은 각각 술람미를 대하는 태도에 큰 차이를 보인다.

몰약과 유향은 신부가 신랑을 맞이할 때 쓰는 향품으로 알려져 있다. 그러므로 이것은 Hess의 말과 같이 '관능적 이미지와 열정의 급류가 흐르는 것'으로 이해될 수 있으나 신부와 신랑의 연합이라는 것은 서로 하나가 된 삶을 말할 수 있는 것이다.

나는 가리라 ʾēlēḵ. 남성의 의지를 나타내는 일종의 약속과 같은 것으로 술람미의 요청(2:17)에 대한 화답이다. 술람미가 마음으로 사랑하는 자, 목동은 술람미를 왕의 계속되는 유혹에 노출된 채로 그대로 두지 않겠다고 말하고 있다. 특히 이어지는 7절은 그 여성의 인격에 대한 예찬으로 이어지고 있다.

> 7 나의 사랑 너는 어여쁘고 아무 흠이 없구나 8내 신부야 너는 레바논에서부터 나와 함께 하고 레바논에서부터 나와 함께 가자 아마나와 스닐과 헤르몬 꼭대기에서 사자 굴과 표범 산에서 내려오너라 9 내 누이 내 신부야 네가 내 마음을 빼앗았구나 네 눈으로 한 번 보는 것과 네 목의 구슬 한 꿰미로 내 마음을 빼앗았구나 10 내 누이 내 신부야 네 사랑이 어찌 그리 아름다운지 네 사랑은 포도주보다 진하고 네 기름의 향기는 각양 향품보다 향기롭구나 11 내 신부야 네 입술에서는 꿀 방울이 떨어지고 네 혀 밑에는 꿀과 젖이 있고 네 의복의 향기는 레바논의 향기 같구나 12 내 누이 내 신부는 잠근 동산이요 덮은 우물이요 봉한 샘으로구나 13 네게서 나는 것은 석류나무와 각종 아름다운 과수와 고벨화와 나도풀과 14 나도와 번홍화와 창포와 계수와 각종 유향목과 몰약과 침향과 모든 귀한 향품이요 15 너는 동산의 샘이요 우물이요 레바논에서부터 흐르는 시내로구나

[4:7] 나의 사랑 *rǎʿyātî*   나의 사랑은 남성이 사랑하는 여성을 일컫는 말이다. 목동의 술람미에 대한 예찬이 계속되고 있다. **어여쁘고** *yāpě(h)* **흠이 없다.** 이것은 "모든 것 *kōl*"이 완벽하다는 것을 의역한 것이다. 이것은 남겨진 것이나 예외가 조금도 없다는 것을 강조하는 말이며 흠 *mᵊum*은 육체적 결함이나 언어적으로 균형 잡히지 못한 것을 말하는 것으로서 이것이 없다는 것은 모든 것이 완벽하다는 찬사이다. Pop는 4:1-5은 외면적 육체의 아름다움을 예찬하는 것이고 4:7-15로 이어지는 것은 내면적인 아름다움을 노래하는 것으로 설명하였다. 술람미가 비록 왕의 방에 이끌려 들어왔었고 지금도 여전히 왕의 유혹의 대상이지만 목동은 이렇게 말하고 있다. 술람미에게는 큰 위로의 말이 아닐 수 없다. 이것은 어쩌면 술람미가 사랑하는 자로부터 가장 듣고 싶어하는 말 중의 하나일 수 있다.

[4:8] 나의 신부(bride) *kǎllā(h)*   신부라는 용어는 이곳을 포함 6차례가 쓰였다(4:9, 10, 11, 12; 5:1). 그 중에 4: 9,10; 5:1에는 "나의 누이 *ᵓǎḥōtî*"와 함께 쓰였다. 이것은 사랑하는 대상을 보다 친근하고 강렬하게 표현하기 위한 의도적인 동의어 반복(tautology)으로 '누이'와 '신부'는 같은 의미로 쓰였다. 신부와 누이가 함께 쓰인 것은 아마도 족장 시대를 전후하여 친족 간의 결혼 풍습에서 비롯된 관습적 용어일 수 있을 것이다. 누이라는 표현 외에도 형제나 삼촌 *dod* 이 애정의 대상으로 불리운 것을 볼 때 역시 그러하다.

    신부(bride) *kǎllā(h)* 는 남편의 아버지에게는 며느리로 번역되기도 하고 남편에 대하여는 신부인데, 이는 결혼 직전이나 직후에 사용되는 호칭으로서 갓 결혼하였거나 정혼(定婚)한 여자를 부르는 말이기도 하다. 혹자는 이는 반드시 결혼한(혹은 결혼할) 대상이 아니라도 쓰일 수 있는 말이라고 하나 신부가 아닌 사람에게 신부라는 용어를 쓰지 않는다. 이는 이미 정혼 관계 즉, 신부가 된 사람이기 때문에 이런 용어를 사용하는 것이다. 아가를 솔로몬과 술람미의 사랑 노래로 보는 학자들은 이 부분을 솔로몬의 대사로 보고, 솔로몬이 마치 술람미를 자신의 신부인 것처럼 말한다고 하지만 일단 이 부분은 솔로몬의 대사가 아니며 또한, 7장의 솔로몬의 대사에서는 이러한 표현이 보이지 않는다. 결혼하면 부인(아내) ᵓiššā(h) 라는 호칭을 사용한다. 이것은 목동의 대사로 술람미와 정혼한 관계임을 보여주는 것이다.

레바논으로부터 나와 함께하자, 함께 가자. 아마나, 스닐, 헤르몬산에서 이것은 역사적 지명(地名)들이지만 주로 신들의 거처나 막강한 주권을 행사하는 왕좌(王座)를 은유한 말이다. 고대 근동의 신화에서는 이곳이 이스타르 여신의 거처일 뿐 아니라 여러 신들의 거처로 소개된다. 여기서는 '왕'의 영향력이 행사되는 곳을 의미하는 것으로 보인다. 레바논을 유향 ᴸᵇōnā(h) (4:6)의 언어유희(word play)일 가능성도 언급하는 해석자들이 있으나 그럴 가능성은 적어 보인다. 이것은 현재 술람미가 거처하는 장소라고 할 수 없음으로 어떤 특정 지역의 특징을 상징적으로 나타낸다.

나와 함께 이어지는 바로 다음 구절에는 같은 문장이 반복되고 있다. 이 구절에서 "레바논으로부터 나와 함께"에서 "함께 ᵓittî"를 시어에서 흔히 사용되는 여성 단수 명령형인 "오라 ᵓētî"로 수정하여 읽으려는 해석자들이 있다. 그러나 이어지는 다음 부분에 **오라**(come) bwᵓ 의 지시형 tābōᵓî 이 연결되는 것을 볼 때 굳이 이를 수정할 필요가 없을 것이다.[31] **나와 함께** ᵓittî 는 전치사 "함께(with) ᵓēṯ"와 "나(me) ᵓǎnî"가 결합된 것이다. 반복되는 두 번째 구절 '나와 함께 가자'로 번역된 **"떠나라, 내려오라** tāšûrî 는 떠나다 šwr 의 지시형(jussive)으로 '오라'의 의미를 반복하는 것이다. 같은 구절이 두 번 반복되는 것은 시가에서 종종 보이는 평행 구절이다(4:1; 5:9; 6:13).

아마나와 스닐 레바논과 레바논 동편에 자리 잡은 두 개의 산맥(안티 레바논)에 위치한 것으로 보이는 아마나, 스닐 등이 언급되는 것은 이를 레바논의

---

31   Carr, 119.

영역 안에서 한꺼번에 묶어 사용하는 것일 수 있고, 솔로몬의 통치 영역이 이곳으로부터 남쪽 브엘세바에 이르기 때문일 것이다(왕상 4:7-9). 다윗이 다메섹을 점령하여 수비대를 둔 이후(삼하 8:6) 솔로몬이 레바논에 병거와 마병을 위한 국고성을 구축하였다(왕상 9:19). 이것이 다윗과 솔로몬 왕국의 북방 한계 선이었다. "레바논으로부터 함께 하자, 함께 가자"는 것은 왕의 영향력에서 떠나가자는 의미로 볼 수 있다.

아마나 (꼭대기)로부터 *mērōʾš ʾǎmānā*, **스닐** *śᵉnîr* 그리고 **헤르몬에서** *hěr-môn*. 레바논은 안티 레바논(anti-Lebanon)을 말한다.[32] 지중해와 닿아 있는 레바논 평야 반대편 동쪽 내륙 지역에 두 산맥이 나란히 북에서 남으로 지나는데 헤르몬산은 그 중 동쪽 산맥의 최고봉으로 알려져 있다. 아마나는 또 다른 봉우리이거나 그 중에 있는 한 산악 지역일 수 있다. 스닐은 아모리인들이 부르는 헤르몬산의 또 다른 이름이다(신 3:9). 이 명칭들은 한 곳을 다각도에서 다른 이름으로 부르는 것인지, 아니면 서로 다른 지역에 위치한 것인지는 확실하지 않다. 그러나 그것은 모두 팔레스타인 북부 지역으로서 멀리 있으며 오르기에는 매우 높은 지역으로서 그 세밀한 위치적 차이를 알 수 없다고 해서 이 부분의 해석이 난관에 부딪치지는 않을 것이다. 이 구절은 그 여성이 현재 거하고 있는 곳이 레바논 산악 지대라는 것을 암시하는 것은 아닐 것이다. 왕의 방이나 그 주변에 있던 여성이 갑자기 그런 곳에 머문다는 것은 내용의 흐름에 있어 지나치게 파격적이라 오히려 독자나 청자를 혼란스럽게 할 수 있다.

사자(들)의 굴(들)로부터 *mimmᶜᵉōnôṭ ʾǎrāywōṭ*, **표범(들)의 산(들)로부터**

---

32   레바논은 지중해와 맞닿은 좁고 긴 평야를 제외하고는 산악 지역이다. 북에서 남으로 약 100-150km 정도 뻗은 두 개의 산맥이 나란히 있는데 그 중 서쪽 산맥은 쿠르네트아스사우다산이 최고봉이며 동쪽 산맥(안티 레바논)의 최고봉은 남부에 위치한 헤르몬산이다. 동쪽보다 서쪽에 더 강수량이 많으며 라타니 강에 의하여 형성된 깊은 골짜기를 따라 많은 식물들이 서식한다. 아마나는 그 중 하나의 높은 봉우리를 말하는 것이거나 어떤 지역을 묶어서 부르는 지명일 수 있다.

mēḥărrê nᵉmērîm. 화자는 그곳에는 사자 굴이 있고 또 그곳을 표범의 산이라고 하였다. 높은 곳일 뿐 아니라 위험한 곳이다. 레바논 꼭대기는 담무즈 (Tammuz) 신화에서도 강하고 악한 신들의 거처로 표현된다. 표범은 그 중에서도 대표적인 악한 세력으로 상징된다.

내려오라 이렇게 멀리 있는 높은 산에서 "내려오라"는 요청은 아가서 외에도 사랑을 주제로 하는 시가에서 흔히 보이는 표현이다. 사랑하는 자가 위험한 곳에서 안전한 곳으로 이동하기를 바라는 표현이며, 할 수 있는 한 그렇게 하도록 해주겠다는 의지의 표현이다. 계속되는 위협과 어떤 유혹을 당하는 곳에서 그런 것이 없는 평안한 곳으로 내려오라는 뜻일 수 있다 (8:10 참고).

[4:9] 신부(bride) *kăllā(h)* 신부라는 용어는 이 구절에서도 쓰였다 (4:9, 10, 11, 12; 5:1). 그 중에 4: 9,10; 5:1에는 "나의 누이 *ʾăḥōṯî* "와 함께 나란히 쓰임으로 신부에는 1인칭 소유격이 없으나 '나의 신부'로 번역되었다. 누이는 여성 연인을 상징하는 친근한 표현으로 쓰이지만 신부는 법적 관계가 아니면 쓰지 않는다. 이 구절에서 남성은 여성을 합법적으로 이렇게 불러도 되는 사람임으로 이것은 사랑하는 대상을 보다 친근하게 표현하기 위한 의도적인 유사 동의어의 반복 (tautology)이다. 이것은 '사랑하는 자' 정도가 아니라 이미 자신의 부인이거나, 부인이 된 것이나 다름이 없는 신분을 가진 여성을 칭하는 말이다. 7장의 왕의 *wasf* 에서는 이 말이 보이지 않는다.

네가 내 마음을 빼앗았구나 *libbăḇtinî* 는 "마음을 얻다, 깨닫다, 사로잡다, 끌다" 혹은 "사랑을 주다"의 의미를 갖는 동사 *lāḇāḇ* 의 강조형이거나 명사 "마음 *lēḇ, lēḇāḇ*"에서 나온 강조형(denominative private Piel) 일 수 있다. 따라서 "마음을 빼앗았다(depriving heart)"나 "마음을 주다(producing heart)"로 번역될 수 있는데 두 가지 모두 결과적으로는 유사한 의미이다.

Waldman은 이것을 아카디아어 '자극하다 *labābu*'에서 온 것으로 보고

'성욕을 불러일으켰다'이거나 혹은 그와 유사한 의미로 해석한다.[33] 많은 해석자들이 이 견해를 자신의 해석에서 인용하는 이유는 그것에 동의하기 때문일 것이다. 그러나 여기서 사용된 용어는 욥 11:12와 더불어 구약에서 단 2회 사용된 것으로, 욥기에서는 "깨닫다"의 단순 수동 재귀형(Niphal, will get understanding)"로 쓰였다. 여기서는 지각(知覺)을 나타내는 것으로 성적 자극을 주었다는 것과는 무관하게 쓰였다. 그러나, 이 남성의 마음에 감추어진 속마음이 무엇이지 정확히 알 수는 없지만 마음이 이끌리는 정도를 넘어서 '자극을 받아' 사로잡혔다는 뜻이 될 것이다. 여기서도 나의 누이 ʾaḥôṯî와 신부 kǎllā(h)가 나란히 놓였다.

 네 눈으로 한 번 보는 것과 한 꿰미의 네 목의 구슬이 내 마음을 빼앗았다 직역하면, "한 번의 당신의 눈(빛)으로부터 하나의 구슬 꿰미로"이다. '한 번' 혹은 '하나'가 강조되어 있다. '보는 것(at a glance)'은 히브리어 성경에는 없으나 그런 의미가 함축된 것으로 보고 의역을 한 것이다. **한 번**(with one time) bᵉʾāḥǎḏ은 시간 상으로나 숫자 상 가장 작은 단위를 나타내는 것으로 매우 짧은 시간, 혹은 단 한 차례의 짧은 순간을 의미하며, 여러가지 중에 단 하나를 가리키는 용어이다. **당신의 눈** mēʿênǎyik은 당신(여성)의 "눈 ʿênǎy"에 전치사 '으로부터 min'가 놓인 것으로, 여성의 눈길 한 번에 마음을 빼앗겼다는 뜻이다.

 Ginsburg는 목자가 술람미의 '속히 오라'는 요청에 응답하여 달려갈 것이라고 화답하며(4:6) 레바논의 산들 즉, 왕으로부터 이끌어 내겠다는 뜻을 전하였을 때 이 말을 그대로 순수하게, 그리고 '단번에' 신뢰하는 술람미의 눈빛에 마음이 빼앗겼다고 말하는 것이라 하였다.[34] 즉, 남성의 말에 의심하는 기색 한 번 없이 '단 한 번'으로 그대로 받아들였음을 나타내는 눈빛을 의미한다.

---

33 Waldman, 215-217.
34 Ginsburg, p.158.

구슬 꿰미는 매우 독특한 표현으로 구슬 ʿănāq 은 구슬, 보석(jewel)을 연결한 것이고(잠 1:9, 삿 8:26), 꿰미 ṣawwᵉrōnîm 는 그 의미가 모호하기는 하나 여기서는 여러 겹으로 된 목걸이 같은 것으로 보인다(4:4 참고). 이런 구슬 꿰미는 여성들이 흔히 가지고 있을 수 있는 것이다. 그러나 여기서는 그 눈빛과 구슬 꿰미를 통해 이 두 사람만이 알고 있는 어떤 사인(sign)이 주어진 것으로 보인다. 목동의 대답에 대한 신뢰의 표현을 어떤 말 대신 눈길과 그들만이 아는 구슬 꿰미로 나타낸 것이라고 볼 수 있다. 그것은 이 두 사람만이 아는 비밀이다.

[4:10] 네 사랑이 어찌 그리 아름다운지 네 사랑은 포도주보다 진하고(1:4 해설 참고) **네 사랑**은 사랑(도드)에 여성 2인칭 단수 ʾet 가 접미된 것으로 이것은 남성의 대사가 이어지고 있는 것이다. 술람미는 이미 사랑하는 자를 '포도주가 주는 기쁨보다 낫다'고 고백하였는데(1:2) 이에 대한 목동의 응답이다. 술람미만이 일방적으로 그렇게 생각하는 것이 아니라 그녀가 마음으로 사랑하는 자인 목동 역시 술람미를가 자신에게 그러한 존재라고 표현한다.

[4:11] 네 입술에서는 꿀방울이 떨어지고   이 구절을 노골적인 성적 표현으로 보는 학자들이 대부분이다. 너의 입술 śiptôtayiḵ 은 śāpā(h) 에 여성 대명사가 접미된 복수형이다(4:3 참고). **그 입술이 꿀방울을 떨어뜨린다** 꿀 nōpēṯ 은 꿀 액(液)이고, 떨어뜨리다(drip) tittopᵉnā(h) 는 ntp 의 단순형(Qal) 3인칭 여성 복수 미완료형으로 꿀이 한 방울 한 방울 계속 떨어지는 것을 묘사한다. 고대 이집트의 연애시에 남녀의 입맞춤 장면에 나타나는 표현임으로 이를 농도 집은 입맞춤이나 애무로 보기도 하지만, 이것은 구약 성경 여러 곳에서 달콤한 입맞춤보다는 "말(speech)"과 관련이 있기도 하다(암 7:16, NIV 등은 'preach' 로 번역하였다. 겔 21:2; 미 2:6, 11; 잠 5:3).

혀 밑에는 꿀과 젖이 있고. 혀 밑 *tăḥaṭ lāšôn* 도 자주 입이나 입술과 동반되어 쓰이는데 이것 역시 "말"과 관련되어 나타날 때도 있다. "혀 밑에 악이 감추어져 있다(욥 20:12)"거나 "악인의 입에는 저주가 충만하여 혀 밑에는 잔해와 죄악이 있다(시 10:7)"고 하여 한 사람의 심중에 있는 것이 입을 통해 표출된다는 의미로 쓰인 것이다. 이 표현만으로는 달콤한 입맞춤을 의미한다는 것을 부인할 수 없으나 앞 뒤의 대사 분위기를 보면 이 여인의 입술에서는 꿀 *dᵉḇăš* 처럼, 그리고 젖(milk) *ḥālāḇ* 처럼 느껴지는 언어가 나온다는 뜻으로 바로 전 행을 반복하는 동의적 대구를 이룬다(출 3:8, 17; 레 20:24; 민 13:27; 신 6:3 참고). '말(speech)'은 자주 화자(話者)의 전인격을 나타내는 의미로 쓰이기도 한다.

젖과 꿀은 이스라엘인들에게 약속된 땅이었던 가나안의 풍요로움을 나타내는 말이었던 것을 감안할 때, 이는 감미로움 이상의 것으로서 화자의 삶을 더욱 활기 있고 풍요로울 수 있게 해 줄 수 있는 것을 의미할 수 있다. 4:1-5의 내용이 '여성의 격조 높은 아름다움을 예찬하는 것이라면' 여기서 계속되는 표현은 성적 매력에 무게가 실린 것이기보다는 한 사람의 따뜻하고 온화하고 성숙한 모습을 나타내는 것이고 보는 것이 어울리는 해석이다. 성적인 표현으로 볼 수 있지만 앞 뒤 문맥을 고려하면 그 이상의 것을 나타내고 있다.

의복(garment) *śalmā(h)* **의 향기** *rêḥ* **는 레바논** *lᵉḇānôn* **의 향기** 의복에는 그것을 입는 사람의 독특한 향이 배어 있다(창 27:27). 이것은 옷에 뿌린 향품의 향기일 수도 있으나 그 사람의 고유한 인품 등을 가리키는 말로서 사랑하는 자의 의복에는 사랑하는 자만의 향기가 있다. 호세아는 이스라엘이 고침을 받은 후에 그들의 향기가 "레바논의 백향목"과 같다고 하였다(호 14:6). 이 구절에서 레바논은 백향목과 함께 쓰이지는 않았으나 호세아가 말한 것과 큰 차이는 없을 것이다. 모든 면으로 완벽한 아름다움을 갖추었다는 것으로 이해된다.

[4:12] 잠근 동산, 덮은 우물, 봉한 샘　'잠근 *nāᵉûl*'은 *nᵉl* 의 Qal수동 분사, '덮은 *ḥāṭûm*'은 *ḥtm* 의 Qal 수동 분사, '봉한 샘'의 봉하다 *ḥāṭûm* 역시 *ḥtm* 의 수동 분사이다. 이것만 보더라도 이 세 가지 동사가 강조되고 있음을 알 수 있다.

너는 잠근 동산(4:12), 동사 '잠겨진(locked, bolt)'은 밖에서 들어오지 못하도록 안에서 잠근 것을 말한다(삿 3:23; 삼하 13:17,18에서는 '문빗장을 지르다'로 번역, 개역개정). 안에서 열어주지 않으면, 혹은 열쇠를 받지 않으면 들어갈 수 없는 사적 영역의 동산이다. **동산** *gǎn* 은 주석자들 대부분이 여성의 몸을 은유하는 것으로 보고 있으나, 이것은 문자적으로 그들의 생활 터전을 말하는 것으로 '몸'만이 아니라 '한 사람의 삶의 태도나 영역'을 비유하는 말로 이해된다(6:11 해석 참고). 이어지는 구절에서 동산, 우물, 샘이라는 말이 연달아 나오는데 이는 모두 '타인에게는 사용이 금지된' 상태로 오염되지 않은 순수한 상태를 강조하는 것이다.

덮여진 우물(spring enclosed)에서 우물로 번역된 *gǎl* 은 구약 성경에 16회 나타나는데 13회는 물결(wave, 시 42:7; 65:7; 89:10; 107:25, 29 등), 그리고 높은(proud, 욥 38:11), 파도가 만드는 물결(billow, 욘 2:4)의 의미로 쓰인 것이다. 이 구절에서만 우물로 번역된 것이다. 학자들 중에는 이것을 동산 *gǎn* 의 오기로 수정하여 읽으려 하기도 한다.[35] 그러나 시적 반복에서 똑같은 단어를 열거하는 경우는 매우 드문 것으로, 대부분은 다른 어휘를 사용하여 그 뜻을 보완하거나 대조하여 운율을 맞추는 방식으로 의미를 확장한다. 개인 소유의 우물은 오염을 방지하기 위하여 덮어 놓는 경우가 흔하였다.

봉한 샘(sealed fountain) 역시 같은 의미를 시적으로 반복한 것이다. 샘(泉) *mǎᵉyan* 은 솟아나는 물이다. 잠 5:15 에서는 이를 아내를 비유하는 말로도 쓰였다. 봉하다 *ḥāṭûm* 는 *ḥtm* 의 수동 분사이다. 편지를 인봉하다(왕상 21:8),

---

35　히브리어로 동산은 נ gǎn, 우물은 נ gǎl로 오기를 할 확률은 매우 낮다.

'하나님이 별들을 가두시도다(욥 9:7)'에도 쓰였다. 이 구절에서는 잠그다, 덮다, 봉하다는 같은 의미를 다른 말로 반복함으로 화자는 여인이 지켜온 순결성을 높이고 있다. 따라서 성적 대상이기보다는 타인과는 절대 공유할 수 없지만 생명력으로 충만한 배우자를 말하는 것이다.

[4:13] 네게서 나는 것　　　'너(여성 단수 2인칭 접미)의 산물들(products, shoots) šᵉlāḥîm'을 의미한다. '산물'은 동사 šlḥ 에서 온 것으로 렘 17:8에는 뿌리를 '뻗치다,' 시 80:12에서는 가지를 '내다'로 번역되었다(개역개정). 여인을 동산으로 비유하였을 때 거기서 나는 산물들을 다음에 열거하고 있다. 가장 귀한 것들을 열거함으로 여인의 그 동산을 예찬하고 있다. 몸을 성적 대상으로만 본다면 다음과 같은 표현들은 별 의미가 없다.

석류나무 pǎrdēs rimmôn. 히브리어 성경에는 석류 rimmôn 앞에 '소산을 내는 토지(과수원, orchard) pǎrdēs'라는 말이 놓여 있다. 이는 동산의 또 다른 표현이다. 토지 pǎrdēs는 페르샤 어에서 온 것으로 흔히 말하는 "파라다이스"이다.[36] 이것은 여인을 잠긴 동산에 비유하면서 그 동산의 생명력을 계속 언급하는 것이다(4:3 참고).

각종 아름다운 과수 최상급(choisest) měḡěḏ 과수(fruits) pᵉrî 의 의역이다. **고벨화와 나도 풀** 고벨화(henna) kōpěr 와 나도가 ʿim nᵉrāḏîm (něrd 의 복수형) 연결되어 있다. ʿim 은 "함께(with), "사이에(among)"를 의미하는 전치사로서 나도 옆 혹은 나도 사이에 있는 고벨화이다. Pop는 Hirschberg를 인용하여 또 다른 의견을 제시한다. 전치사 ʿim 은 아라비아 어에서 '모든 것을 포함한다'는 의미의 ʿamm 에서 온 것으로 보는 것이다. 그러면 '고벨화와 나도 초를 포함한 각종 아름다운 과수'가 될 것이다. 어떤 의미로 쓰든지 큰 차이는 없어 보인다.

36　파라다이스는 페르샤 어로 '숨겨진 곳'이라는 뜻으로 알려져 있다.

[4:14] 나도 *něrd* **와 번홍화**　　나도는 1:12를 참고. **번홍화** *kărkôm* 는 붓꽃과의 일종으로 진한 황색을 띠는 다년생 식물로 오늘날도 향신료의 재료로 쓰이는 것으로 알려져 있다. 이것은 샤프란(saffron)으로 더 잘 알려져 있는 고급 약품의 재료이기도 하다. 보라색 꽃 안에 붉은 술을 모아서 1g의 향신료를 얻기 위하여 500여개의 꽃을 모아야 하는 정도로 값비싼 것으로 팔레스타인에서는 주로 북부 갈릴리나 골란 등에서 자란다고 한다.

창포 *qānēh* 이 역시 향품이나 잔정 치료재로도 쓰이는 귀한 약초로서 흔히 칼라무스(calamus)라고 불리운다(출 30:23). 고대에는 귀족들만 사용하였다고 하는 수입품이다(렘 6:20; 겔 27: 19).[37] 이것은 성전 제사의 예물로도 쓰였다(출 30:23; 사 43:23 개역개정은 '향품'으로 번역함).

계수와 몰약. 계수 *qinnāmôn* 는 시나몬 (cinnamon) 으로 알려져 있는 역시 고급의 향료이며 성전의 성물을 정결케 하는 예물에 포함되었다(출 30:23). **각종 유향목.** "모든 *kōl* "과 "나무 *ʿēṣ* " 그리고 "향 *lᵉḇōnā(h)* "이 합해진 것으로 수없이 많은 각종 좋은 향재료를 열거하고 있다. 특히 향 *lᵉḇōnā(h)* 은 주로 아라비아에서 수입하는 것으로 흰색의 향기로운 수지이다.

몰약 *mōr* 은 몰약 나무에 상처를 내어 나오는 진을 모아 만든다(1:13 난하주 참고). **침향** *ʾăhālôt* 은 알로에(aloes)이다. 알로에도 많은 종류가 있는데 여기서는 약품용이 아닌 방향용이라고 한다. 이 역시 인도에서 수입하는 고가품으로 계피와 몰약을 섞어 방향제로 사용하였다(잠 7:17). 이 향은 매우 지속된다고 하는데 주로 의복에 스며들게 하였다고 한다(시 45:8). **귀한 향품** *rōʾš bōsĕm* 이라는 말로 지금까지 열거한 것들을 요약하고 있다.

이렇게 당시 매우 고가이면서 희귀한 약초 혹은 향품용 식물을 나열하는 것은 그 남성에게는 그 여성이 매우 특별한 인물임을 나타내고 있다(6:8

37　겔 27:19, 개역개정에는 "대나무 제품"이라고 번역되어 있으나 이는 창포(calamus)이다. *qānēh* 는 대나무와 유사한 모습을 하고 있기 때문에 이렇게 번역되었을 것이다.

참고). 특히 외국에서 수입하는 물품들이 주를 이루고 있는 것 역시 그 여인을 매우 특별하게 여기고 있음을 나타낸다. 여성 자신은 스스로 특별할 것이 없는 인물이라고 하였으나(2:1) 남성은 그가 표현할 수 있는, 들어본 적은 있으나 본적은 없을 수도 있는 최고의 것들로 여인을 비유하고 있다. 또한 이런 각종 식물들을 언급함으로 그 여성을 가장 귀한 것들을 생산해내는 생명력으로 충만한 동산(grove)라고 예찬하고 있다.

자신의 사랑 곧 신부를 잠근 동산, 덮은 우물, 봉한 샘에 비유하며 또 거기서 '나는 것'들을 언급함은 남성이 여성을 최고로 높이는 예찬이다. 현숙하고 지조 있으며 또 많은 것을 생산할 수 있는 여인은 당대 최고의 여인 상이다 (잠 31:10, 13-15, 26, 27, 29). 목동으로서는 소유해 본 적이 없는 것일 수 있지만 상상력을 동원하여 최고의 가치가 있는 것들을 여성과 비교함으로 술람미가 자신에게 얼마나 특별한 존재인지 나타내고 있다.

[4:15] (너는) 동산(들)의 샘   "너"는 히브리어 성경에는 없는데 편의상 의역을 하였다. 14절과 계속 연결됨을 의미한다. KJV, RSV, ESV는 "너"가 없으나 NIV는 "너는(you are)", NASB는 괄호 안에서 이를 넣었다. 여기서 여인은 생명을 주는 '물'에 비유된다.

샘 *mǎʿyān*. 동산들의 샘은 그 안에 있는 모든 생명체에 생명과 활력을 주는 원천이다. **생수의 우물** *bᵉʾer hǎyyîm* 은 흐르는 물을 말하는 것으로 그들에게는 최상의 물임을 의미한다(민 19:17; 레 14:14, 5에는 흐르는 물로 번역되었다). **흐르는 시내** *nōzᵉlîm* 은 *nzl* 의 복수 분사형이다. 이것은 물이 풍성하게 흘러 넘치는 것을 나타낸다(시 147:18; 민 24:7; 48:21; 신32:2 등). 특히 렘 9:17에는 눈물이 "떨어지다," 사 45:8에는 "구름이여 의를 부을지어다(rain down righteousness)"에 쓰였다. 이것은 솟아오르는 샘과 흐르는 생수, 그리고 힘차게 흘러가는 시내를 언급하여 활기찬 생명을 주는데 있어서 부족함이 없다고 말하고 있다.

레바논으로부터 _minlᵉḇānôn._ 안티 레바논(지중해에 인접한 레바논 평야이기보다는 동쪽에 자리잡고 있는 산맥)을 말하는 것으로 헤르몬이나 아마나 등에서 힘차게 흐르는 물로 인하여 그 주변 지역이 각종 소산을 내는 것을 비유한 말일 것이다. 레바논은 본래 "희다"는 뜻으로 높은 봉우리에 덮인 만년설로 인하여 붙여진 이름으로 봄이 되어 만년설이 녹는 시기에는 갈릴리 북부 단 지역 등에는 급류가 흐르는 곳이 많이 있다. 또 안티 레바논 남부 산악 지역은 동서로 이어지는 깊은 계곡들이 많아 때로 급류가 흐르기도 한다고 한다.

이들에게 있어서 물은 항상 활력과 생명을 의미하고 그것으로 인한 행복을 나타내는 것으로 쓰인다(시 84:7; 87:7; 사 12:3). 더 나아가서 이 부분에서는 "흐르는 물"로 표현함으로 그 생명력을 더욱 강조한다. 이 남성에게 그 여성은 풍성한 생명을 나타내는 동산이며 동시에 그 동산의 있는 각종 귀한 것들에게 생명력을 공급하는 사람이라고 예찬하고 있다. 이 동산은 여성의 몸이지만 동시에 그의 (삼인칭 남성 소유격) 동산이기도 하다(4:16). 어떤 대상에게는 잠겨져 있고, 봉해진 샘이지만 사랑하는 자에게는 열려 있고 생명의 원천이 된다.

이러한 여성에 대한 예찬은 여성의 몸을 성적 대상으로 보는 것과는 다른 분위기이다. 당대 최고의 여성상을 그리고 있다. 이 말은 자신의 배우자에게나 할 수 있는 말이며 동시에 축복의 말이기도 하다. 7장에 나타나는 왕의 _waṣf_와는 그 분위기가 현저히 다르다.

4:16 북풍아 일어나라 남풍아 오라 나의 동산에 불어서 향기를 날리라 나의 사랑하는 자가 그(의) 동산에 들어가서 그 아름다운 열매 먹기를 원하노라 5:1 내 누이 나의 신부야 내가 내 동산에 들어와서 나의 몰약과 향 재료를 거두고 나의 꿀

송이와 꿀을 먹고 내 포도주와 내 우유를 마셨으니 나의 친구들아 먹으라 나의
사랑하는 사람들아 많이 마시라

[4:16 a] 북풍아 일어나라 남풍아 오라 나의 동산에 불어서 향기를 날리라 16

b에서 '사랑하는 자'는 '도디'이다. 이 구절에는 세 가지의 동사가 열거된다.
'일어나라(깨어라)' ʿwr 와 '오라' bwʾ, 그리고 '불어라' pwḥ 이다. 모두 명령형인
데 이 중 "불어라"는 사역형(Hiphil)이고 나머지는 단순형(Qal)이다. 그리고 다
수의 해석자들은 바로 전 구절인 4:1-15를 솔로몬과의 신혼 첫날밤으로 보
고 이 부분을 격정적인 왕의 성적 요구에 대한 여성의 열정적 반응을 나타
낸 것으로 보고 있다.

그러나 4:1-15의 내용을 고려할 때, 이 동사들을 그렇게 볼 수만은 없다.
우선적으로 이 부분은 목동의 대사이며 이에 대한 화답인 이 구절(16)에서
남성을 '도디'라고 하는 것을 보면 여인이 목동에게 하는 말이다. 왕을 대상
하는 하는 말이 아니다. 그러므로 술람미의 응답은 성적인 것을 포함할 수는
있으나 이것은 보다 넓은 개념의 사랑을 불러 일으켜 달라는 의미로 봐야 할
것이다. 부부 간의 사랑은 성 관계로만 이루어지는 것은 아니다.

이미 2:7, 3:5의 후렴구에서 이미 설명한 것처럼 깨어라 ʿwr 는 이미 설명
한 바와 같이 사역형(Niphal) 으로 쓰여서 마치 잠자는 것과 같은 상태에서 깨
우는 것을 의미한다. ʿwr 가 수동태로 쓰일 경우에는 '흥분된 것'과 관련이 있
으나 이 역시 반드시 성적 흥분을 말하는 것은 아니다. 렘 25:32 "재앙의 큰
바람이 일어나게 될 것"에서 yēʿor 는 ʿwr 의 수동형(Niphal, 미완료) 으로 안정
을 깨는 것을 의미한다.

이 외에도 구약 성경에서 이 말은 80회 가량 언급되는데 대부분이 '잠잠
하고 평안한 상태를 일깨우고 흔드는' 것으로 사용되었다. 예를 들면 "독수

리가 그 둥지를 어지럽게 하는 행동 ʿwr (신 32:11)" 이나 "아침마다 깨우시되
ʿwr 나의 귀를 깨우치사 ʿwr (사 50:4)"는 무엇인가 안일하게 유지되거나 멈추
어 있는 상황에서 자신이 각성 내지는 활성화되기를 바라는 요청이다. 예레
미아는 곧 남 왕국 유다에 들이닥칠 심판을 예고하면서 "재앙의 큰 바람이
일어날 것 yēʿor (ʿwr의 수동형)"이라 하였고(렘 25:32), 또한 "내 영광아 깰지어다
ʿwr, 비파와 수금아 깰지어다 ʿwr 내가 새벽을 깨우리로다 ʿwr (시 57:8)",에서
는 ʿwr 가 세 차례 반복된다. 또는 "칼아 깨어서 ʿwr 목자들을 치라(슥 13:7)"
에서는 칼이 잠잠히 있는 것과 반대되는 동작을 할 것을 요청하는데 쓰였다.

1:2에서 이 여인은 사랑하는 자에게 "많은 입맞춤"을 요청하였다. 이것은
술람미가 그에 대한 사랑을 더욱 강력하게 격동(불러 일으켜 달라)하는 요청과
다르지 않다. 그래서 자신이 사랑하는 자만을 생각하고 그에게만 집중할 수
있도록 해달라는 요청으로, 그렇게 함으로 왕의 방에서 자의적으로 단호히
나갈 수 있게 해 달라고 한 것으로 볼 수 있다.

그리고 2:7, 3:5의 후렴구에서도 이것은 '사랑 그 자체가 원하기 전에는
인위적인 방식으로 이를 '격동' 시키려고 하지 말라고 하였다. 이제 이 연인은
사랑하는 자와 만나 그 사랑이 더욱 더 불타오르기를 바라고 있다. 왕의 유
혹이든 세상의 유혹이든 이를 이겨낼 수 있는 것은 '사랑하는 자에게 속하
는 것(사로 잡힘)'임을 알고 있다. 자신의 동산에 이러한 바람이 세차게 일어나
기를 바라고 있다.

북풍 ṣāp̄ân 과 **남풍** têmān. 구약에서 북풍은 관용적으로 어둡고 한랭
한 지역을 말하며 악한 세력이 머무는 곳으로 상징된다(사 14:13, 렘 1:14; 4:6).
반대로 남쪽 têmān (남풍으로 번역됨)은 따뜻한 곳이다. 하박국은 "하나님께서
데만(남쪽 혹은 남쪽을 상징하는 실제 도시 명)과 바란산에서 오신다(합 3:3)"고 하여
남쪽은 북쪽과는 달리 하나님(혹은 성령)이 오시는 곳으로 여기는 해석이 보
편적이다. 그러나 이 구절에서는 일차적으로 영적 의미를 염두에 둔 것은 아

닐 것이며 북, 남도 어떤 방향을 지적하는 것이기보다는 '모든 방향'을 의미할 것이다.

불어라 *pwḥ*. "일어나라 *ʿwr*"와 점진적 대구를 이룬다. '불어라(깨우라)'를 격동으로 이해한다면 이보다 더 강한 표현이다. **향기를 "날리라"** *nzl* 역시 '일어나라'와 '불어라'와 3중으로 점진적인 대구를 이룬다. *nzl*은 주로 흐르는 물이나 물이 흐르는 것을(flow, stream) 나타낸다(민 24:7, 신 32:2, 사 45:8, 잠 5:15). 이것 역시 소강 상태에 있는 것을 활성화하는 것에 쓰이기도 한다.

나의 동산 *gānî*. 동산 *gān*은 말하는 사람의 의도나 듣고 이해하는 자의 시각에 따라 여러가지 의미를 가질 수 있다. 아가서에 동산은 7회 나타난다. 그러나 같은 낱말을 사용하지만 의미는 각각 다르다. "내 신부는 잠근 동산(4:12)", "너는 동산의 샘(4:15)"은 이것이 성적인 것을 암시하는 바가 없는 것은 아니지만 일차적으로 잘 가꾸어졌을 수 있고 타인에게 개방되지 않은 순수함을 유지하여 '많은 것을 생산해 내는 동산'으로 자기 자신을 가리키는 말이라 할 수 있다.

"내 사랑하는 자가 자기 동산으로 내려가 … 양떼를 먹이는구나(6:2)"에서 동산은 사랑하는 자의 생활의 터전일 것이다. "골짜기의 푸른 초목을 보려고 내가 호도 동산으로 내려갔을 때(6:11)"의 동산은 다수의 학자들이 성적 의미를 부여하지만 문자 그대로 "봄이 왔는지 확인하기 위하여 내려간 어떤 장소"이다. "너 동산에 거주하는 자(8:13)"에서 동산은 잘 발달된 도시의 반대 개념일 것이다(각각 해당 구절 해설 참고).

여인의 대사 중 '나의 사랑하는 자'는 여기서도 왕을 향한 말이 아니라는 것을 감안한다면 충분히 이러한 해석은 가능하다.

[4:16 b] 나의 사랑하는 자가 그 동산에 들어가 아름다운 열매 먹기를 원하노라

나의 사랑하는 자 "도디 *dôdî*"가 쓰인 것으로 보아 이것은 여인의 대사이다. 혹은 여인을 대신하여 코러스가 부르는 합창일 수도 있다. 여성은 그 "사랑하는 자"가 자신의 동산에 들어와 그 아름다운(최상급의) 과실을 먹기 원한다(16 b). 여자가 사랑하는 자는 왕이 아님으로 이 구절은 왕의 구애를 받아들이는 것이라고 볼 수 없다. 사랑하는 자인 목동이 자신에게 와 주기를 바라는 표현이다.

그(의) 동산 *lᵉgănnŏw* 은 동산 *gănnō* 에 방향을 나타내는 전치사와 3인칭 남성 어미가 합해진 것으로 "그"는 정관사로 쓰인 것이 아니라 3인칭 남성 단수 소유격을 나타낸다. "그의 동산(his garden)"이다. 사랑하는 자의 동산 곧 여인의 동산은 성적 대상으로서 여인의 몸이기보다는 사랑하는 자와 여인이 함께 이룩한(이룰) 삶의 터전이며 그들의 사랑을 의미한다. 그런 의미에서 그의 동산(남성)과 나의 동산(여성)은 일치한다(2:15 참고).

아름다운 열매 *pᵉrî mᵉḡāḏāyw* 는 최상의(excellence, best) 열매를 말한다. 이미 목동이 술람미를 각종 귀한 것들을 생산해 내는 동산이라고 한 것을 그대로 받아 그 최고의 것을 마음으로 사랑하는 자에게 주고자 하는 간절한 마음을 나타낸다.

※ 동산에 대하여

많은 해석자들이 동산을 여인의 몸으로 보고 호도 동산(6:11)과 함께 이 장면을 성적 관계를 나타내는 것으로 해설하고 있다. 심지어 아가를 오해하는 자들은 이를 "성적 욕구를 자극하는 선전지(carnal pamphlet)"라고도 하였다. 같은 장소에서 어떤 사물을 동시에 본다 하더라도 보는 사람에 따라 그것으로 연상되는 것이 다르다. "손" 그리고 "발" "문빗장" "문에 나 있는 구멍" "손가락에서 떨어지는 몰약 즙"과 같은 것은 "성적 상징물로" 연상될 수 있는 것이기는 하나(5:4-6) 중요한 것은 문맥을 통해 밝히고자 하는 저자의 의도이다(5:4-6). 저자의 의도를 확실히 알기 어려운 때는 당시의 삶의 정황을 고려한 가장 보편적이며 상식적인 뜻을 우선적으로 취하는 것이 적합하다.

여기서 말하는 동산은 각종 아름다운 과수를 내는 곳이다. 이것은 에로 틱한 표현을 위해 사용되는 것이 아니라 여성으로서의 생명력을 말하는 것이다. 곧, 성적인 대상으로서의 몸이 아니라 여성의 존재 자체를 예찬하는 표현들이다.

특히 아가서는 유월절에 모인 대중이나 가족들 앞에서 낭독되었던 것이다. 혹자는 아가서는 30세 이상이 된 자에게만 읽는 것이 허락되었다고 하나 그것은 확인할 수 없는 설에 불과하다. 또 한편으로는 성인이 된 13세 이상의 남자들에게 그 자격이 주어졌다고 하는 설도 있으나 이것 역시 확실하지 않다.

유월절은 애굽에서 이스라엘을 이끌어 내신 사건을 기념하여 다시 한번 하나님의 능력과 사랑을 마음에 확인시키는 중요한 절기이다. 아가서가 유월절에 낭독되었다는 것은 아가서의 의미가 유월절 정신과 깊은 관계가 있기 때문일 것이다. 저잣거리의 술집도 아니고 '신령한 것을 추구하는 사람들의 모임'에서, 또 '하나님의 위대하심이 기념하는 날'에 선정적인 표현으로 가득한(carnal pamphlet과 같은) 이야기를 한다는 것은 지나친 상상에 불과하다.

아가는 하나님이 주신 성의 숭고함을 교훈적으로 나타내는 책이라고 하는 것이 다수 학자들의 주장이다. 충분히 그럴 가능성이 있다. 솔로몬과 술람미의 사랑이 성숙해 가는 과정에서 약간의 문제가 있었으나 사랑으로 문제들을 극복하는 이야기로 보는 것이다. 그 과정에서 남녀의 사랑을 언급하는 중 자연스럽고 건전한 방식으로 성적인 이야기가 전개될 수 있지만, 그렇다고 해서 아가의 중요한 소재인 동산, 포도원, 석류, 호도 등등의 사물들이 성적 상징물로 쓰였다고 볼 수는 없다.

왕의 대사에는 여인과의 삶에 대한 말 대신에 여인의 몸을 탐하는 내용이 많이 감지된다. 이때 왕이 사용하는 동산, 포도원 등은 여성의 몸을 은유하는 것일 수 있다. 그러나 목동의 대사는 대부분 여인과의 '삶에 대한' 이야기이다. 그에게 있어서, 그리고 여인에게 있어서 동산이나 포도원은 삶의 터전이다.[38] 아가는 세상의 유혹을 상징하는 왕의 여성 예찬과 진정한 사랑을 추구하는 목동의 여성 예찬을 대조하여 보여준다.

오늘날 심미적인 것을 추구하되, 하나님에 대하여 깊은 이해가 없이 자유분방한 사고를 가진 독자가 아가를 보면서 무엇을 어떻게 이해하는가 하는 것보다 당시의 독자 혹은 청자, 특별히 유월절 의식을 위하여 모인 무리들이 이것을 어떤 식으로 이해했을 것인가 하는 것이 아가의 본래 의도에 더 가깝게 접근하는 방법이다. 아가는 사랑을 말하되 남녀의 사랑만을 말하는 것이 아니라 그것을 통해 진정한 사랑 곧, 하나님의 사랑을 말하며 그것이 남녀 간에 반영되어야 한다는 메시지를 준다.

[5:1 a] 내 누이 나의 신부야 내가 나의 동산에 들어와서   내가 내 동산에 들어와 이 부분은 남성의 대사이다. 술람미는 '나의 동산'을 '그의 동산'과 일치시키고 있는데(4:16) "그"는 술람미가 도디 *dôḏî* 라고 칭하는 목동이었다. 그 술람미의 말에 대한 남성의 화답이다.

내가 들어왔다, 거두었다, 먹었다, 마셨다 내가 들어왔다 *bāʾṯî*, 내가 거두었다 *ʾārîṯî*, 내가 먹었다 *ʾāḵalti*, 내가 마셨다 *šāṯîṯî* 이 네 가지 동사는 모두 완료형이다. 그러나 Gingsburg는 이를 현재형으로 읽고 있고, Exum이나 Carr은 이것은 계속되는 동작임으로 미완료나 완료 둘 다 가능하다고 본다. Garrett은 이것이 여인의 '초청'에 대한(3:17, 4:16) 응답으로 보고 현재 완료로 해석하는 것이 적절하다고 하였다. 이 완료형을 주시하는 학자들 중에는 이

---

38   "동산"은 4:12, 15, 16 ; 5:1 ; 6:2, 11 ; 8:13에 나타나는데 이는 "포도원"과 밀접한 관계를 가지고 있다.

것을 결혼식이 완료된 것으로 보고 그 육체(동산) 관계에서 비롯된 만족감을 나타내는 것으로 보기도 한다. 그러나 동산 등의 표현이 성관계를 말하는 것이 아니라 그보다 더 넓은 의미의 '삶'을 말하는 것이라면 이러한 상상은 아가의 정당한 해석을 방해하는 것일 수 있다. 그리고 이 완료형은 그 남성의 확고한 신념에서 비롯된 미래형 완료(*perfect confidentiae*)일 수 있다.

거두다 ʾrh는 농작물을 뽑고 모으는 동작을 나타낸다. **먹는다** ʾkl 는 뽑은 농작물을 섭취하는 동작을 나타낸다. 마시다 šth 역시 마찬가지이다. 이것은 **들어오다** bwʾ로부터 시작되는 하나로 연계된 동작이다. 특히 거두다 ʾrh 는 이곳과 시 18:12에서만 사용되었는데 이 구절에서는 "하나님께서 (이스라엘의) 담을 헐어 버리심으로 이방인들이 마음대로 '따먹게' 하셨다"는 한탄의 표현으로 사용되었다.[39] 곧 점령한 자의 대표적 행위로 표현한 것이다. 이렇게 본다면 이것은 단순한 열매나 꿀, 그리고 포도주 등의 음식을 섭취하는 의미 이상으로 그 동산을 소유한 자의 태도를 보이는 것이라 할 수 있다(7:8 해설 참고).

"나의 몰약"과 "나의 향 재료," "나의 꿀 송이"와 "나의 꿀" "나의 우유와 함께 나의 술을 마셨다"에서 "나의"라는 말이 반복되고 있다. 몰약, 향 재료, 꿀, 우유나 술은 그 여자의 동산(4:12)에 있던 것들이다. 이런 말을 하는 남성은 외부에서 그 동산으로 들어온 자이지만 그 동산의 산물들을 '나의 것들'이라고 말한다. 이 동사들이 미래의 확신을 나타내는 완료형이라는 것은 동산으로 상징되는 여인과 그 남성의 삶이 하나로 연합되기를 바라고 그것을 의심 없이 믿는다는 뜻이 된다.

몰약 mōr을 술에 타면 매우 강한 독주가 된다고 한다. '포도주와 내 우유'는 우유를 섞은 포도주(wine with milk)를 말한다. 이는 바알을 숭배하는 의식을 행할 때 쓰였던 것이기도 하고 심지어는 디오니소스(Dionysos)와도 밀접한 관계가 있다고 하지만 이는 그런 제의를 그대로 도입한 것이기보다는 당시 일반적으

---

39 시 80:12

로 행하여지는 파티 문화로 보인다(요 2:10과 학 1:6을 대조).[40]

이것은 "날이 저물기 전, 그림자가 사라지기 전"에 속히 와주기를 바라는 여인의 요청(2:17)에 대한 목동의 응답(4:16)이다. 반드시 그렇게 할 것이며 그렇게 될 것이라는 표현이다. 비록 여인의 심상 안에서 일어난 비현실적인 일일 수 있지만 그렇다 하더라도 이것은 곧 현실화될 것이라는 기대를 갖게 한다.

[5:1 b] 친구들아 사랑하는 자들과 함께 먹고 많이 마시라   '사랑하는 자'는 사랑에 대한 추상적 개념으로 쓰였다는 주장이 있으나 고대 역본들은 '친구들(남성 복수)'과 '사랑하는 자들'을 평행으로 본다. **먹으라** rēʿîm 는 남성 복수 명령형, **많이 마시라**는 의역한 것으로 '마시라 그리고 취하라 wᵉšiḵrû 이다. 역시 남성 복수 명령형이며, **사랑하는 자**(들과 함께) dôḏîm 역시 남성 복수형이다.

"많이 마시라 wᵉšiḵrû"는 넘치도록 마시라(drink abundantly, KJV), 가득 마시라(drink your fill, NIV), 실컷 취하라(drink and imbibe deeply, NASB)로 번역되고 있다.

Ginsburg는 이것을 결혼식 장면으로 보는 것을 거부함으로, 하객 등 어떤 특정인에게 하는 말이 아니라 어떤 대사나 행위를 마무리하는 에피포네마(Epiphonema)라고 하였다.[41] '친구들아'는 예루살렘의 딸들처럼 실체가 있는 대상이 아니라 가상적으로 설정된 불특정 대상이다.

[해설]

여인은 왕의 방을 나와 마음으로 사랑하는 자와 함께 자기 어머니의 집으로

---

40   요 2:10, 학 1:6

41   Ginsburg, 163. Epiphonema는 감탄문(exclamation)의 일종으로 이야기 전체나 그 중 한 부분을 강조하거나 간결하게 요약하여 말하는 것이다.

갔다. 고대 유대인들은 결혼에 있어 먼저 정혼(定婚)을 한 후 약 일 년여 후에 결혼식을 하게 된다. 그들의 관습으로는 정혼식은 신랑이 신부의 집으로 와서 행하며, 결혼식은 신부가 신랑의 집으로 가서 하게 된다. 여성의 어머니 집으로 갔다는 것과, 남성이 여성에게 계속 '신부'라는 말을 사용하는 것을 볼 때(4:8-12) 이들은 정혼 관계였음을 알 수 있다. 왕이 여인을 효과적으로 유혹하기 위하여 신부라는 말을 사용할 수도 있겠으나 왕의 대사인 것이 확실한 7:1-9에는 신부라는 말은 사용되지 않으며 그 대신에 '귀한 자의 딸'이 쓰였다(7:1 해설 참고). 신부 *kālla(h)* 는 남편이나 시부모가 갓 결혼(정혼)한 여성을 칭할 때 쓰인다(4:8 참고).

여인이 왕의 방을 떠난 것을 알게 된 왕은 호화롭게 장식된 가마(아필르온)를 타고 다시 나타난다. 다시 무언의 유혹이 시작되는 것이다. 그러나 왕의 유혹의 어떤 대사가 시작되기 전에 여인은 또 다시 마음으로 사랑하는 자의 음성을 듣는다.

이 대사에 나타나는 여성과 관련된 소재들을 선정적인 표현으로 보는 해설자들이 다수이지만 사실상 이것은 성적 유희의 대상으로서 여성의 몸을 은유하는 것이 아니라 그 여성의 생산력과 아름다움을 아울러 표현하는 것들이다. 4:5에 유방에 관한 언급이 있기는 하나 이것은 고대 유대 여성들의 다산(多産)과 자녀 양육과 관련하여 성적인 묘사이기보다는 여성의 미덕 중 하나를 언급하는 것이다. 어머니의 젖가슴은 누구도 성적인 뉘앙스가 있는 것으로 받아들이지는 않는 것과 같다고 할 수 있을 것이다. 입술, 혀에서 떨어지는 꿀 방울(4:11)과 같은 표현이 달콤한 입맞춤을 연상하게 할 수 있으나 이것은 성경의 다른 곳에서 한 고매한 인격을 말할 때 쓰이는 "말(speech)"을 의미하기도 한다.

잠근 동산, 덮은 우물, 봉한 샘(4:12) 역시 처녀성과 연결 지을 수 있는 것으로서 이것은 남성이 여성의 순결하고 고결함을 나타내는 찬사로 쓰였다. 동산 역시 현대 해석자들 대부분이 여성의 몸을 은유하는 것으로 보기도 하지만 이것은 귀한 것들을 생산해 낼 수 있는 여성의 미덕 중 하나를 말한다(잠 31:10-31). 여인이 사랑하는 자는 여성의 몸을 노래하는 것이 아니라 같이 누리고 싶어하는 삶을 노래한다. 목동의 여성에 대한 예찬은 술람미의 현숙한 최고의 여인상을 말하는 것이다.

"북풍아 일어나라, 남풍아 오라, 나의 동산에 불어서 향기를 날리라(4:16)." 여인은 후렴구인 2:7, 3:5에서 "사랑이 원하기 전에는 흔들지 말라"고 함으로 귀한 선물이나 달콤한 말로 사랑을 일으키려고 하지 말라고 부탁하였으나 이제 사랑하는 자와의 만남(심상 속에서 일어난 일이지만)에서 이제 사랑을 '일으켜 달라'고 하였다. 왕의 유혹으로부터 완전히 자유로워질 수 있는 것은 사랑하는 자에게 온전히 속하여지는 것이다. 이것만이 자신이 자신다워질 수 있는 유일한 방법이라는 것을 알고 있다.

내가 들어왔다, 거두었다, 먹었다, 마셨다는 모두 이런 일이 반드시 일어날 것을 확신하는 미래를 나타내는 것이다. 반드시 사랑하는 자와 다시 연합하여 같이 삶을 나누게 될 것을 말한다.

제3장 문을 열어 달라고 하는 목동, 열지 않는 술람미(5:2-8)

2 내가 잘지라도 마음은 깨었는데 나의 사랑하는 자의 소리가 들리는구나 문을 두드려 이르기를 나의 누이, 나의 사랑, 나의 비둘기, 나의 완전한 자야 문을 열어다오 내 머리에는 이슬이, 내 머리털에는 밤이슬이 가득하였다 하는구나 3 내가 옷을 벗었으니 어찌 다시 입겠으며 내가 발을 씻었으니 어찌 다시 더럽히랴마는 4 내 사랑하는 자가 문틈으로 손을 들이밀매 내 마음이 움직여서 5 일어나 내

> 사랑하는 자를 위하여 문을 열 때 몰약이 내 손에서, 몰약의 즙이 내 손가락에서 문빗장에 떨어지는구나 6 내가 사랑하는 자를 위하여 문을 열었으나 그는 벌써 물러갔네 그가 말할 때에 내 혼이 나갔구나 내가 그를 찾아도 못 만났고 불러도 응답이 없었노라

4:1-5:1는 목동의 대사에 대한 술람미의 반응은 비현실적 서법으로 기록되어 있으나 그 대사의 생동감은 현실을 능가한다. "내가 잘지라도 마음은 깨었는데(5:2)"라는 것은 4장의 대화가 여인의 심상 안에서 이루어진 것임을 보여준다.

[5:2] 내가 잘지라도 (그러나) 마음은 깨었는데   내가 자고 있지만 마음은 깨었다. 자다(sleep, asleep) *yᵉšēnā(h)* 는 *yāšēn* 의 1인칭 절대형 명사 혹은 형용사로 상태를 나타낸다. **마음** *lēḇ* 은 의지나 욕망이라는 뜻을 가지고 있으나 때때로 지각(知覺) 활동을 하는 내면을 나타낸다. **깨었다** *ᶜēr* 는 *ᶜwr* 의 분사로 계속해서 깨어 있는 상태를 나타낸다. 자고 있었으나 '내면의 지각 활동이 계속되고 있는 것'으로 사실상 잠들었기보다는 잠을 자는 것 같은 상태에 있으면서 무엇을 계속 생각하고 있다는 표현이다. 이 장면을 두 번째 꿈(dream)으로 보는 해석자들이 다수 있으나(첫째 꿈은 3:1) 이것을 꿈을 꾸는 것이라고 하면 잠이 완전히 든 것을 전제로 하는 것이지만 바로 전에 언급한 대로 꿈과는 또다른 '잠을 이루지 못하는 상태'라고 할 수 있다. Pop은 서부 셈어에서 사용된 꿈이나 꿈에 관련된 동사나 명사가 아가에는 어디에서도 발견되지 않는다고 하였다.[42]

나의 사랑하는 자의 소리가 들리는구나. 들리는구나 *qôl* 는 식별할 수 있

---

42   Pop, 511.

는 어떤 소리가 아니라 일종의 감탄사로 쓰일 수 있다. 사랑하는 자가 말하는 소리이기보다는 사랑하는 자가 오고 있거나 왔다는 사실을 느꼈거나 인지하였다는 의미이다.

문을 두드리다 *dpq* 의 분사형으로 '어떤 대상을 심하게 몰아가다(drive a herd too hard, 창 33:13)' 혹은 '서로 밀다(push each other, 삿 19:22)'로 문을 맹렬하게 두드리는 것을 연상케 한다.

이 여성은 도디가 "날이 저물기 전에 동산으로 오겠다(2:17; 4:16)"는 약속의 말을 믿고 기다렸고, 또 심상으로 나마 4장의 대화를 나누었다. 이제 "사랑하는 자 *dôdî* "가 여자의 집으로 찾아왔다. 그리고 문을 (강하게) 두드린다. 이 역시 여인의 심상 안에서 일어난 일이다.

내게 열어다오 *piṯḥîlî* 는 *ptḥ* 의 명령형에 방향을 나타내는 전치사와 함께 1인칭 대명사가 접미되어 "나에게 *lî* "가 눈에 뜨이게 하였다. 문을 열라고 한다면 '나에게'라는 목적어가 필요 없을 수 있으나 '나에게 열어 달라'고 함으로 한층 더 간절함을 드러낸다.

나의 누이 *ʾǎḥôṯî*, **나의 사랑** *raʿyāṯî*, **나의 비둘기** *yônāṯî*, **나의 완전한 자** *ṯǎmmāṯî* 이렇게 반복되는 애칭(愛稱)은 그 남성의 마음에 있는 여성의 사랑스러움을 남김 없이 표현하고자 하는 것이다. 특히 '열어 다오'에 따르는 누이, 사랑, 비둘기, 완전한 자라는 네 가지의 명사마다 접미된 "나의"을 의미하는 "리(*lî*)"라는 비교적 길게 나는 발음이 분위기를 더욱 간절하게 나타낸다. 비둘기는 여성의 정숙한 아름다움을 나타낼 때 쓰일 수 있으며 완전한 자는 문자적으로 '조금도 흠이 없다'는 뜻으로, 모든 면에서 완벽하다는 의미로 여성을 높여주는 표현이다.

내 머리에는 이슬이, 내 머리털에는 밤 이슬이 가득하였다 이러한 표현을 볼 때 이것은 왕의 대사가 아닌 것을 알 수 있다. 왕이 여인에게 문을 열어 달라고 이렇게 사정하듯 부탁할 리가 없으며, 밤 이슬을 맞으며 문 밖에 서서 기다리지는 않았을 것이다. 왕은 그 여인을 '방으로 이끌어 들인 자(1:4)'이다. 그는 여인이 있는 방을 임의로 열고 들어올 수도 있는 사람이며 왕이 문을 열라 할 때 여인이 이를 비교적 오랜 시간 동안 거부할 수는 없을 것이다. 이슬이 머리털에 가득 하다는 것은 상당히 긴 시간을 밖에서 지냈음을 의미한다.

[5:3] 옷을 벗고 누웠으니 어찌 다시 입겠으며 내가 발을 씻었으니 어찌 다시 더럽히랴 마는   그토록 그리워하며 사랑하는 자의 간절한 요청에 대하여 여인은 너무도 의외의 반응을 하고 있다. 옷 *kŭttōnĕt* 은 긴 가운(long rob)과 같은 것으로(삼하 13:18) 침상에 들기 전에 입는 옷이다. 이를 벗었다는 것은 침상에 들었다는 뜻이다. '더럽히다 *ʾăṭănnĕpēm*'는 흙을 묻히다 *ṭnp* 의 강조 능동형(Piel) 미완료형인데 이곳에 단 한 번 나오는 것으로 아카디안(Akkadian)이나 우가릿(Ugarit) 어에서 차용된 것으로 보고 있다. 이들은 침상에 들기 전 발을 씻는데 그 이후에는 아침에 일어나기까지 다시 바닥을 밟지 않는다고 한다(눅 11:7 참고).

궁중에 있는 여인을 위한 방과 달리 일반 가옥은 주로 포장되어 있지 않은 흙바닥이다. "솔로몬이 바로의 딸을 위하여 그의 궁전 안에 따로 집을 지었는데 궁중의 주랑(hall of justice)과 같았다(왕상 7:8)"에서 그 주랑은 마루로부터 천장까지 백향목으로 덮여 있었다(왕상 7:7). 이로 볼 때 여자는 현재 어떤 성안에 (순찰자가 있는 성, 성벽 유무와 관계없이) 있는 일반 가옥인 그 여자의 어머니의 집으로 추측되는 곳에 머물고 있음을 알 수 있다(3:4).

[5:4] 그가 문틈으로 손을 들이밀 때 내 마음이 움직여서   문틈이란 문에 나 있는 구멍을 말한다. 이곳에 언급된 '구멍'을 여인의 은밀한 곳에 비유하고 손을 남성 성기를 나타내는 것으로 보고 이 대목을 성행위로 해석하는 학자들이 있으나 이것은 밖에서 문을 열려고 시도하는 일상적인 행위일 뿐이다(서

론, 고대 이집트 연애시와 근동의 작품 비교 참고).

이들의 전통 가옥의 출입문에는 팔이 들어 갈 수 있는 정도의 구멍이 있다고 한다. 외출 시 문을 닫은 후에도 밖에서 손을 넣어 자물쇠로 빗장을 잠글 수가 있고 다시 돌아왔을 때 같은 방식으로 문을 열 수 있다. 잠을 자는 시간에는 자물쇠를 채워 놓을 것이다. 여인을 찾아온 목동은 그 구멍으로 손을 넣어 빗장을 풀어보려고 하였으나 잠겨져 있음을 알고 문을 오랫동안 두드리다가 반응이 없어 돌아가 버린 것이다. 문자적 해석으로 충분하다면 다른 의미를 부여할 필요는 없을 것이다.

2:3-15에서 사랑하는 자가 산에서 달리고 산을 넘어와 노루와 어린 사슴처럼 창문을 통해 들여다보며 여인을 찾았을 때도 술람미는 즉각 문을 열지 않았다(3:1). 그리고 사랑하는 자가 돌아간 후에 뒤늦게 밖으로 나가서 그를 만나서 어미의 집으로 갔다(3:4). 지금 이 구절에서도 사랑하는 자가 문을 열어 달라고 하였을 때 여인은 이미 발을 씻고 침대에 누웠다는 이유로 그의 요청에 응하지 않았다. 사랑하는 자는 머리가 이슬에 흠뻑 젖을 정도로 긴 시간 문을 두드렸으나 여인은 그 소리를 들으면서도 침상에 그대로 누워있었다. 이것이 만일 현실에서 일어난 일이라면 사랑하는 자를 이렇게 대하지 못하였을 수 있겠으나 심상으로 이루어지는 것임으로 그 마음 깊은 곳에 있는 것을 거짓 없이 그대로 드러낼 수 있었을 것이다.

내 마음이 (내 안에서) 움직여서 한참동안 문을 두드리는 소리가 들릴 때 여인은 **마음** *mēîm* 이 움직였다고 하였다. 마음 *mēîm* 은 문자적으로는 이들이 감정의 좌소(座所)로 여기는 내장 기관을 말한다. Garret은 이것은 거의 대부분 여인의 자궁을 가리킨다고 하였다. 그러나 Ginsburg에 의하면 이것은 내장 기관 중에서도 상부기관이 폐나 심장 등을 가리키는 것으로 때로 태(胎) *bĕṭĕn* 와 자궁이 나란히 표현되기도 하지만(시 71:6), 이것은 마음 혹은 내부 장기(臟器) *mēîm* 가 폭 넓게 쓰인 것이다. 고대 유대인들은 내장을 감정의 좌소로 표현한다.

움직이다 *hmh* 는 요동하다, 소란을 일으키다(to make noise)의 의미이다. 사 51:15에는 하나님이 바다를 '휘젓다'로 번역되어 있다. 그 뒤에 이어지는 '내 안에서 *ᶜālāyw*'는 개역개정에서 생략되어 있다. 이런 표현으로 인하여 이 것이 성관계가 이루어져 여성이 황홀감을 느끼는 순간의 표현으로 보기도 하나 이것은 아가는 성적 표현을 노래하는 것이라는 선입관에서 비롯된 해 석이다. 더 이상 침묵할 수 없고 가만히 있을 수 없을 정도로 마음이 움직였 다는 표현이다.

[5:5] 일어나 내 사랑하는 자를 위하여 문을 열 때　문을 두드리는 동안 마음 이 움직였으나 술람미는 그냥 침상에 누워있었다. 그리고 여기서도 그가 가 버린 후에야 뒤늦게 문을 연다. **일어나다**는 더 이상 누워있을 수 없을 정도로 마음이 움직여서 마침내 행동하는 것을 의미한다. 품 가운데 몰약 향주머니 처럼(1:13) 항상 가슴에 품고 있고, 왕의 유혹이 있을 때마다 더욱 더 생각나 는 목동이 찾아왔음에도 여인은 즉각 문을 열어 환영하지 않는다. 그렇다고 사랑이 식어진 것도 아니다. 대부분의 독자들은 어렵지 않게 그 여인의 심리 상태를 짐작해 낼 수 있을 것이다.

몰약이 내 손에서 몰약의 즙이 내 손가락에서 문 빗장에 떨어지는구나. **손** *yād* 과 손가락 *ᵓěṣbă* 은 서로 교환이 가능한 동의어로 쓰인다(사 2:8; 17:8 시 144:1). **문빗장** *kắppōṭ* (handles) *mănᶜûl* (bolt). *kắppōṭ* 은 *kăp* 의 복수형으로 손바닥(창 31:42)이나 발바닥(수 1:3), 물매의 돌을 재우는 부분(삼상 25:29)과 같 이 비교적 오목한 부분을 나타내는 것으로 아마도 시건 장치의 빗장이 걸리 는 작은 구멍을 의미하는 듯하다.[43] 잠금 장치(bolt) *mănᶜûl*는 '잠근 동산(4:12)' 에서 동사형으로 쓰인 단어이다.

43　Hess, p.264.

몰약의 즙 *mŏr ᶜbr* 은 액상의 몰약으로 이 구절에서는 여인의 손가락에서 흘러내리는 몰약인지 아니면 문빗장(volt)에 묻어 있는 것인지 구분하기 모호하다. 전자라면 사랑하는 자를 위하여 몸에 바른 몰약을 어느 정도 과장되게 표현한 것이고 후자라면 고대의 연인들이 행하였던 관습적인 행위로서 사랑하는 자가 자신의 입장(入場)을 알리기 위하여 사용한 향유라고 볼 수 있을 것이다. 또 하나의 가능한 의견은 여인이 사랑하는 자가 먼 길에서 돌아왔을 때 머리 등에 붓는 용도로 준비한 몰약 상자를 열었다는 것이다. 해석자들은 고대의 다양한 관습을 예로 들어 이 부분을 설명하고 있으나 어떤 것이 이 부분과 일치하는 것인지는 알기 어렵다.

아가를 매우 농도 짙은 성적인 표현들로 이루어진 것으로 보는 학자들 중에는, 액체로 된 몰약은 값비싼 귀중품으로 그것이 손에서 흐를 정도로 바르는 여성은 없을 것이라는 추측 아래 이 구절도 여성의 애액이 흐르는 것으로 해석하려는 견해가 있다. Garret은 발과 손은(5:4) 생식기에 대한 완곡어 법으로 "발을 씻고 누웠다"는 것은 처녀성을 상실한 것이며 문틈(문에 나 있는 구멍) 이란 여성의 생식기를 완곡적으로 나타낸 것이고, 손을 들이미는 행위에서 손은 남성의 생식기, 마음이 움직인다는 것은 여성의 흥분 상태를 말한다고 하였다.[44] 문을 열었다는 것 역시 여성이 남성을 육체적으로 받아들였다는 것을 암시하는 것으로 보고 있다. 그러나 남성은 아직 문 밖에서 안으로 들어 오지도 못한 상태에 있음으로 이런 상상은 지나치다.

이 부분에서 손가락을 통하여 손에서 흐르는 몰약이 어떤 의미인지 정확히 알 수는 없지만 '그리워하는 마음'을 회화적으로 나타낸 것으로 보인다. 분명한 것은 여인이 처음에는 문을 여는 것은 망설였으나 마음이 크게 움직여서 늦었지만 일어나 그에게 문을 열어주었다는 것이다. 술람미의 이와 같은 행동은 묘한 심리적 갈등을 보여준다.

---

44   Garrett, 210-211.

[5:6] 내가 내 사랑하는 자를 위해 문을 열었으나　문을 열었다는 것 역시 위에서 소개한 일부 해석자들에 따르면 '문을 두드린 남자에게 자신의 몸을 내어 준 것'으로 이해하려고 하나 이것은 일차적으로 가옥의 문을 연 것을 말하는 것으로 그의 요청을 받아들였다는 뜻으로 충분히 설명이 가능하다.

　　그는 벌써 물러갔네　물러가다는 돌아가다(had turned) *ḥmq* 의 완료형과 가버렸다 (has gone) *ᶜbr* 의 완료형이 접속사가 없이 나란히 놓여있는 것을 의역한 것이다. 문을 열었더니 그는 이미 가고 없었다.

　　그가 말할 때 내 혼이 나갔구나? 나는 '혼이 나갔다 *yāṣeᵓa(h)* 는 마치 죽은 것 같이 된 마음 상태를 나타낸다(창 35:18). **말할 때** *bᵉḏabbᵉrōw* 의 '말하다 *ḏăbᵉrō*'는 *dbr* 의 강조형 능동(Piel) 부정사이다. 이것은 주로 '말하다'라는 동사로 쓰이지만 '물러가다'는 의미가 있다(DBL Hebrew). 바로 전 '돌아갔다'와 대구를 이루어 이 역시 "물러가다" 즉, '물러갔을 때'로 읽어야 할 것이다. 좀 더 기다려 줄 것이라는 기대가 좌절된 것이라 할 수 있다. 한편으로 "말하다"를 문을 열어 달라는 '말'로 본다면 그가 말할 때 나는 '제 정신이 아니었다(왜 그랬는지 모르겠다)'는 뜻이 될 것이다.

　　내가 그를 찾아도 못 만났고 불러도 응답이 없었노라 그를 찾았다(seek) *biggăštîhû* 는 *bqš* 의 강조 능동(Piel) 완료형으로 여기 저기 살피고 열심히 찾아보았으나 발견하지 못하였다는 것이고, **부르다**는 *qrᵓ* 의 완료형으로 그를 불러 보는 등 찾느라 많은 노력을 하였다는 것으로 이 두 가지 동사가 합해져서 찾는 자가 할 수 있는 행동은 다 해봤다는 것을 나타낸다.

　　왕의 노골적인 유혹이 있을 때마다 벗어나려고는 하지만 머뭇거리는 여성의 행동이 반복된다. 사랑하는 자에 대한 사랑이 지극함에도 불구하고 화려한 유혹에 흔들리는 여성의 심리를 심도 있게 묘사한 것이다. 1:8에서 코러스는 이미 이것을 지적하고 여성에게 좀 더 분명한 결단을 촉구하고 있다 (1:8). 사랑하는 자에게 "너는 나를 (왕의 방으로부터) 인도하라"는 것은 여성의 진심이다(1:4). 그러나 왕이 여자를 납치 혹은 구금하고 있는 것은 아니기 때문에 능동적으로 왕에게서 벗어날 수 있었음에도 이 여성은 수동적인 방법으로 그것을 벗어나려고 하였다. 왕의 유혹을 쉽게 떨쳐 버리기가 어려웠던 모양이다. 여기서도 거의 유사한 행동이 반복되고 있다.

> 7 성 안을 순찰하는 자들이 나를 만나매 나를 쳐서 상하게 하였고 성벽을 파수하는 자들이 나의 겉옷을 벗겨 가졌도다 8 예루살렘의 딸들아 너희에게 내가 부탁한다 너희가 내 사랑하는 자를 만나거든 내가 사랑함으로 병이 났다고 하려므나

[5:7] 성 안을 순찰하는 자들이 나를 만나매　　사랑하는 자가 그렇게 가버렸을 때 여성은 포기하고 방안에 머물지 않았다. 문을 열고 밖으로 나와 사랑하는 자를 계속 찾아 헤매고 다닌다. 사람들이 왕래하는 시간은 이미 지났을 때로 보인다.

　　순찰하는 자들 šōmᵉrîm 은 성의 치안이나 외부로부터 오는 위험을 대비하기 위한 임무가 주어진 자들로 이것은 여인이 지금 순찰자가 있는 성 안에 있음을 의미한다. Garret은 여기서도 '순찰자가 그 여성을 때려 상하게 하였다'를 처녀성을 상실한 고통이라 하였다.[45] 이것은 5:2-6절을 성행위로 보는 연장선상에서 나오는 주장이다. 가능한 한 거의 모든 아가에서 사용하는 소재들을 성관계로 연결하려는 해설자들이 의외로 많다.

　　3:3에서도 이와 비슷한 장면에서 순찰자들 šōmᵉrîm 을 만나는데 이때는 순찰자들의 학대가 보이지 않았으나 이 구절에서는 그들이 이 여성을 '쳐

45　Garret, 214.

서 상하게 하고 겉옷을 벗겨 가졌다'고 한다. 겉옷(veil) *rᵉḏîḏ*은 추위를 막을 수 있는 정도로 온 몸을 감싸는 숄(shawl, 사 3:23)과 같은 것이다(4:1 해설 참고). Keel은 12세기 앗수르 법 중에서 '창기는 베일로 얼굴을 가리우면 안되는데, 만약 이를 어길 시 체포할 수 있으며 체포자는 옷을 가질 수 있고 여성은 50 대의 태형에 처해지는 규례가 있다'고 소개하였다. 그리고 순찰자는 그저 일 반 시민일 것이라는 말을 덧붙였다.[46]

그의 주장은 지금 이 장면을 명쾌히 설명해주고 있지는 않으나, 순찰자가 폭행을 한 것은 이 여인이 당시의 그 지역의 통행 규정을 위반했기 때문일 수 도 있고 또, 창기로 오해했을 가능성이 있다는 것이다. 야심한 시간이라면 평 범한 여인이 길에 돌아다닐 일은 거의 없을 것이다. 이런 사실을 밝히는 것은 술람미가 그런 위험에도 불구하고 사랑하는 자를 찾아 나섰다는 것을 보여 주기 위한 것이라 할 수 있다.

[5:8] 예루살렘의 딸들아 내가 부탁한다　　2:7; 3:5에 반복되었던 후렴구와 유 사한 표현이 다시 나타난다. 이전에는 '사랑이 원하기 전에는 깨우지 *ᶜwr* 말 라'고 하였으나 이제는 '사랑함으로 병이 났다'는 말을 전해 달라고 한다. **사 랑의** *ᵓăhăḇā(h)* **병이 나다** *ḥôlăṯ*. '병이 나다'는 *ḥlh*의 분사형으로 '사랑의 슬 픔으로 인한 병'을 의미한다. 예루살렘의 딸들은 특정 그룹을 가리키는 것이 아니라 마음에 있는 말을 하기 위하여 가상적으로 설정한 그룹이다.

너희가 만나거든(If you find) *timṣᵉᶜû* 역시 2인칭 남성 복수 미완료형이 지만 너희는 예루살렘의 딸들을 지칭한다. 여성 복수는 남성 복수로 대체되 기도 한다.

46　Keel, 195.

제4장 술람미의 목동 예찬(5:9-16)

> 9 여자들 가운데 어여쁜 자야 너의 사랑하는 자가 남의 사랑하는 자보다 나은 것
> 이 무엇인가 너의 사랑하는 자가 남의 사랑하는 자보다 나은 것이 무엇이기에 이
> 같이 우리에게 부탁하는가

[5:9] 여자들 가운데 어여쁜 자야(1:8; 6:1; 1:8 해설 참고)   코러스의 노래이다.
여인이 예루살렘의 딸에게 부탁한 말을(5:8) 코러스가 받아서 답을 하고 있
다. 이는 예루살렘의 딸들과 코러스를 같이 볼 만한 근거라고 하기는 어렵
다. 여인이 독백처럼 한 하소연을 들은 코러스는 이제 그 여자에게 사랑하
는 자에 대하여 여인이 진솔하게 소개할 수 있는 기회를 준다. 이런 기회가
없다면 독자(청자)는 술람미의 마음을 정확히 파악하기 어려울 수도 있다. 코
러스는 술람미에게 자신을 독자(청자)들에게 진솔하게 나타낼 수 있는 기회
를 주고 있다.

너의 사랑하는 자가 남의 사랑하는 자보다 무엇이 나은가 *măddôdek
middôḏ*? 이것은 여인이 왜 왕의 그러한 유혹에도 불구하고(부귀와 영화를 줄
수 있다는 약속이 암시된) 왕과 비교할 때 매우 초라할 수도 있는 서민적인 목자를
그렇게 사랑하는지 설명할 기회를 주는 것이다. 여인의 입으로 직접 그것을
고백하게 하고 있다. 어찌 보면 속 마음을 정확하게 알 수 없게 행동하는 여
인에게 자신의 마음을 명백히 보여줄 수 있는 기회를 주는 것이라 할 수 있다.

너의 사랑하는 자는 무엇이냐 *măddôdek*. 무엇 *mă* 은 의문사(what), **남
의 사랑하는 자보다 나은 것이** *middôḏ* 의 *mi* 는 '보다 나은(more than),' 그리
고 뒤에 따라 나오는 '사랑하는 자, 도드 *dôḏ*'는 남성 단수이다. 도드 *dôḏ* 는

일반적으로 여인이 사랑하는 남성을 가리키는 말이다.[47] "당신이 그토록 사랑하는 자가 또 다른 여자(들)이 '사랑하는 자'보다 무엇이 더 나은가?"라는 뜻이다. KJV, NIV, RSV, ESV는 "what is your beloved more than their(another) beloved?"로 번역하였다. 이 문장은 같은 절에 두 차례 반복되어 강조되고 있다.

여기서 "또 다른 사랑"을 의미하는 *dôḏ*는 정관사가 없음으로 꼭 집어서 말하기는 어려우나 방금 전까지 이어지던 왕의 구애를 고려할 때 세상의 모든 부귀와 영화를 가지고 다가오는 왕을 지칭한다고 할 수 있다. 그 사랑이 왕보다 나은 것이 무엇인지 혹은 네가 사랑하는 자는 무엇이 특별한가를 묻고 그 답을 청자나 독자에게 공개하려는 것이다.

'무엇이 나은가'라는 질문에 대한 여성의 대답은 장황할 정도로 이어지지만 요약하면 "많은 사람 가운데 뛰어나다 *dāḡûl rᵉḇāḇā(h)*"이다(5:10). 이제 그 이유를 차례로 말하고 있다.

> 10 내 사랑하는 자는 희고도 붉어 많은 사람 가운데에 뛰어나구나 11 머리는 순금 같고 머리털은 고불고불하고 까마귀 같이 검구나 12 눈은 시냇가의 비둘기 같은데 우유로 씻은 듯하고 아름답게도 박혔구나 13 뺨은 향기로운 꽃밭 같고 향기로운 풀언덕과도 같고 입술은 백합화 같고 몰약의 즙이 뚝뚝 떨어지는구나 14 손은 황옥을 물린 황금 노리개 같고 몸은 아로새긴 상아에 청옥을 입힌 듯하구나 15 다리는 순금 받침대에 세운 화반석 기둥 같고 생김새는 레바논 같으며 백향목처럼 보기 좋고 16 입은 심히 달콤하니 그 전체가 사랑스럽구나 예루살렘 딸들아 이는 내 사랑하는 자요 나의 친구로다

---

47 술람미가 '나의 사랑하는 자'라고 할 때는 '도드'에 1인칭 소유격 대명사가 접미된 '도디'라는 말을 쓴다.

[5:10] 내 사랑하는 자는 희고도 붉다　　　**희다** *ṣaḥ* 는 '환하게 빛이 나는(radiant, shimmering)' 즉, '단연 눈에 뜨이는 탁월한 존재'라는 뜻이다. 이 말은 사 32:4 에서 '맑고 깨끗한 말(lucid word)'로 쓰였다. Pop는 이를 아랍어 *ṣḥḥ* 에서 온 것으로 '건강함'을 나타내는 용어로 보았다.[48] 시골의 한 평범한 목자이지만 그 여자에게는 가장 뛰어난 존재이다.

붉다 *ʾādōm* 는 적색을 나타낸다(창 25:30; 민 19:2; 왕하 3:22; 슥 1:8; 6:2; 사 63:2). 사람의 용모와 관련하여 "다윗의 얼굴이 붉다"에서 형용사 *ʾadmōnî* 는 '빛이 붉다'는 '눈이 빼어나고 얼굴이 아름답다(삼상 16:12)'와 동반되어 나타나며 또, '젊고 붉고 용모가 아름답다(삼상 17:42)'에서 '붉다'는 '준수함'과 짝을 이루어 사용되었다. 남성의 준수함과 아름다움은 이렇게 표현되었던 것 같다. '희다'와 '붉다'가 조화를 이룬 최상급의 표현이다. 이것은 다음에 연결되는 "뛰어나다"는 것을 말하기 위한 예비 진술이다.

많은 사람 가운데 뛰어나다 *dāḡûl rᵉḇāḇā(h)* 에서 **뛰어남** *dāḡûl* 은 대부분 탁월함(outstanding, NIV; preeminent, JSP)이나 이와 유사어로 번역하였다. 이 용어는 '깃발(깃발을 세운 군대, 분사형)'로도 표현되는데 이것은 다른 것들과 비교했을 때 "단연 탁월함, 돋보이다"라는 의미이다(2:4; 6:4,10). LXX는 탁월한 (standing out) *eklelochismenos*으로, LV는 "선택된(*electus*)"으로 번역하였다. 이것은 탁월함이나 명석함을 나타낸다.

많은 사람 *rᵉḇāḇā(h)* 은 숫자적으로는 일 만(ten thousand)이다. 때로 숫자는 수사보다는 형용사적 의미로 쓰이는데 여기서는 이것은 "헤아릴 수 없을 정도"라는 의미로서(단 7:10; 미 6:7; 시 3:7) 어느 누구와도 비교할 수 없는 우월함을 말하려는 것이다.

48　Pop, 530.

그리고 다음으로 남성의 신체를 전반적으로 언급하는데(5:11-16) 이것은 단순히 외적으로 드러나는 용모만이 아니라 외면을 통하여 내면까지도 말하고자 하는 의도가 드러나는 표현들이다. 이 구절에서 여인은 남성을 마치 위대한 인물의 상(像, Statue)을 연상하게 하는데 그 묘사들은 단 2:32에 소개되는 느부갓네살 왕이 보았다는 신상(神像, statue)과 유사하다. 그러나 그 신상은 머리는 순금이지만 가슴과 두 팔은 은이고 배와 넓적 다리는 놋, 종아리는 쇠와 진흙이 섞여 있었지만 여인이 말하는 남성은 머리부터 다리까지 최상의 고급품으로 묘사되어 있다. 이 부분에서 사용되는 각종 은유(혹은 직유)들이 무엇을 말하는지 상세히 알 수는 없으나 모자람이 없는 가장 위대한 존재로 표현하고자 하는 의도를 읽을 수 있다.

[5:11] 머리는 순금 *kĕtĕm păz*   여기서는 두 종류의 금이 반복되어 나타난다. **순금**으로 번역된 *kĕtĕm* 은 일반적으로 금을 통칭하는 것이고 *păz* 는 특별한 종류의 금을 말하는 것으로 당시 최고가의 금인 것으로 추측할 수 있다. 성경 외의 일반 문학에서도 금 *kĕtĕm* 은 일반적으로 "최상의 아름다움과 최고의 가치"를 나타낼 때 쓰이는데(애 4:1 참고) *păz* 가 덧붙여 짐으로 그보다 더 높은 수준의 것을 말하는 것이다. Ginsburg는 이를 유의어의 반복(autology)을 통하여 최상급으로 표현하는 것이라 하였고 Exum 또한 이 둘을 동격으로 보는 것이 보다 시적이라고 하였다. LV는 다른 금과는 구별된 "금 중의 금" 즉, 최고의 금(*urum optimum*)으로 번역하였다.

    머리는 고불고불하고 *tăltăllîm* 은 단순히 곱슬머리(curly)를 나타내는 것으로 고대 근동의 자료들에서 보이는 남성들의 조각상이나 그림에서는 그 머리카락이나 수염이 대부분 고불고불한 모양이다. 조각상에서는 어느 정도 과장되게 표현되었는데 이것은 당시에 남성다움과 그 위용을 강조하는 조각 기법으로 보인다. 고불고불하다는 문자적으로 대추야자 잎이나 나무 껍질을 가리킨다. LV와 LXX에서도 '야자수 잎'으로 번역하였다. 고불고불하게 말려 있는 모양을 묘사한 것이다. 다른 해설도 있으나 그 차이점은 중요하게 보이지 않는다.

까마귀 같이 검다 여기서 **까마귀** *ʿōrēb* 에 대한 영적 해석은 불필요하다. 단지 검고 윤기가 흐르는 까마귀의 멋진 색깔로 머리카락을 비유하고 있다. 고대 근동의 문학 작품에는 남성이든 여성이든 검고 윤기나는 머리칼은 매우 귀족적 분위기를 나타내는 것으로서 이것도 여성이 할 수 있는 최상의 묘사라 할 수 있다. 특히 팔레스타인의 강렬한 햇볕과 바람에 노출된 사람들의 머리카락은 매우 거칠고 투박한 흑색이 대부분이다. 이를 좀 더 부드럽고 윤기가 나게 하기 위해 귀족들은 고급 향유 등으로 머리카락을 보호하는데 서민들은 그것이 쉽지 않았을 것이다.

[5:12] 눈은 시냇가의 비둘기 같은데 눈 *ʿayin* 은 일반적으로 말하는 그 눈이지만 여기서는 검은 눈동자(pupils)를 말할 것이다. '눈을 우유로 씻은 듯하다'는 표현과 함께 사용한 것은 눈의 맑고 청초한 흰자 위에 박힌 검은 눈동자를 부각하여 대조함으로 선명한 아름다움을 나타낸다. 눈은 대체적으로 그 인격 내면의 지, 정, 의를 모두 함축하고 있는 경우가 많다(창 3:5; 3:7; 16:6; 신 7:16; 13:8; 시 13:3; 17:8; 마 6:22). 그 예로, 다윗의 인물됨을 말할 때 '눈이 빼어났다 (아름답다)'고 하는 것은 그의 인물됨을 외모를 통해 말하는 것이라 할 수 있다(삼상 16:12).

우유로 씻은 듯한 맑은 눈 그 사람의 내면의 영특함과 정결함 등 많은 것을 함축하고 있다. 비둘기는 시냇가 옆에 둥지를 트는 것을 좋아한다고 하며, 감청색이나 진한 회색의 비둘기가 물로 몸을 씻으면 목 부분에서 어두운 색이지만 빛나는 광채를 낸다고 한다. Pop는 비둘기가 가끔 우유로 씻을 수 있는 기회가 있었다고 소개하고 있다.[49] 우유는 그 광택을 더욱 더해주는 효과가 있다. 좀 더 나아가서 눈을 우유로 씻었다 함은 우유의 흰색으로 눈의 흰 자를 더욱 희게 강조함으로 검은 눈동자를 더 검고 총명하게 묘사한다. 비둘기에 대하여는 사람마다 다른 느낌을 갖겠으나 이 구절에서는 이런 견해가 전제의 맥락과 잘 조화된다. 그러나 비둘기가 우유로 씻을 수 있는 기회는 결코 많지 않을 것이다. 이것은 매우 특별하여 비교할 것이 없어 보이는 아름다움을 나타내려는 의도일 것이다.

[5:13] 뺨은 (향기로운) 꽃밭 같고 향기로운 풀언덕과 같고 **뺨** $l^e h \hat{\imath}$ 은 턱 양 옆의 볼 부분이다(1:10).[50] 머리부분에서 눈과 뺨, 그리고 입술로 내려오면서 하나씩 그 아름다움을 예찬하고 있다. **꽃밭** $ă r û \bar{g} ā (h) \, b ō ś ě m$ 에서 **꽃** $b ō ś ě m$ 은 발삼나무(balsam)나 향신료의 재료들을 지칭하고, **밭** $ă r û \bar{g} ā (h)$ 은 일반적으로 강이나 꽃 밭의 바닥(bed)을 가리킨다(6:2). 사랑하는 남성의 뺨과 턱에 난 수염을 이렇게 묘사한 것일 수 있고, 혹은 머리카락이나 수염 관리를 위하여 바르는 일종의 향품(향기름)의 싱그러운 향(시 133:2)을 말할 수도 있을 것이다.

향기로운 풀 언덕 언덕으로 번역된 $m i \bar{g} a d^e l ô t$ 은 더미(mounds), 혹은 '충분히 자란(다 자란) 아이들(시 114:12)'이나 '머리카락(민 6:5)'을 가리키는 말로도 쓰였다. 이는 '꽃밭 같다'에 동의적 대구로 쓰인 시적 표현이다.

입술은 백합화 머리에서 눈과 뺨으로 그리고 입술을 묘사한다. **입술** $s ā p ā (h)$ 은 때로 '말(speech)'을 의미하기도 한다(출 6:30, 욥 2:10, 시 12:4; 34:13; 81:5, 잠 10:8;16:21, 겔 36:3 등). 이러한 예는 구약에서 허다하게 발견된다. 그러나 여기서는 문맥으로 보아 단순한 입의 모양을 언급하는 것일 수 있다. **백**

---

49 Pop, 538.
50 이 구절의 뺨은 4:3; 6:7에서 말하는 관자놀이 $r ă q q ā (h)$ 와는 다른 용어이다.

합 *šûšán* 은 연(蓮)은 lotus혹은 물에 잠긴 백합(water lily)을 말하는 것으로 그 특징 중 하나는 꽃잎의 아래 쪽은 흰색이지만 가장자리 쪽은 붉은 색깔(진한 자주색)이다. 여기서는 백합의 아름다운 자태에는 그 꽃잎의 색이 포함될 것이다(2:1,16; 4:5; 6:2).

구약성경에는 색을 통해 한 사람의 이미지를 나타내는 경우가 많은데 검고 윤기나는 머리카락, 빛이 나면서 붉은 피부와 붉은 입술은 육체적 건강만이 아니라 완성된 인격을 상징적으로 나타낸다. 4:3에도 남성이 여성의 아름다움을 말할 때 '입술'이 홍색 실 같다고 하였다. 정확히는 알 수 없으나 얼굴이 붉다는 것은 정신과 육체가 건강함을 의미하는 것처럼 입술이 붉은색이라 함은 색상 이상의 의미가 있을 것이다. 연결되는 구절에서 입술에서 '몰약 즙이 떨어진다'는 분명히 타액과 같을 말하는 것이 아닐 것임으로 이는 '그가 사용하는 언어'로 보이는데 이와 연관 지어본다면 입술이 붉다는 것은 뭔가 음침한 느낌의 검붉은 어두운 색의 입술과 대조되어 맑고 정직하고 순수하며 정열적인 것을 나타내는 것으로 이해할 수 있다.

몰약의 즙이 뚝뚝 떨어진다 *nōṭᵉpôṭ môr ʿōbēr.* 풍성하게 사용한 몰약이 뚝뚝 떨어지는 것을 묘사하고 있다. 이를 입맞춤의 느낌을 말하는 것이라 보기도 하지만, 입맞춤보다는 사랑의 말(speech)로 이해하기도 한다. 때로 입술은 콧수염과 동의어로 사용되기도 하는데(레 13:45), 이것이 수염과 관련이 있다면 그 뺨을 꽃밭과 풀 언덕으로 비유한 것과 유사한 표현으로 머리카락과 수염 관리를 위하여 바른 향 기름의 풍성함을 연상하게 한다(시 133:2). 만약 입술을 '말'로 본다면 그의 언변이나 혹은 그 여성에 대한 진실되고 감미로움을 나타낼 수 있다. 한 사람의 인격은 말로 대변되기도 한다(잠언의 말에 대한 교훈 참조).

[5:14] 손은 황옥을 물린 황금 노리개

손 *yāḏ* 은 팔과 손가락을 다 포함하

는 것으로 이 구절에서는 "팔"을 의미한다. '노리개'로 번역된 말은 $g^e l\hat{l}l\hat{e}$ 인데 어근은 gll (to roll)이다.[51] KJV는 금 고리(gold ring)으로, NIV와 NASB는 금 막대기 혹은 금으로 된 봉(棒, rod of gold)으로 번역하였다. 이것은 각이 진 모양보다는 황금으로 된 둥근 막대기에 가깝다.

황옥 $t\check{a}r\check{s}\hat{i}\check{s}$ 은 토파즈(topaz) 혹은 녹주석(beryl) 등 다양한 이름으로 번역되지만 정확히 알려진 것은 없다고 한다.[52] 그러나 당시 그들에게는 잘 알려진 고가의 희귀 보석을 물렸다는 것으로 보아 당시 최고의 권력자들의 손에 있는 금 규(gold scepter)를 연상하게 하는 정도의 표현이라 할 수 있다.[53] 이 역시 남성의 위상을 최고로 높이는 말이다.

황금 노리개에서 쓰인 금은 또 다른 이름의 금인 $z\bar{a}h\bar{a}b$ 가 쓰였다. 이렇게 서로 다른 금의 명칭이 반복되는 것은 그 여자가 표현할 수 있는 최고의 것을 다 동원하여 정확하게 묘사하려는 것이기보다는 이렇게 명칭이 다른 '금'을 열거함으로 그 아름다움과 탁월함을 강조하는 것이다. '남이 사랑하는 자'나 혹은 솔로몬을 금이라 할 수 있다면 그 사랑하는 자는 이와 비교할 수도 없는 가치의 금, 금 중의 금과 같다는 것을 말하고자 하는 의도가 보인다.

몸은 아로새긴 상아에 청옥을 입힌 것 같구나. 몸 $m\bar{e}$ '$\hat{i}m$ 은 여러 가지 뜻이 있으나 여기서는 배를 중심으로 한 상체를 표현하는 것으로 보인다. 상아 $\check{s}\bar{e}n$ 는 매우 고급 내장재로 주로 수입품이다(왕상 10:22). 솔로몬이 정금으로 입힌 상아로 보좌를 만들었고(왕상 10:18) 후일 아합 역시 궁을 건축할 때 상아를 사용하여 "상아 궁"으로 불리웠다(왕상 22:39). 여기서 상아를 언급하는 것은 그 남성의 존귀함을 나타내려는 것이다. 상아에 청옥이 더하여 짐으로 이 역시 최상의 것을 나타내려는 것이다.

---

51 에 1:6에는 "은 고리(silver ring)"로 번역되었다.
52 출 28:20; 39:13, 겔 1:16; 10:9, 28:13, 단 10:6 참고
53 규(scepter)는 왕의 통치권을 상징하는 것이다(에 5:2).

"아로새긴"으로 번역된 ʿēšēt 표면을 '매끈하게 하여 광택을 내다(polish 혹은 be smooth)'라는 뜻으로(NIV) Delitzch는 '예술적으로 정교하게 다듬어진 모양'으로 보았다. RSV, NAB는 work으로 번역하였다. 이것은 상아를 상품화하기 위하여 손질한 것이거나 가공한 것을 의미한다. 이 가공 기술에 따라 같은 상아도 등급이 나뉜다고 한다. **청옥** sappîrîm 은 사파이어나 아니면 이와 유사한 보석류이다. **입히다** ʿlp 는 정신을 잃다(faint, swoon or black out, 암 8:13, 욘 4:8, 사 51:20) 혹은 무엇으로 감싸는 행위(cover, wrap, 창 38:14)를 나타낸다. 이 구절은 문맥상 상아를 청옥으로 둘러싼 것이기보다는 상감 기법(inlay)을 사용하여 어떤 문양을 새겨 넣었을 것으로 추측된다. 이런 것은 페르샤의 전통 공예품에서 흔하게 보이는 기법이다.

[5:15] 다리는 순금 받침대에 세운 화반석 기둥   **다리** šōqāy 는 넙적 다리나 종아리와 발을 포함한다. **화반석**(花斑石) šeš 은 희고 붉은 무늬가 섞여 있는 비교적 무른 돌로 주로 도장이나 그릇을 만드는 돌이다. 이것은 대리석(marble) 이나 석고처럼 흰 돌(alabaster)로 번역되기도 한다. **기둥**은 그의 다리가 큰 건물의 기둥처럼(pillar) 육중하고 단단하게 보인다는 것이다. 매우 건장한 남성의 당당한 모습을 표현하고 있다. **받침대** ʾeḏen 는 기둥을 세울 때 기초로 하는 받침(pedestal) 이다(출 26:19; 27:11, 민 3:36). 성막의 담장 기둥에는 은으로 만든 받침대가 쓰였다. 동상 등에도 쓰이는데 순금으로 제작된 것이라고 함으로 그 위상을 최고로 높이고 있다. 이 받침대는 순금 pāz 으로 되어 있다고 하여 그가 알고 있는 금의 이름이 다 동원되고 있다,

생김새는 레바논 백향목처럼 보기 좋고. 생김새 mārʾē 는 부분적으로 다리 모양을 말하는 것일 수 있으나 또 하나의 가능성은 2:4에서 남성이 여성에게 '너의 얼굴 mārʾē'을 보여 달라고 할 때도 쓰였는데 여기서 얼굴은 그 여자 자체를 대표하는 것으로, 이것은 그 남성의 용모 전체를 말하는 것일

수 있다.

레바논 같으며, 선택된 백향목처럼 보기 좋고(레바논 같으며 백향목처럼 보기 좋으며, 개역개정) *kǎlˁbānôn, bāḥûr kāʾārāzîm*. 레바논은 그 특산물인 백향목을 강조하기 위한 사전 진술일 것이다. 레바논의 백향목은 성전 건축의 주된 자재였으며(왕상 6:9,10,15,16,18) 당시 최고의 품질을 자랑하는 목재였다. '선택된 *bāḥûr*'은 백향목 중에서도 특별히 선택된 것으로 그 우수성을 강조한다. 이것이 그 남성 전체의 생김새(appearance)를 말하는 것이라면 이 구절(15 b)와 16절은 11-15 a의 묘사를 다시 한번 요약하는 것이다(암 2:9 참고).

[5:16] 입은 심히 달콤하니

입 *ḥēk*은 입술 *sāpā(h)*과는 달리 입 안에 있는 입천장(palate)이나 잇몸 등 입안의 구조물을 포함하여 말을 하는 기관으로 쓰이는 용어이다(욥 6:30; 잠 5:3). 그러나 이 두 가지 다 '말'을 의미할 때도 있다.

달콤하다 *mǎmṭǎqqîm*는 문자 그대로 달콤함(sweet)을 말한다(느 8:10). 이것은 말의 달콤함(잠 8:7, 욥 33:2)일 수 있다. 말은 한 사람의 인격을 대변하는 언변을 말할 수도 있으며 좁게는 연인에게 하는 달콤한 말을 의미할 수도 있다. 또는 이를 입맞춤의 달콤함으로 해석하기도 한다. RSV는 "너의 말(your speech)"로 번역하였고 KJV, NIV, ESV 등은 입(mouth)으로 번역하였다. 사랑하는 남성에 대한 애정 어린 묘사가 이어지고 있는 것으로 두 가지 의견이 다 가능성이 있다. 이것이 말과 관련된 것인지 입맞춤을 의미하는 것인지는 문맥에 따라 달라질 수 있을 것이다. 이들에게 있어서 말(speech), 특히 달콤한 말은 감언이설과 같은 의미가 아니라 거칠고 무자비한 것과 반대 개념으로 훌륭한 인품을 나타내는데 쓰인다.

그 전체가 사랑스럽구나 지금까지의 예찬을 총괄한다. **전체** *kǔllō*는 어느 한 부분이 아닌 모든 것(total, every kind of)을 나타낸다. **사랑스럽다** *mǎḥmāḏ*는 가장 기뻐하는 것(겔 24:16), 선호하는 것, 사랑하는 것을 나타낸다.

예루살렘 딸들아 이는 내 사랑하는 자요 나의 친구로다 "네가 사랑하는 자가 다른 사람이 사랑하는 자와 무엇이 더 나은가?"라는 코러스의 질문(5:9)에 대한 답이다. 이 사람이 바로 내가 사랑하는 자 *dôdi* 이며 나의 친구 *rēʿî* 라고 말한다. 여기서 친구 *rēʿac* 는 성적인 것과 무관한 대상으로서 관계가 깊은 이웃이나 신뢰가 형성되어 우정을 나누는 자를 말한다. 구약에서 이 말은 서로 비밀이 없는 사이를 나타낼 때 자주 사용된다(창 38:12, 출 33:11, 시 35:14, 잠 17:17). 가장 가까운 사이를 나타낸다.

여기서 여인이 마음으로 사랑하는 자를 이렇게 묘사하는 것은 그가 모든 면에서 다른 사람과는 비교할 수 없이 탁월하다는 것을 나타내려는 것이다.

제5장 코러스가 적극적 협조를 선포함(6:1-3)

이러한 술람미의 진실된 고백을 들은 코러스가 이제 적극적으로 나서며 '목동을 같이 찾아보자'고 한다.

> 1 여자들 가운데서 어여쁜 자야 네 사랑하는 자가 어디로 갔는가 네 사랑하는 자가 어디로 돌아갔는가 우리가 너와 함께 찾으리라 2 내 사랑하는 자가 자기 동산으로 내려가 향기로운 꽃밭에 이르러서 동산 가운데에서 양 떼를 먹이며 백합화를 꺾는구나 3 나는 내 사랑하는 자에게 속하였고 내 사랑하는 자는 내게 속하였으며 그가 백합화 가운데에서 그 양 떼를 먹이는도다

[6:1] 여자들 가운데 어여쁜 자야　　1:8, 5:9에 이미 두 차례 나온 표현이다. 모두 다 코러스의 합창이다.

네 사랑하는 자가 어디로 갔는가? 어디로 돌아갔는가?. '어디로' ʾanā(h) 는 '어디(where)'에 지시어미(directive ending)가 결합된 우가릿어에서 온 것이라고 한다.[54] 막연히 그가 있을만한 장소를 묻는 것이 아니라 그가 간 방향을 포함하여 구체적 장소에 대한 질문이다.

어디로 갔는가 '가다'(go) hlk 의 완료형이며 **돌아갔는가**는 방향을 전환하다(turn) pnh 의 완료형이다. 그가 일상적인 일터 등으로 간 것이 아니라 여인에게 왔으나 문을 열지 않음으로 '돌아갔다는 점을 상기시키고 있다.

우리가 너와 함께 찾으리라 코러스가 열정적으로 돌아가버린 남성을 찾겠다는 말을 하고 있다. 코러스는 이미 프롤로그(1:2-4)에서 "우리가 너(목동)를 따라 달려가고 또 기뻐하고 즐거워한다(모두 의지를 나타내는 동사)"고 함으로 이 여인이 왕의 방을 벗어나 사랑하는 자에게로 가려는 것을 지지하였다. 1:8 에는 여인에게 "양의 발자취를 따라 찾아가라"는 권유를 하였고, 바로 전 5:9 에는 "네가 사랑하는 자가 남들과 비교하여 무엇이 나은가"라는 질문을 함으로 여인에게 사랑하는 자에 대한 진실된 마음을 알릴 수 있는 기회를 주었다. 술람미의 진심 어린 고백(5:10-16)을 통해 목동에 대한 진정한 사랑을 확인한 코러스는 이제 이 여인과 함께 일어나 그를 찾아가자고 하였다. 그 전에는 뒤에서 권유하고 응원하였다면 이제는 앞장서다시피 하는 적극성을 보여주고 있다. 아가는 후반으로 가면서 성도의 교제 즉, '협조'의 필요성을 반복하여 말하고 있다(8:8,9 참고).

[6:2] 내 사랑하는 자가 자기 동산으로 내려가 향기로운 꽃밭에 이르러 dôḏî yārăḏ lĕğănnôw **내려갔다** yārăḏ 는 yrd 의 완료형으로 위치상 고도(高度)와는 관계 없이 중요한 도시에서 비교적 덜 중요한 곳이거나 큰 도시에서 작은 도시로 이동한 것을 말한다. '자기 동산'은 그의 평상적인 삶이 이루어

---

54 Pop, 553.

지는 영역이다. 여인은 그가 어디 있는지 알고 있다. 신비한 능력으로 그것을 알게 된 것이 아니라 그는 항상 그곳에 있고 그곳은 이 여인도 알고 있는 곳이다. 그리고 그곳에서 무엇을 하는지도 알고 있다.

그는 양떼를 먹이며 백합화를 꺾는구나 먹이다(to graze)는 $r^c h$ 의 부정사형이고 꺾는다(모으다) 역시 lqt 의 부정사형으로 그곳에서 하는 일을 나타낸다. 꺾는다는 것은 모으기 위한 행동이다.

이것은 목동이 어디서 돌아갔는지, 그리고 그곳에서 무엇을 하는지 안다는 것일 뿐 아니라 자신이 찾아가면 거부하지 않을 것이라는 믿음을 표현하는 것이기도 하다.

[6:3] 나는 사랑하는 자에게 속하였고 내 사랑하는 내게 속하였다 아가가 단일 저자에 의하여 주제가 발전되고 심화되는 전개가 있다는 중요한 증거가 되는 구절이다. 2:16과 대조하면 분명히 사랑이 심화되는 과정을 나타낸다는 것을 알 수 있다. 유혹의 강도가 높아질수록 그것에 말려드는 것이 아니라 사랑하는 자와 결코 분리될 수 없는 자신을 발견한다(2:16 해설 참고).

그가 백합화 가운데서 양떼를 먹이는도다 $h\bar{a}r\bar{o}\,'\check{e}(h)$ 는 정관사 $h\bar{a}$ 와 먹이다 $r^c h$ 의 분사형이 결합된 것으로 '그는 (양떼를) 먹이는 자' 곧 목동이라고 말하고 있다(2:16 해설 참고).

그 여자의 집에 찾아와 문을 두드린 자, 그러나 문이 열리지 않아 돌아가 버린 자는(5:2-6) 왕이 아니라 목동 즉, 그 여자가 마음으로 사랑한다고 하였고, 모든 남성 중 뛰어난 자라고 하였던(5:10-16) 그 사람이다.

[해설]
코러스는 술람미의 진심을 궁금해한다. 왕의 화려한 유혹에도 '사랑하는 자'를 그리워하면서도 막상 사랑하는 자가 찾아오면 머뭇거리는 것을 보는 독

자(청자)에게 이것을 명확하게 밝혀줄 필요가 있을 것이다. 코러스는 술람미에 대하여 우호적인 그룹으로 때로 저자의 생각을 대변해 주기도 하고 독자의 위치에서 질문하기도 한다.

"남이 사랑하는 자보다 당신이 사랑하는 자가 무엇이 나은가?" 이것은 '다른 남자에 비하여 그가 무엇이 나은지'를 묻는 것인데, 아가에서 눈에 뜨이는 남성은 왕과 목동일 뿐임으로 불특정 다수의 남성과 비교하라는 것이기보다는 '왕보다 나은 것'이 무엇인지 말해보라는 뜻일 것이다. 목동에 비해 왕은 세상 모든 것을 다 가지고 있는 자로서, 이에 비해 너무도 소박하여 가난할 수도 있는 목동을 그토록 사모하는 이유를 묻는 것이다.

술람미는 기다렸다는 듯이 사랑하는 자에 대한 자신의 진심을 밝히 드러낸다. 일종의 고백이라 할 수 있다. 여기서 흔히 사용되는 수미상관법이 쓰였다. '그는 많은 사람 가운데 뛰어나다(5:7)'로 시작하여 '그 전체가 사랑스럽다(5:16)'로 마친다. 그 안에 있는 내용은 최고 최상의 것들로 그를 비유한다.

머리는 순금으로 비유한다(11). 여기서는 *kĕṯĕm* 과 *pāz* 그리고 *zāhāḇ* 가 반복된다. 세 가지 다 금을 나타내는 말로서 앞의 것은 통상적으로 말하는 금이고 뒤에 두 가지는 매우 특별한 금을 말한다. 유대인들은 이런 식으로 최상급을 표현하기도 한다. 그는 금 중의 금이며 금보다 더 뛰어난 금이다. 그리고 그의 손(팔)은 황옥을 물린 황금 노리개에서 금은 "눈은 시냇가의 비둘기"라고 하여 한 인격을 대표할 수 있는 최고로 정결한 눈을 가지고 있는 것으로 묘사하고 '우유로 씻은 비둘기의 눈이라는 표현으로 그 가치를 더한다.

늘 향기가 나는 사람이요(13) 또 진솔하고 다정한 언어를 사용하는 진실되고 훌륭한 인품의 소유자로 묘사한다(13). 그리고 손, 몸, 다리는 당시 최고의 보석이나 재료로 은유하였다. 어느 것 하나 빠짐없이 완벽하다는 표현이다. 그리고 이를 총괄하여 "전체"가 사랑스럽다고 하였다. '사랑스럽다'는 자신이 가장 사랑하고 좋아하는 것들을 표현한다. 왕과 대조하는 것이라면 왕이 가지고 있는 것은 금일지 몰라도 그보다 훨씬 더 존귀한 것이 그에게 있다는 표현이 될 것이다. 이런 것은 객관적 증거를 제시하여 증명해야 할 필요가 없다. 다른 사람은 몰라도 술람미에게는 그렇다는 뜻일 것이다.

이러한 진심을 확인한 코러스는 술람미를 돕겠다고 한다. 1:4에는 술람미의 생각을 지지하고 또 그 여인이 사랑하는 자를 기뻐한다고 하였으나 이제 같이 찾아보자고 한다. 이러한 일에는 협력이 필요하다는 것을 우회적으로 말하고 있다.

술람미는 그 목동이 어디 있는지 정확히 알고 있다. 신비한 능력이 있어서가 아니라 목동은 늘 그곳에 있기 때문이다. 그 뿐 아니라 이 말에는 사신이 비록 문을 열어주지는 않았으나(뒤늦게 열었으나) 그는 자신을 받아줄 것이라는 믿음이 들어있다. 그는 양 떼를 먹이는 자이다.

여기서 여인은 다시 한번 자신이 그 사랑하는 자와 분리될 수 없는 존재라는 것을 더 깊이 깨닫는다. "나는 내 사랑하는 자에게 속하였구나!" 이것은 2:16보다 더 깊어진 고백이다. 진정한 사랑은 어떤 시련 속에서도 그 강도를 약화시키지 않는다. 더 강해질 뿐이다.

제4막 (6:4-8:4)

제1장 다시 찾아온 왕의 유혹(6:4-9)

4 내 사랑아 너는 디르사 같이 어여쁘고 예루살렘 같이 곱고 깃발을 새운 군대 같이 당당하구나 5 네 눈이 나를 놀라게 하니 돌이켜 나를 보지 말라 네 머리털은 길르앗 산기슭에 누운 염소 떼 같고 6 네 이는 목욕하고 나오는 암양 떼 같으니 쌍태를 가졌으며 새끼 없는 것은 하나도 없구나 7 너울 속의 네 뺨은 석류 한 쪽 같구나 8 왕비가 육십 명이요 후궁이 팔십 명이요 시녀가 무수하되 9 내 비둘기 내 완전한 자는 하나뿐이로구나 그는 그의 어머니의 외딸이요 그 낳은 자가 귀중하게 여기는 자로구나 여자들이 그를 보고 복된 자라고 하고 왕비와 후궁들도 그를 칭찬하는구나

6:4-9은 세상 모든 영화를 다 가진 듯이 보이는 세계 최고의 럭셔리 승용차

(아필르온)를 타고 왔음에도 여전히 자신에게 마음을 열지 않는 술람미를 왕이 또다시 유혹하는 장면이다. 이 부분을 왕의 *waṣf* 로 보는 이유는 디르사와 예루살렘으로 여인을 은유한다든지(6:4) "왕비가 육십 명이요 후궁이 팔십 명이요 시녀가 무수한데 그 중에 당신이(술람미)가 가장 귀하다(6:8)"과 같은 것은 왕이 아니면 할 수 없는 대사이기 때문이다. 그리고 "왕비와 후궁들도 당신(술람미)를 칭찬한다(6:9)" 역시 왕이 아니면 할 수 없는 말이다. 목동이 궁중 여인들의 말을 듣고 그것을 전하는 것이라고 볼 수는 없을 것이다.

[6:4] 너는 디르사 같이 어여쁘고 예루살렘 같이 곱고 깃발 세운 군대같이 당당하구나 너는 디르사 같이 어여쁘다 *yāp̄ě* 와 예루살렘 같이 곱다(사랑스럽다) *nā'wě(h)* 에서 예루살렘과 디르사 *ṭirṣā* 가 나란히 비교되면서 아름답다와 곱다가 반복된다. 그리고 **군대 같이 당당하다** *'ayōm* 는 여인에 대한 최고의 찬사가 반복된다. 화자의 머리에 떠오르는 가장 아름답고 우아한 것으로 여인을 비유한다. 디르사(Tirza)는 여로보암 1세로부터 오므리 왕(BC 885-874)이 사마리아로 환도하기까지 외관이 뛰어난 곳으로 알려진 북 왕국의 수도였다 (왕상 14:17; 15:33; 16:23).

예루살렘은 높은 곳에 있는 "아름다운 곳(렘 6:2)"으로 일컬어지며, "예루살렘은 잘 짜여 진 성읍(Jerusalem is bound firmly together, 시 122:3)"이라고 칭송하였는데 이것은 그 수려한 경관만이 아니라 도시 구조가 완벽하고 주변 도시와 군사, 문화적으로 단단하게 결속되어 있어 일국의 수도로서 손색 없는 기능을 포괄적으로 갖추었음을 말하는 것이다. 예루살렘의 또 다른 이름인 '여호와의 산'이나 '시온'을 언급할 때도 "터가 높고 아름답다(시 48:2)"고 칭송하였다. '터가 높다'는 것도 단순히 고도(高度)만을 말하는 것만이 아니라 일국의 수도로서 천혜의 조건과 난공불락의 기능을 갖춘 도시임을 말하는 것이다. 이 예루살렘과 디르사가 대등하게 놓여져 있다.

아가가 솔로몬의 저작이나 혹은 그 시대에 저작으로 보는 해석자 중에는 '디르사'가 아직 수도가 되기 전이지만 그 명칭이 갖는 의미로 인하여 예루살렘과 비교되는 말로 사용하였다고 주장하기도 한다. Murphy는 디르사를 도시이기보다는 그것의 어근인 기쁨 dṣ(h) 과 연관 지어 설명한다.[1] 그렇다면 이 구절에서 예루살렘 역시 어의(語義)로만 사용되어야 균형 잡힌 대칭이 이루어 질 것이다.[2] 그러나 예루살렘이 그 어의만으로 칭송된 경우는 발견할 수 없는 관계로 이러한 주장은 설득력을 잃는다.

Keel은 두 수도 사이에 긴장관계가 조성되었던 시기에 아가서가 기록되었다는 것은 상상하기 어렵다고 하였다.[3] 그러나 오히려 아가의 저자가 팔레스타인 북쪽 지역 출신인 흔적이 발견되는 점들을 감안한다면[4] 오히려 이러한 이유로 아가에서 디르사는 예루살렘에 대응할 수 있는 도시로 여겨지고 있다고 볼 수 있다. 이것은 바로 다음 구절인 '깃발을 세운 군대처럼 당당하다'와 조화를 이룬다.

이 두 도시는 천혜의 아름다움과 그 두 도시가 가지고 있는 위용과 기능 등 모든 것을 여인과 비교하기 위하여 사용된 것이다. 아름다운 경관에 여성의 아름다움을 비유하는 것은 흔한 것이며, 도시의 기능이나 당당한 위상과 연결하는 것도 충분히 가능하다. 한 가정이나 부족의 안 주인으로서 갖추어야 하는 모든 것을 고루 갖춘 여인을 이렇게 비유될 수 있을 것이다. 남성의 여성에 대한 waṣf 에는 항상 어느 정도의 선의적인 과장이 들어있다.

---

1 Murphy, 175.
2 '예루살렘'의 뜻에 대하여는 여러 설이 있으나 보편적으로 '평화의 터전'터전이라는 뜻으로 알려져 있다.
3 Keel, 213.
4 Pop 등 학자들의 주석에서는 아가에서 북방 방언을 사용한 흔적이 여러 곳에 보인다고 주장한다. 관계대명사 축약형 se나 일어나라 qûmî (2;10) 등은 북방 팔레스타인 방언으로 보고 있다.

[6:4 b] 당당하다 ʾāyōm   **당당하다**는 경탄할 만한(awesome), 무섭게 하다 (terrifying) 등의 의미로 쓰인다. 때로는 신적인 위엄(divine, 창 15:12; 출 15:16)이나 주권자의 장엄함(majesty)을 나타내기도 한다.[5] 모두 공포스러운 분위기와 관련이 있으나 여기서는 공포 혹은 두려움보다는 '쉽게 범접할 수 없는' 느낌을 표현하는 것이다. 당시 여인에게는 아름다움만이 아니라 쉽게 접근할 수 없는 혹은, 쉽게 변하지 않는 지조와 정숙함을 언급하는 것이 훌륭한 예찬이 될 것이다.

깃발을 세운 군대 niḏgālôṯ 는 dgl 의 단순 수동, 재귀(Niphal) 여성 분사형으로, '깃발 dgl 을 세운'은 5:10에서는 '뛰어난'으로 번역되었다(개역개정). 잘 정돈, 조직되고 훈련된 군대의 이미지를 사용하고 있다. 여성의 아름다움을 말하면서 군사적 이미지를 사용하는 것은 모든 것에 질서가 있고 당당하며 아담한 여성의 미덕을 칭송함으로 디르사와 예루살렘의 장엄함과 어울리게 하려는 것으로 보인다.

[6:5] 네 눈이 나를 놀라게 하니 돌아키라(나를 보지 말라)   **돌이키라** sbb 의 사역(Hiphil) 명령형이다. 추상적 의미로서 방향을 바꾸라는 뜻이다(4:1과 비교). **놀라게 하다** rhb 의 사역(Hiphil) 3인칭 복수 완료형으로 그 의미는 거칠게 하다(stormily), 압도하다(overwhelm)이다. 구약의 용례로는 교만해지다(insolent, 사 3:5), 영혼에 힘을 주다(bold, 시 138:3), 이웃의 힘에 잡히다(잠 6:3)가 있다. 너무도 강한 매력의 빛이 발산되는 눈빛을 피하고 싶을 정도라는 표현이라 할 수 있다. 나를 보지 말라는 의역을 덧붙인 것이다. 이는 disturb(RSV), over-

---

5   당당하다 ʾāyōm는 다음과 같이 번역되었다. 아브라함에게 깊은 잠이 임하고 큰 흑암과 "두려움이(dreadful) ʾêmā(h)" 임하였다(창 15:12); 밖에는 칼에 방 안에서는 "놀람에 terror"(신 32:25); (갈대아 인의 공격) 그들은 "두렵고 feared" 무서우며"(NIV)로 번역되었다(합 1:7). 그러나 여인의 아름다움을 예찬하는 내용임으로 '당당한 위상, 범접하기 어려운 위엄"을 나타내기 위한 것으로 공포스러운 분위기를 말하는 것은 아닐 것이다.

come(KJ), dazzle(NEB), overwhelm(JPSV), torment(NAB)로 각각 번역되었다.

네 머리털은 길르앗 산기슭에 누운 염소 떼 같고 4:1과 비교할 때 이 구절에는 길르앗산 앞에 관사가 쓰였으나 4:1에는 쓰이지 않은 차이 외에는 모두 동일하다.

[6:6] 네 이는 목욕하고 나오는 암양 쌍태를 가진 암양 새끼 없는 것은 하나도 없구나 4:2에서 "목욕장에서 나오는 털 깎인 암양"이 이 구절에서는 "목욕하고 나오는 양 떼"로 표현된 차이가 있다(4:2 참고). 아마도 이런 표현은 당시 비교적 알려진 표현으로 왕이나 목동이 고안해 낸 독창적 표현은 아닐 것이다. 하얀 털의 깨끗함과 배의 모양이 모두 유사한 암양으로 희고 가지런한 치아의 아름다움을 표현하고 있다.

[6:7] 너울 속의 네 뺨 "너울 속의 네 뺨은 석류 한 쪽(4:3)"과 평행을 이룬다. 4:1-3과 6:5-7은 미세한 차이가 있으나 대체적으로 평행을 이룬다. 4장의 화자는 목동이고 6:4-9의 화자는 왕이다. 두 사람의 *waṣf*가 유사하다는 이유로 4장과 6장의 화자가 동일인이라고 보는 견해가 있으나, 오히려 이것은 화자가 동일인이 아니라는 증거가 될 수도 있다. 만약 동일인이라면 얼마 전에 사용한 내용을 거의 복사하듯 하기보다는 조금 더 미적 표현을 상승시킨 표현을 사용하였을 것이다. 매우 유사한 표현이 사용된 것은 아마도 당시 어느 정도 알려진 *waṣf*에 사용하는 익숙한 표현들을 두 남성이 모두 인용하였을 가능성이 있다.

[6:8] 왕비가 육십 명이요 후궁이 팔십 명이요 시녀가 무수하되 왕비들 *mᵉlākôṯ*은 왕의 정식 부인이고, 후궁들 *pîlăḡšîm*은 부인의 자격이 없는 위치에 있는 왕의 여인들이다. 그리고 시녀(처녀)들 *ᶜălâmôṯ*은 이들보다 격이 낮

은 신분으로 왕의 곁에서 성적 즐거움을 포함한 여러가지 수발을 드는 사람들이다. '무수하다'는 문자적으로 '수(數)가 없다(without number)'로 헤아리기 불가능하다는 뜻으로 쓰인다.

왕상 11:3에는 솔로몬의 후궁은 700, 첩(concubine)이 300이라 하여 이 구절과 차이가 있다. Delitzsch는 이 차이점에 대하여 아가의 기록은 솔로몬 왕 초기 여인의 숫자로 보고 있고, Ginsburg는 단지 많은 수를 표기한 것으로 정확한 수를 지정한 것이 아니라고 보고 있다. 이 숫자적 불일치는 논쟁을 할 만한 것은 아니다. 왕비와 후궁의 자격을 어느 정도 엄격하게 보느냐에 따라 이 숫자는 달라질 수도 있기 때문이다. 여기서 말하려는 핵심은 '그렇게 많은 여인들 속에서도 당신은 내게 유일하다'는 것으로 여성의 마음을 얻으려는 남성의 전형적인 화법일 뿐이다.

[6:9 a] 내 비둘기 나의 완전한 자는 하나뿐이로구나　　수많은 여성들에게 둘러 싸여 있으나 '당신이 가장 완벽한 아름다움을 지닌 유일한 여자'라는 말로 요약될 수 있다. 그의 예찬은 그 여자를 더욱 더 특별한 사람으로 묘사한다. 그리고 남성은 주변 사람들을 끌어들여 여인의 아름다움에 대한 자신의 주관을 '객관화된 진실을 말하고 있다'는 것을 내비치려고 한다. 이렇게 함으로서 더욱 더 그 여인의 마음을 얻어내려고 노력하고 있다.

[6:9 b] 그는 그의 어머니의 외 딸이요　　'외동(하나) *ʾăḥāṯ*'은 일반적으로 하나를 나타내는 수사(數詞)이지만 이삭이 외아들로 표현된 것과(창 22:2) '나도 유약한 외아들이었다(잠 4:3)'과 연결하여 오직 하나(unique)로 해석할 수 있다. 외 아들이나 외 딸은 귀한 존재 중 '가장 귀한 존재'를 나타내는 것으로 다음 구절인 **"그가 낳은 자가 귀중히 여기는 여자로다"**로 연결된다. 귀히 여기다 *bār* 의 어근인 *brr* 는 '오염으로부터 정화하다(겔 20:38)' 등에 쓰인 것으

로 이것은 순수하다(pure), 빛나다(radiant), 귀히 여기다(favorite)라는 의미이다(욥 11:4).

[6:9 c] 여자들이 그를 보고 복된 자라고 하며 왕비와 후궁들도 칭찬하는구나

복된 자라고 하며 부르며 칭찬하다 $y^e\check{a}\check{s}\check{s}^eruh\bar{a}$ $y^eh\check{a}ll\hat{u}h\bar{a}$. '복된 자'와 '칭찬하다' 이 두 가지의 말이 중복되어 나타나는 것 역시 여성에 대한 최고의 찬사이다. 특히 잠언 31:28에는 가장 현숙한 여성을 언급함으로 끝을 맺는데, 그 구절에 이렇게 '복되다'와 '칭찬(칭송)'이 같이 짝을 이루어 나타난다.

"**여자들**"은 딸이나 젊은 여인을 의미하는 *b̄at* 의 복수형으로 술람미의 자매들이라는 주장도 있으나 이것은 솔로몬 주변의 여성들일 것이다. 왕비와 후궁들은 여인에게 라이벌 의식을 가질 수도 있는 그런 사람들마저도 이렇게 복되다고 하고 칭찬한다고 함으로 자신의 말이 진실이라는 점을 돋보이게 하고 있다.

제2장 코러스의 술람미 칭송(6:10-12)

10 아침 빛 같이 뚜렷하고 달 같이 아름답고 해 같이 맑고 깃발을 세운 군대 같이 당당한 여자가 누구인가 11 골짜기의 푸른 초목을 보려고 포도나무가 순이 났는가 석류나무가 꽃이 피었는가 알려고 내가 호도 동산으로 내려 갔을 때에 12 부지중에 내 마음이 나를 내 귀한 백성의 수레 가운데에 이르게 하였구나

[6:10] 아침 빛같이 뚜렷하고 달 같이 아름답고 해 같이 맑고 깃발을 세운 군대 같

이 당당한 여자는 누구인고?   누구인가? *mî* 는 사람을 가리키는 의문대명사 who이고 *zōʾt* 는 지시대명사 여성 단수이다. 사물을 가리킬 때는 주로 *ma(h)* 가 쓰인다. 이 말은 서술 상으로 술람미를 크로스 업(close up)하는 기법이다(8:5, 3:6해설 참고).[6]

뚜렷하다 *hănnišqāpā(h)* 는 '내려다보다(looks down, 민 21:20)'라는 뜻인 *šqp* 의 단순 수동 혹은 재귀(Nipal) 분사형으로 '아침 빛처럼 내려다보는'이라고 할 수 있다. 개역개정은 '뚜렷하다'로 번역하였다.[7] '내려다본다'는 표현을 사용하는 것은 이 관찰이 부분적인 것이 아닌 좀 더 완벽하고 총체적이라는 것을 나타낼 것이다. 땅에서 땅의 것을 보는 것과 높은 곳에서 내려다보는 것은 시야의 범위나 정도에 차이가 있다. 코러스는 여인을 속속들이 자세히 살핀 결과 이런 결론을 내렸다고 말하고 있는 것으로 보인다.

아침 빛 *šăḥăr* 은 아직 해가 뜨기 전이지만 어두움이 걷힌 '새벽 빛(黎明)'을 말한다. 창 19:15에는 '동틀 때'로 번역되었다. 어두움을 걷어 내는 빛이라는 의미로 시적 표현에 자주 나타난다. 이 빛이 비추면 그동안 덮여있던 어두움은 물러간다.

달 같이 아름답다 아름답다 *yāpě(h)* 는 지적인 것을 포함한 감정적 느낌을 나타낸다. 달 *lᵉbānā(h)* 은 본래 '희다(white one)'는 뜻인데 여기서는 보름달의 의미로 쓰였다(HBL Hebrew). 달은 일반적으로 *yārêaḥ* 으로 쓰이지만 이 구절과 사 24:32; 30:26에만 이 단어가 사용되었다. 어두움을 밝혀주는 아름다움이 강조되고 있으며, 보름달과 같은 빛을 가진 여성의 부드럽지만 장엄한 아름다움을 나타낸다.

해 같이 맑다. 맑다 *băr* 는 순수하고(pure) 깨끗한(clean) 것을 나타내는 것

---

6   6:10, 8:5 모두 "그 여자는 누구인가 who is this(여성)?"로 번역되어 있다

7   시 14:2에는 "하나님이 하늘에서 인생을 굽어 살피시다(looks down from heaven)"로 번역되었다.

으로(6:9 참고) 어두운 것이나 어떤 오염이 전혀 없는 상태를 나타낼 때 쓰인다. **해(태양)**도 일반적으로는 *šěměš* 가 주로 쓰이지만(아 1:6) 이 구절에서는 특히 태양 "열"에 초점을 맞춘 *ḥămmā(h)* 가 쓰였다. 이것은 '하나님의 영광(사 24:23)', '치료하는 광선(사 30:26)' 또는 '열기(시 19:6)'를 나타낼 때 쓰는 것으로, 이 구절에서는 그 여인을 그 밝은 빛만이 아니라 오염된 것을 정화하는 능력을 가진 자로 표현되었다. 달 *lᵉbānā(h)* 과 함께 태양 *ḥămmā(h)* 을 나란히 사용함으로 태양의 강렬함과 달의 부드러움이 조화를 이룬다. 이 여인은 어두움을 밝힐 뿐 아니라 오염된 어떤 것들을 제거하는 자이다.

깃발을 세운 군대같이 당당함은 6:4 b의 해설을 참고하라. 이것은 '새벽 빛'과 '달과 해,' 그리고 또 '기상과 기품이 쉽게 흔들리지 않는 당당함'을 말함으로 '복되다 하고 칭찬을 받는(6:9 c)' 최고의 여인상을 더욱 더 강조적으로 표현한다.

[6:11] 골짜기의 푸른 초목을 보려고 내가 호두 동산으로 내려 갔을 때

이 구절의 '암미나디브(내 귀한 백성, 6:12)'의 해석 방식에 따라 술람미가 왕을 만나게 된 동기나 이유를 설명하는 것이 될 수도 있으며, 또 다른 독립된 사건을 소개하는 것이 될 수도 있다. 술람미가 왕을 만나게 된 이유를 설명하는 것이라면 이것을 이 부분에 배치한 것은 그만한 이유가 있을 것이다. 이 여자가 왕의 방으로 이끌림을 받은 것이나 목동이 찾아왔을 때에 보여주었던 애매한 반응에도 불구하고 코러스가 여인에 대한 최고의 찬사를 한 것은(6:10) 정당한 평가라는 것을 보여주려는 것이라 할 수 있다.

내가 내려갔을 때 *yārăḏtî* 는 *yrd* 의 완료형이다. 이 외에도 11-12절에 있는 동사들, '순이 났는가' '꽃이 피었는가' (부지중에 그렇게 한 것을) 알게 되었다' 모두 완료형이다. 이것은 지속되고 있는 일을 나타내는 완료형일 수 있으나, 어떤 결과에 대한 원인을 설명하기 위한 완료형일 수 있다.

술람미는 "골짜기의 푸른 초목을 보려고, 포도나무와 석류 나무에 움이 돋았는가 보려고 호도 동산으로 내려갔다"고 하였다. 이 구절 역시 대부분의 해설자들은 '호도'라는 것이 성적인 기관을 은유하는 것으로 보고 이를 남녀의 성행위와 연결하여 해석하려고 한다. 그러나 술람미가 스스로 밝혔듯이 포도원을 관리하는 자로서 그러한 일들의 적기(適期)를 파악하기 위한 것 이상의 의미를 부여할 필요는 없어 보인다.

[6:11] 골짜기의 푸른 초목을 보려고　골짜기 *nāḥăl* 는 평소에는 말라 있으나 큰 비가 온 후 급류가 흐르고 그로 인해 각종 식물들이 무성하게 자라는 곳으로서 병거나 마차가 다닐 수 있는 완만한 지형일 수 있다. **푸른 초목** *ʾēḇ* 은 새싹(new growth)을 의미한다.

포도나무가 순(싹)이 났는가 순이 나다 *pāreḥā* 는 싹을 틔우다 *prḥ* 의 단순(Qal) 완료형이며, **석류가 꽃이 피었는지** *hēnēṣû* 는 꽃을 피우다 *nṣṣ* 의 사역(Hiphil) 완료형이다. **보다**(to look) *rʾh* 는 기쁨이나 슬픔의 감정으로 관찰하는 것을 다 포함한다(창 6:2).[8] 새싹을 보는 기대감으로 부푼 마음을 표현한다. 봄이 왔는지를 그 시기를 관찰하여 포도원 관리에 만전을 기하기 위한 행동이다.

호두 동산. 호두 *ʾĕgôz* 는 구약 성경에서 이곳에만 나오는 단어이다. LV는 *nucum*(견과), LXX 또한 견과로 번역하였다. 호두는 일반적으로 페르샤가 원산지로 알려져 있어 이 말은 페르샤어에서 유래한 것으로 보기도 하나, 이것은 셈어의 동족어(cognate language)로서 탈무드나 후기 히브리어에는 자주 나타난다고 한다.[9] 이곳은 현재 예루살렘 동쪽 아랍어 *wadi al Jos*로 불리우는

8　Pop, 579.

9　Ginsburg, 174.

곳으로 여러 이국적 식물들이 보존되어 있다고 한다.[10]

그 뿐 아니라 많은 해석자들이 근접한 나라의 문헌을 인용하여 이것은 여성의 성기를 나타내는 심볼이나 혹은, 남성의 정력을 상징하는 것으로 보고 있다. Pop은 이와 관련된 견해들을 길게 소개하고 있다.[11] 그러나 호도가 그런 상징물로 쓰인 예도 있겠지만(호도만이 아니라 대부분의 사물들을 성적 상징물로 보기도 하기 때문에) 포도원을 돌보는 자가 호두 동산(호두로 대표된 식물과 더불어 파종 시기를 잘 알 수 있게 하는 식물들이 있는 동산)에 가서 관찰하는 것은 매우 자연스러운 일로서 굳이 그렇게 연계할 필요가 없을 것이다. 아가를 대하는 관점에 따라 이러한 해석은 달라질 수 있다.

동산 4;12,15,16은 여성형 *gănnāh* 으로 쓰였다. 남성형은 *găn* 이다. 이 구절에서도 동산이 여성형으로 쓰였다는 이유로 호도와 더불어 여성의 몸을 은유하는 것이라고 보는 견해들이 있다. Hess는 동산을 산책하는 것은 여인의 몸 주변을 산책하는 것이라 하였다.[12] 그러나 동산(여성형) *gănnāh* 의 성경의 사용 예를 보면 반드시 그렇게 볼 이유가 없다.

동산 *gănnāh* 은 매우 음탕한 이방 제사를 드리는 곳으로(사 1:29; 65:3; 66:17) 나타나기도 하지만 아하수에로 왕의 왕궁 뒤 뜰(에 1:5; 7:7-8)로도 사용되었다. 때로는 텃밭(plant garden, 렘 29:5,28)으로, 곡식을 키우는 동산으로도 표현된다(암 4:9). 특히 민 24:6에는 발람이 이스라엘을 축복할 때 '풍성한 산물이 가득한 동산'으로 쓰였다. 문자 그대로 보더라도 충분히 해석이 가능하다.

동산의 여성형은 비교적 규모가 작거나 인위적으로 가꾸어 과수원(orchard, grove)같은 의미일 수 있으며, 이것이 아하수에로 왕궁의 뒤 뜰에 사용된 것은 '비교적 규모가 크고 다듬어지지 않은 자연 그대로의 동산'과 비

---

10   Hess, 338.

11   Pop, 575-579.

12   Hess, 339.

교되는 '작은 규모로 잘 다듬어진 동산'을 가리키는 것일 수 있다. Pop 역시 기드론 골짜기가 아랍어로 '호두의 골짜기(walnut valley)'라고 하는 점을 들어 여기서 언급되는 호두 동산은 기드론 골짜기일 것이라고 주장한다. 포도원을 돌보는 일에 대한 많은 정보를 얻을 수 있는 곳이었을 것이다.

[6:12] 부지중에 내 마음이 나를 내 귀한 백성의 수레 가운데에 이르게 하였구나

6:11,12는 술람미가 어떻게 처음으로 왕을 만나게 되었는지를 설명하는 부분이라고 하는 Ginsburg의 해석은 적절하다.[13]

부지중에 *lō yāḏǎtî. yāḏǎtî.* 알다 혹은 깨닫다 *ydᶜ* (aware, realize)의 완료형[14] 앞에 no, not과 같은 뜻인 *lō* 가 이를 부정(否定)하고 있음으로 이것은 '깨닫지 못하다' 혹은 '모른다'나 '당황하다'로 이해할 수 있다(욥 9:21).[15] Gordis 는 "마음의 평정과 침착성을 잃은 상태"라고 보았고, Garrett은 감정의 과도한 자극으로 인하여 부분적으로 의식을 잃었음을 함축하는 상태라고 하였다. Pop은 '내가 그것을 알기 전'으로 번역하고자 한다. '알지 못했다'는 목적어를 필요로 하고 동시에 '이르게 하다'는 주어가 필요하다. 이 둘을 충족시킬 수 있는 것은 마음 *nǎp̄šî* 이다.

마음 *nǎp̄šî* 은 주로 영혼, 마음을 의미하는 것으로 자신의 한 부분이 아닌 총체를 나타낼 때 쓰이며 때로 열정이나 마음의 욕구(desire)를 나타내기도 한다(아 1:7; 3:1, 2, 3, 4).

나의 귀한 백성의 수레 가운데에 이르게 하다. 수레들 *mǎrᵉḇ̄ôṯ* (chariots), 이것은 주로 무장한 군인들이 사용하는 전투용 병거이다(출 15:4; 삼하 15:1).

---

13   Ginsburg, 174.

14   ever I was aware (KJV), before I realized (NIV), before I was aware (NASB)

15   욥 9:21에는 이와 같은 표현이 "내가 나를 돌아보지 않았다(I have no concern for myself, NIV; I regard not myself, ESV)" 즉, 평정심을 잃었거나 자신을 주의 깊게 돌아보지 않았다는 뜻으로 번역되었다. 또 렘 50:24에는 바벨론을 잡으려고 올무를 놓았으나 그들이 그것을 "깨닫지 못하였다"로 번역되었다.

Hess는 이를 궁수를 위한 이동식 발사대로 보고 이 수레 탄 자의 여성에 대한 성적 욕망과 연결하여 설명하려 한다.[16] 다수의 해석자들 역시 이와 유사한 시각으로 이 부분을 보고 있다. 그러나 이것은 문자적으로 그 수레나 그것에 타고 있는 사람에게 접근하게 되었다는 말일 것이다.

나의 귀한 백성 ʿammî nādîb. 백성이라는 뜻을 가진 ʿammî에 접미된 i가 소유격 어미라면 '나의 귀한 백성'일 수 있으며, 또한 문자를 추가하여 의미를 강조하는(Paragogic) 기법이라면 뒤에 놓인 '귀한 자 nādîb'의 의미를 강화하여 격을 높이는 것일 수 있다.[17] 이럴 때는 '더(매우) 귀한 백성'이라는 의미가 되는데 이때는 두 개의 단어가 조합된 것이 아니라 하나의 단어로 취급되어야 할 것이다.

귀한 자 nādîb는 구어체에서 모음이 관사와 연결될 때 흔히 보이는 정관사 hā가 생략된 형용사로 명사처럼 쓰인 것으로 보인다. 형용사에 관사가 접두 되는 경우 '지도자(leader)' 혹은 '고관(nobleman)'을 가리키는 말로 쓰일 수 있다(민 21:18, 시 47:9, 사 32:8).

이를 '암미나답(나의 귀한 백성)'이라는 고유명사로 보는 견해들이 있으나(출 16:23; 민 1:7; 룻 4:19, 20; 대상 2:10; 6:22), 이것이 사람의 이름으로 쓰였다 하더라도 이 구절에서는 그렇게 해석할 필요는 없을 것이다. '암미나답'과 '암미나디브'가 같은 의미인지도 의문이다. 이것이 고유명사화되었다 하더라도 어떤 사람을 축복하는 의미로 그런 이름을 부여할 수 있을 것이다. 이런 예는 허다하다.

특히 이 말은 자원(自願)의 의미를 포함함으로(출 35:22에는 '자원하는 자'로 번역됨) '사랑하는 자'로 해석되어야 한다는 견해도 있으나 고대 사회에서 지도

---

16 Hess, p.341.

17 Paragogic이란 문자가 추가되어 추가적 강조나 의미의 변화를 표현하는 기법으로, 어미에 i는 1인칭 소유격을 나타낼 수도 있으나 그 낱말 자체의 의미나 품격을 높일 수 있다.

자는 모든 사람이 기꺼이 섬겨야 하는 사람이라는 의미로 사용되었기 때문에 '백성 중에 귀한 자'로 보는 것이 무난할 것이다.

또 7:2에서 왕이 술람미를 "귀한 자의 딸 *bat-nāḏîḇ*"로 부르는 것을 근거로 이는 여성이 말하는 사랑하는 자의 또 다른 별명으로 해석하기도 한다. Murphy는 이를 '나의 백성 중 복을 받은 자(the blessed one of my people)'로 수정하여 읽으려고 하나 동의하는 학자는 별로 없는 것 같다.

'백성의 존귀한 자 *ʿammî nāḏîḇ*'는 누군가를 최고로 높이는 말이거나 (7:2) 아니면 이미 높은 지위에 있는 고귀한 자를 말한다. 이것은 아가에서 지금까지 등장하지 않던 제3의 인물일 가능성은 매우 낮다. 이미 등장한 왕이나 목동 외에 또 다른 사람이 등장한다면 어떤 형태로든 그에 대한 부가적 설명이 필요할 것이다. 설명이 없는 경우에는 독자나 청자의 주의를 산만하게 할 수 있기 때문이다. 별 의미가 없는 인물을 새로 등장시켜서 이야기를 복잡하게 할 이유가 없다. 이미 등장하였던 인물을 또 다른 표현으로 소개하는 것이라면 그 어의(語義)로 보아 '귀한 자'는 왕을 가리키는 것이다.

그렇다면 이 장면은 시간을 거슬러 올라가 술람미가 처음 왕을 만나게 된 때의 설명이라는 Ginsburg의 견해는 매우 적절하다고 할 수 있다. 이러한 쟝르의 작품에서 '시간 이동'이나 '의식의 흐름' 기법은 흔히 사용된다.

이르게 하다 *śāmat* 는 appoint, put on, be set를 의미하는 *śym* 의 단순 (Qal) 완료 능동태로 '이르렀다'는 의미이다. 수동이나 사역형으로 번역할 이유는 없다. 이 동사는 이 구절에서 두 개의 대격(accusative)을 갖는다. '수레'들과 '귀한 자'이다. 의도한 바는 아니지만(알지 못하는 사이에) '나의 마음(혹은 속 마음이나 열정)'이 이른 곳은 특정할 수 있는 어떤 '장소'이다. 그곳에는 사물(things)이 있고 사람(person)이 있다. 이 여인이 도착한 곳은 그 '사람들'과 '수레들'로서 이는 '그 사람들의 수레들'을 말한다. 이에 대한 해석은 너무도 다양하다. 참고로 각 번역을 소개한다.

"내가 미처 알기도 전에 내 혼이 나를 암미나답의 병거들처럼 되게 하였다(KJV)"

"내가 미처 알기도 전에 나의 바램(desire)이 나를 나의 귀한 백성의 수레들로 인도하였다(NIV)"

"나도 모르는 사이에 나를 나의 귀한 백성의 수레로 인도하였다(NASB)"

"나도 모르는 사이에 나의 바램(fancy)이 나를 왕자의 옆 수레로 인도하였다(RSV)"

"나도 모르는 사이에 나의 욕망이 나를 나의 친지(kinsman, 사랑하는 자를 의미)의 수레들 사이로 인도하였다(ESV)"

"나는 떨고 있는데 당신이 나를 전쟁할 때 전차를 모는 병사처럼 사랑을 열망하게 하였다(GNB, or TEV)"[18]

"암미나답 팀(team) 때문에 내 영혼이 나를 괴롭히는지 알지 못하였다(Latin Vulgate)"

"나를 암미나답의 수레처럼 만들었다(LXX)"

"나도 모르는 사이에 마음이 움직여 왕자 답게 나의 백성의 수레에 올랐다 (한국어 공동번역)"

"나도 모르는 사이에 어느덧 나의 마음이 시키는 대로 왕자들이 타는 병거에 올라앉아 있네(새번역)"

해설자들의 의견을 요약하면 이 장면을 사랑하는 자와의 성적 행위로 보는 것과 왕을 처음 만나게 되는 장면으로 의견이 나뉜다.

이 연(聯)을 술람미와 왕(혹은 신랑)의 결혼식 장면을 배경으로 이해하는 학자들은 대부분 '호도 동산'과 어떤 무기를 발사할 수 있는 '수레'를 엮어서 이 여인이 왕(신랑)을 다시 만나 사랑을 나누는 황홀한 경험으로 해설한다. 곧, '나의 백성의 존귀(높은 지위)한 자 ʿammî nāḏîḇ'을 사랑하는 자로 이

---

18   Today's English Bible이라고도 하고 Good News Bible이라고도 한다.

해하며, 수레들은 사랑하는 자와 함께하는 열정적 움직임을 상징하는 것으로 보는 것이다.

그러나 위와 같은 견해는 아가의 내용 전개를 자연스럽지 못하게 해석하는 것이라고 할 수 있다. 포도원을 관리하는 술람미가 포도원 관리를 위한 여러 작업들의 적기(適期)를 파악하기 위하여 호두 동산으로 갔을 때 그곳을 지나는 왕과 군대의 수레들을 목격하였다. 그래서 호기심에 구경하다가 수레에 타고 있던 왕의 눈에 뜨인 것으로 볼 수 있다. 의도한 바는 아니지만(부지중) 왕과의 만남이 이렇게 이루어졌음을 설명하고 있다.

이런 내용이 이 부분에 놓여 있는 이유는 코러스가 술람미를 어두움을 밝히며 오염을 제거하는 존재(6:10)라고 칭송하기 위하여 반드시 필요한 설명이기 때문이다. 이렇게 말하려면 술람미가 왕의 방으로 이끌려 간 것과 유혹의 대상이 된 것은 의도적 연출이나 우연을 가장한 만남의 결과가 아니라는 것을 설명해야 할 필요가 있기 때문이다.

[해설]

술람미는 '복된 자요 칭찬받는' 최고의 여성으로 칭송을 받으며 흠이 없는 새벽 빛과 해와 달에 비유되었다(6:10,11). 그리고 깃발을 세운 군대같이 당당한 여인으로 묘사되었다. 그러면 술람미는 마음으로 사랑하는 자가 아닌 왕의 유혹을 받아 왕이 제공한 방에 있었던 이유가 설명되어야 할 것이다. 술람미가 왕의 눈에 들었던 것은 그 여자가 그런 일을 기대하며 의도적으로 연출한 것이 아니라 부지중에 일어난 사건임을 코러스가 대변해 주고 있다. 술람미는 왕의 끈질긴 유혹 앞에 있으나 새벽 빛처럼 어두움을 밝혀주며 달같이 아름답고 해같이 맑으며 깃발을 세운 군대같이 당당한 여인이라고 하는 이유를 밝혀주고 있다.

호도나 수레, 여성형 동산이 성적 이미지를 나타내는 것으로 쓰였을 수도 있으나 문자 그대로 사용된 예도 많이 있다. 모든 사물은 그 모양과 상상될 수 있는 이미지에 따라 성적인 것을 나타내는 소재로 쓰일 수 있다. 그러나 그런 예가 있다고 해서 모든 사물을 그렇게 연관 지을 수는 없는 것이다.

제3장 왕이 술람미를 보고자 하는 이유(6:13)

13 a 돌아오고 돌아오라 술람미 여자야 돌아오고 돌아오라 우리가 너를 보게 하라 b너희가 어찌하여 마하나임에서 춤추는 것을 보는 것처럼 술람미 여자를 보려느냐

[6:13 a] 돌아오고 돌아오라 술람미야 돌아오고 돌아오라　　이 부분은 6:4-9에 이어지는 왕의 대사이다. 6:10-12는 중간에 삽입된 코러스의 대사이다.

　　돌아오라 *šûbî*는 *šwb*의 2인칭 여성 명령형으로 '본래 있던 자리로 돌아가는 것'을 의미한다(창 3:19; 24:5; 37:22). 같은 표현이 4차례나 반복되고 있는데 그만큼 간절함을 표현한다.

　　돌아오다 *šwb*를 춤 동작과 연계하여 몸을 회전시키는 것이나 몸을 비트는(twist) 동작으로 보려는 견해가 있으나 불필요한 시도로 보인다. 대신 Pop은 이 말이 아랍어로 '뛰어오르다(leap)'을 의미하는 것으로 이해하였다. Deree는 "수레를 타고 떠난 술람미"에게 본래의 자리로 돌아오라고 요청하는 것으로, Hess는 술람미의 환상에서 현실로 돌아오라는 요청으로 해석한다.

　　이것은 등을 돌렸거나 멀어진 자에게 다시 본래의 위치나 방향으로 돌이킬 것을 요청하는 것이다. 그것은 물리적인 거리만이 아니라 심정적인 거리

와 관련이 있다. 왕의 계속되는 적극적인 유혹에도 어떤 반응도 보이지 않고 당당하게 자신을 지키는 여인의 마음을 돌이켜 다시 왕이 있는 연락(宴樂)의 장소로 돌아오라는 요청으로 볼 수 있다. 이에 따라 나오는 "우리가 너를 보게 하라"의 '우리'는 왕이 자기 자신을 복수형(majesty plural)으로 나타내는 것이거나 혹은 왕과 함께 연락을 즐기는 무리일 수 있다.

술람미 여자 *hăššûlămît.* 술람미 *šûlămmî* 에 관사 *hā* 와 여성 어미 *t* 가 접미된 형태로 '술람미트'로 발음된다(술람미는 남성이다). 이 이름에 관하여 여러가지 설이 있다. 솔로몬(히, 쉘로모)의 여성형으로 솔로몬의 이름과 연관되어 '완전한 자' 혹은 '사랑받는 자' 등으로, 또 메소포타미아의 전쟁과 사랑의 신으로 알려져 있는 술라미투(Shulmanitu)와 연관 짓기도 하고 또한, 우가릿(Ugarit) 문서에서 발견되는 여신 Istar를(을) 나타내는 것이라 하기도 한다.

앞에 놓인 관사는 '어느 지역 출신'임을 나타내는 것으로, '술람미트'는 갈릴리 서쪽 지역의 수넴(Shunem) 출신의 여인을 가리키는 말로 보인다. 다윗의 노년에 그들 돕던 아비삭이 이곳 출신이며(왕상 1:3) 엘리야가 잠시 머물렀던 곳이기도 하다(왕하 4:12, 25). 이로부터 유추하면 술람미의 여성형 술람미트는 수넴과 동일한 곳으로 보이는 술렘(Shulem) 출신의 여자를 가리킨다.[19] 역사가인 유세비우스(Eusbius)와 신학자 제롬(Jerom)은 수렘(Sulem)을 다볼산 남쪽에 위치하는 마을로 특정하였다고 한다.

옛날에 여인들의 이름을 부르는 것을 꺼려할 때 출신지 뒤에 '댁'을 붙여 불렀는데 그렇게 한다면 '술렘 댁' 정도 되는 말이라 할 수 있는데 이것이 고유명사처럼 쓰이고 있다. 개역개정에서 "술람미 여자"라고 한 것은 여성 어미 때문인 것으로 보인다. 엄격히 말해서 '술람밋(술람미트)라고 해야 하지만 개역개정에 따라 편의상 본서에서도 술람미라고 기록한다.

---

19 Shulem은 대체로 Shunem과 같은 지역으로 보고 있다. 현재 Solam이라는 지역으로 갈릴리 남서쪽에 위치하는데 작은 헬몬(Little Hermon)으로 알려져 있다고 한다.

우리가 너를 보게 하라 *wᵉnĕhĕzĕ(h)bbāk*. 보다 *ḥzh* 의 1인칭 복수 권유형이다. 이 구절의 우리는 다음 구절에서 "왜 너희가 술람미를 보려고 하느냐?"에서 '너희'는 이 구절(12)에서 '우리'를 지칭하는 것이다. '우리'는 왕이 스스로를 높인 말이거나 혹은 왕과 같이 있는 한 집단을 가리킬 수도 있을 것이다.

[6:13 b] 어찌하여(왜) 너희가 술람미를 보려고 하느냐?　　이것은 왕이나 그와 함께한 자들의 요청에 대한 코러스의 화답으로 보는 것이 합당할 것이다. 코러스는 작가를 대변하는 역할을 하여 극의 진행을 원활하게 하는 기능을 하기도 한다.

어찌하여 보려고 하느냐 *mă(h)ttehĕzû* 에서 *mă(h)* 는 의문사 왜(why) 혹은 어떻게(how) 무엇(what)과, 그리고 보다 *ḥzh* 의 2인칭 남성 복수 희구형이 쓰였다. 이것은 어떤 남성(들)이 술람미를 보려고 하는 이유를 묻는 것이다. 이것은 의문문의 형식이지만 그 내용은 질문이기보다는 특별한 메시지를 전달하려는 예비적 진술로서 술람미라는 인물에 대하여 보다 정확한 정보를 제공하려는 것이며, 나아가서 진정한 사랑에 대한 교훈을 남기고자 하는 의도가 들어있다.

마하나임의 춤추는 것을 보는 것처럼. 춤 *mᵉḥolā(h)* 은 음악에 맞추어 둥글게 돌아가는 스텝을 밟는 춤을 말한다(출 15:20; 32:19; 삿 11:34; 21:21; 삼상 18:6; 21:11; 29:5). 이 춤이 어떤 우상을 중심으로 여러 사람이 그 주변을 돌면서 추는 춤을 연상시킨다 하더라도 이것을 그렇게 볼 필요는 없을 것 같다. 단순히 춤 동작을 나타내는 것으로 보인다.

마하나임 *mǎḥǎnāyim* 은 '두 진영'이라는 의미의 고유명사일 수도 있으나[20] 이것이 복수형이기보다는 이중(二重)의 의미로 쓰인 것이면 악기들의 연

20　마하나임은 야곱이 도피 생활을 마치고 돌아올 때 하나님의 사자들을 만난 곳으로 브니엘 동

주와 함께 '두 개의 그룹'으로 서로 마주보며 춤을 추는 것(counter - dancing 혹은 line dancing)이라는 뜻일 수 있다. 이것은 오늘날도 그들의 민속 춤에서 볼 수 있는 흔한 춤 동작이다 이를 천사의 춤으로, 둥글게 서있는 남녀 그룹 사이에서 행하는 신부의 칼춤으로 보기도 한다. 특히 이것은 승전하고 돌아오는 자들을 영접하는 것과 관련이 있다고 하는 의견도 있으나, 그런 상황에서 그런 춤을 추었다 하더라도 아가는 전쟁과는 아무런 관련이 없어 보인다. 어느 때나 춤을 출 때는 이런 동작들을 기본으로 안무가 이루어졌을 것이다.

또한 마하나임 *măḥănāyim* 을 군대, 병영(兵營)으로 본다면 이것은 군인들의 사기를 높이고 위로하기 위한 댄서들의 춤을 말한다. 이것은 매우 관능적이고 선정적 동작을 포함하는 것으로 여성을 잘 보지 못하는 군인들의 성적 스트레스를 해소해 주는 춤이라 할 수 있다.

이 구절로는 춤추는 여인들의 세부적 복장이나 춤사위가 어떤 것인지 알 수는 없다. 보는 사람의 관점에 따라 그 춤이나 춤추는 자의 예술성이나 춤의 의미를 감상할 수도 있지만, 반대로 그것과는 관계없이 여인의 몸 동작을 관능적이고 선정적으로 볼 수도 있을 것이다. 아키바가 아가를 술집에서 떨리는 목소리로 부르는 것을 저주하듯 말한 것도 이와 같은 맥락에서 나온 것으로 보인다.

술람미에게 돌아오라고 요청하는 자(들)이 후자에 속한다면 코러스는 술람미를 그렇게 보지 말라고 지적하는 것이라 할 수 있다. 술람미의 이미지는 보다 정숙하고 당당한 당대 최고의 여인상으로 표현되고 있다(6:4). 어떤 경우가 되었든지 이 말은 술람미를 오락이나 유흥의 대상으로 여기지 말라는 의미가 들어있다.

쪽 약 10km 정도에 위치한 것으로 추정된다. 사울의 아들 이스보셋이 왕국을 세웠을 때 임시 수도(삼하 2:8), 다윗이 압살롬의 난을 피해 이곳에 임시로 머물렀던 곳이기도 하다(삼하 17:24: 27-29).

술람미가 왜 여기서 춤을 추게 되었는지 알 수 있는 정보는 제공되고 있지 않다. 술람미가 자신에게 냉담한 상태에 있는 것을 아는 왕이 다시 그 마음을 돌이켜보려고 파티를 준비했다면 거역하기는 어려웠을 것이다. 또한 그것과는 무관하게 여성들이 이렇게 춤을 추는 (유월절 등) 절기가 도래했을 수도 있다. '마하나임의 춤추는 자'라는 말이(6:13) 두 줄로 서서 추는 민속춤과 같은 것이라면 자연히 이때에 술람미가 그 무리들과 함께 있는 것은 자연스러운 일이다.

제4장 여인에 대한 왕의 *waṣf* (7:1-9 a)

1 귀한 자의 딸아 신을 신은 네 발이 어찌 그리 아름다운가 네 넙적다리는 둥글어서 숙련공의 손이 만든 구슬 꿰미 같구나 2 배꼽은 섞은 포도주를 가득히 부은 둥근 잔 같고 허리는 백합화로 두른 밀단 같구나 3 두 유방은 암사슴의 쌍태 새끼 같고 4 목은 상아 망대 같구나 눈은 헤스본 바드랍빔 문 곁에 있는 연못 같고 코는 다메섹을 향한 레바논 망대 같구나 5 머리는 갈멜 산 같고 드리운 머리털은 자주 빛이 있으니 왕이 그 머리카락에 매이었구나 6 사랑아 네가 어찌 그리 아름다운지 어찌 그리 화창한지 즐겁게 하는구나 7 네 키는 종려나무 같고 네 유방은 그 열매송이 같구나 8 내가 말하기를 종려나무에 올라가서 그 가지를 잡으리라 하였나니 네 유방은 포도송이 같고 네 콧김은 사과 냄새 같고 9 네 입은 좋은 포도주 같을 것이니라

왕은 여인들이(혹은 남성과 섞여서) 춤을 추는 그 기쁨에 참여하는 것이 아니라

춤을 추는 많은 여성들 중에서도 특별히 술람미에게 시선을 고정하고 있다. 그리고 왕의 시선은 춤 자체를 감상하는 것이 아니라 술람미의 발로부터 넙적 다리 골반을 거쳐 가슴 부위를 지나 목과 눈에 이르기까지 겉으로 보이지 않는 것까지도 속속들이 훑어보는 듯한 표현들이 계속된다. 어떠한 마음으로 여인을 보는지 충분히 짐작할 수 있는 표현들이 등장한다.

[7:1] 귀한 자의 딸아 *bāṯ-nāḏîḇ*   *bāṯ* 는 일반적으로 '딸(daughter)'을 의미하며, 귀한 자 *nāḏîḇ* 는 통치자의 아들이나 왕족(Royal family)을 가리키는 말로 주로 왕자(prince)나 왕녀(princess)를 가리키는 말로 쓰인다. KJV, NASB는 왕(자)의 딸(prince's daughter)로, RSV는 여왕 같은 소녀(Queenly maiden), ESV는 고귀한 딸(noble daughter)로 각각 번역하였다. 여기서는 그 여인의 혈통에 관한 것이기보다 그 개인을 최대한 높이는 말로 쓰였을 것이다. 한나가 엘리에게 자신을 "나쁜 자의 딸 *bāṯ-bᵉliyyāʿal*"이 아니라는 표현을 사용한 예가 있는데(삼상 1:16) 이것은 가문(家門)과는 무관한 것이다.

 신을 신은 네 발이 어찌 그리 아름다운가 어찌 그리 아름다운가 *mā(h) yyāp̄û*! 이 감탄의 표현은 아가서에서만 보이는데 모두 남성이 여성에게 하는 말이다(4:10; 7:1, 6). **신을 신은 발**(Sandaled feet). **신** *nᵉʿālîm* 은 샌들을 말하는 것으로 여성들의 몸 치장에서 매우 중요한 부분으로 패션(fashion)의 시작이라 할 수 있다. 겔 16:10에는 여성에게 있어 최고의 치장으로 "수놓은 옷과 물 돼지(돌고래) 가죽 신"을 언급하였다.

 발 *paʿam* 은 여성의 여성다움이나 아름다움을 표현할 때 매우 중요시 되는 부분으로 성적인 것을 포함한 여러가지 의미를 갖는다. 또한 '발의 움직임'은 부드럽게 이동하거나 움직임을 나타내는(stroke) 춤 출 때의 발 동작을 의미한다.

 네 둥근 넙적 다리. 둥근(Rounded, curvy) *ḥammûq* 은 이곳에서만 쓰인 것

(hapax legomenon)으로 이것은 아 5:6에서는 단순형(Qal)으로 '돌아간(turned)' 으로 번역되었고, 렘 31:22에서는 재귀 사역형(Hithpael)으로 '방황하다(wander, NIV)' 즉, 빙빙 돌아다니는 행동으로 번역되었다. LXX는 대칭 *rythmoi*으로, LV는 골반 관절(Joints), KJV 역시 골반(joint of your thighs)으로, NASB는 '둔부의 곡선(the curves of your hips)'으로, ESV는 '둥근 너의 넙적 다리(your rounded thighs)'로 번역하고 있다. 해석자들 중에는 이와 유사한 모양으로서 대칭 곡선(curvilinear symmetry)으로 이해하여 이 부분은 춤을 추는 여인의 둔부의 움직임으로 보기도 한다. 애굽의 미술 작품들에서는 여인의 몸매의 아름다움을 표현할 때 대칭을 매우 중요하게 여기는 특징이 나타나 있다.

넙적 다리 *yārēk* 는 넙적 다리를 포함하여 무릎 위, 즉 골반으로 이어지는 부분을 말한다.[21] 야곱의 환도뼈(창 32:26,27; 47:29), 옆구리 혹은 허리(창 46:26, 출 1:5), 관절 *kāp* 과 *yārēk* 을 연결하여 '환도뼈 관절'로도 번역하였다. 다리 부분이기보다는 허리와 넙적 다리를 포함하는 둔부를 나타낸다. '둥글다'와 함께 대칭을 이루는 둔부의 움직임을 묘사한다.

숙련공의 손이 만든 구슬 꿰미 같구나 넙적 다리에 대한 묘사가 이어진다. **구슬 꿰미**로 번역된 *ḥălāʾîm* 은 *ḥălî* 의 복수형으로 이곳과 잠 25:12에서 보이는데, 잠언에서는 귀고리 혹은 '정금 장식(ornament of Gold)'으로 번역되었다. 작고 오밀조밀한 귀고리보다 좀 큰 형태인 둥근 반달형 모양의 귀 장식품을 말하는 것으로 보인다. 소위 동방의 춤(belly dance) 동작에서 강조되는 허리와 둔부의 모양을 묘사하는 비유로 보인다. 아름다움을 묘사할 때 귀금속이나 정교한 장식품으로 비교하는 예는 흔한 것이다.

숙련공 *ʾammān* 은 이곳에서만 쓰인 단어이다. 창조주와 연결지어 해석을 시도하기도 하나 이 구절에서는 그럴 만한 이유는 없어 보인다. 그 장식품의 아름다움과 최고의 예술성을 돋보이게 하기 위한 것이다. LXX나 LV 역

---

21 Carr, 156.

시 숙련공 혹은 장인(匠人)으로 번역하였다. 왕의 시선은 여인의 발로부터 허리(골반) 부분으로 옮겨가고 있는데 완벽한 몸매와 움직임을 감상하고 있다.

[7:2] 배꼽은 둥근 잔 같고 **배꼽**(navel) *šōr* 에 대하여는 아라비아어 *sirr* 와 연관 지어 이를 여성의 외음부를 말하는 환유법적 표현이라고 보고 '가득히 부은 포도주'와 연결하여 이것을 여성의 흥분된 성기로 이해하는 학자들도 더러 있다. 고대 토우나 석상 중에는 여인이 음부를 손으로 벌리고 있는 기괴한 것들이 발견되기도 하는데 그 중 하나는 현재 아일랜드 국립 박물관에 전시되어 있다(인터넷으로 검색 가능함). 아마도 그런 것과 관련을 지은 셋으로 보이는데 동방의 춤에서 하나의 포인트는 배꼽에 있을 수 있음으로 배꼽은 문자 그대로 배꼽을 말하는 것으로 받아들이지 않을 이유가 보이지 않는다.

그러나 술람미가 그런 밸리 댄서의 복장으로 춤을 추었는지는 의문이다. 보이지 않는 것을 보이는 것을 통해 상상하는 것이 아닌가 하는 생각을 해 볼 수 있겠다. 술람미는 포도원을 지키는 자로서 전문 밸리 댄서가 아니다. 이 춤은 유대인 여자들이면 누구나 참여할 수 있는 어떤 절기 행사에서 흔히 행하는 라인 댄스(line dancing) 일 것이다. 누구나 참여하는 라인 댄스를 하는 여성이 배꼽을 드러내는 의상을 착용하였을까 의문이 일어난다. 설사 배꼽이 드러나는 의상을 착용하였다 하더라도 그것을 음부로 해석하는 것은 지나친 상상이라 할 수 있다. 겔 16:4에는 배꼽(navel) *šōr* 과 같은 단어가 '탯줄'로, 잠 3:8에는 '몸, 육신(flesh)'의 의미로 쓰였다. 이것은 모두 음부와는 무관하다.

둥근 잔 *ᵓăggān*. 출 24:6, 사 22:24에는 각각 양푼(bowl)과 항아리(bowl)로 번역되어 있다. 이것은 근대에 발굴된 고고학적 자료들에 의하여 와인을 섞는 비교적 크고 깊은 잔이라고 하는 것에 학자들이 의견을 같이 하고 있다. Pop는 근래에 발견된 당시의 잔으로 보이는 것의 견본 크기가 직경 56 cm,

안쪽 깊이가 42 cm 정도라고 상세히 소개한다.[22] 그 견본에 의하면 양쪽에는 큰 손잡이가 있는데 그 크기로 보아 잔을 채웠을 때 무게가 비교적 무거웠을 것으로 추측이 된다. 배꼽을 이렇게 큰 잔으로 묘사하는 것은 그 주변의 장식품과 하나로 묶어서 표현하는 것이거나 당시 사람들이 사용하던 과장법으로 보인다. 고대 근동의 여인 조각상이나 그림에서 여인의 배꼽이 매우 과장된 형태로 묘사된 것을 볼 수 있는데 당시에는 여인의 아름다움이 이런 식으로도 표현된 것 같다.

섞은 포도주를 가득히 부은. 섞은 포도주 *mēzeq* 는 맛을 향상시키고 도수를 높이기 위하여 향료나 다른 와인을 섞은(blended)것이다. **가득히 부은**(모자람이 없는) *ʾal yeḥsar* 에서 *ʾal*(not)은 금지를 나타내기보다는 '모자람이 없다'는 것을 말한다. *yeḥsar* 는 모자라다(lack) *ḥsr* 의 지시형(jussive)이다. 그 잔에 남은 부분이 없이 가득 채워진 상태이다.

허리는 백합화로 두른 밀단 같다. 허리 *beṭen* 는 양 옆구리 쪽이기보다는 배(복부, abdomen)를 가리키는 것으로 몸(body)나 배 부분이다. **두른**(encircled) *sahar* 은 밀단을 세로로 세운 뒤 흩어지지 않도록 중간에 띠를 두른 것이다. 이렇게 하여 노천 들에 밀단을 세워놓는다고 한다. 이것은 여성의 가느다랗고 잘록한 허리를 묘사하는 것일 수도 있고, 비교적 풍성하게 보이는 허리를 표현하는 것일 수 있다. 고대 동양의 여성들은 다산의 능력을 미덕 중 하나로 여겼기 때문에 오늘날 서양을 기준으로 하는 여성의 아름다움과는 어느 정도 다른 면이 있을 것이다.

밀이나 보리는 히브리 사회에서는 항상 풍요로움을 나타내는 것으로 여인을 예찬하는데 있어서 충분한 재료로 쓰일 수 있다. 밀단을 이렇게 백합화로 두른 것은 아마도 배 부분을 치장한 화려한 장식품과 함께 그 아름다움과 풍요로움이 돋보인다는 뜻일 것이다. Delitzsch는 백합화로 두른 밀단

---

22   Pop, 618.

은 그 모양보다는 크림색과 흰색이 적절히 섞인 피부색을 나타내는 것으로
설명하였다.

[7:3] 두 유방은 암사슴의 쌍태 새끼 같고(4:5 해설 참고)

[7:4 a] 목은 상아 망대　　　**목** *ṣǎwwāʾr* 발에서부터 윗부분으로 점점 올라가
다가 **목** 부위에 이르렀다. **상아 망대** *miḡdāl šēn*. 4:4에서는 여인의 목을 다
윗의 망대로, 이 구절에서는 상아 망대로 직유하였다. 상아 *šēn* 는 솔로몬이
금, 은, 원숭이, 공작과 함께 주로 인도와 애굽에서 수입한 귀중품이다. 솔로
몬은 그 보좌의 영광을 나타내기 위하여 상아로 큰 보좌를 만들고 금을 입
혔다(왕상 10:18, 대하 9:17). 아합 역시 상아궁을 지었다(왕상 22:39, 암 3:15). 아
합 당시 귀부인들은 상아상에 누워 기지개를 켰다(암 6:4). 이것은 주로 상아
를 상감(象嵌, inlay)한 것으로 존귀함과 영화로움을 나타내는 상징물로 쓰였
다. 다윗의 망대가 고귀함과 당당한 인품을 표현하는 것이라면(4:4) 희고 곧
은 목을 비유하는 상아 망대는 아름다움과 영화로움을 총체적으로 표현한
것이라 할 수 있겠다.

[7:4 b] 눈은 헤스본 바드랍빔 문 곁에 있는 연못　　　**연못**(들) *bᵉrēḵōṯ* 은 *bᵉrēḵā(h)*
의 복수형으로 인위적으로 만들어 놓은 하나의 연못이 아니라 여러 개의 웅
덩이로 이루어진 것으로 우기(雨期)에는 웅덩이마다 물이 차 올라서 하나의
큰 연못으로 보이다가 건기(乾期)에는 물이 빠지면서 여러 개의 연못으로 보이
게 되는 것이다. 대부분의 연못이 그러하다.
　　헤스본 *ḥešbôn* 은 사해 북단에서 동쪽으로 약 25km 정도에 위치한 현
재 요르단에 속한 고대 도시 이름이다. 요단강 하류에서 사해로 들어가는 곳
을 중심으로 예루살렘과 대칭되는 지점이다. 해발 850m의 고지로 경관이

수려하여 느부갓네살에 의하여 개발된 곳으로 오늘날도 '공중도시'라는 이름의 관광지로 많은 관광객들이 찾는 곳이라고 한다. 본래는 아모리 족 시혼 왕의 땅이었으나(민 21:26) 가나안 점령 때 르우벤 지파가 소유하였었고(민 32:37) 후일 다시 갓 지파가 이 지역을 차지하였다(민 32:39). 주변 계곡으로부터 성 안까지 석조로 된 수로가 연결되어 있었다고 한다. 솔로몬의 12 구역(district) 중 하나였다(왕상 4:7).

베드랍빔 문 *šă‘ăr băṭrăbbîm* 에서 베드랍빔 *băṭrăbbîm* 은 "많은 무리의 딸"이라는 뜻으로 헤스본에 들어가는 주문(main gate)이다. 이름이 이렇게 붙여진 것은 많은 사람들이 왕래하였기 때문일 것이다. 그 문 옆에 두 개의 주 연못과 이와 연결된 작은 연못들이 있었는데 매우 규모가 큰 저수장으로 알려져 있었다. 그 주변의 갈색 내지는 황토색의 거친 땅과 비교하여 맑은 물이 항상 가득한 연못으로 당시에도 잘 알려진 명소였다고 한다. 맑은 눈을 연못에 은유하는 것은 그들에게 매우 친근한 표현이었을 것이다. 더 나아가서 빛을 반사하는 연못의 청초한 아름다움은 충분히 상상할 수 있다.

[7:4 d] 코는 다메섹을 향한 레바논의 망대　　　　레바논의 망대는 솔로몬이 세운 그 망대일 것이다. 솔로몬은 레바논에 국고성과 마병과 병거를 둘 수 있는 성을 구축하였다(왕상 9:19). **다메섹을 향한** *ṣôpe̮(h) pānĕ(h) dǎmmāśĕq* **망대**란 북방의 세력들이(앗시리아 혹은 바벨론) 대부분 다메섹을 거쳐 침입하기 때문에 이를 방어하기 위하여 설치한 망대이다. 실제로 북방 세력들은 이 통로를 이용하여 팔레스타인에 접근하였다. 곧고 바르고 높은 망대로 여인의 코를 비유하고 있다. 여인의 아름다움을 돋보이게 하기 위하여 과장법이 계속 쓰이고 있다.

[7:5] 너의 머리는 *rōšĕḵ*　　　　개역개정에는 '머리' 다음에 놓인 "너의 위에 ‘al

ǎyik"가 생략되었다. 히브리어 성경(BHS)에서는 '너의 위에 있는 머리'이다. KJV은 'thy head upon thee'로 NIV, NASB, RSV, ESV는 'your head crowns you'로 번역하였다. 이것이 생략되었다 하더라도 의미상 변화는 없을 것이다. 가장 아래 쪽인 발로부터 시작하여 이제 가장 윗 부분에 이르렀다는 뜻으로 '위에'라는 전치사가 쓰였을 것이다.

갈멜(산) 같고 성경에서는 두 곳의 갈멜이 있다. 그 중 하나는 지중해 연안의 '곶(바다 쪽으로 새의 부리 모양으로 불쑥 튀어나온 곳, promontory)'으로 그 정상에 우거진 숲이 있다. 그 지역에서는 가장 높은 산이다. 또 하나는 남쪽 헤브론에서 아랏(Arad)로 향하는 곳에 위치하는 평야 지대이다(수 15:55; 삼상 15:12; 왕상 4:7-19; 삼상 25장).[23] 헤브론 근처의 갈멜은 매우 양질의 초장이 있어 목축에 적합한 곳으로 알려져 있다. 여기서는 길르앗이나 레바논 등이 언급된 것이나 그 지역의 갈멜이 '산악의 코'로 불리운 것으로 보아 팔레스타인의 서북 지중해 연안의 갈멜로 보는 것이 더 합당할 것이다. 이것을 머리에 비유한 것은 여인의 머리 스타일이 윗부분은 나선형으로 원추 모양의 올림 머리였기 때문일 것이다.

드리운 머리털 드리우다 *dǎllaʽ(h)* 는 '매달려 있는 상태(dangle, hang down)'를 말하며 그것은 머리 *rōʼš* 로부터 드리워진 머리카락을 말할 것이다. 춤을 출 때 머리 모양은 위로는 원추 모양으로 말아 올리고 아래로는 머리카락을 드리웠던 것 같다.

자주 빛 *ʼǎrgāmān* 은 자주 빛깔의 실이나 의복, 혹은 자주색 자체를 말한다. Ibn Ezra 등은 갈멜의 히브리어 *karmîl* 의 문자적 의미가 진홍 혹은 다홍(crimson)이라고 하여 그 머리카락의 색을 말하는 것이라고 하였다.

karmîl 은 약간 검붉은 색이 들어있는 장미 색깔을 말하는 것으로 조개류에서 채취한 재료로 염색한 천은 매우 고가품이었다고 한다. 그 머리카락

---

23   다윗과 아비가일의 이야기의 배경이 되는 장소이다.

에 자주 빛이 있다는 것은 드리운 머리카락이 마치 *karmîl*로 염색한 실과 같이 보였다는 뜻이다. 여인의 머리카락을 '길르앗 산기슭에 누운 염소 떼와 같다'고 하여 그 검고 윤기나는 머리카락의 아름다움을 말하였는데(4:1) 이 구절에서는 머리카락이 '자주 빛'이라 하였다. 만약 머리카락을 자주 빛으로 염색을 하였다면 지금도 머리카락 염색 전용으로 쓰이는 *karmîl*이나 붉은 헤나(henna) 잎을 사용했을 것이다. 조개류에서 나오는 자주 염료 *karmîl*은 헤나보다 훨씬 고급으로 더욱 세련된 색을 내는데, 이것으로 천을 염색하면 그 빛깔이 매우 아름답다고 한다(행 16:14). 혹은 윤기나는 머리카락이 불빛에 반사되어 그렇게 보였을 수도 있다.

여기서 중요한 것은 '자주'색이 갖는 고귀한 이미지이다(삿 8:26; 에 8:15; 잠 31:22; 겔 23:6; 막 5:17; 눅 16:19). 왕을 상징하는 색으로, 아 3:10에도 솔로몬이 타고 온 아필르온 바닥의 자리 깔개가 자주색이라고 하였다. 이렇게 말함으로 춤을 추고 있는 여성을 '귀한 자의 딸(noble daughter, queenly maiden)'이라고 한 것에 걸 맞는 귀티나는 이미지와 함께 그 아름다움을 최상급으로 표현하고 있다(7:1).

왕이 그 머리카락에 매이었구나. 매였다 *ʾasûr*는 사로잡힘(bind) *ʾsr*의 수동 분사형이다. **머리카락** *rāhăṭ*은 땋은 머리나 땋은 머리 혹은 치렁치렁 늘어뜨린 머리카락(tress)을 말한다. 여성의 동작 하나, 그리고 모양이나 생김새 그리고 머리카락의 모양, 색깔과 움직임의 모든 것에 왕은 마음을 빼앗겼다.

[7:6] 사랑아 네가 어찌 아름다운지　술람미의 아름다움에 사로잡힌 왕의 대사이다. **사랑** *ʾăhābā(h)*은 추상명사로 관사가 없이 쓰였다. KJV는 '사랑(oh love),' NIV와 NASB는 '나의 사랑(my love)'으로, RSV와 RSV, ESV는 '사랑하는 자(O loved one)'로, LXX는 '사랑 αγαπή' 그리고 LV는 '가장 사랑하는 자(most dear one)'로 번역되어 있다. 아가 2:4, 5, 7; 3:10; 5:8; 7:7; 8:6, 7에서는 모두

다 추상명사 '사랑'으로 쓰였고 3:5; 8:4에는 정관사가 동반되어 '사랑하는 자'나 '사랑' 그 자체를 말하는 것으로 번역되었다.

이 구절에서 **사랑** ʾăhābā(h) 이 이렇게 쓰인 것은 아가의 후렴구에서 나타나는 "내 사랑이 원하기 전에는 흔들지 말고 깨우지 말라(2:7; 3:5; 8:4)"와 의도적으로 연관을 지어 대조하는 것으로 보인다. 개역개정에서는 그 후렴구의 hā ʾăhābā(h) 를 "사랑하는 자"로 번역하였으나 이것은 '사랑 그 자체'를 말할 수도 있다(해당 구절 해설 참고). 후렴구에서 술람미는 '사랑 그 자체가 원하기 전에는 그것이 일어나도록 격동하지 말라'고 하여 인위적인 말이나 선물 등으로 사랑을 강요하지 말 것을 말하였다. 그러나 이 구절에서 왕이 말하는 '사랑'은 후렴구에서 보이는 것과 달리 외모적인 아름다움이 성적 매력을 불러일으킨 결과물이다. 왕과 목동은 같은 여인을 사랑하지만 내용적으로는 그 사랑이 서로 다른 것임을 보여주고 있다.

어찌 그리 아름다운지 mǎ(h) yāpît (4:10; 7:1). mǎ(h) 는 감탄사 how, what 에 해당하며, 아름답다 yāpît 는 형용사형으로 쓰였다(1:8,15; 2:10,13; 4:1,7; 5:9; 6:1,4,10). 이 구절에서는 감탄을 나타낸다. **어찌 그리 화창한지** mǎ(h) nāʿămt. 화창하다 nāʿămt 는 쾌적하다, 상냥하다, 기분이 좋다, 기쁨을 주다는 의미로 역시 감탄을 나타낸다. 그 사랑이 화자(話者)의 기쁨의 근원이 된다는 표현일 것이다.

즐겁게 하는구나 bǎttǎʿănû̄ḡîm. 전치사 b (in, with)와 관사 hā 그리고 '기쁨과 즐거움의 근원'이라는 의미인 명사 tǎʿănûḡ (delight)의 남성 복수형인 tǎʿănûḡîm 이 합해진 것이다. 다양한 번역이 있다. "for delights (KJV)", "with your delights (NIV)" "with your charm (NASB)," "delectable (RSV)," "with all your delights (ESV)," "doughter of delights (NEB)등이다. Pop은 이것을 딸 bǎt 과 즐거움 tǎʿănûḡbǎt 으로 보고 '즐거움의 딸'로 읽는 견해를 소개하였다. 이것은 7:1 '귀한 자의 딸'과 연결되어 적절한 주장이라 할 수 있겠다. 그

사랑은 '귀한 자의 딸이요 즐거움의 딸'이다. 그러나 어떤 종류의 즐거움인지는 문맥에 따라 해석되어야 할 것이다.

[7:7] (그) 네 키는 종려나무 같고　　히브리어 성경에는 지시사(demonstrative) '그(this)' $zō^{\,}t$ 가 있다. 개역개정에는 이것이 생략되었고 KJV은 "this thy stature"로 이를 문자적으로 번역하였다. NIV, NASB, ESV는 'your stature'로, RSV는 '당신은 위풍 당당(장중)하다(you are stately)'로 의역하였다. $zō^{\,}t$ 는 지시하는 인물이나 사물에 좀 더 주목하게 하는 효과가 있다.

　　너의 키 $qômāṭēk$ 는 어떤 것의 길이나 높이를 말하는 것으로 여기서는 키(신장)을 말하는 것이지만, 발끝부터 머리까지 즉, 여인의 전체 몸에 대한 인상을 언급하는 것이다. 단순히 신장에 대한 관심보다는 여성의 몸 전체를 언급하는 것으로 볼 수 있다.

　　종려나무 $tāmār$ 는 여리고나 엔게디 등 많은 오아시스 지역에서 매우 높고 곧게 자라는 잘 알려진 식물이다. 그 아름다움과 위풍당당한 모습을 따서 여성의 이름으로 짓기도 하였다(예: 다말, 창 38:6, 삼하 13:1). 또한 그 나무의 유용함과 외견상의 모습으로 인하여 이방 종교에서는 거룩한 나무로 취급되기도 하는데 특별히 비옥의 여신들과 관련이 되어 있다. 이런 비유는 여인에게 최고의 찬사 중 하나일 것이다. 여기서는 어떤 종교적 의미보다는 외형을 나타낸다.

　　네 유방은 그 열매송이 같구나. 열매송이(들) $^{\,}ăškōlôṭ$ 은 이어지는 8절의 포도송이와 관련 지어 이를 포도송이로 보는 견해도 있으나 관련성은 별로 없어 보인다. 오히려 다음 행에 '종려나무에 올라가'라는 표현(7:8)으로 보아 이 나무 꼭대기에 열리는 대추야자 열매의 향기와 모양을 여인의 유두에 비유하는 것으로 보는 것이 더 자연스럽다. 아데미(Artemis, Daiana) 여신 조각상에는 마치 열매와 같이 보이는 것들이 주렁주렁 달린 많은 유방이 있는데 이것과 이 구절을 연결하려는 해석도 있으나 적절한 시도는 아니라고 본다. 여신의 유방은 다산과 풍요를 상징하는 것이고 여기서는 아름다운 여인의 성적 매력을 말하는 것이다.

고대 여성들의 유방은 다산과 풍요를 의미하는 여성의 미덕 중 하나로서 그 자체를 언급하는 것은 반드시 성적 표현이라고 할 수는 없으나 7:8의 '내가 말하기를' 이후에 이 유방과 관련하여 언급되는 내용들은 여성의 몸을 탐닉하려는 남성의 욕구를 드러낸다. 4:1-15에서 여성을 보는 남성의 시선과 7:1-9 a의 남성의 표현은 분위기가 현저히 다르다.

[7:8] 내가 말하기를 ʾāmartiy 는 말하다 ʾmr 의 1인칭 단수 완료형으로 '내가 말하였다(I said)'이다. 이것은 품고 있는 생각이나 소원을 노골적인 말로 드러내어 표현하는 것이다(창 20:11, 출 2:14, 룻 4:4). '기어이 하고야 말겠다'는 강한 의지를 나타낼 때 쓰인다.

내가 오르리라(I will climb) ʾeʿĕleʿh 는 오르다 ʿlh 의 1인칭 단수 권유형(cohortative)으로, 강한 의지를 나타낸다(1:4 참고). 이것은 "내가 말하였다"에 이어지는 것으로 '언젠가부터 마음에 두었던 것을 반드시 행하겠다'는 뜻으로 '기어이 하고 말겠다'는 것이 무엇인지 드러내는 표현이다. 이는 단순히 열매를 따는 수확의 의미로 쓰인 것이 아니라 종려나무(일명 대추야자)를 여성의 몸에 빗대어 그것을 소유하고 말겠다는 뜻을 밝히는 것이다.

가지를 잡으리라. 잡으리라 ʾōḥăzaʿh 는 강하게 움켜 잡다(grasp) ʾḥz 의 1인칭 단수 권유형으로 의지를 나타낸다. 여기서 강한 '의지의 표현들'이 연달아 나오고 있다. 이 말은 다분히 폭력적이거나 매우 과격한 행동을 나타낸다.[24] 마치 탈취하는 듯한 의미로 쓰였다(5:1 참고). '오르리라'와 함께 성적 욕구

---

24 삿 16:3. 삼손이 블레셋의 성문과 문 빗장 등을 "빼어" 어깨에 메고 갔다고 할 때 "빼다"로, 삼하 4:10, 다윗이 사울의 죽음을 전한 사람을 "잡아" 시글락에서 죽였다고 할 때 "잡다"로 번역

를 나타내는 말이라 할 수 있다. **그 가지(들)**(branches). **가지** *sănsinnā(h)* 는 나무 꼭대기에 열려 있는 열매 뭉치이거나 덩굴(vine)과 같은 것으로 구약 성경 중 이곳에서만 보이는 용어이다. 바로 다음 구절의 유방을 말한다.

네 유방은 포도송이 같고 "-과(와) 같다 *yih°yū-nā*"는 어떤 것이 서로 동등하다(같다)는 의미로 쓰인다. *nā* 라는 감탄사(oh, please)가 후치되어 바로 전 행의 의지를 더욱 강조한다. **포도송이**(뭉치). **송이** *'ĕškôl* 와 (포도) 넝쿨 *gĕp̄en* 이 연결되어 있다. *gĕp̄en* 은 덩굴 식물을 가리킬 때도 있으나 보편적으로 포도를 가리키는 말이다. 여성의 가슴을 포도송이로 직유하였다. '내가 말하기를'과 연결되어 그가 기어이 하고야 말겠다는 것은 '그 유방을 잡는 것' 곧, 그 여인을 '정복하고 말겠다'는 것이다. 이것이 왕이 여인에게 바라는 것이다. 은을 박은 금 사슬, 아필르온 그리고 달콤한 *waṣf* 의 목적은 이것으로 귀결된다.

너의 콧김은 사과 냄새 같고 코 *'ăp̄* 의 향기 *rêḥ* 는 숨결에서 느껴지는 체취이다. 코 *'ăp̄* 에 대하여는 다양한 견해들이 있다. 유두로 보는 견해도 있고 또, 우가릿(Ugarit) 어의 예를 들어 이것이 남성의 성기와 여성의 외음부를 나타내는 것으로 보기도 하나 히브리어 *'ăp̄* 가 구약에서 그런 의미로 사용된 적이 없는 것 같다. 콧김은 대부분 코나 혹은 코로 쉬는 숨, 분노와 관련이 되어 있을 뿐이다(구약 392회 중 남녀의 성기로 비유된 적이 없다). 그러면 구태여 그러한 특별한 의미로 무리하게 연결할 필요는 없을 것이다.

콧김 즉, 코의 향기, 코의 숨결은 **사과의** *tŏppûḥîm* **향기**와도 같다고 하였다. 아가서에서 사과는 생기 내지는 활력을 주는 것으로 쓰이고 있는데 여기서는 향긋하고 신선한 느낌과 연관 짓는다(2:3, 25). 콧김은 얼굴이 서로 밀착된 상태에서 느낄 수 있는 것으로 거친 숨을 기대하는 것으로 다분히 성적 뉘앙스를 풍긴다.

되었다.

[7:9 a] 네 입은 좋은 포도주 같고　　　**너의 입** *ḥikkē* 은 입술, 혀, 입을 가리킨다. KJV는 "입천장(roof of mouth)" NIV, ESV는 "입(mouth)" RSV는 "입맞춤(your kisses)" JB는 "당신의 말(your speaking)"로 번역하였다. 이 구절에서는 여성의 입을 말하고 있고 5:16에는 남성의 입을 같은 용어로 언급하였다. 사랑을 표현하는 달콤한 말이거나 입맞춤을 의미하는 것이다. 앞뒤 문맥과 관련하여 종려나무 (대추야자) 송이 같은 '유방을 잡는다', '너의 콧김'과 같이 쓰여진 것으로 볼 때 입맞춤을 의미하는 것으로 보인다. 이것은 실제로 일어난 일이기보다는 왕의 기대나 의지를 말하는 것이다.

좋은 포도주 *yǎyin ḥǎṭṭôb* 는 최상급을 나타내는 것으로 "좋은 포도주" 이상의 것으로 '향기로운 술(1:2; 8:2)을 말한다(잠 23:31참고).

이상은 술람미에게 마음을 빼앗긴 왕의 말로서 매우 노골적으로 그 마음에 있는 욕정을 그대로 드러내고 있다. 여인을 한 인격체이기보다 성적 대상으로 대하고 있다. "내가 말하기를(7:8 a)"은 무엇을 기어이 이루겠다는 뜻인데 그의 욕정을 이렇게 드러내고 있다.

[해설]

남성이 여인의 아름다움을 예찬하는 부분은 4:1-15과 6:4-9에도 있다. 그리고 이 부분에 또 한 차례 거듭되고 있는데, 4장과 7장의 내용은 그 분위기가 매우 다르다고 할 수 있다. 목동의 것으로 보이는 4장의 *waṣf* 는 일단 외모적으로 눈에 뜨이는 점을 언급한다(1-4). 그리고 여성을 동산과 그 안에 있는 잠근 우물, 봉한 샘으로 묘사하는 것은 내면적 순수한 인격에 대한 찬사이며 삶 자체를 말하는 것이다(5-15). 두 개의 큰 단락에서 보이는 특징은 "외모"를 묘사하는 것이기보다 '그 여자가 그 남성에게 어떤 인물인지'를 나타낸다.

이에 비하여 왕의 *waṣf* 인 7장은 여성의 몸매를 찬찬히 훑어보는 남성의 탐욕적인 눈길이 부각 되어있다. 유방에 대한 묘사는 4장이나 7장에 다 나타나지만 4장에서는 당시 여성의 미덕 중 하나인 출산과 양육과 관련이 있다면, 7장에서의 언급은 남성이 움켜 잡고 싶어하는 대상으로 묘사되어 있다(7:8). 둔부의 곡선과 같은 것에 대한 묘사는(7:1) 4장에는 없는 것으로 성적 욕구를 나타내는 것이다. 배꼽에 대한 언급도(7:2) 4장에는 없는 것이다. 여성의 성적 매력에 대하여 과장된 표현은 그가 무엇을 목적으로 여인의 몸을 보고 있는지 말해준다.

그 중에서 '내가 말하기를(7:8)'은 강한 의지를 표명하는 말로서 '종려나무에 올라가서 (유방을 상징하는) 포도송이를 잡으리라'고 하였는데 그것은 여성의 몸을 기어이 정복하고 말겠다는 뜻으로 해석된다. 콧김은 주로 분노와 관련되어 사용되고 있는데 여기서는 거친 숨을 기대하는 것으로 이 역시 성적 욕구를 나타내는 것이다. 따라서 4장과 7장의 남성은 다른 사람이며 그 *waṣf*의 목적도 다르다.

제5장 술람미의 목동 생각(7:9 b-8:4)

9 b이 포도주는 내 사랑하는 자를 위하여 미끄럽게 흘러내려서 자는 자의 입을 움직이게 하느니라 10 나는 내 사랑하는 자에게 속하였다 그가 나를 사모하는구나 11 내 사랑하는 자야 우리가 함께 들로 가서 동네에 유숙하자 12 우리가 일찍이 일어나서 포도원으로 가서 포도 움이 돋았는지 꽃술이 퍼졌는지 석류 꽃이 피었는지 보자 거기에서 내가 내 사랑을 네게 주리라 13 합환채가 향기를 뿜어내고 우리의 문 앞에는 여러가지 귀한 열매가 새 것, 묵은 것으로 마련되었구나 내가 내 사랑하는 자 너를 위하여 쌓아 둔 것이로다

9 b의 '나의 사랑하는 자(도디)'는 술람미가 사랑하는 자 목동에게만 사용하는 호칭인 것으로 보아 이 부분은 목동을 향한 여성의 대사이다. 따라서 이것은 지금까지 이어져 온 왕의 *waṣf*에 대하여 반응하는 말이 아니라 그 왕이 술람미의 아름다운 용모를 예찬하는 중에도 여인은 목동에 대한 생각에 잠겨 있었음을 보여주고 있다. 이것은 왕의 유혹이 있을 때마다 반복되는 패턴이다. 여인은 왕의 유혹에는 미세한 내면의 흔들림 외에는 어떤 반응도 하지 않는다(1:4; 1:9-11과 1:12-17; 3:6-11과 4장; 7:1-9 a와 7:9 b 이하를 대조해 보라).

왕이 여인의 입을 고급 포도주에 비하였을 때 여인은 즉각 그 포도주와 목동을 연관 지어 말한다. 왕의 이러한 유혹의 말에 술람미는 조금도 빠져들지 않는다. 목동은 항상 여인의 '품에 있는 몰약 향낭(1:13)'과 같다.

[7:9 b] 이 포도주는 내 사랑하는 자를 위하여　　내 사랑하는 자(for my lover) *lᵉdôdî*. **나의 사랑** *dôdî*은 항상 여성이 '마음으로 사랑하는 남성'에게 쓰는 말이다. 7:1-9 a는 남성(왕)이 여성의 아름다움을 노래한 것이고 이 구절은 여성의 대사이다. 그렇다면 여성의 대사가 왕의 *waṣf* 중에 갑자기 끼어드는 것이 되는데, 이러한 연결이 어색하게 느껴지는 해석자들은 이 문제를 해결하기 위하여 '내 사랑하는 자'를 몇 가지 방식으로 해결하려 한다.

첫째, '사랑하는 자'는 '사랑하는 자들(복수형, *dôdîm*)'의 어미가 탈락된(apocopated) 것으로 읽으려고 한다.[25] 이것을 이렇게 복수형으로 본다 하더라도 왕의 말 중간에 여성이 자신의 대사를 시작한 것이다. 이것이 복수형 어미가 탈락된 것이라면 '사랑하는 자(도디)'라는 특정인이 아니라 이 포도주는 '모든 사랑하는 자들'에게 미끄럽게 흘러내린다는 뜻이 될 것이다. 결국 포도주 예찬이 된다.

둘째, 9 a의 '나의 사랑하는 자'를 입(for mouth) *lᵉḥikkē*의 오기(誤記)로 보

25　Gordis, 97.

아 '나의 사랑하는 자' 대신 이 포도주는 '입을 위하여'로 번역되어야 한다고 도 하지만 그렇게 해야 할 이유는 보이지 않는다.[26] 오기(誤記)는 대부분의 경 우 철자의 미세한 차이나 모음을 붙이는 방법에서 일어나는 것인데, 그럴 만 한 단서가 보이지 않는다. 해석하기 어렵다는 이유로 '다른 용어'로 바꾸는 것 은 최대한 자제해야 할 것이다.

셋째, Deree등은 이 문제의 해결책으로 여성의 대사가 아닌 것으로 해 석한다.[27] 남녀 간의 주고받는 입맞춤에서 비롯되는 흥분 상태에서 남녀의 말이 섞인 것으로(황홀경의 복수) 근동의 시에서는 흔히 보이는 표현이라 하였 다. 그러므로 여성이 갑자기 끼어든 것이 아니라 왕과 함께 일체가 되어 같은 생각을 나타낸다고 보는 것이다. '황홀경의 복수' 주장은 아가 해설에서 흔 히 보이고, 또 시가(詩歌) 들에서 그런 예들이 있다하여도 이 구절에서는 그 의견이 객관적 동의를 얻기는 어려워 보인다. 4:12-15, 16의 예가 이런 논리 를 뒷받침하는 것으로 주장하고 있으나 그 구절들은 '황홀경의 복수'가 아니 라 오히려 뮤지컬 등에서 보이는 남녀가 서로 주고받는 교창과 같은 것이다.

또한, 이 행은 남성이 여성을 "최상의 포도주 *yăyin hăṭṭôb*"로 표현할 때 이를 들은 여인이 그 말을 행복하게 받아들여 그 말을 하는 남성에게 적극 적인 반응(호응)을 보이는 것으로 설명하기도 하지만 반대로, 그것으로 인하 여 여성의 품에 있는 몰약 향주머니'처럼(1:13) 항상 마음 속에 있는 사랑하 는 자 곧, 최상의 포도주 같은 사랑하는 자 *dôdî* (1:2, 4)를 더욱 그리워하며 떠올리는 장면이다.

그러면 9 a 이전에 계속되던 '여성의 마음을 얻기 위한 남성의 노력'은 수 포로 돌아가게 되는 것이다. 그런 최상의 예찬에도 여성의 마음은 오직 그 여 자가 사랑하는 자에게서 떠나지 않는다. 이런 장면 묘사가 반복됨으로 여인

26　Pop, 639. 이에 대한 다양한 의견들이 소개되어 있다.
27　Deree, 210.

은 왕의 유혹으로 인하여 어느 정도 갈등은 경험하였으나 그럴수록 사랑하는 자에 대한 사랑은 더 깊어지고 있음을 보인다.

흘러 내리다 *hôlēk* . 가다, 떠나다의 의미가 있으나 액체에 쓰일 경우 흘러내리다 (goes down, flow down)로 번역함이 자연스럽다(KJV, RSV, ESV). NASB는 flowing gently로, LXX는 마시다(drink)로 번역하였다. 이 말은 "마시는 동작"을 나타낼 수 있으나 그 맛과 향에 의하여 그것보다 훨씬 더 부드럽고 자연스럽게 흘러내려 가는 것을 나타낸다고 할 수 있다. 이에 따르는 **부드럽게** (smoothly, gently) 혹은 "**바로**"를 뜻하는 *mêšārîm* 이 그 의미를 선명하게 해주고 있다. 부드럽게 *mêšārîm* 는 1:4에서 "(처녀들이 너를 사랑함이) 마땅하다 (upright)"고 번역된 말이다. 이것은 마땅하다, 옳다, 불균형이 없다는 뜻을 가지고 있으나 동시에 막힘이 없는 것(smooth)을 말하기도 한다(잠 23:31). NIV는 이를 "똑바로 혹은 곧장(straight)"으로 번역하였다. 이 외에도 '새 술' 혹은 '건강'등으로 보는 견해도 있으나 최상의 포도주가 막힘없이 부드럽게 흘러들어간다는 표현이 오히려 자연스럽다. 술람미에게 왕은 뭔가 거북함이 있는 존재이지만 '도디'는 막힘이 없는 존재이다.

미끄럽게(gliding) *dôḇēḇ* 는 흔들다, 젓다(stirring)라는 뜻도 있는데 이곳에만 나오는 용어이다. Pop에 의하면 아랍어 *dabba* 에서 온 것이면 "부드럽게 움직이다"는 뜻이 될 수 있으나, 아랍어 *dbb* 에서 유래하였다면 '속삭이다'라는 뜻이라고 한다. Ibn Ezra, Rashbam 등과 다수의 현대 주석가들은 이를 작위동사(factitive)[28]로 보아 '말하게 만드는(causing to speak)'으로 해석한다. 이것은 다음 행으로 인하여 지지될 수 있다.

[7:9 d] 자는 자의 입을 움직이게 하는구나(개역개정) '(잠)자는 자 *yešēnîm*'를 이(teeth)로 보고 '이와 입술을 움직이게 한다'로 번역하기도 한다. "flowing

---

28 뒤에 목적어나 보어가 따라 나오며 동작의 결과에 해당하는 상황을 묘사하는 동사.

gently over lips and teeth (NIV), gliding over lips and teeth (RSV, ESV)."

잠자는 자로 번역된 *yᵉšēnîm* 은 *yāšēn* 의 남성 복수형으로 의미가 모호하다. *yāšēn* 은 아가서를 제외한 구약 성경에 7차례 쓰였는데 모두 '잠(to sleep, asleep)'과 관련하여 동사, 형용사나 분사로 쓰였다(삼상 26:7,12; 왕상 3:20; 18:27, 호 7:6, 시 78:65, 단 12:2). 아 5:2에도 잠으로 번역되었다. 그러나 한편으로 이것을 치아(teeth)로 읽기도 한다(NIV, RSV, 등). יְשֵׁנִים *yᵉšēnîm* 을 וְשִׁנִים *wᵉšēnîm* (그리고 치아들)의 오기(誤記)로 본 것이다. 히브리어의 י (요드)와 ו (와우)는 필사에서 때로 혼돈을 일으키기도 한다. *šēnîm* 은 *šēn* 이(tooth)의 복수형이다. **입술**(lips) *sāpā(h)* 은 문자 그대로이다.

7:9 b에 언급한 *dôbēb* (미끄럽게 혹은 흔들다, 깨우다)가 미끄럽다(gliding)의 의미라면 "입과 치아"로 흘러내려가는 것이 적절하며, 반면에 흔들다, 깨우다(stirring)라면 '잠자는 자의 입술'을 깨운다가 될 것이다. 잠자는 자의 입술을 깨운다는 것은 그 최상의 포도주는 (기분을 좋게 하여) '침묵을 깨운다, 혹은 욕망을 일으킨다'는 의미일 것이다. 그러나 이 구절은 "입과 치아로 미끄럽게 흘러내린다"로 보는 것이 무리가 없어 보인다. LXX, LV역시 이 번역을 따르고 있다.

[7:10 a] 나는 내 사랑하는 자에게 속하였구나(2:16: 6:3 참고)

[7:10 b] 그가 나를 사모하는구나　　**사모하다** *tᵉšûqōṯ* 열정(longing, desire)등의 의미를 갖는 말이다. 구약 성경에서 이곳을 포함하여 3차례 언급되는데 창 3:16에서는 남편이 너를 '다스리다(rule over, NIV)'로, 4:7에서는 '죄를 다스리다(master, NIV)'로 번역되었다. 여기서는 어떤 힘이 강제하는 것이기보다 남편의 아내에 대한 책임 있는 역할과 관련된 것으로 읽어야 할 것이다.

나를(for me, on me) *ᶜālāy* 의 *ᶜal* (on)은 마땅히 해야 할 일을 나타낼 때 사

용되기도 하는 의무를 나타내는 전치사로 쓰일 수 있다(삼하 18:11, 잠 7:14). 그러므로 이것은 그가 나를 사모하는 것은 단순히 나를 사랑하는 차원을 넘어 '의무 관계(정혼한 사이)'에 있는 남편이라는 뜻을 나타내는 것으로 '내게는 이미 나를 책임지는 남편이 있다'로 이해할 수 있다. 이미 자신은 사랑으로 섬겨야 하는 자가 정해져 있다는 표현으로 이것은 왕의 구애를 명백하게 거부하는 표현이 될 수 있을 것이다.

[7:11] 내 사랑하는 자야 오라, 우리가 함께 들로 가자(오라)   내 사랑아 *dôdî* 는 여성이 사랑하는 남성(목동)을 부를 때 사용되는 것으로 이 구절 역시 여성의 대사이다. **오라(가자)** *leḵā(h)* 는 '가다' *hlk* 의 2인칭 남성 단수로 권유형으로, '오다'로도 쓰이지만 주로 '떠나다, 가다'로 다른 장소로 이동하는 것으로 쓰이기도 한다. **우리가 (같이) 가자**(let's go out) *nēṣē* 는 *yṣ* 의 1인칭 복수 권유형이다. '오라'와 함께 쓰임으로 강조를 나타낸다. **들(판)으로.** 들(the field) *hǎśāḏě* 은 경작지(arable)나 본토(本土, mainland)를 말하는 것으로 도시가 형성되기 전 자연적 상태로 무엇을 경작하였을 때 충분히 산물을 내어 줄 수 있는 곳이다. 자신들의 삶의 근거지로 포도원, 동산이 있는 그곳으로 돌아가자는 권유이다.

　　유숙하자 *nālînā(h)* 역시 경야하다, 거주하다 *lyn* 의 1인칭 복수 권유형이다(1:13 해설 참고). 일시적으로 머무는 상태가 아니라 거주하는 것을 의미하는 것으로서 삶을 같이 하자는 것이다.

　　동네에서 *keⱖārîm* 는 헤나(Henna, 고벨화) *kōⱖěr* 의 복수형이다(1:4). 그러나 대부분의 번역본들과 몇몇 사전들은 전치사 '안(in)'과 정관사가 동반된 성벽이 없는 작은 마을(in the villages)로 번역하였다. 삼상 6:18에는 성벽이 있는 견고한 성과 대조되는 시골의 마을로, 느 6:2에는 '오노 지역에 있는 평지의 한 촌(村)'으로 번역되어 있다.[29] 또한 이를 헤나(henna) 더미로 읽는다고 해도 큰 차이는 없을 것이다. 여기서 들(판)이나 동네(헤나 더미)는 유사어로 쓰였다. 이곳은 포도와 석류, 무화과 등이 있는 곳으로 여인과 여인이 사랑하는 자와의 보금자리이며 삶의 터전이다(6:2, 11). 왕이 살고 있는 견고한 성이나 궁전과 대조적인 장소임을 나타낸다.

[7:12] 우리가 일찍 일어나 포도원으로 가서 보자 '가자, 같이 가자'는 권유형으로 그들의 보금자리가 있는 작은 마을(성보다 작은 규모)로 갈 것을 요구하는 것이다. 이것은 왕과 연관되어 있는 '화려한 장소'와는 다른 분위기의 그들이 있었던 본래의 자리로 가자는 것은 비록 소박하지만 사랑하는 자와 삶을 함께 하고 싶어 하는 여인의 마음을 나타낸다(1:4 참고).

우리가 일찍 일어나 포도원으로 가서. 일찍 *nǎškîmā(h)* 는 '일찍 시작하다 (start early)' *škm* 의 1인칭 복수 권유형이다. DBL Hebrew 는 '아침 일찍 행하다(do early in the morning)'로 그 뜻을 설명한다. 이것은 어떤 시점을 말하는 것이기보다는 더 이상 지체할 수 없게 하는 큰 기대감으로 인하여 될 수 있는 대로 빨리(서둘러) 움직이자는 뜻이다. *škm* 은 때로 '아침 *bōqěr*'과 같이 쓰이기도 하지만(창 19:27 등) 아침과 함께 쓰이지 않아도 기대에 찬 모습이 잘 표현되고 있다(창 19:2; 20:8; 21:14; 민 14:40; 수 3:1; 6:12; 삼하 15:2; 잠 27:14). 이렇게 일찍부터 같이 행동한다는 것은 이제 일상(日常)을 같이 하자는 뜻이다.

(가서) 보자 *mirʾe(h)*. 보다 *rʾh* 의 1인칭 복수 권유형이다. 2:10-13에서 이미 남성이 여성에게 했던 말이다. 그러나 그 부분에서는 어떤 이유로 여성이 이와 같은 남성의 '일어나서(명령형) 함께 가자(명령형)'는 권유를 따르지 않았었다(2:10). 그러나 이 구절에서는 그것을 여성이 말하고 있다. 그 때 남성이

---

29   느 6:2, ESV는 고유명사 Hakkephirim 으로 번역하였고 NASB는 역사 고유명사 Chephirim,
      NIV, KJV, RSV는 모두 성곽이 없는 한 시골 마을(촌, villages)로 번역하였다.

말한 것과 매우 유사한 말로 '서둘러 함께 가서 모든 것이 새로 시작되고 소생되는 봄이 왔는지 확인해 보자'고 권유하고 있다. 다시 새로운 삶을 시작하자는 뜻의 완곡 표현이라 할 수 있겠다. 여성의 마음이 완벽히 정리되었음을 말한다.

포도원 *kᵉrāmîm* (복수형)은 여기서도 많은 학자들이 성적 이미지를 가진 것으로 해석하는데 이는 문자 그대로 그들의 삶의 터전이다(6:11). 성적인 것은 삶의 일부일 뿐이다. 평범한 삶 가운데 일부분을 확대하여 시선을 집중시킬 필요는 없을 것이다. 이런 용어는 사치스러운 왕의 방이나 왕궁, 그리고 왕의 화려한 가마 같은 것과 대조를 이룬다. **움이 돋았는지** *pārᵉhā(h)* **꽃술이 펴졌는지** *pittăḥ* **석류 꽃이 피었는지** *hēnēsû* 는 모두 완료형으로 이미 도래한 봄을 확인하자고 한다. 계절의 변화를 알 수 있는 지역에서 "봄"은 언제나 새로운 시작과 희망을 나타낸다. 역시 새로운 삶을 나타내는 시적 표현이다.

거기서 내 사랑을 너에게 주리라. 거기(there) *šăm* 는 대부분 장소를 나타내는 부사로 쓰이지만 시간을 나타내기도 하는 양면성을 가지고 있다. 전도서에서 "모든 행사에는 때가 있다(3:17)"고 할 때도 *šăm* 이 쓰였다. 이로 볼 때 '거기'는 장소일 뿐만 아니라 그 '때'를 포함하는 것으로 장소와 시간을 하나로 묶는 표현이다.

내 사랑을 주리라. 주리라 *ʾĕttēn* 는 주다 *ntn* 의 1인칭 단수 미완료이다. 여인에게는 이미 이런 결심이 섰다. **내 사랑을** *ʾĕtdōdăy* 에서 '도디' 앞의 *ʾĕt* 는 목적을 표시하는 전치사이다. '도디' 역시 성적인 표현으로 해석하기도 하지만, 그러나 그것을 포함할 수는 있어도 그것만을 은유적으로 나타내는 것이 아니라 자신의 모든 것을 주어 온전한 하나가 된 자나, 그렇게 되기를 원하는 자를 가리킨다. 여인은 목동에게만 이 호칭을 쓴다. 이 여성의 마음에는 자신이 사랑하는 자와 새로운 삶에 대한 기대로 가득 차 있다. 이것은 이전에 어떤 것들에 대한 완전한 단절을 선언하는 것과 같다.

[7:13 a] 합환채(들) *dûḏaîm* 은 지중해 연안에서 자라는 밤나무과의 식물로 흰색이나 보라색의 잎이 있고 노란색의 큰 열매가 맺힌다. 구약 성경에 자주 보이는 단어이다. 만드레이크(Mandrake)로 더 잘 알려진 이 식물의 꽃은 톡 쏘는 듯한 향기를 발하며 어느 정도의 독성을 가지고 있어서 마취제나 흥분제로 쓰였다고 한다. 그 뿌리는 마치 인삼(人蔘)의 모양과 같이 사람의 인체를 닮아 고대로부터 신비한 약초로 취급되었다. 또 이것을 가공한 즙 등을 마시면 잉태의 확률이 높아진다는 속설이 있다고 한다(창 30:14-16). 합환채가 언급됨으로 여기서도 성적인 표현으로 해석되기도 하지만 이는 이제 더 이상 헤어짐이 없는 온전하게 합일(合一)된 부부관계가 시작되기를 바라는 여성의 마음을 알리는 표현이다. 합환채는 히브리어 발음으로 두다임 *dûḏaîm* 인데 이는 사랑을 나타내는 도드 *dôḏ* 의 쌍수(雙數)와 같은 형태이다. 합환채가 무엇인지 쉽게 짐작 할 수 있다.

[7:13 b] 우리의 문 앞에   문(들) *petāḥēnû* 은 복수형이다. 해석자들 중에는 이를 단수로 고쳐 읽어야 한다고 주장하기도 한다. 큰 건물이 아닌 다음에는 여러 개의 문이 있는 집이 없다고 보기 때문이다. 그러나 가옥의 주문(主門, main door) 외에 작은 창문들이 있을 수 있고, 그 집의 문(현관)이 하나라고 해도 시어(詩語)에서 이 문이 집을 대표하는 상징적 의미를 가질 때는 복수 형태로 기록하는 것은 오기(誤記)라 할 수 없다. 또한 이 문은 소망을 나타내는 것이라고 보는 견해도 있다(호 2:17). 그런 의미로 이런 말을 했을 가능성도 충분히 있다.

　이 부분에서도 문 *petāḥ* 은 구멍이나 시작(opening)이라는 의미가 있다는 이유로 성적 행위를 암시한다는 주장이 있으나 주목할 만한 것은 아니라고 본다. 문(들)에 '우리'라는 1인칭 복수 대명사 *nû* 가 접미된 것을 볼 때 그 문(들)은 여성 소유가 아니라 '우리'의 소유임으로 그런 해석은 어색하다. 여성의 성기가 자신의 것만은 아님으로 '우리'라는 1인칭 복수로 표현할 수 있다고는 하지만 선반 위에 준비된 소산물과 이것을 연결하는 것은 자연스럽지 않다. 문(들)은 가족이나 지인들이 들어오고 나가는 문자 그대로의 문을 말한다.

"**앞**"으로 번역된 ʿal 은 오히려 '위(over, above)'가 더 적당하다. KJV, NIV는 이를 at로, NASB, RSV는 over로, ESV는 beside로 번역하였다. 여기서 언급되는 식물들은 밭에 심겨져 있는 것이 아니라 그 여자가 그것을 거두어 쌓아 둔(축적해 놓은) 것의 일부이다. 곡식의 저장은 창고에 한다. 그러므로 '문(들) 위'는 문 위나 아니면 그곳을 중심으로 벽 위에 둔 선반을 말할 것이다. 고대로부터 현재까지도 문 위에 이미 거둔 곡식의 일부를 두는 것은 저장의 의미도 있으나 더 많은 소산을 기대하는 기원(祈願) 행위이다.

각종 귀한 열매 mᵉgâdîm 는 최상급의 열매를 뜻하는 말이다. 그 열매는 또 다시 이렇게 반복된다. **새것과 묵은 것**(들) ḥadāšîm gǎn yᵉšānîm (the new also the old)은 각종 귀한 열매와 더불어 있어야 할 '거의 모든 것'을 다 갖추고 있는 것을 말한다. 문이나 창문들 위에 설치된 선반에 이런 곡식이나 열매를 두는 것은 흔한 일이다. Exum은 이렇게 사랑하는 자를 위하여 '새것과 묵은 것'을 예비해 두었다는 것은 연인들만이 아는 기쁨과 친근함의 모든 스펙트럼(spectrum)을 포함하는 것이라고 정리하였다.[30]

[7:13 d] 내가 내 사랑을 위하여 쌓아 둔 것   쌓아 두었다(I stored up) ṣāpǎntî 는 축적하다, 모아두다 ṣpn 의 완료형이다. 이를 볼 때 이 여자는 그들의 앞날을 위하여 무엇을 차근차근 준비해 온 것을 알 수 있다. 그러던 중 '부지중'에 솔로몬의 장엄한 행렬을 보고 있던 중에 거기서 솔로몬의 눈에 띄어 원하지 않는 곳에 있었던 것이다(6:12).

---

30   Exum, 242.

8:1 네가 내 어머니의 젖을 먹은 오라비 같았더라면 내가 밖에서 너를 만날 때에 입을 맞추어도 나를 업신여길 자가 없었을 것이라 2 내가 너를 이끌어 내 어머니 집에 들이고 네게서 교훈을 받았으리라 나는 향기로운 술 곧 석류즙으로 네게 마시게 하겠고 3 너는 왼팔로 내 머리를 고이고 오른손으로 나를 안았으리라 4 예루살렘의 딸들아 내가 너희에게 부탁한다 내 사랑하는 자가 원하기 전에는 흔들지 말며 깨우지 말지니라

[8:1] 네가 내 어머니의 젖을 먹은 오라비 같았다면 네가 (무엇)이기를 바란다 *mî yittĕnkā*. '누가 가지게 하겠는가'로 번역할 수 있는 소원을 나타내는 관용구로 시작된다(신 28:67; 삼하 19:1; 시 14:7). **오라비 같았다면**(like little brother) *kᵉʾāḥ* 는 전치사 *k* (like, as)와 남자 형제를 가리키는 *ʾāḥ* 가 연결되어 있다. 고대 이스라엘 사회에서는 여성과 남성이 눈을 마주치는 것도 금지하였다. 친오빠가 공개된 장소에서는 여동생과 입맞추는 것은 매우 어색하기는 하지만 금기시되는 일은 아니었고, 나이 차이가 많이 나는 여동생일 경우에는 문제될 것이 없었다고 한다.

개역개정은 *ʾāḥ* 를 '**오라비**'로 번역하였다. 한국어 호칭에서 오라버니는 손 위의 오빠를 말하고 오라비는 오라버니를 낮추어 부르거나 손 아래 남동생을 일컫는다. 때로 여자의 남자 형제를 두루 일컫는 말이기도 하다.

내 어머니의 젖을 먹은(빤) *yônēq šǎḏ ʾimmî*. **먹은** *yônēq* 은 동사로 쓰일 때는 빨다(suck), 명사로 쓰일 때는 어린 아이(infant)이다. 내 어머니 *ʾimmî* 의 가슴 *šǎḏ* 을 언급하는 것은 이복 형제가 아니라는 것을 나타낸다. 나이 차이가 많이 난다 하더라도 이복 남매 간에는 입맞춤이 용납되지 않았다.

밖에서 너를 만나도. 내가 너를 만나 *ʾĕmᵉṣāʾăkā* 는 만나다 *mṣʾ* 의 미완료

형이다. 밖에서 *bǎḥuṣ* 는 집 밖 혹은 길(길거리, street) 즉, 공개된 장소를 의미한다(3:2-3). **너에게 입을 맞추어도 업신여길 자 없었을 것이다** *lōyāḇûzû*. 부정을 나타내는 *lō* 와 '경멸하다, 멸시하다, 얕보다 *yāḇûzû* 가 연결되었다. 공개된 장소에서 남녀가 입을 맞추는 것은 당시 사회에서는 용인될 수 없는 것으로 이런 경우 부정한 여자로 인식될 수 있다. 이 말은 언제든지 자신이 원할 때 사랑의 표현을 자유롭게 하고 싶어하는 여인의 마음을 드러낸다. 이러한 표현들이 이들이 아직 결혼에는 이르지 않은 정혼(定婚) 관계에 있었던 것으로 보는 이유 중 하나가 될 수 있다.

[8:2] 내가 너를 이끌어 *ʾěnhāḡǎkā* 는 이끌다(lead) *nhg* 의 단순 미완료 능동태로 이곳에만 나타난다. **내 어머니 집에 들이고** *ʾǎḇîǎkā* 는 들이다 *bwʾ* 의 미완료 사역형(Hiphil)이다. '이끌다'와 '들이다'라는 유사한 의미의 두 가지 동사가 반복되어 있다. Pop을 비롯한 해석자들 중에는 이 두 가지 동사를 각각 취하는 두 개의 문장 중 하나가 생략된(고의적이거나 혹은 실수로) 것으로 보고 이것을 두 문장으로 나눌 것을 제안하였다.[31] NEB 역시 이를 두 문장으로 번역하였다.[32] 그러나 시에서 이런 반복은 희귀한 것이 아니며 이렇게 번역한다 하더라도 의미의 변화는 없는 것으로 보인다. 접속사를 생략하고 있는 이 두 동사의 배치는 여인의 결심을 강조적으로 나타내는 것으로 볼 수 있다.

내 어머니 집은 문자 그대로 그 여인을 낳아서 길러 준 어머니가 살고 있는 집이다. 사랑하는 자를 어머니의 집으로 (나를 잉태한 자의 집으로, 아 3:4) 이끌어 들인다는 것은 그 사랑하는 자가 정혼 관계(합법적으로 그 연인과 결혼할 상대)임을 암시한다. 만약 이 두사람의 관계가 떳떳하지 못하다면 어머니의 집으

---

31 Pop, 659.

32 NEB, I would lead you to the room of the mother who bore me, I bring you to her house for you to embrace me (teach me how to love you).

로 갈 수 없었을 것이다. Garrett은 이런 해석에 만족하지 못하여 3:4의 "어머니의 집"을 '자궁'이라는 의견을 제기하였고 이 구절에서는 여성 생식기를 완곡적으로 표현한 것으로 보았다.[33] 그러나 결혼을 앞둔 신부의 성교육은 어머니가 담당하는 몫이었고, 정혼식도 신부의 집에서 행하며 이후 결혼식을 행하는 신랑의 집으로 가기까지 신부의 집에 자유롭게 왕래할 수 있었던 것으로 보아 어머니의 집으로 이끌어 들이려는 목적을 어렵지 않게 알 수 있다.

네게서 교훈을 받았으리라 이 부분의 개역개정의 번역은 매우 애매하다. **교훈하다(가르치다)** *tᵉlammᵉdēnî* 는 "지식을 나누다, 가르치다" *lmd* 의 강조형(Piel) 미완료형이다. 이것은 여성 단수 3인칭 강조(piel) 미완료형과 남성 2인칭 단수 미완료형과 철자가 같아서 '그녀(어머니)가 나를 가르치다'인지 '그(남편)가 나를 가르치다'인지 명확하지 않다. 어떤 해석자들은 이를 2인칭 남성 단수로 보고 '그가 성행위에 대한 여러가지를 가르친다'로 해석하기도 한다. 그러나 장성한 딸에게 결혼 생활에 대하여 여러가지 지식(결혼 생활에 대한 것을 포함)을 전수하는 것은 어머니 몫이었기 때문에 '어머니가 가르치다'로 이해하여야 할 것이다.

나는 네게 마시게 하리라 *ᵓašqᵉkā*. (물을) 주다 *šqh* 의 희구(希求)형이다.[34] **향기로운** *rēqaḥ* 은 이곳에서만 쓰인 것인데 여러 향료가 혼합된 것이다. **술** *yāyin* 은 포도주를 비롯하여 발효된 음료를 가리킨다(4:10-14; 5:1; 7:2). (석류)**즙**(juice, nectar) *ᶜāsîs* 은 와인이나 혹은 새 술로 번역되기도 한다(사 49:26; 욜 1:5). **(나의) 석류** *rimmōnî* 에는 '나의'라는 소유격 대명사가 접미되었다(개역개정에는 나타나지 않음). 이것은 여성 자신이 경작하여 얻은 석류이거나 혹은 여성이 이 날을 위하여 준비해 둔 것이라는 뜻이 될 수 있고, 한편으로 자신의 몸이나 삶을 석류에 비유하는 것으로 보는 해설자들도 다수 있다. 그러나 하

---

33 Garrett, 375.

34 희구(希求)형은 미래 성취에 대한 확신을 나타내기 위하여 사용된다.

루의 고된 일을 마치고 돌아온 남편에게 피로 회복을 위한 석류즙을 제공하는 것은 평범한 아내들이 늘 하는 것이다. 피로 회복에 있어서 석류즙은 그 효과가 탁월하다.

그러나 Pop에 따르면 Ibn Ezra 등은 이 술이 성전에 바쳐진 신주(神酒, libation)를 암시하는 것으로 에로틱한 것과는 무관한 것으로 해석한다. 일종의 성스러운 의식을 위한 것으로 해석할 수 있다.

8:2의 '이끌다, 들이다, 마시게 하다'와 같은 미완료형 동사들은 여인의 의지를 나타낸다. 이것은 모두 여인의 바램을 표현하고 있다. Targum 에서는 이를 하나님께서 에덴을 회복하였을 때 이루어질 내용으로 해석하였는데 이들은 그 구절의 뜻(meaning)보다는 그것의 영적 의미를 부여하는(Allegorizing) 해석을 함으로 오늘날 그 해석의 정당성과는 관계없이 거부되는 경향이 있다. 궁극적으로 이 모든 행복은 에덴이 회복되었을 때 완성되는 것이라 하더라도 현실을 건너뛴 해석은 그 힘을 잃게 된다. 그것은 현실에서 충분히 맛을 볼 수 있는 것이다.

[8:3] 너는 왼팔로 내 머리를 고이고 오른손으로 나를 안았으리라   2:6에도 이와 같은 표현이 있다. 차이점이 있다면 "머리를 고이다(왼팔은 내 머리 아래에 (under)"에서 2:6에는 '머리' 앞에 ʾ (to, forward, toward)라는 전치사가 있으나 8:3에는 생략되어 있는 정도이다. 학자들 중에는 이 차이점에 대하여 의견을 제시하기도 하나 큰 차이는 없어 보인다. 이것은 친밀한 연인 관계에서 나타내는 가장 안정된 상태를 나타낸다. 이 역시 여인의 바램을 말하는 것으로 지금까지 말한 것의 단락을 맺는 표현이다.

[8:4] 세 번째 후렴: 내 사랑이 원하기 전에는 흔들지 말고 깨우지 말라   2:7; 3:5에서도 사용된 표현이다. 이 부분의 해석을 먼저 참고하라. 이전 구절들

과 두 가지 차이점이 발견된다. 첫째는 8:4에는 노루와 들사슴에 대한 언급이 없다. Delitzsch는 노루와 들사슴을 어떤 신적 힘으로 해석한 바가 있는데(2:7; 3:5) 여기서 이것이 생략된 이유를 "eros가 agape로 분투하는 것(승화시키려는, eros strives up agape)"으로 보았다.[35] 그러나 두 번째 차이점을 보면 이런 설명은 설득력이 떨어진다.

두 번째 차이점은 이 구절의 의문사 *māh* (why, what, how)가 ʾ*im* (2:7, 3:5)이라는 부정어 대신 쓰인 것이다. *māh*는 보다 긴급한 부정을 나타내는 것(more urgent negative particle)으로 보인다.[36] "내가 어찌 처녀에게 주목하랴(욥 31:1)"에서 어찌(why, how) *māh* 역시 '그렇게 하지 않겠다'보다 더 강한 부정으로 '절대로 그렇게 하지 않겠다' 정도의 의미이다. 이 구절은 이전의 언급보다 "깨우지 말라는 뜻"을 더욱 강하게 전달한다(2:7; 3:5해설 참고). 사랑은 결코 그 자체가 원하기 전에는 일으킬 수 없는 것임을 확실히 못 박는다.

[해설]

왕의 유혹이 있을 때마다 술람미는 그 왕의 유혹에 반응하는 것이 아니라 오히려 그 사랑하는 자 목동을 떠올린다. 이것은 아가에서 보이는 반복되는 패턴이다. 작가가 의도적으로 그렇게 이야기를 이끌어 가고 있는 것으로 보인다(1:9-11 / 1:12-17과 3:6-11 / 4:1-5:1 그리고 7:9 a / 7:9 b). 그러면서도 목동이 찾아오면 문 열어주는 것을 망설였다. 그러나 왕의 *waṣf*가 여인을 좋은 포도주로 비유할 때(7:9 a) 여인은 즉각 그 포도주를 목동과 연관시켜 떠올리고 있다(7:9 b). 왕의 유혹이 계속되는 동안에도 술람미의 마음에는 목동으로 가득 차 있었다는 것을 드러내는 장면이다.

그리고 자신이 그에게 속했다는 사실을 다시 확인한다(7:10). 이와 유사한

---

35 Delitzsch, 111.

36 Ginsburg, 185.

독백 같은 것이 이전에도 두 차례 반복되었는데 처음에는 자신이 주도적 자리에 있었으나(2:16) 그 다음은 사랑하는 자가 주도적 자리에 있는 것으로 바뀌었다(6:3). 이 구절에서는 아예 자신은 마치 사랑하는 자에게 흡수되어 버린 듯이 사라지고 없다. 오직 사랑하는 자만 있을 뿐이다(7:10). 진정한 사랑으로의 성숙의 과정을 나타낸다.

그리고 사랑하는 자와 온전한 합일을 이루어 일상의 삶을 함께하자고 한다. 함께 들로 가자, 함께 유숙하자, 함께 포도원으로 일찍 나가 살펴보자, 그리고 사랑하는 자를 위하여 지금까지 준비한 것들을 나누자고 한다. 여기서도 꽃이나 석류 등을 성적 상징물로 보고 성적 욕구에 대하여 언급하는 것이라는 해석이 있으나 그런 것이 이 연을 그렇게 해석할 만한 이유로 보이지 않는다. 사랑하는 자에게 원하는 것은 '삶을 같이 하는 것'이다.

여인은 사랑하는 자를 마음껏 사랑하기 원하고 있다. 그리고 여인의 집으로 이끌어 들이고자 한다. 이것은 정혼 관계에 있음을 의미하는 것이다. 거기서 여인이 그를 위하여 준비한 것들을 아낌없이 주고 싶어한다.

제 5 막 (8:5-14)

제1장 사랑하는 자와 함께 올라오는 술람미(8:5-7)

8:5는 이 극의 진행을 돕는 해설로서 코러스의 합창이다. 새로운 장면이 시작됨과 여성이 마침내 사랑의 힘으로 승리하는 아가서의 결말을 향하는 부분이다.

> 5 그의 사랑하는 자를 의지하고 거친 들에서 올라오는 여자가 누구인가 너로 말미암아 네 어머니가 고생한 곳 너를 낳은 자가 애쓴 그 곳 사과나무 아래에서 내가 너를 깨웠노라 6 너는 나를 도장 같이 마음에 품고 도장 같이 팔에 두라 사랑은 죽음 같이 강하고 질투는 스올 같이 잔인하며 불길 같이 일어나니 그 기세가 여호와의 불과 같으니라 7 많은 물도 이 사랑을 끄지 못하겠고 홍수라도 삼키지 못하나니 사람이 그 가산을 다 주고 사랑과 바꾸려 할지라도 오히려 멸시를 받으리라

[8:5 a] 누구 인가? *mî zō't. mî* 는 주로 사람을 가리키는 의문대명사(who)이고 *zō't* 는 지시대명사 여성 단수이다. 이는 다음에 나오는 인물에게 시선을 집중시키고자 하는 것이다(3:6; 6:10 해설 참고).

거친 들에서 올라오는 자. 올라오다 *ʿalāh* 는 오르다(go up, ascend) *ʿlh* 의 분사형으로 "올라오는 자"로 번역되었다. 3인 주인공 드라마 가설을 지지하는 학자 중 Provan은 3:6에서 솔로몬의 가마와 솔로몬 궁전을 일치시킨 일종의 환상처럼 해석하며 거친 들은 솔로몬의 침상으로 보았다. 이 부분에서도 역시 거친 들은 왕의 침상이며 술람미가 그 침상에 일어나 사랑하는 자를 의지하고 가는 장면으로 설명한다.[1] 설명이 극적(dramatic)이기는 하나 동의하기 어려운 설명이다. 영적인 의미가 들어있다 하더라도 내용을 구성하고 있는 세부적인 모든 요소들이 다 영적 의미를 갖는다고 볼 수는 없다.

거친 들 *miḏbār* 은 사람들이 살아가는 마을이나 성, 혹은 일상적인 주거지와 또 다른 주거지 사이에 있는 장소로서(3:6), 도시나 마을에서 또 다른 마을이나 도시로 이동할 때 거쳐야 하는 장소이다. 마을이나 성 안에서 보면 그곳으로 접근하는 개인이나 무리가 그 들판에서 올라오는 것으로 보일 것이다. 이것은 들판 저 멀리서 다가오고 있는 한 쌍의 남녀를 점점 확대(close up)하면서 보여주고 있는 장면이다.

그의(그 여자가) 사랑하는 자를 의지하고. 의지하고 *miṯrăppĕqĕt* 는 기대다(lean), 의지하다 *rpq* 의 사역 재귀(Hithpael) 분사형이다. 이곳에서만 보이는 용어이다. 셈어 동족어에서는 누군가를 지지한다(support)는 의미로 쓰이기도 한다고 하며 후기 히브리어(post Hebrew)에서는 팔꿈치(elbow)를 말하기도 한다.[2] Ibn Ezra는 이를 아랍어에 온 '붙잡다(cling)'에 가까운 말로 보았다.[3] 이

---

1   Provan, 366-367

2   Pop, 662.

3   Gordis, 98.

로 볼 때 여인이 사랑하는 자를 만나 그에게 기댄 채로 팔꿈치를 잡거나 혹은 팔을 낀 채 기대고 오는 장면을 표현한다. 여성이 남성에게 기댄 것은 그들이 원하던 대로 서로 하나가 된 것을 상징적으로 보여준다.

[8:5 b] 네 어머니가 고생한(너를 잉태한) 곳 너를 (잉태하여) 낳은 (그) 사과나무 아래 *tăḥŏt ḥŏttăpûḥă* **에서 내가 너를 깨웠노라**　　　너(남성)의 어머니 *ʾimmĕḵā* 는 어머니 *ʾēm* 에 2인칭 남성 단수 대명사가 접미된 것으로 이 대사는 여성의 것이다. 코러스가 여성의 노래를 대신할 수도 있을 것이다. **그곳에서 당신의 어머니가 고생한 곳. 고생하다** *hibbᵉlătḵā* 은 어떤 생각을 품다 혹은 잉태하다 *ḥbl* 의 강조형(Piel)이다. 고생보다는 '잉태하다'로 읽어야 할 것이다. 이에 연결된 '깨웠다'를 성적 욕망을 자극하는 행위로 해석하는 학자들은 '그가 잉태된 곳이 사과나무 아래'라고 하여 사과나무를 성적 상징물로 이해한다. 그러나 이것은 그를 '낳은 *yld* ' 장소를 말하는 것이다. 출산은 어느 정도 공개적일 수 있어서 사람들에게 알려질 수 있지만 잉태는 상대적으로 그렇지 못하다. '너를 잉태한 곳'은 '너를 낳은 곳'과 평행을 이루어 '출산한 곳'을 말하기 위한 것이다. 그 남성의 고향 집이며 어머니가 계신 곳이다.

　　Gledhill은 고대의 미신과 이 내용을 연결될 가능성을 언급한다.[4] 야곱이 많은 양을 얻기 위하여 당시 민간에 알려진 방법을 사용한 것 같이(창 30:31-43) 그런 의미에서 사과나무 아래에서 그 남성을 잉태하였다고 하였다. 그러나 이것은 오히려 이 한 쌍의 남녀가 남성을 잉태하여 낳은 어머니의 집에 와서 안정적인 새 삶을 시작되는 것으로 보는 것이 문맥상 적합하다. 정혼은 여성의 집에서 이루어지는 행사이고 대부분의 경우 일년 후에 신랑의 집으로 들어가는데 이것은 결혼이 이루어지는 것을 의미한다.

　　낳았다 *yᵉlāḏŏt* 는 출산하다 *yld* 의 단순형(Qal), 3인칭 여성 단수 완료형

4　Gledhill, 224

이다. 아마도 사과나무 그늘에서 여인들이 출산하는 일은 특별한 일은 아닌 듯하다. 고대 유대사회 여인들은 야외에서 조산원의 도움도 없이 직접 아기를 낳고 후속 조치까지 스스로 하였다고 한다. 남성의 집과 사과나무는 가까운 곳에 위치할 것임으로 이곳은 곧 그 남성의 집에 이르렀다는 뜻이 된다 (3:4 비교). 이들은 마침내 잊을 수 없는 추억이 서린 곳, 남성이 태어난 곳이며 앞으로 삶을 영위할 곳으로 언급되는 그 사과나무(the apple tree) 아래에 이르렀다. 남성의 집에 이르렀다.

내가 너를 깨웠다 깨웠다 ʿôrǎrtîkā 는 깨우다, 일으키다 ʿwr 는 여성이 남성의 (성적) 욕망을 자극한 것으로 보기도 한다. 아가를 전반적으로 어떤 성적 표현이 가득한 것으로 이해하는 해설자들은 거의 모든 구절에 이러한 의미를 부여하고 있으나 이것은 거의 편견에 가깝다고 할 수 있겠다.

'일으키다'로 번역된 ʿwr 는 아가에서 자주 보이는 용어이다. 후렴구(2:7; 3:5)에서 '깨우지 말라'와, 그리고 '북풍아 일어나라(4:16)"에서 정지된 것처럼 보이는 것에 어떤 자극을 가하여 움직이는 상태로 바꾸어 달라는 뜻으로 쓰였다. ʿwr 의 강조형(Piel)은 는 "무엇을 위한 보다 적극적 행동"을 나타낸다(시 108:2). 그토록 보기를 원하는 자를 만나고 그의 어머니 집에 왔으니 이제 그 사랑이 불 같이 일어나기를 기대하는 것은 당연하다. 이를 성적 욕망으로 해석하는 것은 지나치게 의미를 좁히는 것이라 할 수 있다.

[8:6 a] 너는 나를 도장 같이 마음에 품고 품으라 śîmēnî 는 '자리를 잡다' 혹은 '두다(set)' śym 라는 뜻이다. **도장 같이** kǎḥôṭām. 도장 ḥôṭām 은 금속이나 돌 등의 재질로 만들었는데 왁스 같은 것으로 봉한 후 그 위에 인을 눌러 표하는 도구이다. 자신의 소유임을 확실히 하기 위하여 인장이 사용되었다. 줄로 매어 목걸이 같이 가지고 다니기도 하고(창 38:18) 반지처럼 손가락에 끼운 것도 있었다(창 41:42). 또한 경우에 따라 인장에 끈을 달아 손과 팔에 항

상 두르고 있기도 하였다.

(너의) **마음에 두라** ʿăllibbĕkā, (너의) **팔에 두라** zᵉrôʿĕkā. 마음에 품으라, 마음에 두라, 팔에 두라고 하여 3중의 평행구를 이루고 있다. 그 여성이 남성과 완전하게 일치되고자 하는 바램을 나타내며, 그 남자는 그 여인의 주인이 되었다는 사실을 잠시도 잊지 말고 마음에 두라는 뜻이 되겠다. '팔'은 손부터 어깨 부분까지 통틀어 표현하는 것으로, 몸을 떠날 수 없는 팔에 항상 그것을 두라고 함으로 남성이 무엇을 행하든지 늘 함께 하고 싶다는 여성의 바램을 나타낸다. '마음에 두라' 역시 행위와 함께 그 가장 깊은 내면에 항상 있기를 바라는 마음을 표현한다. 항상 그 남성의 가장 깊은 곳에 지니고 있어 달라는 뜻이다.

이 구절에서 '마음에 품으라, 마음에 두라, 팔에 두라'고 반복되는 대구를 통해 여자의 강렬한 소원이 잘 드러나고 있다. 도장을 죽음을 막아내는 기념품이나 부적으로 보는 견해도 있으나 그렇게 의미를 부여할 필요는 없을 것이다. 이것은 마음 속 깊은 곳에 간직하라는 뜻이다(신 6:8 참고).

이 부분은 아가를 통해 전달하려는 가장 중요한 핵심적 메시지이다.
[8:6 b] 사랑은 죽음같이 강하고 사랑 ʾăhăḇāʰ 은 추상명사가 의인화되었다. **죽음 같이 강하고** ʿăzzaʰ māwĕt. 죽음은 살아 있는 생명체가 거부할 수도 없고 부인할 수도 없는 막강한 힘을 가지고 있다. 죽음이 찾아오면 누구도 예외도 없이 그것에 삼켜진다. 여성은 사랑을 죽음에 비교함으로 그 강한 힘을 말하고 있다. 자신이 어느 정도 흔들린 것은 사실이지만 그것을 극복하게 한 것은 '사랑의 힘'이라고 고백하고 있다.

질투는 스올 같이 잔인하며. 질투 qinʾaʰ 란 자신에게 허용되지 않는 것에 대한 과도하고 부정적인 집착을 말하는 것으로 그것 역시 질투를 미화하기보다는 그것의 '강한 힘'을 말하기 위하여 쓰였다. LXX 와 LV 모두 질투, 투기, 시기(Jealousy) 로 번역하였다. 남편이 아내를 의심하는 것(민 5:14), 다른 사람의 아내와 간음한 자에게 본 남편이 '투기'로 분노하는 것(잠 6:34)에 이 단어가 사용되었다(겔 16:38). 또 어떤 사람이 잘 되는 것에 대한 이웃의 시기를 말하기도 한다(전 4:4). 이런 등등의 예로 볼 때 이것 역시 결코 쉽게 사라지지 않는 매우 강력한 감정을 의미한다. 또한 이스라엘이 다른 신을 찾아 섬길 때 여호와의 진노하심(출 20:5, 신 32:16, 21)에도 같은 단어를 사용하였는데 이는 자기 소유물에 대한 정당한 요구와 관련이 있다. 질투라는 용어를 사용하였지만 이것은 전심으로 열렬히 사모하는 것을 말한다.

잔인하다 *qāšā(h)* 는 매우 엄하고 혹독한 압박을 말한다. 하나님 잎에서 목이 곧은 백성(출 32:9; 33:3), 완고한 나발(삼상 25:3)을 묘사할 때 쓰였고, 그리고 바로의 명령에 의하여 이스라엘 백성에게 매우 혹독한 노동이 강요될 때 쓰인 말이다(출 6:9). 곧, 어떤 면에서 결코 '돌이키지 않는' 완고함을 말하며 조금도 피할 여유가 없이 내리 누르는 압박을 의미한다. 결코 중도에 포기하지 않는 특성을 표현한다.

스올(음부) *šᵉʾol* 은 지하 세계 즉, 죽음 이후의 세계를 말하는데 이 역시 무엇이든 다 빨아들이는 피할 길이 없는 강력한 세력을 의인화한 것이다. 아무리 많이 채워도 결코 다함이 없이 강력한 힘으로 끌어 담는 강한 힘으로 상징된다. Carr는 이를 유연성이나 신축성의 반대말인 융통성 없는, 완강함(inflexible) 이 가장 적합한 번역이라 하였다.[5] 회피할 수 없는 강력한 힘을 계속 강조한다.

불이 타올라서 *rᵉšāpēhā rᵉšēp ʾēš šalhĕḇĕtyā(h)*. '불꽃은 아주 강한 여호와의 불꽃처럼 타오른다'로 직역할 수 있을 것이다. *rᵉšēp* 는 불꽃(욥 5:7), 혹은 빛(시 78:48)으로 번역된다. **그 기세가 여호와의 불길** 같다. **여호와의 불길** *šalhĕḇĕtyā(h)* 는 이곳에서만 나타난다. 명사 불길 *šalhĕḇĕt* 과 여호와를

---

5 Carr, 170

나타내는 *ya(h)* 가 합성되었다. 아가서에서 여호와라는 단어가 나오지 않다가 끝부분에 이렇게 언급된다. 아가의 전체 내용 자체가 여호와와 그 백성의 관계를 은유적으로 표현하는 것이라면 굳이 이런 표현을 사용하지 않아도 그 뜻은 전달되지만 이런 말을 사용함으로 이 작품이 여호와의 사랑과 관련되어 있다는 것을 우회적으로 표현한다. 여호와의 불을 끌 수도 없고 피할 수도 없듯이 사랑을 무엇도 끌 수 없고 거부할 수 없는 힘으로 비유한다. 처음부터 여호와를 언급하지 않은 이유는 대중의 흥미를 집중하게 하고 유지하도록 하기 위한 일종의 화용(話用, Pragmatic) 기법일 것이다. 말하지 않음으로 더 강력하게 말할 수 있다.

[8:7] 많은 물 *răbbîm măyin* 역시 그 어느 것도 거스를 수 없는 막강한 힘을 나타낸다(느 9:11, 사 43:16, 시 69:2). **홍수도** *nᵉhārôṯ* 역시 이와 유사한 어휘를 사용함으로 무엇이든 쓸고 지나가는 막강한 힘을 말한다. 그러나 그런 것조차도 **사랑** *ʾăhăbā(h)* 을 삼키지 못하고 끄지 못한다고 함으로 사랑의 강력한 힘을 나타낸다. 이어서 이에 대한 대구(對句)로 세상의 재물의 힘을 언급하며 아무리 많은 재물도 사랑을 대신할 수 없으며 사랑과는 바꿀 수 없는 것이라고 하였다.

흔히 2,3회 정도의 반복으로도 강조하고자 하는 의도는 충분히 반영되지만 여기서는 이러한 사랑의 힘을 막을 수 있는 방법은 없다는 것을 말하기 위하여 5중으로 유사한 표현을 반복하고 있다. 하나님과 그 자녀(백성)들 사이를 벌여 놓을 수 있는 것 중 가장 흔한 것이 세상의 부귀 영화에 대한 집착이다. 둘 다 가질 수 있다면 혹시 모르지만 둘 중 하나를 선택해야 하는 경우 사람들에게는 하나님보다 세상의 부귀와 영화가 더 크게 보이는 유혹이 따르겠지만, 그 유혹은 결코 성공하지 못할 것이다. 하나님의 사랑은 그보다 더 강렬하고 더 큰 힘을 가지고 있기 때문이다.

사람이 온 가산을 다 주어도 개역개정의 번역에는 접속사 '만약(if) *im*'이 매우 약하게 나타나 있으나 이것을 좀 더 명백하게 드러나게 번역할 필요가 있다. '만약에' 어떤 남자가 사랑을 (얻기) 위하여 자신의 집의 재산을 다 제공하여 사랑을 얻으려(쟁취 yitten) 한다면 그는 분명히 완전히 '멸시를 받고 말 것'이다. '만약(if) *im*'는 현실과 반대되는 것을 나타내기 위해서 사용될 수 있지만, 반대로 어떤 명백한 사실을 더욱 강조하기 위해서 사용할 수도 있다.

오히려 멸시(또한 경멸)를 받을 것이다 *bôz yāḇûzû*. 히브리 성경에는 여기서 멸시, 경멸을 나타내는 *bwz* 를 중복하여 나란히 둠으로 그 강조가 눈에 뜨이도록 하였다. 앞에 쓰인 *bôz* 는 *bwz* 의 단순(Qal) 부정사 절대형으로, 뒤에 쓰인 *yāḇûzû* 는 단순(Qal) 미완료 3인칭 남성 복수로 쓰였다. 과거 현재 미래 할 것 없이 그렇게 될 것이라고 말하고 있다. 이렇게 같은 단어가 중복되는 것은 '확실히, 예외 없이 그렇게 될 것'을 나타낸다.[6]

솔로몬이 내 비친 금 사슬에 은을 박은 목걸이(1:11), 최상의 호화로운 가마(3:6-11), 대규모의 포도원(8:11-12), 그리고 가장 달콤한 여성의 미모에 대한 찬사와 같은 것으로도 진정한 사랑은 얻을 수 없다. 이것으로는 '사랑 그 자체를 불러 일으킬 수 없다'(후렴 해설 참고). 이것은 분명히 아가에서 그 '왕'을 부정적으로 나타내는 것으로 아가서 전체 윤곽을 이해하는 데 결정적인 단서를 제공하고 있다.

솔로몬은 당대 최고의 영화를 누리며 가장 지혜로운 왕으로 일컬음을 받았지만 이런 면에서는 매우 어리석었다고 할 수 있다. 그의 부귀와 영화로 너무 쉽게 여인을 얻었던 경험으로 인하여 참사랑에 대하여 무지한 인물로 묘사되고 있다.

---

6   utterly contemned (KJV); utterly despised (NASB, ESV); utterly scorned (NIV, RSV)

제2장 남성 코러스(오빠들)의 결심(8:8-9)

8:8,9는 오빠들의 대사로 남성 코러스이든지 혹은 여성 코러스가 남성 역할을 하며 오빠들의 뜻을 전언하는 것일 수도 있다.

> 8 우리에게 있는 작은 누이는 아직 유방이 없구나 그가 청혼을 맏는 날에는 우리가 그를 위하여 무엇을 할까 9 그가 성벽이라면 우리는 은 망대를 그 위에 세울 것이요 그가 문이라면 우리는 백향목 판자로 두르리라

[8:8] **작은 누이** ᵓāḥôt 는 연인을 나타내는 말로 쓰이기도 하나 문맥상 여동생을 가리킨다. 작다(little) qᵉṭănnā(h) 는 오빠들이 그 여인을 아직 나이가 어리게 보거나 혹은 손 아래를 의미하는 것이다. 그러나 결혼 적령기가 되지 않았다는 뜻은 아닐 것이다. **유방이** šāḏăyim **없다** 유방의 쌍수 šāḏăyim 와 부정을 나타내는 ᵓēn (no, not)이 쓰였다. 유방이 충분히 형상되지 못하였다는 의미일 수 있다. 그러나 바로 다음 구절에서 술람미는 자신의 유방이 '망대 같다'고 하는 것으로 보아(8:10) 그 여성이 아직 결혼을 할 만큼 충분히 자라지 못한 것을 말하는 것이기보다는 오빠들에게는 그 여동생이 아직 '결혼 전'의 보호 대상이라는 것을 나타낸다. 여성의 결혼에 있어서 아버지가 없는 경우 오빠들이 아버지를 대신하였다.

미드라쉬 라바(Midrash Rabbah)에는 작은 누이를 자녀가 없는 아브라함으로(랍비, Berecchiah), 또 한편으로 미성숙한 이스라엘에 비유하는(랍비Azariah) 학자들의 의견을 소개하며, 교부 시대에는 이를 아직 온전하지 않은 교회로

해석하는 경향이 있었다.[7] 이런 결과를 도출해내는 과정을 언급하지 않고 영해(Spiritual interpretation)한 결과물만을 발표하여 여러 의문을 갖게 하지만 아가서의 영적 의미를 훼손하거나 역행한 것은 아닐 것이다.

(그 여자가) 청혼을 받는 날에는 우리가 무엇을 해야 하는가. 청혼을 받는 날에 *băyôm šĕyedŭbbărbāh*는 관계사 *šĕ* (when)와 '그 날 *băyôm*'과 '말하다 dbr'의 강조 수동(Pual)형, 그리고 전치사와 더불어 여성을 나타내는 어미 *hî* 가 접미되어 있다. 즉, "그 여자(여동생)에 대하여 말하는 날"로 직역할 수 있다. KJV, NIV, NASB, ESV 등은 모두 "be spoken for (her)"로 번역하였다. 이것을 '청혼'이 들어오는 것과 연관하여 의역을 한 것이다. 다윗이 아비가일에게 사람을 보내어 '말하게 하였다(삼상 25:39)'는 곧 청혼을 의미하는 것으로, 여기서도 그런 의미로 받아들이는 것이 자연스럽다고 할 수 있다. 의문형이지만 무엇에 대한 질문이기보다는 자신들이 해야 할 일을 하겠다는 것을 나타낸다.

무엇을 *ma*(h) **해야 하나**(shall we do) *năʿăśéh* **우리의 여동생을 위하여** *lăʾăhotnû*. '해야 하는가(할 것인가)'는 ʿśh 의 단순(Qal) 미완료 복수 1인칭으로, 이것이 여자에 대한 소문과 관련이 있는 것이라면 오빠들은 이것을 어떻게 대처할 것인지를 말하는 것이고, 청혼이라면 그것에 대하여 어떻게 반응할 것인지 책임 있는 사람들로서 고민할 수 있을 것이다. 두 가지 다 가능성이 있으나 이것 역시 청혼 날에 오빠들로서 마땅히 해야 할 일을 하겠다는 것을 나타낸다.

[8:9] 그가 성벽이라면 *ʾim ḥômā*(h) **우리는 세울 것이다** *niḇnĕ*(h) **은(銀) 망대를** *ṭîră*(h) *kĕsĕp*. **그가 문이라면** *dĕlĕt* **우리는 두르리라** *nāṣûr* **백향목 판자로** *lûaḥ ʾārĕz* **성벽과 문**은 대구를 이룬다. 두 가지 다 외부로부터 공격을 방어하고 안에서 밖으로 나가는 것을 적절히 통제하기 위한 장치로서 성벽(담)

---

7   Pop, 679.

hômā(h) 은 돌을 층층이 쌓은 것이며, 문 *dělět* 은 상황에 따라 개폐(開閉)할 수 있는 장치이다. 성벽 위에 망대 *tîrā(h)*를 설치함으로 방어의 효과를 높인다(4:4, 7:4 해설 참고).[8]

은(silver) *kěsěp* 이 망대에 어떤 용도로 쓰이는지는 알기 어려우나 망대의 강도(强度)를 높이는 재료로는 적합하지 않다. 아마도 위상과 권위를 높이기 위한 장식일 수 있다. Ginsburg는 이를 여성의 머리 장식으로 설명하였다. 은으로 만든 작은 뿔 장식을 결혼한 여성은 머리 오른 편에, 남편이 없는 여자는 왼쪽에 부착하였다고 한다.[9] 이런 해석이 적합하다면 결혼한 여성으로서 지켜야 할 것을 지킬 수 있도록 돕겠다는 뜻이 될 수 있을 것이다.

백향목 판자 *lûḥ hʾārěz* 는 문 가장자리와 중간 중간에 부착하여 강도를 높인다고 한다. 이것을 두른다 *nāṣûr* 는 것은 그 문이 허술하지 않도록 보강하는 것이다. 은 망대나 문에 두르는 백향목 판자를 언급하는 것은 자신들의 여동생을 부정적인 외부의 유혹과 위험으로부터 지키겠다는 의지를 나타낸다. 오빠들이 미혼의 여동생과 결혼한 여동생을 오빠들로서 후원하는 방법에는 많이 차이가 있겠지만 그동안 여동생들 대하였던 것과는 달리 지대한 관심을 갖을 것임을 마음으로 다짐하는 내용이다.

어떤 성도도 홀로 신앙의 길을 갈 수 없고, 특히 유혹 앞에서 혼자서 성공적으로 대처할 수는 없다. 늦은 감이 있지만 오빠들은 이것을 깨닫는 계기가 되었다. 아가는 전반부에서는 코러스가 여성에게 사랑하는 자를 찾아가라는 권유를 하였으나(1:8) 후반으로 오면서 코러스가 여인의 사랑하는 자를 같이 찾자고 하며(6:1) 마치 이 일에 앞장서는 듯한 분위기를 연출하였다. 그리고 이 구절에서 오빠들의 다짐을 소개함으로 '협동'의 중요성 즉, '성도의

---

8 *tîrā(h)*는 비교적 소규모 망대로 경계 용이기보다는 방어 용으로 흉벽에 가까운 것이라 할 수 있다. *miḡdāl*은 규모가 크며 방어와 동시에 경계를 위한 것이다.

9 Ginsburg, 189.

교제'의 참 의미를 부각시키고 있다.

제3장 승리의 노래(Epilogue, 8:10-14)

대부분의 고전적 희극(喜劇)은 승리로 결말이 지어지며 그 승리를 선언하는 대사가 있다. 그리고 막을 내리면서 배우들이 퇴장을 하는데 이를 Exodus 라고 하기도 한다.

> 10 나는 성벽이요 내 유방은 망대 같으니 그러므로 나는 그가 보기에 화평을 얻은 자 같구나 11 솔로몬이 바알하몬에 포도원이 있어 지키는 자들에게 맡겨 두고 그들로 각기 그 열매로 말미암아 은 천을 바치게 하였구나 12 솔로몬 너는 천을 얻겠고 열매를 지키는 자도 이백을 얻으려니와 내게 속한 포도원은 내 앞에 있구나

[8:10] 나는 성벽이요 ʾănî ḥômā(h) **내 유방은 망대와 같다** šāḏăy kămmiḡdālôt 이것은 여인의 대사로서 자신의 유방을 망대로 비유하고 있다. 망대 miḡdāl 는 9절의 망대 ṭîrǎ(h) 와는 다른 말이다(4:4; 7:4; 8:9). ṭîrǎ(h) 는 무기를 거치하는 등을 위한 용도로도 비교적 작은 것이고 miḡdāl 은 비교적 규모가 큰 것이다. 우선 그 여인은 오빠들이 성벽과 망대를 언급한 것을 그대로 받아들이고 있다. 그러나 자신의 유방을 망대 miḡdāl 로 비유하는 것은 일단 오빠들의 생각과 같이 연약한 보호의 대상으로 작은 형태의 망대가 아니라 충분히 성인이 되었다는 뜻으로 다윗의 망대와 같은 큰 망대(겔 16:7)로 가슴을 비유

하였다. 그리고 망대의 안전은 곧 성의 안전을 말하는 것으로 그것을 '잘 지켜왔다'는 뜻을 내비치고 있다.

그러므로 *ʾāz*. 이것은 어떤 시점을 나타내는 부사로(then, thereupon) 바로 전 문장과 다음 문장을 긴밀하게 연관시킨다. **그의 눈에** (보기에) *beʿênāyw*. '눈'에 3인칭 남성 단수 대명사가 접미된 것으로 보아 '그'는 오빠들은 아니다. 그러면 여성이 사랑하는 사람(도디라고 계속 지칭한 인물)이거나 '왕'을 가리키는 것인데 문맥으로 보아 자신을 유혹하던 왕을 가리킬 것이다.

나는 화평을 얻은 자 같다 *kemôṣeʾt šālôm*. '얻다 *ys* '의 사역 능동(Hiphil) 분사로 얻다(attain) 혹은 찾다(find)로 번역된다. 평안 *šālôm* 은 갈등이 없는 완전한 안정을 나타낸다. 위에 언급한 '그의 눈'의 '그'가 목동이라면 여인이 얻은 평안으로 만족할 것이고, 솔로몬이라면 더 이상 유혹을 계속 할 수 없음을 알아차린 것이 될 것이다. 여인을 점령해 보려고 했던 솔로몬 노력은 마침내 실패하였고 여인은 그 유혹을 성공적으로 이겨내었음을 선언하고 있다. (얻은 자) **같구나** *hāyîtî* 는 상태 동사로 '나는 … 상태가 되었다'의 완료형이다.

그동안 술람미는 솔로몬의 유혹에 다소 흔들리는 갈등을 경험하였으나 이제는 모든 것에 확고한 안정을 찾았다는 말이다. 이것은 여인의 강한 의지로 인한 것이 아니라 많은 물도 끄지 못하는 죽음 같이 강한 '사랑의 힘'으로 이루어진 것임을 아가서 전체가 나타내고 있다. 인간의 약한 의지가 강화될 수 있는 것은 스스로의 결심이나 훈련 등을 통해 이루어질 수 있는 것이 아니라 여호와의 불 같은 사랑과 이를 깊이 깨달을 때에 가능한 것임을 보여준다.

8:11-12에는 여인의 대사가 이어지고 있다. 이것은 그 여인이 '화평(샬롬)'을 얻었음을 증명하는 대사이기도 하다. 이것은 아가서의 승리를 선언하는 클라이막스 부분이다.

[8:11] 솔로몬이 바알 하몬에 포도원을 가지고 있다　　　이 대사 역시 10절에

서 이어지는 여성의 것이거나 코러스가 여성의 말을 대신하는 것일 수 있다.

여기서도 솔로몬의 실명이 거론되고 있다. 학자들 중에는 아가서에서 언급되고 있는 왕은 솔로몬이 아니라 결혼식에서 신랑을 높여 부르는 말로 이해하기도 한다. 그러나 이미 표제에 솔로몬이 언급되어 있을 뿐 아니라 여인에게 줄 선물로 제시된 각종 아름다운 수입품들과 왕궁에서나 쓸 수 있는 용어(Royal terminology)들, 솔로몬의 가마(3:6-10)에 대한 언급은 실제 솔로몬과 깊은 관련성을 보여주고 있다.

아가의 내용이 가상적으로 설정된 것이라 하더라도 실제의 솔로몬의 이름을 사용할 수 있는 가능성은 있다. 당시 시대적 배경을 감안할 때 왕을 어떻게 감히 이렇게 부정적인 역할을 하는 자(villain)로 비유할 수 있겠는가 하는 의혹이 발생할 수 있으나 이는 충분히 가능하다. 솔로몬의 말기에 북부 지역에서 제작된 것이면 솔로몬 사후에 널리 알려졌을 수도 있고, 왕국의 분열 후에 북방의 어느 지역에서 제작된 것이라면[10] 솔로몬을 이렇게 풍자적으로 묘사하는 것은 부담되는 일이기보다 오히려 솔로몬에게 우호적이지 않은 사람들에게는 카타르시스(Catharsis)가 될 수 있다. 당시 분위기로 볼 때 가능한 추측이다.

이 부분에서 Ginsburg는 솔로몬이 술람미에게 (명시적이든 암시적이든) 자신의 여인이 된다면 (여기서 언급되고 있는) 그 포도원을 줄 수 있다고 언급한 것으로 해설한다.[11] 그러나 여인은 솔로몬의 노래에 맞추어 춤을 추거나 마치 "성탄절 장식"처럼 자신이 호화로운 선물로 장식되는 것을 거부하였다.[12]

포도원 다수의 주석자들은 포도원(동산 등을 포함)을 여인의 몸을 은유하는 것으로 보고 이를 '솔로몬의 많은 여인들(large harem)'로 해석하고자 한다

---

10 아가의 표현 중 팔레스타인 북방 방언이 여기저기 섞여 있다고 보는 학자들의 의견을 참고하면 그 가능성을 배제할 수 없다.

11 Ginsburg, 190.

12 Gredhill, 240.

(왕상 11:3). 그럴 수도 있는 것이지만 이는 문자적 의미로 포도원으로 보는 것이 문맥상 더 자연스럽다.

(가지고) 있다 *hāyā(h)* 는 소유를 나타내는 동사 *hyh* 의 완료형으로 엄밀히 말하면 아가의 이 부분이 기록된 시점 그 이전의 사실을 말한다. 그 이전부터 이 글의 기록 당시까지 소유하고 있었던 것이면 완료의 표현이 반드시 과거 사실을 말하는 것이라 볼 수는 없으나 이것이 솔로몬 시대에 기록된 것이라면 미완료형으로 표현되는 것이 자연스럽다고 보는 해설자들이 있다. 만약 이것이 과거의 사실을 말하기 위하여 완료형으로 표현된 것이라면 솔로몬 이후에 이 글이 기록되었음을 보여주는 간접적 증거가 될 수 있다.

바알하몬 *bǎʿǎlhāmôn* 은 실재로 존재한 지명인지 아니면 문자 그대로 '많은 무리의 주인(Lord of a crowd), 혹은 부(富)의 주인(owner of wealth)'이라는 말을 지명처럼 사용한 것인지 알기는 어렵다. 히브리어 성경 어디서도 이 지명은 발견되지 않으며 단지 유딧(Judith)[13] 8:3에 도단(Dothaim)과 바라몬(Balamon) 사이인 것으로 암시된 구절이 있을 뿐이라고 한다.[14] 계속해서 그 위치를 추적하려는 움직임도 있으나 또 한편으로 이것은 솔로몬의 부를 연상하기 쉽도록 시인의 상상 속에서 만들어진 것으로 보기도 한다. 대상 29:16 에서는 *hāmôn* 이 '많은 물건' 즉 부(富)를 나타내는 말로 쓰였다.

그가 (포도원을) 지키는 자들에게 맡겨 두고. 지키는 자들 *nōṭ°rîm*. NIV는 세입자(tenants)로, NEB는 보호자(Guardians), KJV, RSV, ESV는 각각 지키는 자(keepers)로 번역하였다. 히브리어 성경에 이 단어는 8회 언급되는데 그 중 아가에는 4회 사용되었다(1:6에 2회, 8:11, 12).[15] 이것이 소작하는 자인지 관리

---

13 Judith은 일종의 지혜문학으로 히브리 정경에는 없으나 LXX에는 포함되어 있는 외경 중 하나이다.

14 도단(Dothan)은 갈릴리 호수와 사마리아 성 사이에 있는 비옥한 목축지와 농경지로 알려져 있다.

15 그 외에 레 19:18; 시 103:9; 렘 3:5, 12; 나 1:12에 나타난다.

자를 말하는 것인지 분명하지 않다.[16]

어떤 학자의 주장처럼 만약 포도원이 솔로몬의 처첩들(harem)을 의미하는 것이라면 '지키는 자들'은 그들을 관리하는 자들을 말할 것인데 그들에게 은 일천을 바치게 하였다(11)는 말은 해석하기가 매우 곤란해진다. 오히려 그 관리 비용은 솔로몬이 그들에게 지급해야 할 것이다. 이것은 포도원을 맡아 관리하며 그 소출 중에서 정해진 것을 주인에게 주고 나머지는 자신의 소유로 하는 자라는 의미에서 소작인으로 볼 수 있겠다.

각기 바치게 하다 여기서 포도원은 솔로몬의 많은 재산의 일부로 보인다. 소작농 한 사람이 (매년) 은(銀) 일천을 바치게 하였다는 것은 매우 규모가 큰 포도원이며 그 소출이 많았음을 말한다. 사 7:23에는 최상의 포도원을 "포도나무 일 천 그루에 은 일 천의 가치(한 그루에 은 한 세겔)"로 표현하고 있다. 당시 은(銀)의 가치로 볼 때 이것은 매우 규모가 큰 최상급의 포도원임을 알 수 있다.

[8:12 a] 솔로몬 너는 천을 얻겠고 열매를 지키는 자도 이백을 얻으려니와 이 부분에서도 매우 다양한 해석이 있는데 Pop은 이것을 간결하게 요약해서 소개하고 있다.[17] 열매를 지키는 자가 포도원을 대신 경작하는 사람들이라면 소작의 몫으로 은 이 백은 다소 적은 금액이다. Talmud에 따르면 소작농에게 돌아가는 몫은 소산의 절반 정도부터 1/4 수준이라고 하는데, 이것이 법적으로 규정된 것이 아니라 형편에 따라 유동적이라 하더라도 은 이백은 다소 적어 보인다. 이 역시 솔로몬을 긍정적 인물로 묘사하고 싶어 하지 않는 작가의 의도가 나타난 것으로 보인다.

어쨌든 8:11,12의 포도원은 솔로몬의 부(富)를 나타내기 위한 대표적 재

---

16   소작농은 소산의 일부를 주인에게 바치는 자들이고 관리자는 일정한 대가를 받는 관리인이다.
17   Pop, 691에는 다양한 해석들이 소개되어 있다.

산으로 술람미는 포도원을 지키는 자로서 솔로몬이 은을 박은 금 사슬 외에, 다른 것보다 포도원에 더 많은 관심을 보일 것이라고 생각했을 것이다. 12 b 를 참고하면 솔로몬은 술람미가 자신의 여자가 된다면 이것을 줄 수 있다고 명시적으로나 암시적으로 약속을 하였던 것으로 해석할 수 있겠다.

[8:12 b] 내게 속한 내 포도원은 내 앞에 있다　　　**나의 포도원** *kărmî šĕlî* 은 '나의 포도원'에 *šĕlî* 가 연결되어 있는데 이것은 접속사 what, that을 의미하는 *šă* 에 방향을 나타내는 전치사 *lᵉ* 그리고 1인칭 단수 소유격 *ʾănî* 가 합성되어 "내게 속했다"로 번역되었다. '나의 포도원 *kărmî*' 만으로도 충분한데 이것이 보충된 것은 다음의 말을 강조하는 것이다.

　　내 앞에 있다(before me) *lᵉpănăy* 는 문자적으로 "나의 얼굴 *pānĕ*"이라는 뜻으로 위치적으로 '앞'을 의미하기도 하고 또 자신의 영향력이 미치는 영역을 말할 때 사용되기도 한다. "하갈이 사래의 앞 *pānĕ* 에서 도망하였다(창 16:6)"고 할 때 이것은 하갈이 그 여주인의 영향력에서 벗어났다는 뜻이다. 아브라함이 조카 롯에게 "내 땅이 네 앞에 *pānĕ* 있으니 너 보기에 좋은 대로 하라(창 20:15)" 했을 때 이것 역시 롯이 임의대로 할 수 있는 영역이라는 뜻으로 쓰였다.

　　"내게 속한 포도원은 내 앞에 있다"는 포도원이 "자기 자신만이 홀로 처분권을 가지고 있는 개인 소유"라는 것을 강조함으로 자신이 아닌 사람이 임의대로 자신을 소유하거나 영향력을 행사할 수 없다는 표현이다.[18] 이 구절의 다양한 번역이 있으나 대부분 누구도 관여할 수 없는 '자아'를 강조하는 것으로 해설하고 있다.[19]

18　Gledhill, T. 240

19　My vineyard, which is mine, is before me (KJV); My own vineyard is mine (NIV); My very own vineyard is at my disposal (NASB); My vineyard, my very own, is for myself (RSV); My vineyard, my very own, is before me (ESV).

솔로몬이 여인에게 자신을 따를 때에 보상으로 모종의 약속(포도원을 주겠다… 등)을 했다면 '그것으로 자신을 움직이려고 하지 말라'는 뜻으로 자신의 사랑을 그런 방식으로 일으키지 말라는 아가의 후렴구의 내용과 사실상 의미가 일치한다(2:7; 3:5; 8:4 해설 참고). 그러므로 이 구절은 '나는 내 포도원으로 만족하겠다. 솔로몬 당신 것은 당신이 가지라'라는 말로 솔로몬의 구애를 단호히 거절하는 것이다. 여인은 자신의 마음을 얻기 위한 어떤 세속적 제안도 거부한다.

이것이 남성의 대사라는 주장도 있으나 그럴 가능성은 희박하다. 이 부분은 아가서의 주제인 '사랑'의 승리를 가장 돋보이게 하는 부분으로 사랑은 '사랑 그 자체 외에는' 어느 것도 움직일 수 없는 것임을 보여주고 있다. 그렇다면 이런 말을 할 수 있는 가장 적격인 인물은 이런 종류의 유혹을 계속 받아왔던 술람미이다.

에필로그(Exodus, 8:13,14)

8:13,14. 이것은 일반적으로 드라마에서 Exodus로 불리우는 부분이다. 극이 다 끝나고 등장 인물들이 퇴장하면서 막이 내려지는 중에 나오는 코러스의 합창과 유사하다.

> 13 너 동산에 거주하는 자야 친구들이 네 소리에 귀를 기울이니 내가 듣게 하려무나 14 내 사랑하는 자야 너는 빨리 달리라 향기로운 산 위에 있는 노루와도 같고 어린 사슴과도 같아라

[8:13] 너 동산에 거주하는 자야 *ḥayyôšĕḇet* 관사 *hā* 와 함께 거하다 *yšb* 의 단순(Qal) 분사 여성 단수로 호격으로 쓰였다. 주인공 여성인 술람미를 지칭한다.

친구들이 네 소리에 귀를 기우리니. 친구들 *ḥăḇērîm* 은 남성 복수형이다. 이런 경우에는 여성들이 포함되어도 남성 복수로 표현하는 예는 흔히 발견된다. **귀를 기울인다** *maqšiḇîm* 는 *qšb* 의 사역(Hiphil) 남성 복수 분사형이다. 술람미의 일에 관하여 관심을 갖게 된 자들이 귀를 기울이게 되었다. **너의 소리** *lĕqôlēk̠*. 소리(명사) *qôl* 에 전치사와 여성 어미가 접미된 형태이다. 소리는 반드시 음성만을 말하는 것이 아니라 그 존재 자체를 의미하기도 한다(2:8 참고).

내가 듣게 하려므나 *hašmîʿînî. šmʿ* 의 사역(Hiphil) 명령 2인칭 여성 단수에 1인칭 대명사가 접미되었다. 계속해서 주인공 여성을 향해 하는 말이 이어지고 있다. 그러므로 동산에 거주하는 자는 여성 주인공이다. 1인칭 "나"는 특정인이 아니라 이 말을 들어야 하는 사람들을 통칭한다.

무슨 소리를 듣고 싶어하는 것일까? 단순한 목소리 그 자체를 말하는 것은 아닐 것이다. '얼굴을 보여 다오'에서 그들이 보고 싶은 것은 얼굴 모양이 아니라 그 사람 자체인 것처럼 목소리 역시 목소리만은 아니다. 소리 *qôl* 란 그 자체에 메시지가 있는 것이다. 여인은 이제 승리자로서 당당히 모습을 드러내어 주기를 바란다는 의미와 함께 될 수 있는 대로 많은 사람이 그 여성에게 일어났던 내용을 듣게 하라는 요청이다. 아가서가 유월절에 낭독된 것은 그날 특별히 이 '소리'를 들어야 할 필요가 있기 때문이다.

[8:14] 사랑하는 자야 너는 빨리 달리라 향기로운 산 위에 있는 노루와도 같고 어린 사슴과도 같아라 **향기로운 산(들)** 향기로운 *bĕśāmîm* 은 *bōśem* 의 복수형이다. 이것은 온갖 향기나는 수목을 가리키는 것으로 희망찬 미래를 의

미한다. 노루와 어린 사슴은 아름다운 자태와 함께 역시 생명력이 약동하는 것을 연상케 하는 동물로서 '빨리 달리라'는 것은 소망이 가득한 미래를 향해 부지런히 달리자는 뜻으로 이렇게 아가서는 막이 내린다.

[해설]

저 멀리 광야에서 서로를 의지한 채로 올라오는 남녀가 보인다. 매우 극적으로 처리되어 있다. 이를 '누구인가'라는 의문사와 지시사를 통해 청자나 독자의 시선을 모은다. 서술적인 방식으로 그 두 사람을 점점 close up 하는 것이다. 독자(청자)들에게 가까워지면서 사랑하는 자를 의지하고 올라오는 자가 술람미라는 것이 분명해지고 있다. 그들의 만남이나 대화가 계속 비현실적으로 여인의 심상에서 이루어졌으나 이제 서로를 의지한 채 '하나'가 된 모습으로 다가오고 있다.

그리고 그들은 사랑하는 자의 어머니의 집, 사과나무가 있는 그 집으로 갔다. 이것은 그들의 사랑이 완벽하게 결실되었다는 의미이다. 정혼은 여성의 집에서, 결혼은 신랑의 집에서 이루어진다. 그리고 사랑의 다짐이 이루어진다. 술람미는 사랑하는 자의 팔과 마음에 둔 도장과 같은 존재가 되고자 한다. 이것은 욕심을 부리는 것이 아니라 사랑이 이루어 내는 당연한 결과이다.

그리고 이 모든 일은 사랑의 힘으로 이루어진 것임을 노래한다. 그것을 말하기 위하여 죽음, 질투, 여호와의 불을 언급하고 있다. 이 모든 것은 결코 도중에 포기되거나 약해지는 것들이 아니다. 아가에서 여인이 왕의 유혹을 물리치기 위하여 원하는 것은 '사랑하는 자의 사랑'이다. 이것을 마치 없던 일로 털어 버리기에는 자신의 의지가 약하다는 사실을 알고 있다. 그 의지를 강화하는 방법은 스스로의 훈련이나 결심을 반복하는 것이 아니라 '사랑'과 그 사랑을 더욱 더 깊게 '확인'하는 것이다.

왕의 방에 있었을 때 사랑하는 자에게 '많은 입맞춤'을 요구한 이유는 성적인 욕구를 말하는 것이 아니라 그 유혹에서 온전히 자유로워질 수 있는 유일한 방법이 그것임을 알고 있었기 때문이다.

집요하게 계속되던 왕의 유혹은 물거품이 되었다. 은을 박은 금 사슬, 화려한 아필르온으로 자신을 과시하고 최상급의 포도원과 같은 것으로 술람미의 사랑을 불러 일으켜 보려고 했던 왕은 경멸과 조롱거리가 되어 버렸다(8:7). '온 가산을 다 준다 하더라도 오히려 조롱거리가 될 것'이다. 사랑을 그렇게 얻으려고 하는 것 자체가 어리석기 짝이 없는 것이기 때문이다.

오빠들의 코러스가 이어진다. 이 내용에는 일종의 반성이 포함되어 있다. 여동생의 삶에 대한 이해가 부족했음을 고백하고 있다. '동생이 청혼을 받는 날에는 무엇을 해야 하는가(8:8)?' 이것은 일종의 왕과의 스캔들에 대한 변명에 대한 것이기보다 오빠로서 무엇을 해야 하는가를 스스로 질문하는 것이다. 정상적인 오빠들은 여동생의 혼인을 위해서(특히 아버지가 없는 경우) 무엇을 해야 할지 준비를 한다. 그동안 무관심했음을 자책하는 분위기의 말이다. 또한 이것은 앞으로 여동생을 더욱 더 적극적으로 돕겠다는 뜻이 될 수 있다. 어느 누구도 자신을 내리 누르는 문제를 혼자서 해결할 수 없다. 주변의 도움은 누구에게나 필요하다. 성도의 삶을 위하여 교회가 있고 성도의 교제가 필요한 이유이다.

고대의 희극(喜劇, Comedy)은 여러 갈등이나 위험 속에서 마침내 승리하는 이야기이다. 아가 역시 그런 의미에서 승리를 선포하며 막을 내린다. '나는 이제 온전한 화평(샬롬)을 얻었다!' 아가에는 왕에게 유혹을 받는 여인의 내면의 갈등이 묘하게 묘사되어 있었다. 그러나 그런 흔적은 다 사라졌다고 선언한다. 그리고 유혹자에게 최종적으로 승리의 선포를 한다. "포도원, 그것 너나 가져라!"

아가의 구조와 내용 요약

내용의 구성과 전개 방식

아가의 내용을 구분하는 방법 역시 해설자마다 '다' 다르다. 델리취는 전체가 6막(幕, Act)으로 구성되어 있으며 각각의 막은 두 개의 장(Scene)으로 나누었다. Ginsburg는 전체를 5개의 Section으로 구분하였다. 드라마론을 거부하는 학자들도 전체 내용을 분해할 때 Carr는 5개의 장으로 Hess는 6 부분으로 Garrett은 13개로 구분하였다. 아가를 이집트와 근동의 연애시 선집으로 보는 경우, 무작위로 발췌 편집하였다고 보면 이것은 더욱 잘게 나누어질 것이고, 어떤 주제 아래 선택된 것으로 보면 이보다는 좀 더 크게 구분될 수도 있을 것이다.

필자는 일반적 내러티브(Narrative) 작품에서 보이는 도입(Prologue, Exposition)과 최종 결론 부분인 승리의 선언 사이에 세 부분으로 구성된 내용이 있다고 보고 전체를 5막으로 구분하였다.

제1막은 프롤로그를 포함한 술람미의 소개, 그리고 2, 3, 4막은 모두 왕의 유혹으로 시작되지만 그 유혹이 효과를 보지 못하는 내용이며, 그리고 5막은 확실한 승리를 거두는 이야기로 결론이 지어지는 드라마로 보았다. 2-4막은 비슷한 패턴의 반복이 있으나 마치 나선형(spiral)과 같은 형태로 점진적으로 발전되어 가는 과정이 보이며 그 사이에 후렴들이 중간 매듭을 지으며 주제를 응집시키는 기능을 하면서 여인의 사랑이 성숙해져 가는 과정을 보여주고 있다.

이 내용은 3인 주인공(목자가설)의 시각을 바탕으로 한 것이다. 또 줄거리를 이렇게 보는 근거는 본문 해설을 참고하기 바란다.

1) 제 1 막(1:2-8)

제1장(1:2-4)

이 부분은 프롤로그(Prologue)로서 아가의 내용이 어떻게 전개될 것인지를 암시하는 일명 Exposition이라고 할 수 있다. 왕의 방을 배경으로 하여, 그 방 안으로 이끌어 들임을 받은 여인이 사랑하는 자에게 자신을 그 곳으로부터 '인도해 내어 달라(take me out)'는 요청을 하는 것으로 아가는 시작된다(1:1-4).

드라마 형식의 작품 중에는 프롤로그와 에필로그를 코러스가 담당하는 경우가 흔하다. 아가 역시 그렇게 볼 때 현재 1:4에서 언급되는 "우리"를 해석함에 혼란이 현저히 줄어든다. 8:13,14의 에필로그 역시 코러스가 담당하고 있다.

또한 이 부분에는 아가의 등장인물들의 역할 특징(character)과 아가의 plot이 비교적 구체적으로 암시되어 있다. 왕은 여인을 방으로 이끌어 들인 자이며 "너(그)"는 여인이 자신을 그 곳으로부터 이끌어 내어 달라고 하는 대상이다. 즉, 한 명의 여인과 두 명의 남성이 등장한다. 다수의 해설자들은 아가를 왕과 술람미 혹은 왕으로 불리우는 신랑과 신부인 술람미의 이야기로 보지만 1:4에는 '이끌어 들이다'와 '이끌어 내다'라는 반의적 동사를 사용함으로 술람미 외에 두 명의 남성이 등장하는 것으로 설정되어 있다. 그리고 그 사이에 있는 여인의 갈등을 예고하고 있다. 한편, 코러스는 여인이 원하는 것을 지지하고 협력할 것을 예고함으로 아가의 내용이 어떻게 진행될 것인지 암시한다.

왕의 방에 있는 여인이 사랑하는 남성(목동)에게 "많은 입맞춤"을 요구하는 것은(1:2) 그 방에서 나가고자 하는 마음을 표현하는 것이다. 현재 여인은 구금되어 있는 것이 아님으로 자의로 그 방을 나갈 수 있으나 '무엇인가'에 마음이 붙잡혀 있다. 그러나 이것을 떨쳐버려야 한다는 사실도 알고 있다. 그러나 그것을 아무 일도 없었던 것처럼 떨쳐 버릴 정도로 여인의 의지가 강하지 않다. 그래서 더 강한 의지를 불러일으키기 위하여 '사랑하는 자의 많은 입맞춤'을 요구한다. 자신의 의지가 이를 이길 수 있을 정도로 강화되는 방법은 사랑하는 자에 대한 불같은 사랑이 타오르는 것임을 알고 있다. 아가의 중요한 메시지 중 하나이다.

주인공 여성은 이 코러스와 함께 그 가운데서 등장하여 이러한 독창을 하고, 이어서 코러스의 합창이 그 뒤를 이렇게 받쳐준다. 코러스는 주인공 여성의 뜻을 합당한 것으로 여기고 지지하며 협조하기로 하였다. "우리가 너(목동)를 따라 달려가리라, 너(목동)로 말미암아 기뻐하고 즐거워하리라, 기념하리라 (높이리라, 개역개정에는 생략됨)." 코러스의 합창이다.

제2장(1:5-8)
그리고 이어지는 1:5-6에는 술람미의 자기 소개 즉, "게달의 장막 같이 피부가 검지만 내면은 솔로몬의 휘장처럼 아름답다(고상한 아름다움)"는 말을 통해서 자신이 왕의 방에 있다는 이유로 비난의 대상이 될 수도 있지만, 그럼에도 불구하고 자신은 여성으로서 내면의 아름다움을 유지하고 있으며 또 이를 지켜낼 것이라고 밝히고 있다.

이것이 단순히 피부색에 관한 것이라면 "포도원을 지키기 때문"이라는 설명으로 족하지만 '솔로몬의 휘장'을 언급하는 것은 자신의 내면의 상태를 말하기 위한 것으로 보인다. 내면이 '아름답다'는 것은 흠 잡힌 것이 없다는 의미로, 자신이 비록 왕의 방에 이끌림을 받아 그 안에 있으나 '양떼 곁에서 쉬는 자' 즉 사랑하는 자인 목동에 대한 사랑이 조금도 손상을 입지 않았다는 것을 우회적으로 발언하고 있다(5:7).

그러나 술람미의 이와 같은 말은 독자들의 동의를 전적으로 얻어내지 못할 것이다. 지금 이 여인은 왕의 방에 구금된 상태가 아니기 때문에 임의로 그 방에서 나갈 수도 있지만 그곳에 머물고 있고(3:2) 또 사랑하는 자가 와서 입 맞추어 줌으로 사랑을 불러 일으켜 주기를 바라는 매우 소극적 자세를 취하고 있기 때문이다.

코러스는 독자(청자)들을 대신하여 '그렇게 사랑하는 자가 보고 싶으면 양떼들의 발자취를 따라 그를 찾을 수 있지 않겠냐'고 말함으로 그러한 자세를 지적하는 독자들의 생각을 대변해 주고 있다(1:8). 그러나 이 부분에서도 여인은 만약 그렇게 할 경우에 부정한 여인으로 오해 받을 수 있는 가능성이 있다는 이유로 이를 행동으로 옮기기를 꺼려한다(1:7). 여인의 말에는 나름대로 정당한 이유가 있기는 하나, 그 정당함은 그보다 더 큰 이유 앞에서 무시될 수도 있는 것이다. '왕의 방'으로 이끌어 들임을 받은 것은 여인이 원하던 것은 아닐 수 있어도 그것이 의미하는 세상적 기대가 여인의 마음을 마치 연(kite)의 줄(끈)처럼 붙들고 있는 것으로 보인다. 코러스는 그 끈이 끊어질 것이라는 것을 암시함으로 이미 그 자체가 매우 드라마틱한 전개를 암시하여 독자(청자)들을 아가의 세계 안으로 끌어 들인다.

2) 제 2 막(1:9-3:5)

제1장(1:9-11)

이제 본격적인 왕의 유혹의 말들이 시작된다. 왕이 술람미를 그의 방으로 이끌어 들였다는 것 자체가 모종의 기대를 갖게 하지만 왕은 이렇게 말한다. "너는 나의 바로의 병거의 준마(암말)." 이것은 매우 고혹적 여인을 비유하는 말이다. 그리고 "너를 위하여 금사슬에 은을 박아 만들리라(1:11)"고 하였다. 고대 시대의 은(銀)은 금보다 가치가 떨어지는 것이 아니었다. 때로는 금보다 더 가치가 있을 때도 있었다고 한다. 이것은 세상에서 가질 수 있는 것, 누릴 수 있는 모든 것을 포함하는 화려한 상징물이다. 포도원을 지키는 여인이 평생 가져 볼 수 없는 것이다. 물론 왕의 요구를 따라야 얻을 수 있는 조건부 약속과 같은 것이지만 여인의 마음을 흔들기에는 충분할 것이다.

제2장(1:12-17)

이에 대한 여인의 반응은 일반적인 예상을 뒤집는 반전(反轉)이 있다. 그 선물 공세에 마음을 빼앗긴 나머지 왕에게 긍정적 반응을 나타내는 것이 아니라 그 반대이다. 바로 그러한 말을 듣는 순간에 여인은 '사랑하는 자(도디)' 목동을 생각하고 있다. "나의 나도(Nard)가 향기를 뿜어 내었다"와 늘 가슴에 목걸이처럼 놓여있는 "몰약 향주머니의 향기"가 연결된다. 나도는 최고급 향품이고 몰약 수지가 들어있는 향 주머니는 서민 용품이다. 그 여자에게 나도는 그 몰약 향낭이며 그것은 목동을 은유한다. "품 가운데(놓여있는)"은 '밤을 지내다(경야)' 라는 의미로 쓰이기도 하는 동사로서 잠깐 머물러 있는 것이 아니라 상당히 긴 시간 자리를 잡고 머무는 것을 말한다. 여인이 귀로는 "은을 박은 금 사슬"에 대하여 듣고 있으나 마음으로는 목동을 생각하고 있다.

그리고 왕은 이와 유사한 것들을 계속 말했겠지만 여성의 귀에는 들리지 않았을 것이다. 왕의 유혹이 계속되는 동안에도 여인은 심상 속에서 마음 깊은 곳에 자리를 잡고 있는 목동과 대화를 나누고 있다(1:15-17). 여인이 말하는 '내가 사랑하는 자(도디)' 혹은 '마음으로 사랑하는 자(3:2, 3, 4, 5)'는 목동이다.

제3장(2:1-7)

그리고 계속해서 여인은 언젠가 있었던 행복했던 일들을 회상하며 사랑하는 자와 대화를 나눈다(2:1-7). 비현실적 서법으로 여인의 심상 안에서 이루어지는 것이다. 잔칫집과 건포도, 깃발 등은 즐거움을 나타내는 연회(宴會, party)가 있는 장소이다. 정혼(定婚)식 때의 일을 회상하는 것으로 보인다. 결혼식으로 보는 것도 가능하지만 아가의 중간 부분에는 여성의 어머니 집이 언급되다가 결론 부분에 남성의 어머니 집에 이르는 것을 볼 때 두 사람은 정혼 상태에 있는 것으로 보인다.[1]

후렴구는 아가의 중심 내용을 나타낸다. "내 사랑이 원하기 전에는 흔들지 말고 깨우지 말라!"는(2:7)은 앞으로도 두 차례 더 반복된다(3:5; 8:4). 후렴이란 한 단락이 마쳐질 때 주로 나타나지만 단순히 분위기를 새롭게 하여 강화하려는 소리 매김이 아니다. 이것은 작품의 핵심을 강조하거나 흩어진 내용을 하나의 주제 아래로 응집하는 성격을 갖는다.[2]

후렴구에서 "흔들다"는 잠잠한 상태를 격동하여 움직이게 하는 의미의 동사이다. 그래서 대체적으로 '좋은 분위기를 깨지 말라'나 '선을 넘게 하는 성적 격동을 일으키지 말라'로 해석되고 있다. 이 후렴구에서 '사랑' 앞에 놓

---

1 정혼(定婚)은 오늘날 약혼과 유사하는 법적 효력 면에서는 거의 혼인과 유사한 것으로 정혼식은 신부의 집에서 이루어지며 약 1년 후 신랑의 집에서 혼인식을 한다.

2 후렴의 성격을 이해하기 위하여 사족 같지만 소개하겠다. 찬송가에도 후렴이 있는 것은 많이 있다. 각 절마다 약간씩 다른 내용으로 되어 있어도 후렴은 하나로 통일 된다. 그리고 그 후렴은 그 찬송가의 가장 핵심 내용을 담고 있으며 여러 절을 하나로 통합하는 기능을 한다.

여 있는 관사 *ha* 로 인하여 '나의 사랑'으로 이해되고 번역되고 있으나(개역개정 등) 이것은 the love 즉, '사랑 그 자체'로 읽어야 할 것이다. 그러므로 '사랑을 부귀 영화로 유도하거나 달콤한 말로 불러 일으키려고 하지 말라'로 해석해야 할 것이다. 중요한 부분에 이 말을 삽입함으로 아가의 중심 메시지를 더욱 강조한다.

제4장(2:8-17)

역시 여인의 삼상에서 일어나는 장면 묘사이다. 사랑하는 자가 산을 뛰어 넘어 한달음에 여인에게 온다(2:8-9). 그리고 그는 벽 뒤에 서서 문틈으로 엿본다(2:9). 이러한 날렵하지만 소심한 모습을 묘사하는 것은 여성을 역시 그리워하는 목동의 모습을 보여줌과 동시에 왕의 이미지와 대조하려는 의도로 보인다. 왕은 훈련된 60명의 용사의 호위 속에 화려한 가마를 타고 온다(3:6-10). 왕은 창 틈으로 엿보는 행위를 하지 않을 것이다. 왕은 여인을 자기가 원하는 시간에 원하는 장소로 이끌어 들이는 자이지만 목동은 여인이 원할 때 어김없이 찾아온다. 그리고 여인의 상황을 존중하고 살피며 여인이 원할 때까지 기다려 주는 사람이다. 여기서도 왕과 목동의 이미지는 확연한 차이를 보인다.

그리고 목동은 여인에게 "일어나 함께 가자"고 한다(2:10). 이것은 목동의 소리를 직접 듣는 것이 아니라 마음으로 듣는 것이다. 여인은 목동이 무엇을 원하는지 이미 다 알고 있다는 증거이다. 그러나 여인은 또 머뭇거린다. 그리고 자신의 내면에 자신을 그렇게 하게 만드는 '잡아야 할 여우'가 있다는 것을 새삼 인지한다(2:15). 이것은 목동의 대사를 간접화법으로 말하는 것이지만 여인 자신의 내면의 소리이기도 하다.

이러한 왕의 유혹 속에서 여인은 목동으로부터 점점 멀어지는 것이 아니라 오히려 자신은 그 사랑하는 자와 분리될 수 없는 존재임을 확인하게 된다.

즉, '사랑하는 자는 자신에게 속하였고 자신은 그에게 속한 사람'이라는 부정할 수 없는 사실을 더 깊게 인식한다(2:16). 이러한 고백은 6:3과 7:10에서 반복된다. 이 구절에서는 자신이 사랑의 주체로 나타나지만 6:3에는 그 주체가 '나에서 그로' 바뀌고 7:10에서는 아예 자신은 사라진다.[3] 이것은 아가에서 말하는 사랑의 성숙 과정을 보여준다.

"나는 그에게 속하였다"에서 특별히 강조되는 것이 있다. 여인이 속했다고 하는 '그'는 양떼를 먹이고 있다고 하였는데, '먹이다'는 분사형으로 쓰였음으로 진행형으로 번역할 수도 있지만(He is feeding…) 한정적으로 해석하면 '먹이는 자' 즉 목동이다. 그가 무엇을 하는지 그 동작을 말 함보다 그가 무엇을 하는 사람인지 나타낸다. 구약 성경에서 '목자'라는 말은 대부분이 '(양떼를) 먹이다'의 분사형이 쓰였다. 여인이 사랑하는 자는 자신을 방으로 이끌어들여서 '은을 박은 금 사슬'을 줄 수 있다는 왕이 아니라 그것과는 모든 면에서 대조되는 서민적 목동임을 밝히고 있다.

제5장(3:1-5)

여러 날 잠 못 이룬 여인이 더 이상 가만히 있을 수 없어 사랑하는 자를 찾아 나선다. 이것은 여인의 심상에서 일어난 일이 아니라 현실적 서법으로 기록된 실제 상황이다. 비 현실적 서법으로 목동과의 대화가 소개되면 그 후에는 이것이 실제 상황으로 이어지는 특징이 있다. 여인의 마음 한 구석에는 유혹의 연(kite) 줄(끈)이 연결되어 있었지만 그 끈이 강할 수 있어도 진정한 사랑의 끈보다는 약하다.

그 여자는 사랑하는 자를 찾아 방 밖으로 나갔다. 그러나 그를 찾지 못하

---

3   내 사랑하는 자는 내게 속하였고 나는 그에게 속하였구나(2:16, My beloved is mine and I am his); 나는 내 사랑하는 자에게 속하였고 내 사랑하는 자는 내게 속하였구나(6:3, I am my beloved's and my beloved is mine); 나는 내 사랑하는 자에게 속하였구나(7:10, I am my beloved).

였다. '찾아도 찾지 못하였노라(3:1)' 또, '성안을 돌아다니다' 그리고 '거리에서나 큰 길에서'에서 찾았다고 하였다. 이것은 정신없이 찾아다니는 모습을 묘사한다. 그리고 '순찰자에게 사랑하는 자의 행방에 대하여 물었다'는 것은 '사랑하는 자를 찾고자 하는 여성의 간절한 마음'을 잘 보여준다.

술람미는 결국 그를 찾았다. 순찰자들은 성벽에서 근무하는 자들로 보이는데 그들을 지나쳤다는 것은 여인이 성 밖까지 나갔음을 의미하는 것이다. 이 일은 밤 중에 이루어진 것이다. 이 시간에 성문은 닫혀 있었을 것이고 성 밖으로 나가는 것은 매우 위험한 일이다. 그러나 여인은 그렇게 하였다. 정오에 쉬는 목자들을 찾아다니는 것이 오해 받을 수도 있는 것이라 하여 망설이던 여인이 이제는 밤중에 일어나 위험을 무릅쓰고 성 밖까지 나가서 사랑하는 자를 마침내 찾았다(3:4). 마음 한 편에서는 왕의 유혹에 대하여 미세하지만 갈등이 있었으나 여인은 더 이상 그것 때문에 방에 머물러 있을 수가 없었다. 이렇게 그 여인을 움직이게 한 것은 여인의 의지라기보다는 사랑하는 자에 대한 사랑이다. 그리고 그와 함께 여성의 어미의 집으로 갔다.

여기서 반복되는 후렴은(3:7) 2:7을 참고하라.

3) 제 3 막(3:6-6:3)

제1장(3:6-11)

술람미가 떠나버린 것을 알고 또 다시 왕이 찾아온다. 아가에는 왕의 유혹이 파상적으로 나타나지만 그 때마다 여인에게서 보이는 반응의 특징은 유혹이 진행되는 중 목동을 생각한다는 것이다. 왕의 유혹은 여인에게 목동이 더욱 더 생각나도록 자극할 뿐이다. 그 자체가 매우 드라마틱하다.

"몰약과 유향과 상인의 여러가지 향품으로 연기 기둥을 만들며" 가마가 다가오고 있다(3:6,7). 솔로몬의 가마 행렬이다. 좀 더 가까이 왔을 때에 보니 그 가마는 '아필르온'이었음을 알 수 있었다('솔로몬 자기의 가마'로 번역됨, 3:9). 이 것은 특별한 날 사용하는 화려하게 치장한 가마를 일컫는다. 요즈음 말로 하면 세계에 한 두대 밖에 없는 초호화 승용차 정도 될 것이다. 그 주변에는 60 명의 정예 호위병이 경호를 하고 있다. 아직까지 왕의 대사는 없지만 솔로몬 의 머리에 '혼인식날 어머니가 씌워준 왕관(화관)'이 있다는 것을 볼 때(3:11) 그 자체가 술람미를 태우고 가겠다는 의미를 갖는 것으로 '은을 박은 금 사슬'보 다 훨씬 더 유혹이 본격화되고 그 강도가 높아진 것이라 할 수 있다.

제2장(4:1-5:1)

그러나 이어지는 4장에서 또 반전이 나타난다. 이렇게 솔로몬의 가마와 관련된 기사가 나오면 이어지는 부분의 남성의 대사는 당연히 여인을 찾아 온 솔로몬의 것이어야 하겠으나 예상 외로 이것은 여인의 심상 속에서 이루 어지는 목동과의 대화이다. 이것을 그렇게 보는 이유는 두 단락으로 구성된 비교적 긴 남성의 대사에 대하여 응답(반응)하는 여성의 대사에서 그 남성을 '나의 사랑하는 자(도디)'라고 부르기 때문이다(4:16).

이 여인은 이 '도디'라는 호칭을 목동에게만 쓴다(본문 해설 1:2-4 참고). 그 뿐 아니라 이 부분에서 남성의 대사는 7장에 나타나는 남성의 여성 예찬 *waṣf*과는 내용이나 분위기가 많이 다르다. 목동의 대사는 항상 평범하지만 행복을 추구하는 '삶'을 말하고 7장의 왕의 대사에는 선정적(erotic)이고 유흥 적인 표현들이 대부분이다. 다시 말해서 목동은 여성을 삶의 동반자로 보고 있으나 왕은 성적 대상으로 보는 차이가 있다.

이 대목은 목동의 *waṣf*로서(4:1-15) 마치 면접관이 지원자를 살피는 것 과 같다고 할 수 있다. 지원자의 머리카락, 표정, 입은 옷, 구두 등을 짧은 시 간에 관찰하여 최대한 지원자의 능력을 파악하려 할 것이다. 숙달된 면접관 은 이런 일에 익숙하다. 목동은 그 여자의 내면적 아름다움과 삶에 대한 자세 등을 표현한다.

먼저 여인의 눈을 언급한다(4:1 a). 눈빛은 그 사람의 모든 것 즉, 한 사람의 내면을 대변하는 기관이다. 머리털(4:1 b)의 아름다움도 구약 성경에서도 자주 보이는 예찬의 소재이다. 치아로 옮겨간다(4:2). 목욕장에서 나오는 털 깎인 암양은 그동안 더러워졌던 양털을 씻고 또 그것을 이발하듯 깎았다는 뜻으로 희고 깨끗함을 나타낼 때 역시 자주 등장하는 비유이다. 쌍태를 언급하는 것은 털 깎인 암양이 쌍태를 가졌을 때 그 볼록한 배를 의미하는데 같은 모양의 배를 가진 암양들이 한 두 마리가 아니라는 것은 여성의 하얀 치아들이 고르게 잘 정돈되어 있다는 뜻이다. 여성의 단아함을 표현한다.

입술은 홍색 실과 같다고 하였다(4:3). 이 역시 뭔가 침울하고 어두워 보이는 검붉은 입술색과 대조되어 밝고 환하며 정직한 인품을 나타내는 비유라 할 수 있다. 그리고 목은 다윗의 망대와 같다고 하여(4:4) 일단 짧은 목과 대조하고 있으나 가늘고 긴 것을 가리키는 것은 아닐 것이다. 망대는 어느 정도 육중하다. 이것은 뭔가 당당해 보이고 건강한 여성이라는 것을 의미하는 말일 것이다. 미(美)의 기준은 시대에 따라 다를 수 있다.

이어지는 유방에 관한 언급으로 인하여(4:5) 아가는 성적 내용으로 가득 찬 책이라는 누명(?)을 쓰기도 하지만 당시 여성들의 많은 자녀 생산과 양육을 미덕으로 여겼기 때문에 어떤 뉘앙스로 사용하는가에 따라 이것은 매우 선정적인 표현이 될 수도 있고 반대로 바람직한 여성상을 나타내는 말일 수 있다.

그리고 남성은 여성에게 일종의 약속을 한다. "지체하지 아니하고 몰약 산과 유향의 작은 산으로 가리라(4:6)." 몰약과 유향의 산은 여성의 몸을 상징하는 표현으로 보인다. 그러나 이것은 '성적 쾌락의 시간'을 암시하기보다는 정혼 관계에 있는 자들의 온전한 합일 즉, 결혼을 나타내는 관용구일 수 있다.

남성의 대사 두 번째 단락이 시작된다(4:7-15). 여기서 레바논, 아마나, 스닐이라는 지명이 언급된다. 이것은 지중해 연안에 있는 현재의 레바논 동쪽에 위치한 남북으로 뻗은 두 개의 레바논 산맥(안티 레바논)을 말하는 것이다. 산세가 험하여 사람들이 접근하기 어려운 곳임으로 고대 근동의 신화에서 언급하는 것처럼 악한 신적 세력이 머무는 곳으로 생각하고 있었다(4:8). 여기서 내려와 '함께 가자'고 말한다. 이것은 왕의 영향력이나 유혹을 염두에 둔 말일 것이다. '가자'는 지시형(jussive)이지만 '나와 함께'라는 말이 있는 것을 볼 때 그 일을 자신이 돕겠다는 의미가 포함된다.

여인은 이 말을 듣고 즉각 반응한다(4:9). 여기서 남성의 대사인 '네(여성) 눈으로 한 번 보는 것과 목의 구슬 한 꿰미가 내 마음을 빼앗았다'는 것은 '그곳에서 내려와 함께 가자'는 말에 여성은 남성이 알 수 있는 신뢰의 눈빛을 보내고 또 그 남성만이 알고 있는 의미가 들어있는 구슬 꿰미를 보여줌으로 그 말을 전적으로 믿고 받아들였다는 것을 표한 것이다. 구슬 꿰미는 여성들 누구나 가지고 있을 수 있는 것으로 그것 때문에 매료되었다는 뜻은 아닐 것이다. 두 사람만 아는 어떤 사인(sign)이 있었음을 의미한다.

잠근 동산, 덮은 우물, 봉한 샘은 수많은 것을 풍성하게 생산할 수 있는 것을 나타내지만 결코 아무나 들어가거나 사용할 수 있는 것이 아니다. 이는 여성의 왕성한 생산력을 나타냄과 동시에 술람미의 정숙함을 표현하는 예찬이다(4:12). 술람미는 왕의 방에 이끌림을 받아 들어갔던 자였으나 사랑하는 자(도디)에게 이러한 말을 듣고 있다. 어떤 말보다도 듣고 싶었을 것이고 가장 달콤하고 황홀한 예찬이 되었을 것이다. 그 여성에게는 목동이 들었을 수는 있으나 본적은 없었을 수도 있는 모든 귀한 것들(4:13-14)이 나온다.

사랑하는 자로부터 이러한 말을 들은 여인은 이 남성의 말에 대하여 기쁨으로 응답한다(4:16). "북풍아 일어나라 남풍아 오라 나의 동산에 불어서 향기를 날리라." 기쁨에 겨워하는 행복한 여인의 모습이 충분히 연상된다. " 나의 사랑하는 자가 그 동산에 들어와 먹기 원한다(4:16)"에서 '그 동산'의 '그'는 정관사가 아니라 3인칭 남성 소유격으로 "그의 동산"이다. 여인은 자신의 동산을 그의 동산이라고 하였다. '나는 그에게 속하고 그는 내게 속했기' 때문이다. 조금 전 남성이 여인을 '각종 아름다운 과수들과 귀한 향품을 생산하는 동산'에 비유하였다. 이것을 그대로 받아 자기 동산에서 사랑하는 자가 먹기를 원한다는 것은 그렇게 삶을 함께 나누고 싶다는 뜻이다.

여인의 말을 받아 남성의 대사가 이어진다(5:1). '내 누이, 나의 신부'라는 호칭과 함께 완료형의 동사 4가지가 언급된다. 신부는 정혼하였거나 갓 결혼한 부인을 일컫는 말이다. '내가 그 동산에 들어왔다,' '거두었다,' '먹었다, '마셨다'이다. 아직 미래에 속한 일이지만 이렇게 표현되는 것은 확고한 신념에서 비롯된 미래형 완료(*perfect confidentiae*)로 보인다. 그런 일은 반드시 일어날 것이라고 믿는 것이다.

제3장(5:2-8)

이때 목동이 찾아왔다. 이것 역시 여인의 심상 속에서 일어나는 일로 봐야 할 것이다. 그가 문을 두드린다(5:2). 이런 장면이 비현실적 서법으로 처리된 것은 실제 대면했을 때 표현할 수 없는 속 마음을 그대로 드러낼 수 있기 때문이다. 이것이 현실이라면 목동이 문을 두드릴 때 문을 계속 열지 않을 수 없었을 것인다. 심상 속의 대화나 일어난 일은 허구적 사실을 상상하는 것이 아니라 직접 모습을 드러내지 않은 채 현실보다 더 깊은 내면의 것을 드러내는 표현 기법으로 사용될 수 있다.

'문을 두드리다'에 쓰인 동사는 매우 격렬한 동작을 나타낸다. 잠들었다 하더라도 그 소리를 듣지 못할 수는 없다. 그런데 여인은 문을 열지 않는다. 1:7에서 양떼들의 발자국을 따라가면 사랑하는 자가 있는 곳에 갈 수 있음에도 불구하고 '혹시 오해를 받을까 봐 가지 않겠다'고 했을 때와 유사한 장면이다. '마음으로 사랑하는 자'가 머리털이 이슬에 젖을 정도로 오래 동안 문을 두드렸으나 여인은 옷을 벗고 침상에 누웠다는 이유로 일어나지 않는다(5:2). 이것은 그들에게 있어서 침상에서 일어나지 않을 충분한 이유가 되지만 이 역시 특별한 상황에서는 무시될 수 있는 것인데 그것을 이유로 여인은 문을 열지 않았다. 여기서도 어떤 유혹의 연(kite) 끈(줄)이 여성의 마음에 연결되어 쉽게 끊어지지 않는 것을 볼 수 있다.

문을 두드리던 남성이 이제 밖에서 문을 열려고 하였다(5:4). 이들의 가옥 현관 문에는 대부분 구멍이 있어(문틈으로 번역됨) 나갈 때도 그것을 통해 밖에서 문을 잠글 수 있고 또 밖에서 문을 열 때도 손을 넣어 잠금 장치를 풀 수 있게 되어 있다고 한다. 그런데 아마도 안에서 열지 못하도록 장치를 하고 침상에 들었나 보다. 이 여인은 한참을 그대로 있다가 뒤늦게 일어나 문을 열었다. 그러나 남성은 이미 가버린 후였다.

이제 가버린 남성을 찾으려고 여인은 문을 열고 그를 불렀다(5:6). 그러나 이미 멀리 갔는지 응답이 없어 여인은 숄(겉옷으로 번역됨)을 걸치고 밖으로 나가 그를 찾아다녔다. 순찰자들을 만나 남성의 행방을 물었으나 그들은 여인을 때리고 그 겉옷을 가졌다고 하였다(5:7). 아마도 순찰자들은 그들의 규칙대로 했을 것이다. 그런 밤 중에 그런 복장으로 나다니는 여성이 정상적으로 보이지는 않았을 것이다. 여인은 그런 정도는 이미 예측하였겠으나 그럼에도 불구하고 남성을 찾아 다닌 것이다. 그만큼 간절했던 마음을 이렇게 묘사하였다. 여인의 심리가 이런 식으로 표현되고 있다.

제4장(5:9-16)

5:9는 코러스의 대사이다. 여기서 여인에게 '그 사랑하는 자'가 무엇이 나은지 말(고백)할 수 있는 기회를 준다. '다른 사람보다 나은 점'에서 비교의 대상은 넓게는 모든 남성이겠지만 좁게는 '왕'이다. 모든 것을 다 가진 왕과 비교할 때 너무도 소박하고 어떤 면에서는 가진 것이 없어 보이는 그 목동을 그토록 사랑하는 이유가 무엇이냐고 묻는다.

이에 대하여 비교적 긴 여성의 목동 예찬이 시작된다(5:10-16). 마치 어떤 탁월한 모습의 조각상(statue)을 부위별로 설명하듯 말하고 있다. 이 역시 외형을 통해 그의 인격을 말하려는 것이다. 이를 한 마디로 요약하면 "가장 뛰어나다"이다. 이런 것은 객관적일 수는 없다. 여성의 주관적 평가로서 적어도 자신에게는 이렇게 보인다는 뜻일 것이다.

희고도 붉다(5:10)로 시작하여 '전체가 사랑스럽다(5:16)로 마치는데 이것은 일종의 수미상관법(inclusio)을 사용하는 것이다. '희고도 붉다'는 가장 고상하고 존귀함을 나타낸다. 머리는 '순금'에서는 두 가지의 금 즉, *kětěm* 과 *păz* 가 반복되어 나타난다. 앞의 것은 일반적인 표현이고 뒤의 것은 매우 특별한 금을 나타낸다. 두 가지가 혼합되었다는 것이 아니라 그 금은 보통의 금이 아니라는 것을 나타내는 점진적 반복 강조법이다(5:11).

그리고 머리카락을 언급한다(5:11). 고대 메소포타미아 문명권에서 남성의 수염과 머리카락은 그의 권위나 인격을 나타낼 때 빠지지 않고 등장하는 소재인데 그 특징은 대부분 고불고불한 모양이다. 그림이나 조각에서 이것이 매우 과장된 형태로 묘사되어 있다.

그리고 여기서도 예외 없이 '눈'에 대한 예찬이 나온다. '우유로 씻은 비둘기의 눈'에 은유하였다(5:12). 시냇물로 비둘기가 씻으면 더 색이 아름답고 반짝거린다고 한다. 이따금 비둘기가 우유로도 목욕을 하는 경우가 있다고 하는데 그 때는 최상의 아름다운 모습이 보인다고 한다. 그러나 비둘기가 우유로 목욕할 수 있는 기회는 매우 드물 것이다. 여인은 그만큼 남성을 매우 특별한 아름다움을 지닌 자로 묘사하고 있다. 그리고 뺨과 입술, 손, 다리를 언급하며 최고 최상의 인물임을 강조하고 있다.

제5장(6:1-3)

이 말을 다 들은 코러스는 이제 같이 그 남성을 찾으러 가자고 한다. 1:8

에서는 여인에게 '찾아가보라'고 하였으나 이제 같이 찾아보자고 한다(6:1)

여인은 이미 그 사랑하는 자가 어디서 무엇을 하는지도 알고 있다(6:2). 그 사람은 항상 자기 자리에 있다. 그 뿐만 아니라 여인 비록 문을 열지 않아서 돌아가기는 하였으나 자신이 찾아가면 거부하지 않고 영접할 것이라는 사실도 믿고 있다.

여기서 또 두 번째 고백이 나타난다. 2:16에는 "그는 내게 속하였다"라고 하였는데 여기서는 "나는 그에게 속하였다'로 바뀐다. 이것은 사랑이 더 성숙한 단계로 올라갔음을 의미한다. 이와 유사한 내용인 7:10에서는 아예 '나'는 사라지고 없다.

그리고 그 여인이 속했다고 하는 "그"는 백합화 가운데서 양떼를 먹이고 백합화를 꺾고 있다. 꺾는다는 것은 꺾어 모으는 것으로 목동이 하는 일 중 하나이다. 이 구절에서도 먹이다는 분사형이다. 그는 양떼를 먹이는 자 즉, 목동이다. 왕이 아니다.

4) 제 4 막(6:4- 8:4)

제1장(6:4-9)

이미 3:6-11에 부귀와 영화를 과시하는 아필르온을 타고 왔던 왕의 유혹이 또 다시 시작된다(6:4). 그 사건과 지금 이 대목 사이에 목동의 *waṣf*(4:1-6:3)가 삽입되어 있었다. 이 부분에서는 왕이 술람미의 마음을 얻기 위하여 또 다시 여러가지 달콤한 말을 하고 있다. 왕의 *waṣf*는 여인의 인격 예찬이 아니라 매우 선정적인 쪽으로 기울어져 있다.

디르사와 예루살렘을 같이 언급하여 "장엄한 아름다움의 최상급"으로 여인을 은유하고 있다. 동시에 이 말에는 (관점에 따라) 현재도 그러하지만 앞으로도 계속 그런 도시처럼 영화롭게 해 줄 수 있다는 의미가 숨겨져 있다.

눈에 대한 말이나 머리털, 치아, 뺨은 일반적으로 남성의 여성에 대한 *waṣf* 에서는 단골 소재로서 목동의 그것과(4:1-5) 유사하다. 그러나 6:8,9은 왕이 아니면 할 수 없는 말이 나타난다. "왕비, 후궁, 시녀들이 다 너를 복된 자라 하며 칭찬하는구나(6:9)." '복되다'와 '칭찬 하다'가 이중으로 표현되는 것은 여인에 대한 최고의 찬사 중 하나이다(잠 31:28). 왕은 여성이 가장 듣고 싶어하는 말이 무엇인지 알고 있다. 그 중에 가장 눈에 뜨이는 것은 이것이다. "내 주변에 많은 여인이 있어도 그 중 내 완전한 자는 너 하나뿐 이구나(6:9)." 왕은 이미 다른 많은 여인에게도 이런 말을 했을지도 모른다.

제2장 (6:10-12)

왕의 *waṣf* 후에 코러스는 (갑자기) 여인을 극찬한다. 왜 이곳에 이런 칭찬의 말이 있어야 하는지 추정하기는 쉽지 않다. '아침 빛같이 뚜렷하다'의 뚜렷하다는 '위에서 내려다본다(look down)'는 뜻으로 여명(黎明)이 모든 것을 다 드러나게 하는 것을 연상하게 한다. '해같이 맑다'에서 해는 일반적으로는 *šĕmeš* 가 주로 쓰이지만(아 1:6) 이 구절에서는 특히 태양 '열(熱)'에 초점을 맞춘 *ḥămmā(h)* 가 쓰였다. 이것은 '하나님의 영광(사 24:23)'이나 '치료하는 광선(사 30:26)'으로, 혹은 '열기(시 19:6)'를 나타낼 때 쓰인 용어이다. 오염을 제거하는 기능이 강조된 말이다. 그리고 깃발을 세운 군대 같은 당당한 여인이라고 말한다. 그 여인에게 어두운 부분은 더 이상 없으며 또 그 여자는 오염을 제거하는 자로 칭송한다. 또한 달이 언급됨으로(6:10) 해의 강렬함과 달의 부드러움을 여인에게 적용시키고 있다.

그리고 여인이 호두 동산에 내려갔던 일로 거슬러 올라가 그 사건을 말한다(6:12,13). 이것은 여인이 왕을 만나게 된 이유를 소개하는 것으로 아가의 시작 부분에 있어야 할 것이 이 부분에 놓인 것이다. 코러스가 여인을 이렇게 칭송하려면 독자(청자) 들에게 '술람미는 왜 왕의 방으로 이끌림을 받았는가'

를 설명해야 할 필요가 있을 것이다.

술람미는 호두 동산에 내려간(완료형) 이유는 "골짜기의 푸른 초목을 보려는 것"이었다고 밝히고 있다(6:11). 이것에는 좀 더 상세한 설명이 뒤따른다. "포도나무가 순이 났는지, 석류나무에 꽃이 피었는지 알기(조사) 위한 것"이었다. 이러한 관찰은 봄이 왔음을 알리는 중요한 정보를 얻는 행위로서 포도원을 관리하는 자에게는 필수적인 것들이다. '부지중(6:12)'은 세부적인 해석에 있어서 의견이 분분한 말이긴 하지만 분명한 것은 왕의 눈에 뜨이기 위하여 "의도된 것이 아니었음"을 나타낸다.

마침 그곳에 '내 백성의 귀한 자(암미나디브)'가 있었다(이동 중이었거나 쉬고 있었을 것이다). 여기서는 '솔로몬 왕'을 의미하는 것이다. 이런 장소에서 '내 백성의 귀한 자'를 만날 수 있는 기회가 많지 않았을 것이나, 그런 사람이 그곳에 왔으니 또 그 주변에 사람들이 호기심에 모여들었을 것이다. 술람미도 그 중한 사람이었을 뿐인데 왕의 눈에 뜨여 결국 왕의 방에 이끌어 들임을 받았다는 사실을 설명한다. 아마도 솔로몬의 눈에 뜨이기 위하여 치장을 하고 우연을 가장한 연출된 행동을 하는 여인들도 있었겠지만 술람미는 전혀 그럴 의도가 없었다는 것을 말하고 있다. 술람미는 비록 왕의 방으로 이끌림을 받았으나 이러한 예찬을 받아도 되는 사람이다(6:10). 게달의 장막 같으나 솔로몬의 휘장 같은 여인이다(1:5).

제3장(6:13)

'돌아오라 술람미'는 왕의 대사인지 혹은 왕과 함께하는 무리들의 합창인지 분명하지 않으나 술람미를 좀 더 가까이서 자세히 보기를 원하는 남성(들)의 대사이다. '돌아오라'는 멀어진 것을 전제로 한다. 그것은 물리적 거리일 수도 있으나 심정적 거리일 수도 있다. '보게 하라'는 눈 앞에 나타나 달라는 요청이다.

이에 대하여 코러스로 보이는 그룹의 응답이 있다. '왜 술람미를 마하나임의 춤추는 여인처럼 보려고 하느냐'는 의문형이지만 이것은 그런 식으로 대하는 자들에게 면박을 주며 술람미를 마치 선정적 춤을 추는 댄서를 보듯 하는 것을 비난한다. 마하나임이란 요단 동편의 한 지역 이름이기도 하지만(창 32:2, 수 21:38, 삼하 2:8) 어의 상 '두 진영의 군대'로 상당히 규모가 큰 군영(軍營)이기도 하고, 또 '이중(二重, double)'이라는 의미이기도 하다. 전자로 보면 성에 굶주린 군인들 앞에서 선정적 춤을 추는 여인으로 해석될 수 있지만 후자로 본다면 일반 민속 춤에서 보듯이 두 줄로 서서 추는 춤(line dance)일 수도 있다. 무엇이 되었든지 여기서 말하는 것은 '눈요기' 감으로 보지 말라는 뜻일 것이다. 이어지는 구절에서 술람미가 춤을 추는 것으로 보아 후자가 합당한 해석일 것이다.

제4장(7:1-9 a)

춤을 추는 술람미에 대한 왕의 *waṣf*가 길게 소개된다. 왕은 지금 사람들의 춤을 감상하고 그 분위기 속에 참여하여 같이 즐거워하는 것이 아니라 춤을 추는 한 여인에게 시선을 고정하여 그 몸매를 발 끝부터 머리 위까지 샅샅이 훑어보고 있다. 술람미가 왜 춤을 추는지는 알 수 없으나 이것이 유월절 등 행사의 한 순서라면 당연히 다른 여성들과 함께 참여했을 것이다.

왕의 *waṣf*는 발에 대한 것부터 시작하여(7:1) 머리에 이른다. 목동의 *waṣf*는 머리에서 가슴에 이르는데(4:1-5) 이와는 대조적이다. 그리고 넓적다리를 언급한다. 이것은 여성의 대칭을 이루는 둔부를 말하는 것이다. 그리고 배꼽을 과장하여 포도주를 가득히 부은 포도주 잔에 비유한다(7:2). 고대 메소포타미아 문학 작품에서는 배꼽은 성적 이미지와 관련이 깊다. 허리는 밀단을 세우고 흩어지지 않게 가운데를 매어 놓은 백합과 같다고 하였다(7:2). 잘록함을 말하려는 것인지 풍성함을 의미하는 것인지 알기 어렵다.

그리고 두 유방에 대한 언급이 있고(7:3), 눈은 헤스본의 바드랍빔 문 곁에 있는 연못 같다고 하였다. 이곳은 지금도 유명한 휴양지라고 한다. 온통 황토로 뒤덮인 곳에 깨끗한 물이 고인 연못을 말함으로 청초한 아름다움을 돋보이게 하는 곳이다(7:4). 코는 레바논의 망대와 같다고 하였다. 이것은 솔로몬이 북방에서 오는 적을 경계하기 위하여 세운 높은 망대이다. 7절에는 종려나무 같이 키가 크다는 말과 함께 그 위에 달려있는 열매송이 같은 유방을 언급한다. (중략)

그리고 마침내 왕의 속 마음을 드러낸다. "내가 말하기를(7:8)"은 관용구로서 "내가 반드시 하려고 마음먹은 것"을 의미한다. 그 반드시 하고 말겠다는 것은 그 나무에 올라 유방을 움켜잡는 것이다(7:8). 지금까지 은을 박은 금사슬, 또 아필르온으로 상징되는 어떤 것들, 아름답고 아름답다는 찬사를 늘어 놓은 모든 목적이 이것이다. 콧김(7:8)은 주로 '진노의 숨'을 내쉬는 것으로 표현되는 것이지만 이런 문맥으로 볼 때 이것은 얼굴을 가까이 대고 거친 숨결을 느끼고 싶다는 표현이다.

목동은 진솔한 삶을 말하지만 왕의 표현은 매우 선정적(erotic)이다. 목동과의 대화에서도 깊고 많은 입맞춤 등의 표현이 나타나지만 그것은 사랑하는 자와 함께 하는 삶의 일부일 뿐이고 왕은 처음부터 여인을 대하는 목적이 '유방을 움켜 잡는 것'이었다. 왕에게는 술람미의 육체가 필요할 뿐이다.

제5장(7:9 b-8:4)

여기서 또 다시 반전의 패턴이 나타난다. 왕은 여인의 입이 좋은 포도주 같다고 하였다(7:9 a). 입은 말(speech)을 의미할 수도 있으나 콧김과 짝을 이루어 여기서는 선정적 입맞춤을 의미한다. 이것이 좋은 포도주 같을 것이라고 하였다.

그런데 왕이 이런 말을 할 때 술람미는 그와 동시에 목동을 생각한다

(1:12/1:13; 3:6에 이어지는 4:1-5:1). 아가에는 아예 왕의 말에 대하여 술람미의 응답 자체가 없다. 7:9 a에서 왕이 여인의 입술을 포도주로 비유했을 때도 여인은 이 말을 목동과 연관시킨다. 이에 따라 나오는 술람미의 대사는 "이 포도주가 나의 사랑하는 자(도디)를 깨운다"이다(7:9 b). 계속 언급해 온 것처럼 '도디'는 술람미가 '마음으로 사랑하는 자'인 목동에게만 쓰는 호칭이다. 이 장면을 배우가 연기한다면 이러한 세심한 내면을 표현할 수 있는 고도의 연기력을 가지고 있어야 할 것이다.

그리고 왕의 유혹이 노골화되고 강도가 더해질 때 여인은 자신이 사랑하는 자에게 속하였다는 사실을 더욱 분명하게 확인하게 된다(7:10). "나는 내 사랑하는 자에게 속하였다." 여기서는 아예 '자신'은 사라지고 "그"만 있다. 목동을 생각하려고 마음에서 의도적으로 그에 대한 생각을 불러일으키고 있는 것이 아니라 그럴 때마다 저절로 목동의 생각으로 가득 채워진다.

'우리가 들로 가서 동네에서 유숙하자(7:11)'에서 동네는 화려한(luxury) 왕궁과 비교되는 소박하고 목가적(bucolic) 장소이다. 모든 것을 벗어나 일상의 삶으로 돌아가 사랑하는 자와 함께 지내고 싶다는 뜻이다. '일찍 일어나 포도원으로 가자(7:12)' 포도 움이 돋았는지 꽃술이 퍼졌는지 보자(7:12) 역시 같은 의미이다. 합환채(7:13)는 만드레이크(mandrake)로 알려진 것으로 그 철자가 '도디'의 복수형태(dûḏaîm)와 같은 것으로 볼 때 그 용도는 충분히 짐작된다.[4]

'문 앞에 여러가지 열매들을 준비해 두었다(7:13)'에서 '앞'은 '위'로 번역되는 것이 더 나을 것이다. 이들은 문 위 선반에 곡식이나 열매들을 말려 얹어두기도 한다. 비상식량이기보다는 더 풍요로운 것을 얻기 원하는 소원을 나타내는 관습적인 것이다. 여인은 사랑하는 자를 위하여 그렇게 준비해 두었다고 말하고 있다.

여인은 '은을 박은 금 사슬' 때문에 잠시 미세한 흔들림을 경험하였다. 양

---

4   이것은 마치 인삼(人蔘)처럼 사람의 벗은 몸을 그대로 빼 닮았다.

떼의 발자취를 따라 목동을 찾아갈 수도 있었으나 오해 받을 수 있다는 이유로 머뭇거리기도 하였고(1:7), 목동이 와서 같이 가자고 해도 짐짓 못들은 척하기도 하였다(3:1). 또 다시 찾아와 격렬하게 문을 두드려도 침상에 누웠다는 평범한 이유로 문을 열지 않았다(5:2,3). 그러나 그 유혹의 끈은 강하지만 사랑의 끈보다는 약했다. 이렇게 마음의 갈등을 겪으면서 스스로 깨우친 것은 '자신이 진정으로 그를 사랑하고 있다는 것'이고 또 '진정한 사랑에 대한 깊은 이해'였다.

여인은 여자의 어머니의 집에서 결혼 생활에 관하여 가르침을 받으며, 사랑하는 그에게 석류즙을 마시게 하고 싶다고 한다(8:2). '마시게 하리라'는 희구(希求) 형으로서 간절한 소원을 나타낸다. 옛날 어머니들이 객지에 나가 있는 자식들이 오면 따뜻한 밥을 한끼 해 먹이고 싶다고 하는 것과 같다고 볼 수 있겠다. 석류즙은 피로를 말끔히 씻어주는 탁월한 효과가 있는데 이것은 필자도 경험한 바가 있다. 오늘날도 중동 지역 시장에서 즉석으로 만들어 판매하기도 한다. 태양과 바람, 노동으로 지쳐서 집에 돌아오는 남편에게 아내의 역할을 하고 싶다는 뜻이다. '너는 왼팔로 내 머리를 고이며(8:3)…' 소박하지만 평화롭고 행복한 꿈을 꾸고 있다.

5) 제 5 막(8:5-14)

제1장(8:5-7)

광야 저 멀리서 한 쌍의 남녀가 서로 기댄 채 올라오고 있다(8:5). '누구인가'라는 표현은 서술 상 어떤 장면을 서서히 확대해서 보여주는(close up) 기법이다. 점점 다가오는 그들을 자세히 보니 술람미이다. 그 옆에 있는 인물은 그 여인이 사랑하는 자 곧, 목동이다. 이것은 구태여 누구인지 밝히지 않아도 독자(청자)는 그들이 누구인지 이미 전체의 흐름을 통하여 알 수 있을 것이다.

'거친 들(8:5)'은 도시와 도시 사이에 있는 사람이 살기에는 적합하지 않은 장소로, 도시나 마을 안으로 들어오기 위해서는 반드시 통과해야 하는 곳이기도 하다. 이것은 그들이 그동안 경험한 어느 정도의 시련을 함축하는 문학적 표현일 수 있다.

'의지하다'는 팔을 잡거나 팔을 낀 상태로 여성이 남성에게 기댄 모습으로 이는 마침내 둘이 하나가 되었음을 상징적으로 보여주는 장면이다. 그리고 남성의 어머니의 집으로 향한다. 그동안 언급된 '어미의 집'은 여성의 어머니 집으로 정혼(定婚) 관계를 나타내는 것이었으나 '남성의 어머니 집'으로 간다는 것은 '혼인'을 암시한다.

그리고 이제 진정한 사랑의 힘에 대하여 말한다(8:6-7). 술람미의 대사이기는 하나 작가의 생각을 대변하는 것이며 아가에서 보여주려는 중요한 메시지이다. 진정한 사랑을 죽음, 질투, 불길(8:6), 많은 물(홍수, 8:7)에 비유하였다. 이것은 무엇이든 빨아들이고 쓸어버리는 강력한 힘을 가지고 있는 것들이다. 누구도, 무엇도 그 힘에 대항할 수 없는 것들이다. 진정한 사랑이란 이렇게 드러나고 증명된다. 그렇지 않다면 그것은 사랑의 이름을 빌렸을 뿐 진정한 사랑이라 할 수 없는 것이다. '사람이 온 가산을 다 준다고 해도 살 수 없는 것'이라고 하여(8:7) 은근히 유혹자인 왕을 저격하고 있다. 그가 천하의 절반을 가지고 있고 그것을 다 준다고 해서 사랑을 얻을 수는 없다. 이미 세 차례 반복된 후렴구에서 충분히 말하였다.

"사랑 그 자체가 원하기 전에는 흔들지 말고 깨우지 말라(2:7; 3:5; 8:4)"

인위적 방식 즉, 많은 재물이나 듣기 좋은 말로 사랑을 불러 일으키려고 하지 말라는 것이다. 진정한 사랑은 그런 것으로 일으킬 수 있는 것이 아니라는 것이다. 더 나아가서 진정한 사랑은 그런 것으로 쟁취할 수 있는 것도 아니다. 실제로 솔로몬의 이와 같은 노력은 멸시를 받는다. 멸시는 헛된 것을 추구하였던 것이 그 모습을 드러냈을 때 따르는 허망함을 의미한다.

제2장(8:8-9)

이제 남성 코러스의 소리가 들려온다(8:8,9). '우리에게 있는 작은 누이'라는 말을 보아 술람미의 오빠들이 이 역할을 담당하고 있다. 작은 누이는 아직 혼인을 할 만큼 성장하지 못한 누이를 말하기보다 아직 보호가 필요한 누이라는 뜻일 것이다. '유방이 없다(8:8)' 역시 술람미가 자신의 유방이 망대 같다(8:10)고 한 것을 보아 성년이 되지 못했음을 의미하지 않는다. 혼인 이전의 상태를 말한다.

'청혼을 받는 날에는 우리가 무엇(무슨 말)을 할까(8:8)?' 이것은 어떤 역할을 의미하는 것으로 그동안 비교적 무관심하게 내버려 두었던 것에 대한 자책성 표현이기도 하며 그것을 반성하는 의미에서 앞으로 그들의 자세를 다시 고쳐 잡겠다는 의지의 표현이라 할 수 있다. 결혼하지 않는 처녀에게 포도원을 맡긴다는 것은 노동의 양이나 환경으로 보아 만약 아버지가 계셨다면 시키지 않았을 일이다(1:6 참고).[5]

그들은 여동생을 위하여 기꺼이 이렇게 하기로 하였다. 성벽에 은 망대를 세우고 백향목 판자로 두른 문(8:9)을 만들겠다고 하였다. 망대에 은을 두르는 것은 강도를 높이기 위한 것이 아니라 영화로움을 나타내는 것과 관련이 있다. 문은 들어오는 것과 나가는 것을 적절히 통제하는 기능을 갖는다. 여기에 백향목 판자는 문을 더 견고히 하겠다는 것으로 더 확실한 후원자가 되겠다는 의미로 보인다. 이제는 여동생의 일에 오빠들로서 해야 할 일을 하겠다는 다짐을 공개적으로 표현한다. 누구에게나 시련이나 유혹을 이겨내는 일

---

5   오빠를 어머니의 아들들이라 표현한 것은 아버지가 계시지 않은 것을 우회적으로 나타낸 것이라고 보기도 한다.

은 주변의 도움과 협력이 필요하다.

제3장(8:10-12)

술람미는 완전한 화평을 얻었다고 선언함으로 승리를 선포한다. "나는 그가 보기에 화평을 얻은 자 같구나(8:10)." '그'는 왕과 목동 중 누구를 가리키는 것인지 확실하지 않으나 이것은 갈등이 없는 완전한 안정상태에 있음을 말하는 것이다. 그동안에도 목동에 대한 사랑이 흔들린 것은 아니지만 왕의 유혹으로 인하여 어느 정도 마음의 갈등을 경험하였으나 이제는 그것에서 다 벗어났다. 왕의 시도는 결국 이렇게 해서 완전히 실패하였다.

'바알하몬에 있는 솔로몬의 포도원'은 그것을 지키는 자들이 은(銀) 천개를 바치는 규모였다. 지키는 자가 관리인이나 소작농 중 어느 쪽인지 모르지만, 만약 소작인이 은 일천을 바쳤다는 것은 매우 좋은 품질의 대규모 포도원임을 암시한다(8:11). 아마도 이 포도원을 술람미에게 주겠다는 모종의 언질이 있었던 것으로 볼 수도 있겠다. 다음 구절이 이런 사실의 가능성을 높여준다.

"내게 속한 포도원은 내 앞에 있다(8:12)." '내 앞에 있다'에서 '앞'은 얼굴이라는 뜻으로 '자신이 임의대로 소유권을 행사할 수 있다'는 당시의 표현이다. 아브라함이 롯에게 "내 땅이 네 앞에 있으니 네 마음대로 하라(창 20:15)"에서 그 의미를 보다 확실하게 알 수 있다. 그 포도원으로 여성의 마음을 얻을 수 없다는 것을 선포하고 있다. "자신의 가산을 다 주고 사랑과 바꾸려고 하면 오히려 멸시를 당할 것이라(8:7)"고 하였는데 그러한 발상으로부터 시도까지 모두가 '진정한 사랑'에 대하여 알지 못하는 무지에서 나온 것이다. 솔로몬의 그러한 노력은 이렇게 지금 멸시를 당하고 있다. 하나님과 진정한 사랑을 나누는 성도에게 세상의 이런 유혹은 마침내 수포로 돌아갈 것이다.

제4장(8:13-14)

이 부분은 드라마 등에서 주인공들이 무대 뒤로 나가는 퇴장(이동, Exodus) 장면이라 할 수 있다. 막이 내려오는 동안 코러스가 합창을 통해 전체를 마무리하는 장면이다. 고대 그리스 드라마에서는 배우들이 무대를 크게 한 바퀴 돌며 무대 뒤로 나갔다고 한다.

술람미와 목동을 '동산에 거주하는 자'라고 부르고 있다. 이것은 이들이 도시가 아닌 동산으로 나타낼 수 있는 지역 출신이기 때문이다(8:13). 도시에 비해 순박하지만 도시의 사람들이 알지 못하는 가장 중요한 것을 알고 지킨 사람들이다. "친구들이 네 소리에 귀를 기울인다"에서 소리는 그 존재 자체를 가리키는 말이기도 하고 또한 그가 경험한 어떤 교훈적인 일에 대하여 듣고 싶어한다는 말이 될 수도 있다. 술람미의 이 이야기는 혼자만 간직할 것이 아니라 보다 널리 알려져서 그 안에 있는 교훈이 전해지기를 바란다는 뜻이 들어있다. 코러스는 이미 이 여인을 '오염을 없애는 태양'에 비유한 적이 있다(6:10).

14절은 드라마의 종료를 알리는 노래이다. '노루와 어린 사슴'은 대부분 짝을 지어 언급된다. 이것은 사랑의 표징(symbol)이기도 하나 특히 노루 $\check{s}^e b\hat{\imath}$ 는 '영광'이라는 뜻을 내포하고 있다(삼하 1:19).[6] 이런 의미를 포함시킨 것이라면 그들을 축복하는 말로 아가의 막이 닫힌다.

---

6 삼하 1:19, "이스라엘아 네 영광이 $\check{s}^e b\hat{\imath}$산 위에서 죽임을 당하였도다"

결론 (아가의 신학)

아가는 목동을 사랑하는 한 여인이 왕으로부터 유혹을 받았으나 여인이 '마음으로 사랑하는 자'에 대한 진정한 사랑으로 이를 온전하게 극복하는 이야기를 드라마 형식으로 담아 낸 것이다. 줄거리 자체는 별로 특별할 것이 없다. '왕'이라는 이름만으로도 이런 유혹자의 역할을 하기에는 충분한 권력이나 부귀 영화를 가지고 있다는 것을 드러낼 수 있다. 그러나 아가에는 그 왕이 솔로몬이라고 이름을 밝히고 있다. 이것은 두 가지 정도의 가능성을 가질 수 있을 것이다.

첫째는 아가의 저자가 솔로몬에게 매우 비우호적 인물일 가능성이 있다. 그래서 솔로몬을 형편없는 여인 사냥꾼 정도로 묘사하고 있을 수 있다. 나아가서 솔로몬 이후 남왕국에 대한 적대감을 가진 자일 수도 있다. 둘째는, 아가의 저자가 발언하려는 그 내용이 fiction이든 nonfiction이든 관계없이 솔로몬과 매우 깊은 관련이 있는 역사를 배경으로 하여 설정된 것임을 나타낼 수 있다. 아가가 하나님의 신령한 말씀으로 인정되어 정경에 들어있는 것을 볼 때 첫 번째 이유는 아가 기록의 목적으로 인정되기에는 문제가 있어 보이나 두 번째 이유는 조심스럽게 인용되어야 할 의견으로 보인다.

다윗이나 솔로몬은 부국강병을 위하여 노력한 왕으로 공통점이 있다. 그러나 솔로몬은 부왕과는 달리 이를 위하여 여호와 하나님의 법도를 매우 느슨하게 대하였다. 그 이후 남북 왕조에 종교적 혼합의 문을 열어 놓게 되는 중요한 원인이 되었다. 이러한 배경 속에서 BC 9세기 이후 이스라엘의 선지자들은 각각 서로 다른 시대와 환경 속에서 활동하였으나 메시지의 공통점이 있다. 그것은 다산과 풍요의 신이라 여기던 '바알'에 대한 경계였다.

바알은 북왕조를 통하여 급속히 확산되어 전 이스라엘을 타락으로 몰아 갔다. 바알 종교는 솔로몬 이전에도 가나안 토속 종교로 자리를 잡고 있었지만 그것만의 독특한 사상이나 교리 체계를 가진 것이 아니라 고대 이집트의 오시리스 신화와 메소포타미아의 담무즈 신화, 그리고 그리스의 아도니스 신화와 그 뿌리가 같은 것이라 할 수 있다. 문화적인 옷만 바꾸어 입은 정도이다.

다산과 풍요 자체가 나쁜 것은 아니겠지만 이것을 최우선의 목표로 할 때 여호와 하나님의 법도(法道) 마저도 이것의 하위 개념이 되어 결국 하나님이 가장 경계하시는 '하나님을 떠나 다른 주인을 섬기는 결과'를 가져왔고, 이로 인하여 발생한 무질서는 한 집단을 필연적으로 자멸하게 하였다. 선지자들은 모두 이것을 경계하고 참 신(神)은 여호와 하나님이시라는 것을 다양한 방식으로 증거하였다. 아가는 솔로몬 이후 포로에서 회복 시기까지의 선지자들의 이와 같은 메시지가 드라마 형식으로 표현된 것이다.

해설자들 중에는 아가가 고대 이집트나 메소포타미아 종교에 지대한 영향을 받은 것으로 그 사상에 깊이 물들어있는 것으로 주장하기도 하나, 그 표현들을 공유하기는 했으나 오히려 그런 사상에 이끌리는 것을 예방하거나 혹은 이끌리고 있는 자들에게 "그 방에서 나오라"는 교훈을 주는 것이다. 그리고 어떻게 그 방에서 나와 사랑하는 자와 함께 있어야 할 곳으로 갈 수 있는지 설명하는 말씀이 담겨있다고 할 수 있다.

정경에 들어있는 성문서(聖文書)에 이러한 신학이 없다는 것은 상상할 수 없다. 자연주의적 성경 해석을 선호하는 해설자들은 아가에서 신학을 말하되 문학의 심미적인 요소를 강조하여 아가는 남녀의 아름다운 사랑 이야기이고 하나님은 인간에게 이러한 사랑과 성적 즐거움을 누릴 것을 원하신다고 하는 선에서 결론을 내리지만 그것은 해석상의 이견(異見)이기보다는 오류(誤謬)에 가깝다. 아가를 비롯한 모든 성경은 인간의 문학을 통해 주신 하나님의 말씀으로 하나님과 그 백성의 관계가 항상 중심에 있다. 이러한 내용을 담은 성문학(聖文學) 중 최고의 작품으로 고대 랍비들은 그 가치를 이미 파악하여 "노래 중의 노래" 혹은 "지성소"에 비유하였던 것이다.

이런 주제 아래서 아가가 보여주는 신학적 메시지는 매우 선명하다.

첫째, 하나님과 그 백성(혹은 그리스도와 교회)은 진정한(순전한) 사랑으로 맺어져 있다는 것이다. 하나님께서 화려한 아필르온을 타고 은을 박은 금 사슬을 보여주셨다면, 하나님을 진정으로 '사랑하지 않고도 열정적으로 따를 수 있을 것'이다. 그러나 하나님을 상징하는 목동은 여인을 특별한 것으로 유혹하지 않는다. 단지 진심으로 사랑할 뿐이다. 그리고 함께 하는 삶 속에서 행복을 추구한다. 또 목동은 솔로몬처럼 쾌락을 제안하지도 않는다. 그러나 여인은 목동을 사랑한다(5:10-16 참고하라). 어떤 조건도 없는 순수한 사랑은 이런 것이다.

둘째, 그 사랑은 유혹으로 흔들릴 수 있다는 것이다. 유혹 앞에 있는 여인의 행동을 보라. 저자는 여러 부분에서 비현실적 서법을 사용한다. 실제 대면을 하였을 때 할 수 없는 것을 심상 속으로는 할 수 있기 때문이다. 속 마음을 가장 진솔하게 드러내게 하는 방법으로 비 현실적 서법을 사용한다.

시작 부분에 여인이 왕의 방에 있을 때, 구금된 상태가 아님으로 임의로 방 밖으로 나갈 수도 있으나 "그(사랑하는 자)"에게 많은 입맞춤을 요구한다. 그에 대한 사랑이 불 같이 일어나 그것으로 유혹의 불을 꺼버리고 싶은 것이었다. 왜 밖으로 뛰쳐나가지 않았을까? 또 목동을 그렇게 그리워하면서도 양떼의 발자취를 따라 그를 찾아가는 것을 망설였을까(1:7,8)? 목동이 정오에 쉬는 시간에 그 주변을 배회하는 여인은 오해를 받을 것이다. 충분한 이유가될 수 있으나 특별한 경우에는 무시될 수도 있는 이유로 그에게 가지 않는다. 목동이 한달음에 산을 넘어 달려와 여인의 방문을 두드렸을 때 왜 문을 열지 않았을까(5:2,3)? 발을 씻고 침상에 들면 다시 내려오지 않는 것이 그들의 관습이기는 하나 이 역시 특별한 경우에는 무시될 수 있는 이유이다. 그런데 목동이 밤 이슬에 머리털이 젖을 만큼 오랜 시간 문을 두드려도 문을 열지 않았다. 물론 나중에 열었지만 그는 가버리고 난 후였다. 무엇인가 여인의 마음 속에 미세한 요동이 있음을 의미한다.

셋째, 그러나 진정한 사랑은 계속 숨겨져 있지만은 않다. 왕의 유혹이 강도를 높여가는 중 그 유혹의 말에 여인이 반응하는 것은 단 한 차례도 나오지 않는다. 이것은 남성의 예찬에 반응하는 여인의 말을 통해 알 수 있다. 여성은 '내 사랑하는 자(도디)'라는 말을 목동에게만 쓴다. 이렇게 보면 왕의 말에는 전혀 반응하지 않는다.

오히려 왕의 유혹이 있을 때마다 여인은 목동을 생각한다. 의도적으로 그렇게 노력하는 것이 아니라 저절로 그렇게 되는 것으로 보인다. 왕이 은을 박은 금 사슬을 말할 때(1:11) 여인은 그것을 목에 건 자신의 모습을 상상하는 것이 아니라 늘 가슴에 차고 다니는 몰약 향낭의 향기를 맡고 있다. 왕이 아필르온을 타고 왔을 때도 여인은 심상 속에서 목동과 대화를 나눈다. 7:1-9 a에는 왕의 긴 *waṣf*가 있다. 여기서 왕이 여인을 좋은 포도주에 비유하였을 때 여인은 즉각 그 포도주로 목동을 연상한다(7:9 b). 진정한 사랑은 무엇에 의하여 덮여버리거나 사라지지 않는다. 독자들은 좋은 것을 보면 사랑하는 자가 가장 먼저 생각나는 것을 경험하였을 것이다. 맛있는 것을 대하면 부모가 생각나고 자녀들이 생각나는 것과 같다.

넷째, 그 유혹이 계속되면서 여인의 목동에 대한 사랑의 나사가 조금씩 풀려가는 것이 아니라 오히려 더 바짝 조여진다. 유혹이 계속되는 동안 여인이 깨닫는 것은 결코 그 사랑과 분리될 수 없다는 것이다. "내 사랑하는 자는 내게 속하였고 나는 그에게 속하였다(2:16)" 그리고 "나는 내 사랑하는 자에게 속하였고 내 사랑하는 자는 내게 속하였다(6:3)." 왕의 긴 유혹의 말 후에 또 다시 하는 말이다. "나는 내 사랑하는 자에게 속하였구나(7:10)." 이것은 단순한 반복이 아니라 마치 스프링처럼 상승되는 반복이다. 그만큼 사랑의 깊이가 깊어지고 있고 성숙되고 있다. 이것을 역행시킬 수 있는 것은 없다.

다섯째, 그리고 마침내 그 유혹에서 완전히 벗어난다. 사랑을 끊을 만한 것은 아무 것도 없다. 많은 물도 끄지 못하고 홍수로도 떠 내려가지 않는다(롬 8:37-39). 여인은 "나는 화평을 얻었다(8:10)"고 함으로 승리를 이렇게 선포한다. 그리고 그 승리를 더욱 견고한 것으로 나타내기 위하여 적(敵)을 조롱한다. "솔로몬, 그 포도원 너나 가져라!"

아가는 유월절에 낭독되었던 것이다. 그럴 만한 이유가 충분히 보인다. 하나님과 그 백성(그리스도와 교회)의 사랑은 어떤 것도 끊을 수 없는 것이다. 부지중에 이런 유혹의 그물에 걸릴 수도 있고, 또 성도 편에서 어떤 이유로 이 사랑이 조금이라도 식어지게 되면 온갖 유혹의 시험이 밀려올 수 있다. 하나님보다 세상이 더 커 보일 수 있고 행복의 근원이 세상인 것처럼 보일 수 있다. 이것을 극복하는 방법은 도덕이나 윤리적 비난을 피하기 위한 결단이 아니다. 사람의 의지 자체는 매우 허술한 면이 있다. 이 의지를 진실로 하나님께로 향하게 할 수 있는 길은 하나님께서 베푸신 은혜와 사랑을 충분히 기억해 내는 것이다. 하나님의 많은 입맞춤이 필요하다. 이 사랑이 심령에 불 같이 타올라 그것에 다시 사로잡히는 것이 성도가 넉넉히 세상을 이기는 유일한 방법이다. 유월절은 이스라엘을 향한 하나님의 능력과 사랑이 너무도 확연하게 증거된 절기이다.

제 3 부   아가 설교

SONG OF SONGS

부지중에(6:11,12)

> 11 골짜기의 푸른 초목을 보려고 포도나무가 순이 났는가 석류나무가 꽃이 피었
> 는가 알려고 내가 호도 동산으로 내려갔을 때에 12 부지중에 내 마음이 나를 내
> 귀한 백성의 수레에 이르게 하였구나

아가의 첫 장면의 배경은 왕의 방 안으로 이끌려 들어가 있는(1:4) 술람미의
독창으로 시작됩니다. '많은 입맞춤을 해 달라'라는 대사로 시작되기 때문에
아가가 통속적 남녀의 사랑의 노래라는 인상을 줄 수 있고, 또 많은 학자들
이 그런 시각에서 이를 해설하려고 하지만 꼭 그런 것만은 아닙니다. 우리에
게 익숙한 이야기에 하나님과 그의 백성 혹은 그리스도와 교회의 관계를 담
아서 전달하려는 것입니다. 신실한 신앙의 선배들 중에는 아가를 하나님과

그의 백성의 사랑의 대화로 읽은 분들이 많았는데 그들의 시각은 정당하다고 할 수 있습니다. 독자들은 이 책 제2부의 아가 본문 해설과 또 제3부에 담긴 몇 편의 설교를 통해서 하나님께서 성도들 영혼에 심어주신 사랑의 위대함을 읽어 낼 수 있게 되기를 바랍니다.

술람미와 왕의 첫 만남

그런데 왜 술람미는 왕의 방 안에 있을까요? 이러한 사건이 어떻게 일어났는지 설명할 필요가 있겠습니다. 좀 통속적이기는 하지만, 무슨 피할 수 없는 운명 같은 사건이 있었는지, 아니면 우연을 가장한 술람미의 연출이 있었는지, 혹은 누가 다리를 놓아주었는지 … 여러 가능성을 생각할 수 있을 것입니다. 본문은 어떤 이유로 술람미가 왕의 방 안에까지 이르게 되었는지 설명하기 위하여 이들이 만나게 된 처음 사건을 말해주고 있습니다(6:11,12). 시간적인 순서로 본다면 가장 앞에 놓여 있어야 하는 것이지만 소설이나 드라마에서 극적 효과를 높이기 위해서 이런 내용을 뒷쪽에 배치하는 것을 흔히 볼 수 있습니다.

11절에는 술람미가 '호두 동산'이라는 곳으로 내려 갔다가 거기서 왕을 만났다고 합니다(개역개정은 '호도'라고 하였으나 현재 표준어는 '호두'). 미리 약속된 것도 아니고, 왕이 그곳으로 온다는 정보를 사전에 입수하고 그 눈에 들어보려고 그곳에서 기다리고 있었던 것도 아닙니다. 단지 "골짜기의 푸른 초목을 보려고, 포도나무가 순이 났는지, 석류나무가 꽃이 피었는가 알려고" 갔던 것입니다. 술람미는 포도원에서 농사 짓는 사람입니다(1:6). 그러므로 우기(겨울)가 지나고 봄이 올 때 농사와 관련된 어떤 일을 적기에 행하기 위해서는 이런 관찰이 필요했을 것입니다.

호두는 종류가 많습니다. 우리 나라에서 흔히 보는 것과 중동 지역의 것은 좀 다른 것이라 합니다. 구약 성경을 헬라어로 번역한 70인역(LXX)이나 라틴어 성경(Vulgate)은 모두 "견과류"로 번역되어 있습니다. 이것은 '피캄'과 유사한 것이라고 하는데 원산지는 페르샤로서 어느 시대에 누구인가에 의하여 수입된 것으로 당시에는 희귀한 식물이었습니다. 이것은 토질이 좋고 양지바른 곳에서 생장하는 특징이 있기 때문에 호두가 있는 동산 곧, 호두 동산이라고 불리는 지역은 그런 조건이 갖추어진 곳으로 예상됩니다. 따라서 봄이 오면 가장 먼저 움이 돋고 꽃이 피는 지역입니다. 저의 집 뒷산 산책로에는 개나리가 양 옆에 심어져 있는데 남향 언덕의 개나리는 북향 언덕에 있는 것보다 3-4일 정도 먼저 꽃을 피웁니다. 이런 저런 봄에 대한 정보를 얻을 수 있는 곳이기 때문에 술람미는 이곳에 갔을 것입니다.

호도 동산이 어디인지는 확실하지 않습니다. 어떤 학자는 예루살렘 동쪽 기드론 시내 근처, 지금도 외국에서 들여온 희귀 식물들이 많이 있다고 하는 아랍어로 wadi al Jos라고 불리우는 곳이라고 보기도 합니다. 현재도 이스라엘에는 이와 유사한 수목원이 몇 군데 있는 것으로 알고 있습니다. 필자도 그 중 한 곳을 방문한 적이 있는데 그것에서 호두나무를 본 기억은 없지만 팔레스타인에 있는 대부분의 식물들이 그곳에 모여 있었다고 설명하는 것을 들었던 기억이 있습니다. 그곳이 아니더라도 문제 될 것은 없습니다.

그런데 그곳에 "나의 귀한 백성"이 탄 수레가 왔습니다. "내 귀한 백성"은 히브리어를 그대로 소개하면 "암미나디브"입니다. 예수님의 조상 중에 이런 비슷한 이름이 있습니다(출 6:14, 28; 민 1:7; 룻 4:19; 마 1:4). 그러나 이것은 그 사람이거나 동명이인 중 누구를 말하는 것이 아닙니다. 작품 속에 이미 등장하고 있는 사람을 이름이나 이미지를 바꾸어 소개하는 것은 극에 생동감을 주기위해서 이따금 사용하기도 하지만, 구술용 드라마 형식의 작품에서는 그 내용 전개상 꼭 필요하지 않은 인물을 등장시키지 않습니다. 그런 것은 청자(독자)에게 혼란을 줄 뿐입니다. "내 귀한 백성"은 왕을 가리키는 말입니다.

호두 동산이라는 곳에는 나들이 나온 사람도 있을 것이고 술람미처럼 농사와 관련한 정보를 얻으러 나온 사람도 있을 것입니다. 그런데 갑자기 왕이 그곳에 나타났습니다. 사람들이 무관심할 수 없는 인물입니다. 술람미도 그 사람들 틈에서 솔로몬의 수레에 최대한 가까이 다가가서 이것저것을 보았을 것입니다. "부지중에 내 마음이 나를 내 귀한 백성의 수레에 이르게 하였다" 는 것은 자기도 모르게 그 앞에 가서 보았다는 뜻입니다. 이런 상황에서는 누구나 그렇게 할 것입니다.

'부지중'이라는 말은 '알다' '깨닫다'는 동사 앞에 부정을 나타내는 말(no, not)이 앞에 놓여 "알지 못하다, 깨닫지 못하다"는 뜻입니다. 이에 대하여 대단히 많은 해설이 있지만 그것을 줄여 본다면 "나도 모르게" 혹은 "별 생각 없이" 또는 "의도한 것이 없이"라는 뜻이 될 것입니다. 앞뒤를 가려 생각하고 또 그것에 의하여 결단하는 과정이 거의 생략된 것입니다. 이것을 "부지중"으로 표현할 수 있습니다. 술람미 앞에 갑자기 왕의 일행이 보입니다. 사람들이 우르르 몰려갑니다. 술람미도 "부지중"에 그 앞으로 다가 갔습니다. 그 때에 흥미롭게 왕을 보는 사람들 가운데 특별히 술람미가 왕의 눈에 뜨인 것입니다. 아마도 왕은 부하들에게 명하여 술람미를 왕의 방으로 이끌어 들였을 것이고 술람미는 감히 왕의 뜻을 거부하지 못했을 것입니다. 포박당하여 끌려 간 것은 아니지만 자원하는 마음으로 이끌려 들어가지는 않았습니다(1:2-4).

이런 장면을 소개하는 이유

그러면 왜 이 이야기를 여기에 두었을까요? 그 것은 바로 전 구절인 6:10의 코러스의 술람미 예찬과 관련이 있습니다. 여기서 코러스는 술람미를 "아침 빛(여명), 달빛, 햇빛"에 비교합니다. 이것은 흔히 쓰는 말이 아닙니다. 여명(아침 빛)은 밤의 어두움을 물러가게 하는 것이고, 달빛은 어두운 밤을 밝히는 유일한 빛입니다. 그리고 태양은 일반적으로 히브리어 "세메쉬" 라는 말을 쓰는데 여기서는 오염을 제거하는 기능을 강조할 때 쓰는 태양 즉, "함마(사 24:23;

30:26, 시 19:6)"라는 용어를 쓰고 있습니다. 이것은 그저 아름답다는 표현이 아니라 "세상의 어두움이나 오염을 제거하는" 자라는 극찬입니다. 예수께서 말씀하신 '너희는 소금과 빛이라'는 말씀의 구약적 표현입니다.

그러나 술람미는 왕의 방에 이끌려 들임을 받았던 여인입니다. 그 사실 하나만으로도 사람들은 부정적인 눈으로 바라볼 수 있습니다. 그러므로 이런 예찬을 하려면 술람미가 왕의 방에 이끌림을 받은 이유를 설명할 필요가 있습니다. 이 여인은 순결하고 모든 것에 결백하다고 증명해 주어야 합니다. 왕의 이끌림을 받은 일에 술람미의 잘못은 조금도 없습니다. 그저 자신의 일에 충실하여 호두 동산에 갔다가 왕의 수레를 보고 부지중에 다가 갔던 것이 전부입니다. 그리고 왕의 방, 침상 등의 단어들이 사람들로 하여금 무엇인가를 상상하게 할 수 있지만 그런 식으로 상상할만한 일이 없었다는 것을 밝혀 줄 필요가 있었습니다.

술람미도 자신을 소개할 때 "나는 게달의 장막 같을지라도 솔로몬의 휘장과 같다(1:5)"라고 하였습니다. 이것은 사람들의 눈에 보이는 외면과 보이지 않는 내면을 대조하는 말로서 피부색은 검지만 내면은 순결하고 아름답다고 말하는 것입니다. 이것은 자신의 중심에 자리 잡고 있는 '사랑하는 자에 대한 사랑'에는 조금도 변함이 없다는 것을 밝히는 것입니다. 이것은 적당히 자신을 포장하거나 입에 발린 변명을 하는 것이 아니라 자신을 정직하고 진솔하게 드러내는 것입니다. 아가의 전체 내용을 보면 이것이 사실임이 밝히 드러납니다.

'부지중'이 주는 교훈

'부지중'이라는 말에서 좀 더 풍성한 교훈을 찾을 수 있습니다. 이 본문에서는 '부지중'이라는 말이 술람미를 변호하는데 쓰였지만 '부지중'이라는 말을 엄격하게 생각하지 않으면 자칫 범죄를 정당화시키는 오류를 범할 수 있습니다. '부지중'에 관해서 우리는 세 가지 정도를 더 생각할 수 있습니다.

첫째, 사단의 유혹으로부터 안전 지대가 있다는 생각을 하는 한 백전백패의 결과를 가져옵니다. 누구도 예외일 수 없습니다. 술람미는 왕의 유혹을 기대한 적도 없고 오로지 포도원 밖에는 모르던 사람이었지만 자칫 큰 혼란 속으로 빠져들 뻔했습니다. "자신이 신앙적으로 견고하면 악한 것이 다가오지 않거나 피해갈 것"이라는 매우 순진한 생각을 버려야 합니다. 오히려 자신은 늘 이런 시험에 노출되어 있다는 것을 아는 것이 현명한 것입니다. 거짓된 안전과 평화는 오히려 더 위험합니다. "사단이 우는 사자처럼 삼킬 자를 찾고 있다(벧전 5:8)"는 말씀의 대상은 그 당시 아무렇게나 마구 살던 사람들이 아닙니다. 베드로는 배교하여 파멸로 달려가는 사람들에게 편지를 한 것이 아니라 나름대로 근신하는 마음으로 바로 살려고 하는 사람들을 염두에 두고 이런 말씀을 하였습니다. 엡 6장의 "전신 갑주를 취하라는 말씀"도 이미 어느 정도 마음에 무장이 되어 있는 사람들에게 하는 말입니다. 그러나 악한 공격의 가능성은 항상 있기 때문에 전신 갑주를 입고 있으라는 것입니다.

지금 이 설교를 작성하는 책상에서 문틈으로 빨간색의 소화기(消火器)가 보입니다. 저는 20대 후반에 그것을 한번 급히 사용한 일이 있었고 그 후로는 한 번도 쓴 적이 없습니다. 어릴 때 화재 현장을 본 적은 있으나 그 후로는 화재를 직접 목격한 적도 없습니다. 그러나 화재는 언제든 발생할 수도 있다는 가정 아래 이런 대비를 하고 있습니다. 지금까지 그런 일이 없었다고 해서 앞으로도 그런 일이 없을 것이라는 보장은 없습니다. 예기치 않은 일은 언제 어디서나 발생할 수 있기 때문입니다.

사단은 40일 동안 금식기도로 무장한 성령 충만한 하나님의 아들 예수 그리스도께도 달려들었습니다. 그렇다면 우리들은 사실 사단의 적수도 되지 못합니다. 우리는 충분히 거룩하지 않을 뿐 아니라 나름대로 자신을 거룩하다고 자신한다고 해서 사단이 우리를 두려워 하지도 않습니다. 사단이 우리를 하나님의 손에서 빼앗을 수 없다면 교회나 하나님 아버지의 이름을 형편 없이 욕먹이는 자녀가 되게 할 수는 있습니다. 우리에게는 이런 시험이 언제 든지 올 수 있습니다. 이것을 아는 것이 사단을 이길 수 있는 가장 기본 자세입니다.

그리고 또 이런 유혹에 대처하는 방법을 알고 있어야 합니다. 그 답이 아가에 있습니다. 술람미가 목동에 대한 사랑을 불 같이 일으켜 왕의 유혹을 물리치듯이 우리도 하나님에 대한 사랑이 불같이 타오르게 해야 합니다. 정답을 알고 있으면 어떤 공격도 넉넉히 이길 수 있습니다.

둘째, '부지중' 즉, '잘 몰랐다'거나 '그런 결과를 예측하지 못했다'는 것이 어떤 일을 "없었던 것"으로 다시 되돌릴 수는 없습니다. 부지중에 행한 일로도 시험에 들 수 있으며 그것을 믿음으로 잘 감당하지 못하면 깊은 수렁에 빠질 수도 있습니다. 술람미가 왕의 유혹을 받고 잠시나마 갈등을 경험한 것에 대하여 술람미에게 그 책임을 물을 수는 없을 것입니다. 그러나 부지중에 행하였던 일로 인한 것이라 하더라도 그것으로 인하여 매우 부담스러운 일을 경험하게 되었습니다.

그러나 그런 어려운 일들은 결과적으로는 선을 이루는 도구로 쓰였습니다. 즉, 이로 인하여 사랑의 깊이가 더해지고 성숙하게 되었습니다. 그렇다고 해서 스스로 시험 거리를 찾아 다닐 필요는 없지만 부지중에 일어난 어떤 일로 인하여 문제가 발생한다고 해서 하나님의 손이 짧다고 생각하거나, 혹은 버림을 받았다거나, 신앙 자체가 공허한 것이라는 생각을 철저히 차단해야 합니다.

셋째, 영적으로 둔감해지면 '부지중'과 '부주의(不注意)'를 혼동할 수도 있습니다. 삼손 같은 사람은 주로 블레셋 지역으로 놀러 다녔습니다. 삼손은 그중에서 데릴라가 있는 가사에 자주 갔었습니다. 데릴라 같은 사람의 조상은 그리스 남부 미케네라는 곳 등에서 팔레스타인으로 이주한 자들로서, 이스라엘과는 너무도 다른 다양한 문화를 가지고 있었습니다. 삼손이 유대 사회에서는 접해 본 일이 없는 음악과 춤 등을 볼 수 있었고 육신의 쾌락을 맛보게 하는 것들이 많았습니다.

삼손이 고의적으로 타락해보려고 여기에 간 것은 아닐 것입니다. 부지중에 그것을 접했고 또 '자기도 모르게' 그것에 끌렸다고 말하고 싶을 것입니다. 만약에 그렇다 하더라도 이것은 "부지중"에 행한 것이 아니라 영적 해이로 인한 "부주의" 때문이었습니다. 그 결과는 여러분이 다 아시는 것과 같습니다. 부주의와 부지중을 혼돈하면 핑계거리는 생기겠으나 그 결과는 감당하기 매우 어려워집니다.

솔로몬은 유대 사회에 바알 등의 이방신들이 활개를 치고 다니도록 문을 열어준 책임이 있습니다. 솔로몬 이후의 선지자들은 일제히 이런 것을 성토하였습니다. 아마도 솔로몬 역시 자기 왕국을 타락시키려는 의도를 가지고 이렇게 한 것이 아니라 '부국강병'이라는 나름대로 사명을 완수하기 위하여 그렇게 했을 것입니다. 결과가 그렇게 될 것이라고 미처 생각을 못했을 수도 있습니다. 그 역시 그것까지 생각은 못했다 즉, 부지중에 그렇게 했다고 말하고 싶을지 모르지만 그러나 그 역시 영적으로 너무 해이해진 나머지 하나님의 말씀에 대하여 "부주의"한 것입니다. 그것은 이스라엘 패망의 원인(遠因)이 되었습니다.

롯이 소돔 고모라를 선택한 것도 처음부터 하나님을 배반하려고 한 것이기보다 단순히 그곳이 넓고 물이 많아 여호와의 동산 같이 보였기 때문입니다(창 13:10). 깊이 생각하거나 고민한 것 같지 않습니다. 경건의 훈련이 되어있지 않은 마음이 그를 그쪽으로 이끌었습니다. 그러나 그곳 사람들은 여호와 앞에 악한 죄인들이었습니다(창 13:13). 롯은 그런 것을 비중 있게 고려하지 않았습니다. 자신은 부지중에 그렇게 했다고 말하고 싶겠지만 사실은 부주의했습니다.

나가는 말

우리는 술람미의 경우와 같이 "부지중"에 행한 것으로 올무에 걸리는 일도 있으나 또 어떤 것은 말씀에 부주의했기 때문에 "절대 몰라서는 안되는 것"을 알지 못한 것입니다. 교통 표지판이 있음에도 불구하고 그것을 보지 못해서 사고를 냈다면 "못 봤다"는 것이 면책 사유가 되지 않습니다. 이것은 분명히 '전방주시태만'입니다. 부주의로 인한 사고입니다. '부지중'이라는 말은 정직하게 사용해야 합니다. 늘 말씀에 집중하고 그 의미를 생활에 적용할 수 있는 경건의 훈련이 절실히 요구됩니다.

그리고, 우리는 어떤 이유로 시험의 덫에 걸렸든지 간에 그것을 극복할 수 있는 방법에 익숙해져야 합니다. 세상의 현란하고 화려한 유혹 앞에서 인간의 의지는 아무 것도 아닌 마른 막대기와 같습니다. 술람미가 아가의 첫 장면에서 사랑하는 자에게 많은 입맞춤을 요구하는 것은 '성적으로 즐기자는 뜻이 아니라' 세상의 모든 것을 다 줄 것같은 유혹을 이기는 유일한 방법은 '사랑하는 자에 대한 사랑이 불같이 타오르는 것' 밖에 없다는 것을 알았기 때문입니다. 술람미는 놀랍게도 이것을 알고 있고 또 마침내 승리합니다.

아가의 주제는 이런 의미의 '사랑'입니다. 사단은 강할 뿐 아니라 교묘하고 우리는 약합니다. 이런 우리를 강하게 할 수 있는 길은 하나님의 사랑으로 가득하게 채워지는 것 밖에는 없습니다. 그것이 포도원을 허는 작은 여우를 잡을 수 있게 하며 다시 하나님 앞에 나를 세우는 유일한 길입니다.

아가 설교 (2)

내게 입맞추기를 원하니(1:2-4)

> 2 내게 입맞추기를 원하니 네 사랑이 포도주보다 나음이로구나 3 네 기름이 향기로워 아름답고 쏟은 향기름 같으므로 처녀들이 너를 사랑하는구나 4 왕이 나를 그의 방으로 이끌어 들이시니 너는 나를 인도하라 우리가 너를 따라 달려가리라

보편적으로 드라마 같은 작품에서는 시작 부분에 작품 전체의 흐름을 암시하는 프롤로그(prologue)를 두는 경우가 많습니다. 이 부분은 아가의 프롤로그로서 등장 인물의 수만이 아니라 그 인물의 특징(character), 그리고 술람미가 비록 왕의 방에 이끌려 들어와 왕의 유혹에 직면하게 되지만 어떤 과정(plot)을 거쳐 왕의 유혹을 극복하고 사랑하는 자와 온전한 연합을 이루게 될

것임이 암시되어 있습니다.

막이 오르자마자 한 무리의 코러스 속에 주인공 여인이 독창을 부릅니다. 그 첫 구절이 "내게 입맞추기를 원한다"입니다. 성경에서 보기 어려운 핑크 빛 표현이 먼저 불쑥 나옴으로 아가의 전체 색깔이 그런 식으로 진행될 것으로 생각할 수도 있으나 그 전반적인 내용은 그렇지 않습니다. 2절의 첫 구절은 우리 말 개역개정 성경이 비교적 간략하게 의역한 것입니다. 직역을 먼저 보시기 바랍니다.

"그의 입(술)의 (많은) 입맞춤들로 내게 입맞추게 하라"

(자세한 것은 해당구절 본문 해설 참고)

"입으로"라는 것은 보통 인사를 나눌 때나 존경의 입맞춤이 아니라 사랑하는 연인의 입맞춤을 말하는 것이고 "많은 입맞춤"은 문자 그대로입니다. 이 구절의 "그"가 누구를 말하는지에 대하여 많은 의견이 있습니다. 대부분의 해설자들은 본문에 나오는 '그'를 '왕'으로 보고 있고 같은 인물이 다음 구절에서 '너'라는 2인칭으로 변환되었다고 보고 있습니다. 시가(詩歌)의 평행법에서 사용되는 자유로운 '인칭 변환(enallage)'으로 이해합니다. 시가의 평행구에서는 이것이 흔히 사용되지만, 그러나 모든 시가에서 그렇게 쓰이는 것은 아닙니다. 이것은 문맥에 따라 판단해야 합니다. 입 맞추어 달라는 그가 "왕"이라면 아가는 왕과 술람미의 사랑 노래이며, 또한 아무래도 그 내용이 핑크무드로 덮이게 될 것입니다.

많은 해설자들은 아가를 '하나님이 허락하신 남녀의 아름다운 사랑 이야기'라고 합니다. 이들은 아가의 주인공은 술람미와 왕, 혹은 술람미와 신랑 이렇게 두 사람이 주인공이라고 보고 있습니다. 해설자들에 따라 여기서 왕은 솔로몬이 아니라 신랑을 높여 부르는 말이라고 합니다. 그래서 아가는 이 두 사람이 어떤 이유인지 헤어짐과 만남을 반복하면서 사랑이 깊어져 가는 이야기로 보기도 합니다. 주인공이 이렇게 두 사람이면 이 구절에서 "그" 와 "너"는 당연히 enallage기법이 쓰인 것으로 봐야 할 것입니다. 그러나 1:4절에는 서로 다른 두 명의 남성이 언급됩니다. 즉, 아가에는 여자 주인공인 술람미를 포함하여 3명의 주인공이 등장하고 남녀 코러스가 해설을 이어가는 형식으로 되어 있습니다.

왕과 그는 서로 다른 사람

1:4에서 "왕"은 여인을 그의 방으로 이끌어 들인 자이고, "너(그)"는 여인이 자기를 그 곳으로부터 이끌어 내어 달라고 요청하는 대상입니다. "왕"과 "그"는 같은 인물이 아닙니다. 그 이유는 본문 해설을 참고해 주시기 바랍니다. 그러나 다시 간단하게 요약하면, "이끌어 들이다"는 동사 *bw*²의 사역형으로 어떤 관계나 장소 안으로 이끌어 들이는 동작을 나타내지만, 반면에 "인도하라"는 *mšk* 의 명령형으로 '어떤 장소나 상황에서 이끌어 내라'는 뜻입니다. 즉, 서로 반대의 뜻을 갖는 대조적 동사가 쓰였습니다. 이 구절에서는 분명히 술람미를 방으로 이끌어 들인 남성(왕)이 있고, 또 술람미가 자기를 "인도하여 내어 달라(take out)"고 요청하는 또 다른 남성이 언급됩니다.

또한 왕이 "이끌어 들였다"는 완료형이고 "인도해 달라(take me out)"는 미완료형입니다. 히브리어에서는 이러한 시제 구분이 다른 언어처럼 명확하지 않은 면이 있습니다. 그래서 이 시제 구분을 별 의미 없는 것으로 보는 해설자들이 대부분입니다. 사실상 '산에 올랐더니 산들 바람이 내 뺨을 스쳐 지나간다'나 "스쳐 지나갔다'는 시제를 정확히 구분할 필요가 없습니다. 그러나 어떤 원인과 결과가 있는 사건을 설명할 때 원인은 완료로, 결과는 미완료로 나타내는 것은 당연합니다. 왕이 방으로 이끌어 들였기 때문에(완료) 여인은 사랑하는 자에게 자신을 '인도해 내어 달라(미완료)'고 하는 것입니다. (제2

부, 본문 해설 참고)

그(너)의 사랑

여인이 입맞추어 주기 원하는 사람 곧, 그 방에서 나가게 해 달라는 대상은 "왕"이 아닌 "너(목동)"입니다. 그의 사랑은 포도주보다 월등하다고(낫다) 하였습니다. 아가에서 포도주는 사람에게 행복감이나 기쁨을 주는 것의 대명사처럼 쓰이고 있습니다. 이 말은 자신에게 기쁨을 주는 것은 왕이 아닌 "너(그)"라는 뜻입니다.

　"네 기름이 향기로워 아름답고"와 "네 이름이 쏟은 향기름 같다"는 같은 의미를 강조하는 평행 구절입니다. 쏟은 향기름은 아직 이병 저병으로 옮겨 담지 않은 향기름으로 매우 순수하고 강한 향을 가지고 있음을 의미합니다. '이름'은 항상 한 사람의 인격을 대표하는 것입니다. "그"는 술람미를 가장 행복하게 하는 존재이며 최고급의 진한 향품과 같은 존재입니다. 지금 이 대사는 왕의 방에서 술람미가 하는 말입니다. 한 마디로 왕이 무엇을 하든지 무엇을 주든지 간에 자신의 기쁨과 행복은 그것에 있지 않고 "그"에게 있다는 말로서 술람미는 그 왕의 방에서 나가고 싶다는 것을 강하게 드러냅니다.

코러스의 지지

4절, 술람미의 노래(오페라 아리아를 연상하게 하는)가 마쳐지고 "우리"라는 그룹이 그것을 이어 받아 노래합니다. 코러스의 역할을 하는 사람들입니다. 이 장면에서 술람미는 코러스와 같이 등장하는 것 같습니다. 그래서 그들 가운데서 독창을 하고 코러스는 바로 이렇게 그것을 받쳐주는 것으로 보입니다. 그들은 "너를 따라 달려가겠다"고 하였습니다. 여기서 너는 2인칭 남성 단수입니다. 따라서 술람미를 따라 가겠다는 것이 아니라 술람미가 말하는 "그(너)"를 따르겠다고 합니다.

이것은 코러스가 술람미가 원하는 것을 지지한다는 것을 나타냅니다. 술람미를 왕의 방 밖으로 이끌어 내어 준다면 "우리도 너를 따라 달려가겠다"고 합니다. "달려가리라"는 권유형으로 1인칭 권유형은 의지를 나타냅니다. "달려간다"는 것은 기꺼이 매우 적극적으로 따르겠다는 의지의 표현입니다. 그 뿐 아니라 "우리는 너를 기뻐하고 즐거워할 것이다"라고 말합니다. 우리 개역개정에는 바로 다음 구절인 "우리가 너를 기념하리라"가 생략되어 있습니다. 아마도 번역하는 분이 그 의미가 겹친다고 생각하여 생략한 것 같습니다. 그러나 그대로 살려 두는 것이 좋을 것입니다. "기념"이란 '높이다, 칭송하다'는 뜻입니다.

다음 구절인 "처녀들이 너를 사랑함이 마땅하다"에서 처녀는 결혼할 때가 된 여성을 말합니다. 술람미가 사랑하는 자는 모든 여성이 흠모할 만한 내외적인 매력을 갖춘 사람이라는 뜻으로 이해할 수 있습니다. 이 모든 것은 왕의 방이 보이는 무대 위에서 들리는 합창입니다. 당연히 "그"와 "왕"이 비교되고 있습니다. 세상적 안목으로는 왕과 목동은 비교 대상도 되지 않지만 아가에서는 왕이 아닌 목동을 높이고 있습니다. 왕은 은을 박은 금사슬을 줄수 있는 자이지만(1:11) 목동은 그런 것을 줄 수 없습니다. 그러나 진정한 삶을 나눌 수 있고 행복을 줄 수 있습니다. 은유적으로 세상의 풍요와 번영을 준다는 신과 하나님을 비교합니다. 귀 있는 자들은 들을 수 있을 것입니다.

코러스는 고대 연극에서도 작가의 생각을 대변하기도 하고, 때로는 관중이나 청중의 입장에서 대신 질문을 하기도 하는 역할을 합니다. 아가를 드라마로 볼 것이냐 아니면 그저 알려진 사랑 노래들을 선집 한 것이냐, 또 주인공을 몇 명으로 볼 것이냐 하는 문제는 아마도 멈추지 않는 논쟁 거리가 되겠으나 이 책에서 아가를 3인 주인공 드라마(Three Main Character Drama Form)으로 보는 이유에는 이런 것이 포함되어 있습니다.

여인이 사랑하는 자는 목동(양떼를 먹이는 자)

여인이 "그(너)"라고 하는 사람은 목동입니다. 여인이 "내 마음으로 사랑하는 자(1:7)"는 정오에 쉬는 (낮 잠) 목동입니다. 여인은 사랑하는 자를 "도디"라고 부릅니다. 이것은 삼촌, 애인을 의미하는 히브리어 '도드'에 1인칭 단수 소유격 어미인 "*i*"가 접미되어 "도디"가 된 것입니다. 술람미는 당연히 이 말을 두 사람의 남성에게 동시에 사용하지 않습니다. 그러면 아가는 정경에 포함되지 못했을 것입니다. 따라서 여인이 '나의 사랑하는 자(도디)'라고 하는 사람은 목동입니다.

그리고 사랑이 성숙해져 가는 과정을 나타내는 말이 3번 나오는데(2:16; 6:3; 7:10) 여기서 "나는 그에게 속하였다"고 한 후 "그는 백합화 가운데서 양떼를 먹이는구나"가 따라 나옵니다(7:10에는 이 구절이 없음). 양떼를 "먹이다"는 분사형으로 기록되어 있습니다. 그가 "무엇을 하는지" 행하는 동작을 나타낼 수도 있으나 한정적 용법으로 본다면 "그가 무엇을 하는 사람인지" 나타내는 것입니다. 즉, '그는 백합화 가운데서 양떼를 먹이는 자입니다. "(양떼를) 먹이는 자(분사형)'는 구약에서 목동을 나타낼 때 쓰는 표현입니다.

메소포타미아의 신화에서 주인공인 두무지(Dumuzi)는 왕이었으나 목동이었다고 합니다. 아가가 이 신화에서 사용하는 노래들을 그대로 사용하였다고 보는 해설자들은 솔로몬도 목동이었음으로 왕과 목동은 같은 사람이라고 주장하기도 합니다. 다윗도 한 때 목동이었습니다. 그러나 이들이 국사를 담당하였을 때 "정오에 양 떼 곁에서 쉬는 목동 일을 했다(1:7)"는 것은 상상하기 어렵습니다. 비록 양을 가지고 있다 하여도 누군가가 그것을 대신 돌보았을 것입니다. 목동은 양을 몰고 나가면 몇 개월 동안 들판에 머뭅니다. 양치는 일은 시간 날 때마다 할 수 있는 주말 농장 같은 것이 아닙니다.

왜 술람미는 스스로 그 방을 나가지 않을까?

왕의 방에 들어왔다는 것은 왕이 줄 수 있는 세상의 부귀 영화를 얻을 수 있는 절호의 기회일 수 있습니다. 어쩌면 당시 여인 중에는 이런 기회를 얻기 바라는 사람이 많았을 수 있습니다. 이런 일에 양심의 가책을 전혀 느끼지 않는 사람이 있을지도 모르고, 또 약간의 가책을 느끼기는 하지만 어렵지 않게 그런 것을 잠재울 수 있는 사람도 있을 것입니다. 술람미에게도 그런 기회가 왔습니다. 그러나 술람미는 이를 거부하고 있습니다.

그러나, 아가의 저자는 술람미에게 미세한 심리적 요동이 있는 것을 보여 줍니다. 3:2 과 5:6에는 술람미가 임의로 밖으로 나가는 것을 볼 수 있습니다. 지금 왕의 방에 술람미가 구금된 것이 아니기 때문에 여기서도 마음만 먹으면 그 방에서 나갈 수 있습니다. 목동에게 도움을 요청하지 않아도 자신의 의지로 일어나 나갈 수가 있는데, 그런데 왜 스스로 나가지 않고 목동에게 이러한 요청을 할까요? 그가 온다고 해도 감히 왕의 방에서 여인을 이끌어 낼 수는 없을 것인데 말입니다.

아가의 저자는 무엇인가 그 여인을 잡고 있는 끈이 있다는 것을 보여줌으로 이 여인의 심리를 탁월하게 묘사하고 있습니다. 이것이 영화로 만들어진다면 이런 부분을 심도 있게 연기할 수 있는 능력을 갖춘 우수한 연기력을 소유한 자를 선발해야 할 것 같습니다. 만약 여인이 왕의 유혹에 진절머리를 내는 상황이라면 뒤도 안 돌아보고 나갈 수 있었을 것입니다. 그런데 사랑하는 자에게 자신을 "인도(take out)"해 달라고 합니다. 무엇인가가 이 여인이 그 방을 나가지 못하도록 끌어당기는 것이 있습니다. 마치 롯의 아내가 불타는 소돔 고모라로 고개를 돌려 바라보듯이 마음의 한 편이 왕의 유혹의 끈에 어느 정도 묶여 있습니다. 보암직하고 먹음직하기도 하여 단호히 내치지 못하는 모습을 보입니다.

이제 여기서 그 다음 단계를 어떻게 처리 하느냐에 따라 깊은 수렁에 빠질 수도 있고 그것으로부터 벗어날 수도 있습니다. 다윗은 어느 날 밧세바를 봤습니다. 그런 장면을 보려고 계획했던 적도 없고 은밀히 찾아 다닌 것도 아닙니다. 부지중에 그것을 보고 난 후 그 다음의 자기를 관리하지 못했습니다. 비참한 결과를 가져오는 모든 범죄는 이렇게 시작됩니다. 이럴 때 어떤 사람은 그 먹이를 향해 하이에나처럼 달려듭니다. 결국 사람의 힘으로는 결코 빠져나올 수 없는 덫에 걸려버립니다. 삼손 같은 사람에게서 이런 것이 보입니다. 압살롬 같은 사람도 이 첫 마음을 다스리는 것에 실패한 사람입니다. 이런 일로 인해 파멸에 이른 사람들은 다 그렇습니다.

또 어떤 사람은 이런 저런 핑계 거리를 만들어 그것에 은근히 접근합니다. 아나니아와 삽비라는 아무 생각 없이 그렇게 하지는 않았을 것입니다(행 5:1-11). 그들도 교회의 일원이었습니다. 진정으로 거듭났는지 아니면 또 다른 이유로 교회의 회원이 되었는지는 알 수 없지만, 그러나 그들은 교회의 재정을 직접적으로 훔친 사람들은 아닙니다. 오히려 자신의 것을 절반이나 바쳤습니다. 단지 전재산을 교회에 바친 바나바가 받는 존경이 탐 났던 것입니다. 그들이 재산을 팔면서(혹은 팔았을 때) 부부간에 많은 고민과 대화를 나누었을 것입니다. 이렇게도 생각하고 저렇게도 생각했을 것입니다. 얼마나 많은 가책을 받았겠습니까? 그러나 그들이 내린 결론은 "이것이 모든 것이라고 말하고 절반만 내도록 하자"였습니다. 이것이 우리 모든 것의 절반이라고 정직하게 말했다면 하나님께서도 그를 정죄하지 않았을 것입니다. 이들 역시 유혹의 보이지 않는 끈에 묶여 있었습니다.

어떤 문제로 '갈등을 많이 했느냐 적게 했느냐'는 중요한 것이 아닙니다. 헤롯도 "십자가에 예수를 못 박으라, 만약 그렇게 하지 않으면 가이사에게 충성하는 것이 아니라(요 19:12)"는 군중들의 외침에 얼마나 고민을 했는지 모릅니다. 그는 예수를 십자가에 못 박고 싶지 않았습니다. 그가 알고 있는 로마법과 맞지 않습니다. 그래서 법정과 자기 집을 몇 번씩 오가면서 고민합니다.

그러나 결국은 군중들이 원하는 대로 하기로 했습니다. 손을 물에 씻었지만 오늘날 사도신경에는 "본디오 빌라도에게 고난을 받으사 십자가에 못박히시고…"라고 명시되어 있습니다. 고민하고 갈등을 많이 했다고 해서 죄책이 가벼워지는 것이 결코 아닙니다.

우리는 삼위 하나님에 대하여 아는 것이 전혀 없는 사람들의 행동과 우리 자신을 비교하여 '그래도 그들보다는 훌륭하다'는 생각을 할 필요가 없습니다. 하나님의 은혜를 아는 사람으로서 신앙 양심에 비추어 모든 것을 판단해야 합니다. 위의 예를 든 사람들과 현재 우리는 크게 다르지 않습니다. 술람미나 아나니아가 직면한 유혹에 우리도 노출되어 있습니다. 때로는 미풍 같이 또, 때로는 태풍 같은 그런 유혹을 경험합니다. 아가의 저자는 이것을 이기는 유일한 방법을 첫 머리에서 술람미를 통해 보여주고 있습니다.

우리들의 의지만으로는 이 끈을 끊을 수 없습니다. 우리는 이 끈을 단호하게 끊어 버리기에는 너무도 부정적인 면에서 영리합니다. 그것을 끊어야 할 이유보다 끊을 수 없는 이유를 훨씬 더 많이 그리고 논리적으로 생각해 낼 수 있습니다. 그러면 많은 고민을 하고 심지어 기도도 하였으나 결국은 "끊되, 온전히 끊지 않는 쪽"으로 결론을 내리게 됩니다. 이것은 힘으로도 능으로도 되지 않습니다(슥 4:6). 성령의 도움으로 '하나님의 사랑'에 사로잡혀야 합니다.

이것으로부터 자유로워질 수 있는 방법은 하나님의 사랑에 사로잡히는 것 외에는 없습니다. 하나님을 알면 하나님의 그 무한하신 자비와 사랑을 알게 되고, 그것을 알게 되면 하나님을 사랑하지 않을 수 없게 됩니다. 사랑이란 온 인격을 지배하는 매우 강한 힘이 있습니다. "나의 모든 것과 바꿀 수 있게 하는 능력"이 그 안에 있습니다. 하나님이 보여주신 사랑이 그러하고 하나님을 지극히 사랑하는 신앙 선배들에게서 그것을 볼 수 있습니다.

술람미가 왕의 방안에 있으면서 미묘한 갈등을 일으킬 때 그 끈을 끊기 위하여 한 것이 '사랑하는 자에게 많은 입맞춤을 요구하였습니다. 이것을 성적 유희를 원하는 것으로 보는 것은 영적인 시력이 매우 약한 것이거나 아직 소경 수준에 머물러 있기 때문입니다. 랍비 아키바(AD 50-135)는 아가를 술집 같은 곳에서 떨리는 목소리(당시 통속적 가요 창법)로 노래하는 자들에게 천국이 허락되지 않는다고 말했습니다. 지나친 말로 들리지 않습니다.

내 안에 끊임없이 파고드는 이런 유혹, 그리고 하나님 없는 풍요와 행복의 화려한 면만 크게 확대해 보여주는 참으로 교묘하고 질긴 유혹의 끈은 하나님의 사랑을 재확인하고 더욱 깊게 인식할 때 이길 수 있습니다. 술람미는 사랑하는 자에게 이것을 요구하고 있습니다. 자신의 마음을 묘하게 붙잡는 것을 끊을 수 있는 유일한 방법이 이것입니다.

아가 설교 (3)

게달의 장막 같을지라도 솔로몬의 휘장 같도다(1:5)

> 5 예루살렘 딸들아 내가 비록 검으나 아름다우니 게달의 장막 같을지라도 솔로
> 몬의 휘장과도 같구나

이것은 술람미가 자신을 소개하는 말입니다. 비교적 긴 대사인 것을 보아 이
것 역시 오페라 여성 주인공의 아리아(Aria)와 유사한 형식입니다. 이 부분에
는 술람미가 자기 피부색이 검은 이유를 말합니다. '검다'는 것은 인종을 나
타내기 위한 표현이 아니라 햇볕에 그을린 것을 말합니다. 어떤 해설자들은
이를 보고 술람미를 애굽의 공주라고 추측하고 솔로몬이 애굽 공주와 결혼
을 합리화하기 위하여 기록한 것으로 보기도 합니다(왕상 3:1-15). 그러나 아가
전체를 볼 때 술람미가 애굽 출신이라는 어떤 암시도 발견할 수 없습니다. 이

대사는 어떤 것을 강조할 때 흔히 쓰이는 대조법으로서 자신의 내면을 강조하기 위하여 외모를 언급하는 것입니다. 이런 정도의 수사법은 우리도 일상 속에서 흔히 사용합니다. "키는 작지만 힘이 세다"는 '힘'을 강조하기 위하여 '키'를 말하는 것입니다. 이런 대조적 표현은 우리 일상의 대화에서도 얼마든지 사용하는 것입니다.

술람미는 아직 왕의 방 안에 있습니다. 화려한 가구에 둘러 싸여 있고, 왕이 제공한 화려한 드레스를 입고 장신구를 두르고 있을지도 모릅니다. 그러나 술람미는 이러한 자신이 팔레스타인의 강렬한 햇볕 아래 포도원에서 일하느라 검어진 피부와 뭔가 어울리지 않는다고 생각하는 것 같습니다. 즉, 왕의 유혹으로 인하여 묘한 호기심을 느끼고는 있으나 술람미는 그 방이 자기가 있을 곳이 아니라는 것을 알고 있습니다. 그 방으로 들어온 지 얼마나 시간이 지났는지 알 수는 없으나 생각이 많았던 것으로 보입니다.

그러나 아무리 생각을 해봐도 결론은 정해져 있습니다. 자신에게는 이미 사랑하는 사람이 있습니다. 아마도 목동과 정혼 관계에 있는 것 같습니다 (정혼은 약혼과 유사한 면이 있으나 법적 효력이 있다는 면에서 다릅니다). 지금 술람미가 이것을 드러내어 말하는 이유는 독자(청자)들에게 자신을 보여주려는 것이기도 하겠지만, 동시에 이것을 자기 자신에게도 선언함으로 마음의 미세한 요동을 다잡으려는 것일 수도 있습니다.

"예루살렘 딸들아 나를 흘겨보지 말라"에서 예루살렘 딸들이 누구인지에 대하여도 의견이 많습니다. 아가에는 술람미를 지지하는 여성 코러스와 오빠들로 보이는 남성 코러스 외에 실제로 등장하는 그룹은 없는 것 같습니다. '예루살렘의 딸'들은 어떤 특정 집단을 말하는 것은 아닙니다. 예를 들어 우리 나라 마당극에서도 보면, 등장 인물 중 어떤 사람이 억울한 일을 당하면 "동네 사람들 – 내 말 좀 들어 보소"라고 합니다. 여기서 "동네 사람"은 어떤 특정 인물이나 집단이 아닙니다. 이것은 무엇인가 호소하기 위하여 설정된 무대 위에는 없는 가상 그룹입니다. 청중을 지칭하는 것일 수도 있습니다.

"흘겨보지 말라"는 이상하다는 듯이 빤히 쳐다보는 것을 말할 것입니다. 갑자기 웬 시골 처녀가 왕의 부름을 받고 왕의 여인이 되기 위한 예비 장소에 와 있습니다. 만약 한껏 멋을 내고 상대적으로 밝은 피부를 가진 예루살렘의 여성들이 술람미를 본다면 '이상하다는 듯, 혹은 멸시하듯' 빤히 쳐다볼 수 있을 것입니다. 그들이 볼 때는 무시해도 될 만한 외모이지만 엄연히 왕의 선택을 받은 여자임으로 곱지 않은 시선으로 바라볼 수 있을 것입니다. 술람미가 이런 말을 하는 것은 이런 의미와 동시에 이것은 청중(독자)를 의식하여 "내가 비록 왕의 방에 와 있으나 여러분이 생각하는 그런 사람이 아니다"라는 말을 우회적으로 하는 것이라고 할 수 있습니다.

술람미는 여기서 단순히 피부색만을 말하는 것은 아닙니다. 보이는 것을 통해서 보이지 않는 것을 말하려는 것입니다. 아래 평행구를 잘 보시기 바랍니다.

A 나는 검다.   B 그러나 나는 아름답다.
A' 게달의 장막 같다.   B' 그러나 솔로몬의 휘장과 같다.

게달(Kedar)은 고대 유목민으로 그들의 장막은 검은 염소 털로 두껍게 꼬아 만들어 약간의 가공을 한 것으로 그 지역 한 여름의 살인적인 태양열과 비바람을 막아주는 장막입니다. 드러난 모양은 매우 거칠고 볼품이 없지만 그 뛰어난 기능으로 인하여 광야나 사막을 건너야 하는 사람들은 이러한 장막을 선호하였다고 합니다. 장막의 외모와는 달리(신분이나 재력에 따라 차이는 있겠지만) 내부 장식이 매우 아름답다고 합니다. 술람미는 그것을 좀 더 과장하여 솔로몬의 휘장과 같다고 하였습니다. 조금 전 술람미가 왕의 방에 이끌려 들어갔을 때 소문으로만 듣던 그 휘장(칸막이나 커튼의 용도)을 보고 하는 말일 것입니다.

여기서 술람미가 "아름답다 *nāʾwě(h)*"고 한 것은 구약에서 매우 드물게 쓰이는 말입니다. 이것은 '적절한 조화'를 이룬 아름다움을 말하는 것으로 "사랑스러움, 매력적, 혹은 적당하고 합당한 내면적 아름다움"을 포함하기도 합니다(아 2:14; 4:3; 6:4, 시 33:1; 147:1, 잠 17:7; 19:10; 26:1), 특히 "예루살렘처럼 아름답다(6:4)"에서도 이 말이 쓰인 것으로 보아 이 말의 의미가 좀 더 파악될 수 있습니다. 이 구절에서 '나웨 *nāʾwě(h)*'는 우아함(elegant, graceful)을 나타내는 격조 높은 아름다움으로, 당시 여성이 갖추어야 하는 기본적인 내, 외적 아름다움과 여호와 하나님의 백성으로서 갖추어야 할 기본적 자질 등을 포함한 아름다움을 말합니다. 술람미는 '비록 부지중에 왕을 만나 그의 방으로 이끌림을 받았으나 자신은 여전히 하나님과 사랑하는 자 앞에서 아름답'고 말하고 있습니다. 진심으로 하는 말이어야 하고, 진심일 것입니다.

"나의 포도원을 내가 지키지 못하였다(6 b)"는 해석이 분분합니다. 아가를 선정적인(erotic) 연애시로 보는 해설자들은 이 말을 술람미가 왕에게 정조를 바쳤다는 말로 이해합니다. 솔로몬 이전부터 있었던 애굽의 연애시나 메소포타미아의 노래들 중에는 포도원이 그렇게 은유되기도 했기 때문에 문맥을 고려하지 않고 이 문장만을 따로 떼어서 보면 그렇게 생각할 수도 있을 것입니다. 그러나 아가는 술람미가 세상의 거의 모든 것을 동원하다시피 한 왕의 유혹을 이겨낸 이야기가 그 배경이기 때문에 이것은 그런 뜻일 수 없습니다.

첫째로 포도원은 문자 그대로 포도 농사를 하는 농장일 수도 있습니다. 그렇게 본다면 포도원을 지키고 있어야 할 사람이 그것을 그대로 둔 채 왕의 방에 와 있다는 말이 될 것입니다.

둘째로 포도원은 술람미의 삶의 터전이자 '삶 자체'를 의미할 수 있습니다. 만약 이런 뜻으로 말했다면 '일상의 삶에서 리듬이 깨어져버린 혼란이 일어났다'는 뜻이 됩니다. 1900년대 초에 구약 성경 신학에 크게 이바지한 긴스버그(C. D. Ginsburg)라는 학자는 "지키지 못하였다" 앞에 "조용히(quiet)"를 넣어서 해석하였습니다.

셋째로 포도원을 여인의 몸을 은유한 것으로 보는 것입니다. 그러면 정혼 관계에 있는 여인이 왕에게 자신의 몸을 내주었다는 뜻이 됩니다. 오늘날 현대 해석자들의 경우 상당수는 이렇게 해석을 합니다. 그러나 이사야는 포도원은 하나님의 백성을 상징하는 말로 쓰였습니다. "극 상품 포도나무를 심었더니 들포도를 맺었다"는 하나님의 탄식이 있습니다(5:1-7). 이것은 여인의 육체와는 아무 관계가 없습니다.

이러한 보조관념의 해석에서 가장 중요한 것은 큰 틀의 문맥 속에서 저자가 말하고자 하는 것이 무엇인가를 밝히는 것입니다. 첫 번째 설교에서 6:10에는 코러스가 술람미를 태양과 달에 비유하되 그 태양은 오염을 제거하는 기능을 나타내는 용어를 사용했다고 말씀드렸습니다. 왕의 그 집요한 유혹으로부터 자신을 잘 지켜내고 또 사랑의 힘으로 승리를 한 여성이기 때문에 이렇게 예찬한 것입니다. 그러므로 이 부분의 해석도 이와 밀접한 관계 속에서 이루어져야 합니다. 따라서 '포도원을 지키지 못하였다'는 것은 몸을 왕에게 드렸다는 식으로 해석할 수 없습니다.

마음의 미세한 요동은 있으나 왕의 유혹에 결코 반응하지 않음

아가서 전체를 아무리 살펴보아도 왕이 유혹할 때 술람미가 그것을 슬며시 받아들인다든가 그것에 대하여 긍정적으로 반응하는 것을 찾아볼 수 없습니다. 왕의 요구에 반응하는 것 자체가 아예 없습니다(본문 해설 참고). 술람미가 왕의 유혹에 어느 정도 흔들리는 것은 사실입니다. 이것의 흔적은 몇몇 곳에서 발견됩니다. 그러나 이것은 술람미의 마음 깊은 곳에서 일어나는 미세한 요동일 뿐입니다. 술람미는 이것이 내면에서 성장하지 않도록 훌륭한 조치를 하는 여성입니다.

그 중 하나는 목동을 그렇게 그리워하는 여인에게 본 코러스가 "양떼들의 발자취를 따라 그에게 가보라"고 했을 때, 그것은 하지 않습니다(1:7). 낮 시간에 목동이 쉬는 곳에 여성이 배회하면 창녀로 오해를 받을 수 있다는 이유로 그렇게 하지 않습니다. 그로나 그토록 그가 그리우면 그 정도 오해는 각오하고 찾아갈 수도 있을 것입니다. 그러나 그렇게 하지 않습니다. 이것은 여성의 묘한 마음을 나타내는 고도의 심리 묘사입니다.

또 목동이 산을 뛰어 넘어 여인을 찾아왔을 때 머리가 밤 이슬에 젖도록 오래도록 문을 '강하게' 두드렸으나 열어주지 않습니다(5:2-6). 목동을 그렇게 사랑하고 그리워한다고 말하는 것과 이 여인의 행동이 달라 보입니다. 목동이 오는 소리를 감지하자마자 먼저 문 밖에 나가서 기다리고 있어야 술람미가 말하는 것과 행동이 일치합니다. 그러나 그렇게 하지 않았습니다.

이러한 것을 고려할 때 술람미가 "나는 아름답다"고 말하는 것은 자신이 내면적으로 완벽하다는 것을 말하는 것으로 보이지는 않습니다. 만약 그런 생각으로 말했다면 좀 뻔뻔하게 보이기도 하며, 오히려 술람미에게 '아름답다'라는 말은 어울리지 않는다고 해야 할 것입니다. 그럼에도 불구하고 술람미는 이렇게 말하고 있습니다. 여기서 저는 성도의 모습을 대변하는 술람미와 베드로의 모습이 겹쳐 보입니다. 베드로의 이야기는 술람미의 말을 이해할 수 있게 해줍니다.

베드로의 고백과 유사점

베드로는 주님께 가장 충성스러운 모습을 보였던 사람입니다. 그러나 대제사장 가야바 법정에서 주님을 세 번이나 부인하였습니다. 세 번의 저주는 어떤 변명도 할 수 없게 합니다. 한 두 번이면 실수라고 변명할 수도 있겠으나 세 번은 다른 이야기입니다. 세 번째는 "저주 하면서 맹세"하였다고 하였습니다 (마 26:74). 그냥 짐짓 모른척한 것이 아니라 '나도 당신들처럼 저 사람을 증오한다'는 심한 말이 섞여 있는 것입니다.

요한의 관찰은 놀랍도록 세밀합니다. 이때 가야바 법정에 '숯불'이 피워져 있었습니다(요 18:25). 유월절은 겨울이 지나고 봄이 오는 때로 아침 저녁으로 쌀쌀합니다. 이 숯불을 헬라어로 '안드라키아'라고 합니다. 기억해 두시기 바랍니다. 잡목에 불을 붙여 모닥불을 피운 것이 아니라 숯불입니다. 숯불 옆에는 항상 사람들이 모여 있습니다. 베드로가 예수를 부인할 때 그도 그곳에 있었습니다. 사람들이 그곳에 둘러서서 웅성거리고 있으니 그들이 하는 말, 소위 여론을 파악해보려고 했을 것입니다.

베드로는 예수님이 부활하신 후에 여러차례 만나 뵈었습니다. 그리고 승천하시기 직전에 갈릴리 해변에서 다시 만납니다. 배를 띄우고 고기를 잡던 제자들이 해변에 예수께서 서 계신 것을 보았습니다. 누군가 주님을 발견하고 "주님이시다"고 소리를 높였습니다. 베드로도 주님을 봤습니다. 그리고 물에 뛰어 들어 해변으로 향했습니다. 베드로가 그곳에 도착했을 때 주님은 그곳에 숯불(안드라키아)을 피우시고 그 위에 제자들의 아침 식사로 약간의 떡과 물고기를 굽고 계셨습니다(요 21:9). 이 숯불(안드라키아)라는 단어는 요한복음에만 두 차례 나올 뿐 다른 성경에는 나오지 않는 말입니다. 하나는 베드로가 주님을 부인하던 그 장소에 있었던 숯불이고, 그리고 또 한 번은 바로 제자들의 아침 식사를 위하여 피우신 이 숯불입니다.

베드로는 그 숯불을 보았습니다. 여러분 같으면 그 '숯불(안드라키아)'을 예사롭게 보실 수 있겠습니까? 이 숯불은 참으로 많은 것을 말해주고 있습니다. 흔히 그런 장소에서 떡이나 생선을 구울 때는 잡목을 사용하여 불꽃이 일어나게 했다가 약간 불길이 약해진 후 그 열기를 사용합니다. 그러나 흔히 쓰는 것도 아닌, 그런 장소에서는 구하기도 어려운 숯불이 거기 피워져 있었습니다.

그리고 그 숯불 위에 사랑과 은혜가 가득 담긴 떡과 물고기가 올려져 있었습니다. 그것은 주님이 베드로가 무엇을 하였는지 모든 것을 다 아신다는 뜻이며, 그럼에도 불구하고 다 용서한다는 묵시적인 선언이 들어있습니다. 베드로가 그것을 모를 리가 없습니다. 이때 베드로의 표정이 어땠을 지 매우 궁금합니다. 아마 저 같으면 주님의 발에 얼굴을 대고 엎드려서 얼굴을 다시 들지도 못했을 것 같습니다. 여러분이 잠시 베드로가 한번 되어 보시기 바랍니다.

그런 상황에서 주님은 베드로에게 이렇게 물으셨습니다. "요한의 아들 시몬아 네가 나를 사랑하느냐?" 이것도 세 번 반복하여 물으셨습니다. 세 번 부인한 것을 만회하게 하시려는 배려일 것입니다. 베드로는 "내가 주님을 사랑하는 것을 주님께서 아십니다"라고 대답합니다(여기서 아가페와 필레오가 교차적으로 언급되지만 그 차이를 논하느라 지면을 할애하고 싶지는 않습니다). 이 말은 "네"라는 대답보다 훨씬 더 의미 심장합니다.

> "용기처럼 보이는 객기 뒤에 감추어진 나의 비겁함과 연약함이 명명백백하게 드러나 버렸지만 그럼에도 불구하고 나는 주님을 진정으로 사랑합니다. 부끄럽지만 이것은 사실입니다. 저는 주님을 사랑합니다. 다른 사람은 몰라도 주님은 그것을 아십니다!"

그는 비겁했을 뿐 주님을 사랑하는 것은 부정할 수 없는 진심이었습니다.

다시 술람미에게로

다시 술람미의 이야기로 돌아갑니다. 술람미는 솔직히 말해 미묘한 흔들림을 경험합니다. 철옹성벽처럼 강하지는 않습니다. 한 점 부끄러움도 없는 완벽하게 강인한 자가 아닙니다. 왕의 유혹에 어떤 반응도 하지 말아야 한다는 것을 너무도 잘 아는 사람입니다. 그러나 눈 앞에 불쑥 다가온 세상의 부귀와 영화에 미묘한 흔들림을 경험합니다. 그렇다고 해서 술람미의 목동을 향한 사랑은 손상되거나 약화되지는 않았습니다. 그래서 술람미는 자신의 내면은 솔로몬의 휘장처럼 '아름답다'고 말합니다. 베드로가 그렇게 형편없는 행위를 하였으나 주님을 사랑하는 것은 진실이었던 것처럼 술람미도 약간의 요동은 있으나 목동에 대한 사랑은 전혀 손상되거나 감소되지 않았습니다.

중요한 것은 "사랑"입니다. 술람미에게 파상적으로 몰려오는 왕의 유혹을 완벽하게 이겨낸 것은 그 '중심'에 견고하게 자리 잡고 있는 목동에 대한 사랑이었습니다. 베드로를 다시 일으켜 세운 것도 주님이 그의 영혼에 심어 주신 "사랑"입니다. 그는 부끄럽지만 망설임 없이 "내가 주님을 사랑합니다. 적어도 그것만은 주님이 아십니다!" 주님이 그 전과는 또 다른 차원에서 불꽃을 강하게 일으켜 주신 것입니다. 베드로는 더 이상 "나는 한다면 하는 사람"이라는 식으로 자신의 무엇을 "동력"으로 하여 주의 사역을 하지 않았을 것입니다. 그를 반석(베드로)이 되게 한 것은 주님의 사랑이고 또 그것을 아는 베드로의 주님을 향한 사랑이었습니다. 그는 이제 주님을 더욱 사랑합니다. 그리고 그의 사역의 동력은 바로 그 사랑이었습니다.

우리 역시 바람에 흔들리는 갈대 같은 존재들입니다. 베드로만큼은 아니겠으나 상황에 따라 적당한 수준에서 주를 부인할 수도 있습니다. 술람미는 미세하게 흔들렸으나 우리는 무너질 정도로 흔들릴 수 있습니다. 그러나 우리는 술람미처럼 말할 수 있어야 합니다. "나는 게달의 장막 같이 검을지라도 솔로몬의 휘장처럼 아름답다."

우리의 의지만으로 우리를 강하게 하기에는 우리는 태생적으로 너무 미약합니다. 하나님을 향하여 불 같이 타오르는 사랑만이 우리를 주님 앞에 바로 서게 합니다. 술람미가 목동에게 많은 입맞춤을 요구하는 것은 왕의 유혹을 이기는 길은 그 사랑하는 자에 대한 사랑의 불길이 타오르는 것 외에는 없다는 것을 알고 있다는 뜻입니다. 약해진다고 느낄 때, 흔들리고 있다는 것을 느낄 때 가장 필요한 것은 하나님의 사랑을 다시 생각하고 그 사랑을 다시 불 같이 타오르게 하는 것입니다. 항상 주만 바라보는 자들에게는 충분히 가능한 것입니다.

나도와 몰약 향주머니(1:9-14)

> 9 내 사랑아 내가 너를 바로의 병거의 준마에 비하였구나 10 네 두 뺨은 땋은 머리털로 네 목은 구슬 꿰미로 아름답구나 11 우리가 너를 위하여 금 사슬에 은을 박아 만들리라 12 왕이 침상에 앉았을 때 나의 나도가 향기를 뿜어 냈구나 13 나의 사랑하는 자는 내 품 가운데 몰약 향주머니요 14 나의 사랑하는 자는 엔게디 포도원의 고벨화 송이로구나

풍요와 번영 자체는 나쁜 것일 수 없습니다. 마음과 뜻과 정성을 다하여 하나님을 사랑하는 자에게 하나님은 이렇게 약속하셨습니다.

"너희 땅에 이른 비와 늦은 비를 적당한 때에 내리시리니 너희가 곡식과 포도주

와 기름을 얻을 것이요 또 가축을 위하여 들에 풀이 나게 하시리니 네가 먹고 배부를 것이라(신 11:13-15; 28:5)"

이 약속의 성취는 이스라엘 역사 속에서 얼마든지 확인할 수 있습니다. 이로 볼 때 하나님은 우리가 겨우 겨우 목숨만 유지하는 수준으로 살기를 바라시는 것은 결코 아닙니다. 하나님은 우리가 이웃에게 꾸러 다니는 것을 원하지 않으십니다(신 15:6). 먹을 것 마실 것을 염려하지 말라고 하신 것은 그것이 없어도 살 수 있다는 뜻이 아니라 충분히 넘치도록 주실 수 있다는 뜻입니다(마 6:25-34). 하나님은 약속의 땅을 '젖과 꿀이 흐르는 땅'이라 하셨습니다.

문제는 하나님 없는 풍요를 꿈꾸는 것입니다. 사단이 아담으로부터 현재까지 집요하게 사람들의 생각 속에 주입하고 있는 것이 이것입니다. 사단은 항상 우리가 더 풍요롭고 영화로울 수 있는데도 하나님께서 '하나님 자리를 유지하기 위하여' 그것을 막고 있는 것처럼 말합니다. 불행하게도 이런 일은 성공합니다. 항상 인간의 실존이라는 이름 아래 '하고 싶은 대로 하는 삶'을 꿈꾸게 합니다. 이것은 시대에 유행하는 옷을 바꾸어 입고 계속 나타납니다. 솔로몬 이후 남과 북 왕국의 가장 큰 골치거리는 바로 이런 것을 대표하는 바알 숭배로 요약됩니다. 참 선지자들은 이것의 결과인 멸망을 숨기지 않고 경고하였고 그 경고는 불행하게도 피할 수 없는 현실이 되어 버렸습니다. 그리고 하나님의 변함없으신 사랑을 선포하며 돌아오라고 외쳤습니다. 선지자들이 강조한 것은 바로 여호와 하나님의 사랑입니다.

왕의 유혹

술람미는 왕의 이런 유혹 앞에 노출되어 있습니다. "삼킬 자를 찾는 우는 사자"같은 왕 앞에 있습니다. 왕의 이 같은 질주를 적절히 말려줄 사람도 없습니다. 술람미는 철저히 자신의 가치관이라는 무기로만 싸워야 하는 일에 부덧혔습니다. 이제 왕의 유혹을 보십시오. 여기 열거되는 말들은 오늘 날의 사람들에게 어느 정도 설득력 있는 유혹의 말인지는 알 수 없으나 당시에는 매우 "효과적"인 것이었을 것입니다. 두 가지로 요약됩니다. 하나는 여인의 미모를 예찬하는 것이며 또 하나는 '은을 박은 금 사슬'을 술람미 앞에 보여주는 것입니다.

나의 바로의 병거의 준마

먼저 왕은 여인을 '바로의 병거의 준마(駿馬)'로 비유합니다. 개역개정에는 "나의 바로의 병거의 준마"로 되어 있습니다. 준마는 잘 달리는 말을 의미합니다. 히브리어 성경에는 '암말(mare, 말의 여성형)'인데 이것을 준마로 의역한 것입니다. 잘 달리는 말은 날렵한 몸매에 잘록한 허리가 특징입니다. 그리고 윤기 흐르는 털을 가지고 있습니다. 바로의 병거에 매였던 말이니 최상품이었을 것입니다. 매력적인 날렵한 몸매 이상의 것을 연상하게 합니다.

이것은 번역마다 약간의 차이가 있습니다. "나의 바로의 병거의 준마" 혹은 1인칭 소유격 "나의"가 없이 "바로의 병거의 준마"로 번역하기도 합니다. 이것은 '암말'에 접미된 'i'를 어떻게 읽느냐에 따라 달라질 수 있습니다. 이것을 1인칭 단수 소유격 어미로 보면 "나의 암말 – 바로의 병거에 매였던"이 되고 이를 연계사로 보면 "암말-바로의 병거에 매였던"이 됩니다. 그런 것이라면 바로의 병거를 끌던 암말을 솔로몬이 수입하여 자신이 쓰고 있는 암말입니다. 어떻게 해석을 하든지 그 암말은 이집트에서도 최상품이었을 것입니다.

암말을 병거에 매는 이유에 대한 여러가지 설이 있습니다. 그 중에 가장 설득력 있는 것은 '암말을 수말 옆에 같이 두면 수말이 흥분하여 훨씬 더 적극적이 되고 또 힘을 더 발휘하여 병거를 이끈다'는 설입니다. (다른 의견들에 대하여는 본문 해설 참고).

왕이 이렇게 말하는 것은 술람미의 외모를 예찬함과 동시에 술람미가 자신을 성적으로 매우 자극하고 있다는 것을 드러내는 것입니다. 요즘의 말로 하면 매우 섹시하여 왕을 흥분시키는 여인이라는 뜻이 됩니다. 본문의 뉘앙스는 이보다 훨씬 더 농도가 진한 것으로 느껴집니다. 듣는 사람의 감정에 따라 성희롱에 가깝게 들릴 수도 있을 것입니다. 반면에 왕에게 이러한 말을 듣고 싶어 했던 여성들도 있었을 것입니다.

왕의 와스프(waṣf, 몸을 부위별로 언급하며 아름다움을 예찬하는 일종의 노래)는 아가에서 몇 차례 등장합니다(6:4-9; 7:1-9 a). 이것이 첫 번째 것인데 앞으로 계속되는 왕의 와스프는 대부분이 이런 선정적 분위기입니다. 목동의 대사는 이에 비하여 매우 순박하고 목가적이며 '사랑하는 자와 함께하는 삶 자체'를 노래합니다. 왕이 술람미에게 접근하는 이유가 이러한 표현을 통해 그대로 드러나고 있습니다.

은을 박은 금 사슬

또 하나는 최고급 선물 공세입니다. "우리가 너를 위하여 금사슬에 은을 박아 만들리라." 이 구절에서 '만들리라(we will make)'는 단순 미완료형으로서 현재 진행이나 미래형으로 번역할 수 있습니다. 만약 '강한 의지'를 표현하는 것이라면 '권유형(1인칭 권유형은 의지를 나타냄)'으로 썼을 것인데 그렇게 하지 않았습니다. 그냥 단순 미완료형입니다. 이것은 어쩌면 '네가 내 뜻을 따라준다면 그렇게 해 줄 수 있다'는 조건이 들어있는 말일 수 있습니다. 대략 give & take 수준으로 아가의 저자는 솔로몬의 이미지를 이런 정도로 드러내고 있습니다. 이런 것은 아가에서 말하는 사랑이 아니라는 것을 우회적으로 보여줍니다.

"우리"는 누구를 말하는가에 대하여도 의견이 분분합니다. 어떤 해설자는 두 사람이 하나된 황홀경 속에서 왕과 술람미를 하나로 묶은 "소위 황홀경의 복수"로 봅니다. 그러나 이 책의 본문 해설에서 이미 밝힌 대로 이런 주장은 수용하기 어렵습니다. 이것을 황홀경의 "우리"로 본다면 은을 박은 금

사슬을 두 사람이 같이 만들자는 뜻으로 이 금사슬은 문자 그대로의 장식품이 아니라 성적 희열을 의미하는 것이 됩니다. 그러나 아가가 왕과 술람미(혹은 신랑과 신부)의 사랑 노래라면 이런 해석이 가능할 수 있으나 술람미가 사랑하는 자가 목동이라면 이런 견해는 성립될 수 없습니다.

이것은 왕의 대사(臺詞) 혹은 노래(solo)입니다. 우리 나라 옛날 왕은 자신을 "나"라고 부르지 않고 "짐(朕)"이라고 하였습니다. 왕은 존재 자체가 한 개인이기보다는 한 나라를 대표하는 자로서 '극존칭 1인칭'을 사용하였습니다. 서양의 왕들도 자신을 가리켜 단수인 "나(I)"대신에 '우리(We)"라고 하였습니다(Majesty Plural). '우리'는 왕 자신을 나타내는 말입니다. 이 역시 자신에 대한 극존칭입니다. 역시 이런 용어도 문맥에 따라 의미를 찾아내야 할 것입니다.

은을 박은 금 사슬"은 최고의 가치를 나타내는 것입니다. 오늘날 은의 가치는 금보다 못하지만 고대에는 그 가치가 서로 비슷하였으며 때로는 금보다 은이 더 귀한 가치를 가진 적도 있다고 합니다. '박았다'는 단추처럼 붙이든지 매립한 것입니다. 금으로 된 비교적 긴 사슬에 은을 박았다는 것은 "최고, 최상의 것"을 의미합니다. 고대 유대인들은 최상급을 이렇게 표현하기도 합니다. 귀한 것에 귀한 것이 덧 입혀지는 식입니다. 노래 중의 노래, 왕 중의 왕, 깊음 위에 깊음, 은혜 위에 은혜, 복에 복을 더하다… 이러한 표현은 자주 발견됩니다.

금에다 은을 더한 것이니 그 가치를 짐작하게 합니다. 금사슬의 중량이 얼마나 되는지, 그 크기가 어느 정도인지보다는 은과 금이 갖는 상징성이 중요합니다. 평범한 제안은 효과가 없을 수 있다는 것을 왕이 잘 알고 있을 것입니다. 포도원을 돌보는 여인은 아마도 평생 모아도 이런 것을 가질 수 없을 것입니다. 남편이 목동이라면 아무리 열심히 일해도 이런 것을 사주기는 어려울 것이고, 또 만에 하나 구입을 했다 하더라도 그들은 이런 장신구를 두르고 갈 만한 곳도 사실상 없을지도 모릅니다.

이런 유혹의 말 앞에 전혀 요동치 않는 평정심을 그대로 유지할 수 있는 사람이 몇이나 있겠는가 싶습니다. 왕의 제안을 수용하지는 않는다 하더라도 이를 마치 길에 굴러다니는 돌을 보듯 할 사람이 있을까요? 없다고는 할 수 없겠지만 이런 경우 대부분의 사람들은 복잡하고 미묘한 감정의 흔들림을 경험할 것입니다.

나도와 몰약 향주머니

그런데 다음 구절에서 참으로 놀라운 일이 일어납니다. 아가의 저자는 진정한 사랑이 무엇이며 그것이 가지고 있는 놀라운 능력을 말하고 싶어하는 것이 분명합니다(8:6-7). 여기서는 진정한 사랑의 특징에 대하여 말합니다. 술람미의 목동에 대한 사랑이 진실된 것이라면 (반드시) 그것은 다음과 같이 나타나야 할 것입니다.

왕이 은을 박은 금사슬을 말할 때, 술람미는 그것을 목이나 어깨에 두른 자신의 아름다움이나 영화로운 모습을 상상하는 것이 아니라 놀랍게도 "사랑하는 자 목동"을 생각하고 있습니다. 아가가 드라마 형식이라는 의견을 반대하거나 무시하는 학자들은 아가에는 드라마적(dramatic) 요소가 없거나 결여되어 있다고 합니다. 그러나 이런 장면은 놀라울 정도로 드라마틱 합니다. "왕이 침상에 앉았을 때 나의 나도가 향기를 뿜어냈구나(12)"와 "나의 사랑하는 자는 내 품 가운데 몰약 향주머니(13)"은 묘하게 평행을 이루고 있습니다.

나도(Nard)는 매우 고급 향품입니다. 예수님 발에 나드 향유를 부었던 여인에게 제자들이 '낭비'라고 비난했던 그 향유입니다(막 14:3). 대충 노동자의 일년 품 삯 정도의 가격이라고 합니다. 이것도 등급이 있다고 하니 비싼 것은 가격이 매우 높을 것입니다. 왕이 어떤 여인을 취할 때 미리 준비시키는 풍습이 있습니다(에 2:12). 이때 나도 등의 귀한 향품을 하사하여 그것으로 준비시킵니다. 이 나도는 왕이 준 것일 수 있습니다. 그 나도가 향을 발합니다. 이때 여인은 "나의 나도"는 내 사랑하는 자 곧 목동이라고 하였습니다. 나도는 더 이상 좋을 수 없는 가장 귀한 것입니다. 여인은 자신에게 있어서 그것은 '사랑하는 자, 목동'이라고 말합니다.

그리고 여인은 품 가운데 있는 '몰약 향주머니'를 언급합니다. '나도'는 매우 고급이지만 이것은 서민 용품입니다. 몰약을 가공하여 액상으로 만든 것은 매우 고가품이지만 이것은 몰약 수지를 빻아서 다른 향기름을 약간 섞어 주머니에 넣은 것으로 그렇게 부담스러운 가격은 아니었던 것으로 보입니다. 이것을 향주머니에 넣어 목걸이처럼 해서 가지고 다니는데 오랜 동안 계속 향기를 발하는 향수와 같다고 합니다. 여인들이 귀히 여기는 용품 중 하나입니다.

술람미는 "나의 나도가 향기를 뿜는다"고 하면서 바로 그것을 '몰약 향낭'으로 연결합니다. 그리고 그 "몰약 향낭은 자신이 사랑하는 자"라고 하였습니다. 술람미가 사랑하는 자는 은을 박은 금사슬을 제안하는 왕이 아닙니다. 그러므로 술람미는 왕의 그러한 말에 긍정정으로 화답하는 것이 아니라 전혀 엉뚱한 반응을 하고 있는 것입니다.

특히 "품 가운데"라고 번역된 이 부분에는 "놓여있다"라는 동사가 들어있는데 개역개정의 번역에서 생략되었거나 그 의미가 살아나지 않고 있습니다. "놓여있다"는 다른 구절에서 '경야(經夜)'하다, 또 분사형으로 '밤을 지내기 위한 오두막'으로 번역되기도 합니다. 그러니까 잠깐 있다가 없어지는 것이 아니라 오랜 시간 거주하는 것을 의미합니다. 그 가슴(마음을 나타냄)에 항상 머물러 있으며, 자신을 향기 나게 해 주는 것은 '몰약 향낭과 같은' 사랑하는 자라고 노래하고 있습니다. 그리고 이어지는 14-17은 술람미와 목동이 주고받는 교창(咬唱)의 형식으로 되어 있습니다.

왕은 술람미를 바로의 병거의 암말이라고 예찬하였고, 또 은을 박은 금사슬을 줄 수 있다고 하였으나 술람미는 그 순간에도 마음에 늘 머물러 있는 목동을 생각하며 그 향기를 맡고 있습니다. 술람미는 왕의 말을 귀로는 듣고 있을 것입니다. 그리고 그 말이 마음 한 구석을 흔들고 있기는 합니다. 이것은 부정될 수 없습니다. 그러나 그와 동시에 사랑하는 자가 떠오릅니다. 일부러 애써서 그런 생각을 소환하는 것 같지는 않습니다. 저절로 그렇게 되고 있습니다.

아가의 저자는 이런 것을 통해서 "진정한 사랑"은 이렇게 증명될 수 있다는 것을 보여주고 있습니다. 우리에게 (하나님에 대한) 이런 사랑이 있느냐고 묻는 것 같습니다. 이 구절만이 아니라 왕의 유혹이 있을 때마다, 그 유혹으로 인한 어떤 일이 발생하는 것이 아니라 그 때마다 그것이 일종의 자극제가 되어 사랑하는 자인 목동에 대한 생각이 떠오릅니다.

3:6-14에는 솔로몬이 그의 아필르온(화려하게 치장된 특별한 가마, 본문 해설 참고 바람)을 타고 술람미에게 다시 옵니다. 그러면 이에 연결되는 4장은 당연히 이렇게 찾아온 왕의 대사가 이어질 것 같은데, 놀랍게도 이 부분과 연결되는 4:1-5:1은 술람미와 목동과의 '상상 속에서 나누는 대화'로 되어 있습니다. 왕이 유혹하면 사랑하는 자가 더욱더 그리워집니다. 대단히 '드라마틱' 합니다.

이런 것은 7:1-9의 왕의 와스프에서도 발견됩니다. 왕은 발부터 시작하여 춤을 추는 술람미의 몸을 훑듯이 쳐다보면서 아름다움을 노래합니다. 그리고 와스프의 끝 부분에(9 a) 왕이 여인의 입술을 언급하면서 그것이 "포도주처럼 좋다"는 말을 합니다. 여인은 여기서 마치 왕의 말을 가로채듯이 그 포도주와 사랑하는 자를 또 연결합니다. 술람미는 "그 포도주는 내가 사랑한 자(목동)를 위한 것(7b)"이라고 합니다. 왕의 어떤 말도 여인을 그 사랑하는 자에게서 분리시킬 수가 없습니다. 진정한 사랑은 어떤 것에 의해서도 지워지지 않습니다((8:6,7).

우리도 이런 것을 경험합니다. 어떤 좋은 일을 만나면 우선적으로 하나님의 은혜를 생각합니다. 힘든 일을 만나도 하나님 앞에 나아가 엎드립니다. 그 힘든 일이 내게 시험을 걸어오기는 하지만 그것으로 인해 오히려 하나님에 대한 생각은 더 간절하게 살아납니다. 유혹이 와도 그것 때문에 요동이 있기는 하나 동시에 하나님이 더 선명하게 떠오릅니다. 이 둘 사이에서 심한 갈등을 경험할 수도 있습니다. 이것은 비신자들에게는 결코 있을 수 없는 것입니다.

이와 같은 경험은 예외적으로 독특한 사람을 제외하고는 누구에게나 있을 것입니다. 좋은 것을 보면 부모님이나 자녀들, 혹은 마음으로 사랑하는 자가 떠오를 것입니다. 어린 자녀를 둔 분들은 예쁜 아기 용품을 보면 그냥 지나치기 어려울 것입니다. 사랑하는 자가 좋아하는 노래를 들으면 예사롭게 들리지 않을 것입니다. 마음이 그곳에 있다는 증거입니다.

하나님에 대한 진정한 사랑은 이렇게 확인됩니다. 모든 일에 하나님이 먼저 생각나야 합니다. 혹시 잊고 있다가 어떤 유혹이 오면 그것이 오히려 자극제가 되어 하나님을 떠오르게 합니다. 하나님을 떠나 자유로워지라는 유혹이 올 때 이를 이겨내는 방법은 스스로 화이팅을 외치고 또 결단하는 것으로 되지 않습니다. 영적인 일은 정신력이나 의지의 강화로 되는 것이 아닙니다. 이미 여러분이 소유하고 있는 하나님께서 주신 사랑, 그리고 그것에 대한 반응으로 형성된 여러분의 하나님에 대한 사랑이 더 깊어지고 불 같이 타오를 때 모든 것을 이겨낼 수 있습니다. 그것 외에는 비결이라는 것이 없습니다. 윤리 도덕적 의무감은 이런 일에 현저한 한계가 있습니다.

하나님을 더욱 사랑하려면 '사랑하고 싶다'는 소원을 갖는 것으로는 부족합니다. 하나님을 알아야 합니다. 우리에게 베푸신 사랑과 은혜를 알면 알 수록 우리는 하나님을 더욱 사랑할 수밖에 없습니다. 하나님을 아는 방법은 하나님이 자신을 계시하신 말씀을 더욱 깊이 이해하는 것 외에는 방법이 없습니다. 성령은 우리를 말씀으로 인도합니다. 이것이 우리에게 유혹의 끈을 끊어버리게 하는 힘이 됩니다. 아가의 저자는 술람미를 통하여 우리에게 이것을 말하고 싶어하는 것이 분명합니다. 술람미가 사랑하는 자에게 많은 입맞춤을 요구하는 것은 이런 이유입니다.

아가 설교 (5)

어여쁜 자야 일어나 함께 가자(2:10-15)

10 나의 사랑하는 자가 내게 말하여 이르기를 나의 사랑 내 어여쁜 자야 일어나 함께 가자 11 겨울도 지나고 비도 그쳤고 12 지면에는 꽃이 피고 새가 노래할 때가 이르렀는데 비둘기의 소리가 우리 땅에 들리는구나 13 무화과나무에는 푸른 열매가 익었고 포도나무는 꽃을 피워 향기를 토하는구나 나의 사랑 나의 어여쁜 자야 일어나서 함께 가자 14 바위틈 낭떠러지 은밀한 곳에 있는 나의 비둘기야 내가네 얼굴을 보게 하라 네 소리를 듣게 하라 네 소리는 부드럽고 네 얼굴은 아름답구나 15 우리를 위하여 여우 곧 포도원을 허는 여우를 잡으라 우리의 포도원에 꽃이 피었음이라

아마도 '아가'하면 이 구절이 가장 먼저 떠오를지도 모르겠습니다. 그만큼 자

주 인용되고 설교 본문으로 쓰이기도 하는 구절입니다. 일단 이 말씀은 언제, 어디서, 누가 들어도 좋은 말입니다. 학교나 직장 등 단합을 위한 모임이면 어디서든 사용해도 훌륭한 표어 내지는 캐치프레이즈(Catchphrase)가 될 것입니다. 그러나 이 말씀이 의미하는 바는 사람들이 흔히 생각하는 것과는 큰 차이가 있습니다.

본론에 들어가기 전에

우선 이 말씀은 "일어나 함께 가자(2:10)"는 한 구절만 따로 떼어져 있지 않습니다. "함께 가자"는 그저 가고자 하는 물리적 방향이 같아서 나란히 가는 것을 말하는 것이 아닙니다. 여행을 하다가 우연히 목적지가 같은 사람을 만났습니다. 그래서 목적지까지 같이 음식도 먹고 이야기도 나누면서 즐겁게 갔습니다. 아쉬움이 남아 연락처도 교환하고 헤어졌습니다. 분명히 목적지까지 동행하였습니다. 그러나 "함께 가자"는 것이 그런 것을 말하는 것은 분명히 아닙니다.

이 동행을 위해서는 우선적으로 '마음이 하나 되어야' 합니다. 그래서 이 본문에서는 먼저 하나 됨을 방해하는 것을 제거하라는 메시지가 들어있습니다. 본문은 10-15절이 하나로 묶여져 있습니다. 시작은 "함께 가자"이고 그 끝은 "포도원을 허는 작은 여우를 잡으라"입니다. 앞의 것을 위해서는 뒤의 것을 해야 합니다. 그래야 이들은 하나 되어 무엇을 새롭게 시작할 수가 있습니다.

또 하나 서론적으로 말씀드려야 할 것은 본문을 포함하는 2:3-17은 비현실적 서법으로 기록되었다는 점입니다. 비현실적 서법은 상상이나 꿈 혹은 심상 속에서 일어나는 일 즉, 현실이 아닌 사건을 현실처럼 표현하는 문학 기법 중 하나입니다. 2:8부터 뒤의 몇 구절을 보십시오. 사랑하는 자가 마치 노루처럼 "산에서 달리고 작은 산을 빨리 넘어오고"있습니다. '달리다', '넘어오다'는 모두 분사형으로 "그가 달려온다"보다는 "달려오는 그"라고 번역하는 것이 더 나을 것입니다. 여인은 아직 왕의 방에 있습니다. 그러므로 사랑하는 자인 목동이 이렇게 달려오는 것을 실제로 볼 수 없습니다. 이것은 여인의 심상 혹은 상상 속에서 이루어지는 것입니다.

술람미와 목동의 대화

아직 배경은 처음 시작하던 그대로입니다. 왕이 은을 박은 금사슬을 말할 때 여인은 가슴에 놓여 있는 몰약 향낭의 향기를 맡고 있는 그 장면의 연속입니다. 그 향낭은 사랑하는 자의 은유입니다(1:13). 술람미는 그 향기를 맡으면서 사랑하는 자와의 아름다웠던 일을 회상하고 있습니다(2:3-5). 왕은 은을 박은 금사슬까지 말하고 퇴장한 것이 아니라 계속해서 무엇인가 여인의 마음을 얻기 위한 노력을 진행하고 있습니다. 왕은 여인이 다소곳이 그 말을 듣고 있는 줄 알았겠지만 사실 여인은 심상 속에서 몰약 향낭의 향기 같은 사랑하는 자가 자신에게 달려오는 것을 심상 속에서 보고 있습니다.

그리고 이제 사랑하는 자가 여인이 있는 곳에 도착했습니다. 그리고 벽 뒤에 서서 창들을 통해 들여다봅니다. 여기서 창(들)은 복수형입니다. 목동은 창마다 기웃거리며 여인을 찾습니다. 목동은 문을 왈칵 열지도 못하고, 두드리지 못합니다. 아직 여인은 왕의 방 안에 있기 때문입니다. 물론 이것은 여인의 상상이지만 현실보다 오히려 더 생생하게 전개됩니다. 그리고 목동의 음성이 들립니다. "비도 그쳤고 새가 노래할 때가 되었다. 비둘기의 소리가 우리 땅에 들리는구나." 이 역시 여인의 심상 속에 들리는 소리입니다. 만약 이것을 연극 무대에 올린다면 이것이 비현실적이 장면이라는 것을 알 수 있도록 연출했을 것입니다.

"비가 그쳤다"는 겨울이 지났다는 뜻입니다. 팔레스타인은 우기가 겨울입니다. 비가 그치면 봄이 시작된 것입니다. 그러면 특히 맷비둘기(tutle dove)

가 많이 보입니다. 본문에 '비둘기'로 번역된 *tôr* 는 이것입니다. 비둘기는 대부분 '요나'라고 하는 말을 쓰는데 특별히 '토르'을 쓰는 것은 이것은 항상 암수가 같이 다니는 특징을 살려 말하기 위한 것입니다. 지금 서로 분리된 공간에 있는 안타까움을 이렇게 나타내고 있기도 합니다. 이것은 철새로서 봄에 나타남으로 이 소리는 곧 봄의 소리를 상징합니다.

우기 즉, 겨울은 뭔가 움츠러들고 어렵고 힘든 것을 나타낼 때 쓰이기도 하는 말입니다. 반대로 봄날이라는 것은 풍성하고 아름다움을 나타냅니다. 목동이 말하는 것은 이제 새 봄이 시작되었으니 다시 심기일전하여 다시 시작하자는 그런 의미를 갖는다고 할 수 있습니다. '새 날(봄)'이란 달력에 나타난 몇 월 몇 일이 아니라 '무엇을 새롭게 시작하는 그 날'입니다. 이 두 사람 사이에 왕이 개입하여 그것으로 인해 약간의 혼란이 있는 것은 사실입니다. 그것을 다 털어버리는 의미에서 새 날을 맞이하자는 뜻일 수 있습니다.

"일어나라"는 무엇을 행하기 전에 해야 하는 것입니다. 이것은 육체적으로나 정신적으로 정지되어 있거나 혼미한 상태에서 벗어나라는 것을 의미할 수 있고(창 13:17), 어떤 행동을 취하는 것(시 10:1; 12:5; 44:26; 86:14)이나 혼란 속에서 바로 서는 것(시 20:8) 혹은 각성하는 것(잠 6:9)을 말하기도 합니다. 그리고 "함께 가자"고 합니다. 명령형입니다. 조금도 미련을 두지 말고 '새 날을 향하여 가자'는 강한 권유입니다.

여기서 우리가 하나 고려해야 할 것이 있습니다. 이것은 목동의 대사이기는 하지만 목동이 직접 말하는 것이 아니라 여인이 심상 속에서 듣는 말입니다. 이것이 하늘로부터 오는 계시가 아니라면 여인의 마음에서 나오는 것입니다. 그렇다면 이 여인은 목동이 이런 상황에서 자신에게 무엇이라 말할 것인지 이미 알고 있다는 것입니다. 이 여인과 정혼한 관계에 있는 남성이 왕의 방에 있는 여인을 찾아왔다면 이런 경우에는 남성의 입에서 무슨 말이 나오겠습니까? 가장 먼저 생각 할 수 있는 것은 "왜 당신이 여기 와 있느냐"라는 질책성 질문일 가능성이 높습니다. 또 다른 경우에는 "당신이 이럴 수가 있냐"는 원망이나 분노의 표현도 가능할 것입니다. 친절하고 부드러운 말이 먼저 나올 것 같지는 않습니다.

만약 여인이 현실을 떠나 그저 한적한 곳에 잠시 거하는 것이거나, 심란한 마음을 달래려고 친정에 갔다면 비교적 부드럽게 "어려운 시절 다 잊고 함께 돌아갑시다"라고 할 수 있을 것입니다. 그러나 이곳은 왕의 방이고 왕의 유혹이 이미 시작되어 계속 진행되고 있습니다. 목동은 여인이 호도 동산의 포도에 움이 돋았는지 석류 꽃이 피었는지 보러 갔다가 왕의 눈에 띄어 왕의 방까지 이르게 된 자초지종은 잘 모를 것입니다. 양 먹이는 곳에 있다가 어떤 사람으로부터 술람미에 대한 이러한 소식을 듣고 여인을 찾아오는 것이라고 봐야 할 것입니다.

그런데 술람미가 전하는 목동의 말에는 어떤 질문이나 추궁같은 것이 없어 보입니다. 마치 호세아가 아내를 몇 번이고 찾아가 집으로 돌아가자고 하는 것과 같은 분위기입니다. 혹시 술람미가 너무 자기 편한대로 상상하는 것 아닐까요? 아가의 저자는 술람미와 목동의 생각을 일치시키고 있습니다. 깊은 사랑은 이것이 충분히 가능하다는 것을 우회적으로 나타내는 것입니다. 목동이 직접 와서 말하는 것으로 처리하는 대신 이것을 비현실적 서법으로 기록하는 것은 "사랑의 위대함"을 돋보이게 하려는 것일 수 있습니다.

술람미가 생각하는 것은 목동이 원하는 것과 정확히 일치합니다. 하나님을 사랑하는 신실한 성도들 역시 비록 유혹에 노출되어 있기도 하고 그 공격을 받아 흔들릴 수 있지만 사실은 하나님께서 자신에게 무엇을 요구하시는지 모르지 않습니다. 물론 세부적인 것은 모를 수 있습니다. 그러나 원리적인 큰 틀에서 하나님의 뜻을 모르지 않습니다. 그 자리에 내가 있어야 하는지 없어야 하는지, 그것을 붙잡고 있어야 하는지 놓아야 하는지, 그런 일에 내가 열심을 내야 하는지 관여하지 말아야 하는지 원리적인 큰 틀에서 하나님의 뜻을 분별하는 것은 신실한 성도들에게는 그렇게 어려운 일이 아닙니다.

누가 여러분을 원수처럼 대할 때 하나님께서는 '사랑하라'고 하십니다. 성도들은 이 음성을 듣습니다. 소돔 고모라 같은 곳에 있다는 것을 알게 되면 '그곳에서 나오라'는 음성을 들으실 것입니다. 갑자기 앞이 캄캄하고 무엇을 해야 할지 모를 때에도 '기도하라'는 음성을 듣습니다. 너무 멀리 나갔다는 생각이 들면 동시에 '돌아오라'는 음성을 들을 수 있는 것과 같습니다. 신실한 성도가 현재 술람미 같이 이런 일을 경험하고 있다면 그들의 심령 속에도 이와 같은 음성이 끊임없이 들려오고 있을 것입니다. "그 자리에서 일어나라 함께 가자. 그리고 포도원을 허는 작은 여우를 잡으라."

술람미는 "일어나 함께 가자"는 말과 동시에 "포도원을 허는 작은 여우를 잡으라"는 음성도 함께 듣습니다. 이 여인이 그렇게 말하는 것은 목동이 요구하는 것과 정확히 일치합니다.

술람미는 목동을 진심으로 사랑합니다. 이것에는 조금도 거짓이 있을 수 없습니다. 그러나 왕의 화려한 휘장과 그가 제안하는 은을 박은 금사슬로 인하여 생겨난 보이지 않는 묘한 끈이 술람미의 발목에 매어져 있습니다. 포도원에 작은 여우가 몇 마리 보이기 시작한 것입니다.

포도나무에 움이 돋을 때가 되면 몸통이 성인 남성의 손바닥만 하고 또 그보다 조금 더 큰 꼬리를 가진 여우들이 나타나 새싹을 다 갉아먹어 초토화시킨다고 합니다. 이것을 그냥 두면 그 수가 급하게 많아질 수도 있습니다. 술람미는 아마도 여우를 다 잡을 때까지 이 음성은 밤낮으로 계속 듣게 될 것입니다. 이것을 처리해야 "함께" 갈 수가 있습니다. 따라서 "일어나 함께 가자"는 술람미 마음 속에서 그대로 두면 마구 번식할 수 있는 여우를 잡자는 뜻입니다. 이것을 빼고 "함께 가자"만 말하는 것은 그저 듣기 좋은 소리일 뿐입니다.

"우리를 위하여 (너희는) 여우를 잡으라"에서 '잡으라'는 2인칭 남성 복수 명령형입니다. 이것이 왕의 대사라면 신하들에게 하는 말일 수 있지만, 이것은 목동의 대사입니다. 그렇다고 술람미에게 하는 말도 아닙니다. 여기서 '너희'는 코러스를 지칭하여 그들에게 부탁하는 말일 수도 있지만 대부분 이런 경우도 역시 '특정되지 않은' 다수를 언급하는 것으로 마음의 소원을 드러내기 위하여 설정된 가상 그룹으로 보는 것이 합당할 것입니다. 중요한 것은 "함께 가기 위하여" 그들의 삶을 파괴하려는 "여우를 잡는 것"입니다. 마치 주변에 있는 우호적인 자들에게 여우를 잡는 일을 도와 달라는 요청같이 들리기도 합니다.

아가는 그들이 이 여우를 어떻게 잡았는지 보여줍니다. 이 여우는 이들이 새끼를 사다가 키운 것이 아닙니다. 여우가 들어오라고 일부러 문을 열어둔 것도 아닙니다. 어디에 있다가 어떻게 들어온 것인지도 잘 모릅니다. 그러나 이것이 들어옵니다. 마치 원수가 우리 밭에 가라지 씨를 뿌리고 도망한 것과 같은 일이 벌어진 것일 수 있습니다. 이 작은 여우들은 포도나무 잎 뒤쪽에 몸을 숨기고 있다가 때가 되면 일제히 활동을 시작하여 성도의 포도원을 헐어버릴 수가 있습니다. 여우는 상상도 할 수 없는 교묘한 모양으로, 또 교묘한 방법으로 빈틈을 비집고 들어옵니다. 그리고 서서히 때로는 급속하게 포도원을 장악합니다. 이것을 신속하게 잡아야 합니다.

심령을 갉아먹는 이 여우는 사람의 힘과 능으로 잡을 수 있는 상대가 아닙니다. 사단은 항상 성도보다 한 수 위에 있습니다. 독가스처럼 스며들어 전신을 마비시킬 수도 있습니다. 이를 잡을 수 있는 유일한 방법은 성령의 도우심을 받는 것입니다. 또한 성령으로 충만한 자들의 도움도 필요합니다. '성도의 교제'가 얼마나 중요한 것인지 아무리 강조해도 부족합니다.

성령은 우리를 항상 하나님의 그 위대한 능력과 사랑으로 인도합니다. 그리고 그것을 깨닫게 해 줍니다. 그것에 또 하나님을 사랑하는 열정을 더하게 함으로 여우를 잡게 합니다. 하나님에 대하여 불 같은 사랑이 일어나기 전에는 이 일에 성공할 수 없습니다. 술람미는 이것을 아는 여인입니다. 사랑하는 자와 함께 가기 위하여 자신이 무엇을 어떻게 해야 하는지 아는 사람입니다.

그래서 게달의 장막 같아도 솔로몬의 휘장처럼 아름답습니다. 아가 시작 부분에 목동에게 '많은 입맞춤을 요구하는 것'은 그런 이유입니다.

하나님을 더욱 사랑하려면 하나님의 사랑을 더욱 더 깊게 묵상해야 해야 합니다. 하나님의 우리를 향한 사랑이 얼마나 깊고 놀라운 것인지 다 헤아릴 수는 없지만 그래도 헤아려야 합니다. 대충 상상하라는 것이 아니라 말씀을 통해 그것을 읽고 깊이 깨닫는 것이 정답입니다.

오늘날 강단에서 '하나님의 능력과 은혜와 사랑' 대신에 이와는 별 관계도 없어 보이는 '행복과 풍요, 안정'에 초점을 맞춘 메시지가 유행하는 것은 참으로 불행한 일이라 할 수 있습니다. 행복만을 추구하면 이 여우들과 적당히 타협하여 공존하는 방법을 찾게 됩니다. 그러나 그렇게 되면 행복과 편안을 느낄 수는 있어도 인간의 영혼 즉, 포도원이 허물어지는 결과가 따를 것입니다. 아가는 이것을 지적해 주기도 하고 가장 아름다운 회복의 길이 어떤 것인지 알려주는 "노래 중의 노래요, 노래 중의 지성소"입니다.

아가 설교 (6)

솔로몬의 가마와 술람미의 목동 생각(3:6-11; 4:1-15)

6 몰약과 유향과 상인의 여러 가지 상품으로 향내를 풍기며 연기 기둥처럼 거친 들에서 오는 자가 누구인가 7 볼지어다 솔로몬의 가마라 이스라엘 용사 중 육십 명이 둘러 쌌는데 8 다 칼을 잡고 싸움에 익숙한 사람들이라 밤의 두려움으로 말미암아 각기 허리에 칼을 찼느니라 9 솔로몬이 레바논 나무로 자기의 가마를 만들었는데 10 그 기둥은 은이요 바닥은 금이요 자리는 자색 깔개라 그 안에는 예루살렘 딸들의 사랑이 엮어져 있구나 11 시온의 딸들아 나와서 솔로몬 왕을 보라 혼인날 마음이 기쁠 때에 그의 어머니가 씌운 왕관이 그 머리에 있구나 4:1 내 사랑아 너는 어여쁘고 어여쁘다 너울 속에 있는 네 눈이…

아가를 읽을 때마다 "은을 박은 금 사슬(1:11)"에 이르면 '이수일과 심순애'라는 신파 극 대사 중에 '김중배의 다이아 반지'가 떠오릅니다. 또 하나, 이 본문에 나오는 솔로몬의 가마를 보면 과거에 한동안 회자되던 강남 '야타'족이라는 것이 생각나서 혼자 슬며시 웃습니다. 고급 승용차를 타고 다니다가 길거리를 배회하는 여성들을 보면 "야-"라고 부르면서 자기 차를 "타"라고 한다고 해서 '야타'족이라고 이름이 붙여졌습니다. 웬만한 수준의 자동차가 아니면 아무도 타지 않을 것 같습니다. 북한에도 비슷한 부류가 있다고 하니 야타족은 어디나 있는가 본데 솔로몬이 그 야타족의 원조인가 싶습니다.

본문은 솔로몬이 술람미를 다시 찾아오는 장면입니다. 바로 전 3:1-5에는 술람미가 목동을 그리워하다가 마침내 그를 찾아 나섭니다. 그리고 그를 성밖 어느 지점에서 만나게 되고, 두 사람은 같이 술람미의 어머니의 집으로 갔습니다. 드디어 여인이 왕의 방을 나가버린 것입니다. 이제 다시 솔로몬이 술람미를 찾아오는 장면입니다. 매우 웅장하고 화려한 모습으로 옵니다. 세상의 유혹은 대부분 이런 모양으로 성도에게 접근해 옵니다. 이 화려함은 반드시 금전적으로 환산될 수 있는 재물만을 말하지 않습니다. 사람들마다 자신이 가장 귀한 보화로 생각하는 것이 다르기 때문입니다. 그것이 무엇이든 사단은 각자가 보화로 여기는 것을 미끼로 활용합니다.

사람들은 자기 나름대로의 가치 기준에 따른 '보화'를 소유하려는 꿈을 꿉니다. 세월이 흐르면서 그 색깔이 바래기는 하지만 그래도 어떤 형태로든 그것을 계속 간직합니다. 어떤 사람의 꿈은 솔로몬과 같이 부귀와 영화를 누리는 것이지만 또 어떤 사람은 명예를 더욱 중시합니다. 이 두 가지를 다 갖고 싶어하겠지만 둘 중 하나를 선택해야 한다면 자신이 더욱 선호하는 것을 우선하게 될 것입니다. 또 어떤 사람은 이런 것과는 좀 다르게 보이는 자기만의 독특한 정신적 세계에서 보화를 찾습니다. 누가 그것을 알아주든지 아니든지 상관치 않을 수도 있습니다. 이런 사람은 노골적으로 재물과 명예를 졸졸 따라다니는 속물보다는 고상하게 보이겠지만, 그러나 고상하게 보인다고 해서 더 가치가 있는 것도 아닙니다. 고상하지만 여전히 세상적인 것은 얼마든지 있습니다.

어쨌든 사단은 사람들의 귀에 대고 '하나님이라는 굴레'를 벗어나야 원하는 것을 쉽게 얻을 수 있다고 유혹합니다. 이와 같이 왕도 술람미에게도 기존의 딱딱한 굴레를 벗어버리고 자신의 뜻을 따르면 상상했던 것 이상의 화려한 세상이 펼쳐질 것이라고 유혹하고 있습니다. 본문에서 보여주는 솔로몬의 화려한 행차가 그렇게 말하고 있습니다. 본문은 그의 '특별한 가마'에 청자(독자)의 관심을 모으고 있습니다. 야타족이 생각난다고 말씀드린 이유가 여기 있습니다. 이것으로 술람미의 마음을 충분히 빼앗을 수 있다고 생각했겠지만, 결론적으로는 실패합니다.

솔로몬의 가마(아필르온)

> "몰약과 유향과 상인의 여러가지 향품으로 향내를 풍기며 연기 기둥처럼 거친 들에서 오는 자가 누구인고(3:6)?"

거친 들이란 사람이 거주하는 마을(성)과 마을 사이에 있는 지역입니다. 따라서 어떤 마을에서 다른 마을로 이동할 때 거쳐야 하는 곳입니다. 이런 곳은 사람이 거주하기에는 너무 거칠어서 소나 양을 먹이거나, 그것도 어려워 그냥 버려 둔 땅입니다. 지금 솔로몬이 예루살렘 왕궁으로 추측되는 곳에서 술람미가 있는 어떤 마을(성)로 접근해오고 있는 것을 마을(성) 안에서 보는 장면입니다.

그리고 향을 태운 연기가 기둥과 같이 솟아오른 것이 보입니다. 옛날 귀인들은 자기를 드러내는 자신 만의 향이 있었습니다. 멀리서도 알 수 있도록 진한 향기를 날립니다. 사람들은 몇몇 유명한 사람들의 독특한 향을 알고 있었고, 또 누구의 향인지 모른다 하더라도 갑자기 진한 향기가 진동하면 어떤 귀인이 오는 것으로 생각했습니다. 전쟁에서 개선한 왕이나 왕의 아들 등 고위 장군들이 입성할 때는 그가 온다는 사실을 알리는 향을 피우는 자들이 저만치 앞서서 갑니다. 그 뒤에는 승전한 왕이나 장군, 그 뒤에는 병사들, 그리고 포로들과 전리품 순으로 행렬을 이루었습니다(고후 2:15-16의 "그리스도의 향기"도 이런 배경에서 기록됨). 당연히 솔로몬도 자신만의 향이 있었을 것이고 다른 것에 비해 훨씬 좋은 것을 썼을 것입니다.

몰약 수지 자체는 그리 고가의 물품은 아니지만 다양한 목적으로 가공되면서 가격이 올라갑니다. 이 구절에서 몰약은 분향용으로 특수하게 가공한 것으로 매우 고가품입니다. 유향은 주재료입니다. "상인의 향품"이라고 기록한 것은 그 지역에서는 볼 수 없는 역시 고가의 '수입품'을 말합니다. 유향에 몰약이 섞이고 또 흔히 접할 수 없는 수입품 향이 더해지면서 누구도 갖지 못한 최고급의 향기가 퍼지는 향연이 하늘로 올라갑니다.

"연기 기둥"을 출애굽 시에 하나님이 보여주신 구름 기둥과 관련 지어 신령한 의미를 부여하는 해설자도 꽤 있습니다. 그러나 구름은 수증기로 된 것이고 여기서 연기 기둥이란 무엇을 태워서 나는 연기를 말합니다. 서로 다른 단어가 쓰입니다. 이것이 기둥(pillar)과 같다고 하는 것을 보면 거대한 연기 기둥이 생길 정도로 향을 많이 태우고 있다는 뜻으로 그만큼 자신을 과시하고 있음을 나타냅니다. 표현상의 과장법은 거짓을 말하는 것이 아니라 보다 그 장면을 보다 효과적으로 전달하려는 일종의 수사(修辭, rhetoric)적 기법입니다.

뒤따르는 "누구(무엇)인가"는 의문사가(who) 쓰인 의문문이지만 사실상 감탄사의 역할을 하고 있습니다. "누구(무엇)인가"에 대한 답으로 "볼지어다"라는 감탄사가 반복되어 따라 나오고 "이는 솔로몬의 가마(히, 마타)"라고 하였습니다(3:7). "누구인가"와 같은 표현을 사용하는 것은 그 대상을 서술적으로 크로즈 업(close up)하는 것입니다. 그 옆에는 60명의 호위대가 있습니다. 이들은 싸움에 익숙한 자들로서 전투력이 강한 자들 중에 특별히 선발된 자들입니다. 중무장을 하고 있습니다(3:8). 그 가마에 누가 탔다는 말을 없지만 이런 경호원이 있는 것을 보면 왕이 타고 있다고 봐야 합니다. 지성소에 있는 법궤 위에는 서로 마주보고 날개를 펼쳐 법궤를 호위하는 듯한 형상의 그룹이 있습니다. 이것은 여호와 하나님께서 그 법궤가 있는 지성소에 임재하심을 간접적으로 나타내는 것입니다. 갑자기 여러분의 일터나 집 근처에 대통령 경호원들이 귀에 이어폰을 끼고 분주히 왔다 갔다 하면 그 근처 어디에 대통령이 와 있다는 뜻일 것입니다. 가마 주변에 60명의 호위대를 언급하는 것은 그 안에 왕이 타고 있다는 뜻으로 봐야 합니다.

9절에는 다시 "솔로몬의 가마"라는 말이 반복되는데 바로 전에 언급한 가마는 히브리어로 '마타'이고(3:7) 여기서는 '아필르온'으로 소개하고 있습니다. 이 단어는 구약에서 이곳에만 나옵니다. 두 종류의 가마가 오고 있다는 말은 아닐 것입니다. '마타'는 사람들의 어깨로 매는 가마를 일컫는 일반적인 명사이고 '아필르온'은 특별하게 치장한 매우 화려한 가마입니다. 동양에서는 이를 '팔랑퀸(palanquin)'이라고 했다고 하며 태양을 막아주는 커튼이 달린 매우 호화로운 세단(sedan)으로 여러 사람이 어깨에 메고 이동하는 것입니다. 멀리서 봤을 때는 '마타'인 것으로 생각하였으나 가까이 왔을 때 자세히 보니 '아필르온'이었다는 말일 것입니다.

그리고 그 아필르온에 대하여 9-10절에서 보다 더 자세히 설명합니다. 이것은 솔로몬이 만들었다고 합니다. 왕이 직접 연장을 들고 제작했다는 뜻은 아닐 것이고 세계 최고의 것으로 제작하기 위하여 왕이 특별한 아이디어를 냈을 수 있습니다. 기본 재질은 레바논 나무(백향목 일 것으로 추측)이며 기둥은 은이며 바닥은 금으로, 그리고 바닥 위에는 왕권을 상징하는 자색 카페트를 깔았다고 합니다. 기둥이 은이고 바닥이 금으로 되어 있다면 그 무게는 사람들이 어깨에 멜 수 있는 정도를 훨씬 넘어설 것임으로 이는 은박과 금박으로 입혔거나 상감(inlay) 한 것으로 추측됩니다.

아가 저자의 관심은 그 구조가 아니라 그 화려함에 있습니다. 그리고 그 안에는 "예루살렘 딸들의 사랑이 엮여져" 있었다고 합니다(10 b). 여인들이 그 가마를 정성 들여 치장하였다고 보는 견해도 있으나, 이것이 구조에 대한 관심을 나타내는 것이 아닌 것으로 볼 때 아마도 많은 여성들이 그 가마에 탔었다는 뜻일 수도 있습니다. 야타족의 람보르기니가 연상됩니다. 혹은 여성들의 형상이 상감 되었다고 볼 수도 있습니다.

11절의 "시온의 딸"은 이 역시 발화를 위하여 설정된 그룹으로, 무대가 있다고 가정한다면 그 위에는 직접 모습을 드러내지 않는 사람들입니다. 시온의 딸은 예루살렘의 딸과 같은 의미로 쓰였을 것이며 이런 가마에 누구보다도 호기심을 표하는 사람들일 것입니다.

그리고 왕의 머리에 "혼인날 마음이 기쁠 때 그 어머니가 씌워준 왕관"을 쓰고 있다고 하였습니다(11 b). 이런 기록으로 인하여 이 장면을 왕과(혹은 왕이라고 높여 부르는 신랑) 술람미의 결혼식 장면이라고 주장하는 학자들이 꽤 있습니다. 남성의 대사 중 "너울 속의 네 뺨이 아름답다(4:1, 3)"에서 "너울"을 신부가 결혼식에 쓰는 면사포로 보고 이 구절과 연결하여 '결혼식' 설을 주장하기도 하나 둘 다 적절하지 않은 해석입니다. 너울은 종류가 많습니다(4:3 본문 해설 참고). 여기서 사용된 용어는 반드시 면사포를 의미하는 것이 아니라 미혼 여인들이 낯선 남성들 앞에서 예의를 갖추기 위하여 쓰는 여성 용품입니다.

이들은 본문이 말하는 왕이 쓴 왕관을 결혼식에 쓰는 사모(紗帽, 본래 관리들이 쓰던 것이지만 결혼식에서 신랑이 쓰는 모자)로 봅니다. 그러나 히브리어에는 이럴 때 쓰는 '사모'는 다른 단어를 씁니다. 왕관으로 번역된 $^c a \underline{t} \bar{a} r \bar{a}(h)$ 은 왕관(crown)이나 화관(garland)을 말하고, 신랑이 혼인식에서 쓰는 사모(head dress)는 이것과 달리 $p^e \bar{e} r$ 이라고 합니다(사 61:10). 이 구절에서는 '화관'일 가능성이 있습니다. 왕의 권위를 상징하는 왕관은 아닙니다 그리고 "왕관(화관)을 쓴 솔로몬을 보라(11)"라는 말은 그 안에 솔로몬이 타고 있었다는 것을 의미합니다. 신부를 보호하고 또 의전상 경호원이 따를 수는 있으나 '후궁 후보'가 타는 가마를 60명의 정예 부대가 호위한다는 것은 아무래도 과한 해석으로 보입니다. 솔로몬은 당시 세계 최고의 승용차인 아필르온을 타고 자신을 과시합니다. 이렇게 해서 원하는 것을 얻으면 술람미를 그것에 태우고 갈 작정입니다.

이것은 솔로몬이 이미 언급했던 "은을 박은 금 사슬"보다 좀 더 진보된 유혹입니다. 술람미가 눈 딱 감고 솔로몬의 아필르온에 올라타면 로또에 일등으로 당첨된 것보다 더 화려한 삶이 눈 앞에 펼쳐질 것입니다. 어떻게 보면 너무 쉽게 원하는 것을 얻을 수 있는 것처럼 보입니다. 그러나 그것이 진정한 행복을 결코 보장해 주는 것은 아닙니다.

세상의 유혹은 항상 이렇습니다. "은을 박은 금 사슬"로는 술람미의 마음을 얻기에 모자라는 듯이 보이자 이제는 후궁 자리를 제안하는 것으로 보입니다. "은을 박은 금 사슬"에는 후궁과 같은 영화가 포함되지 않지만 후궁 자리에는 그것은 얼마든지 포함될 수 있습니다. 첫 단계에 실패하니 다음 단계로 공략합니다. 왕은 스스로 생각하기를 '이 정도면 술람미가 앞 뒤 보지 않고 그것에 기꺼이 올라탈 것'이라고 기대했을 것입니다.

왕은 간데없고 갑자기 목동이

그러나 1:12 이하 몇 절에서 왕이 "은을 박은 금 사슬"을 말할 때 술람미는 목동을 생각한 것과 같은 반전이 여기서도 또 반복됩니다. 왕이 아필르온을 타고 오는 장면과 이어지는 매우 긴 남성의 대사는(4:1-15) 아필르온을 타고 온 왕의 것이 아닙니다. 놀랍게도 술람미는 또 심상 속에서 목동과 대화를 나눕니다. 4:1의 "내 사랑 너는 어여쁘고 어여쁘다"는 남성의 대사입니다. 여기서 "내 사랑"은 히브리어로 '라흐야티'입니다. 이것은 남성이 여성에게 하는 말입니다(여성이 남성에게 사랑하는 자라고 할 때는 '도디'가 쓰임). 이것만으로는 그 대사가 왕의 것인지 목동의 것인지는 알 수 없습니다.

그런데 이것을 목동의 대사라고 하는 이유는 이렇습니다. 1-15까지 남성의 긴 대사가 이어진 후, 이에 대한 여성의 응답에서 "나의 사랑하는 자가 그 동산에 들어가 먹기를 원한다(4:16)"할 때 '나의 사랑하는 자'는 히브리어 '도디'로 여성이 목동에게만 사용하는 호칭이기 때문입니다. 술람미가 왕과 목동 두 사람에게 모두 이런 호칭(애칭)을 사용할 수는 없습니다. 그렇다면 이 여성은 형편없는 사람으로 "새벽 빛과 같고 달과 해 같은 여인"일 수 없으며 (6:10) "내가 비록 게달의 장막 같이 검지만 솔로몬의 휘장처럼 아름답다(1:5)"는 말도 양심을 속이는 거짓말이 됩니다.

솔로몬은 아필르온을 타고 지금 술람미가 거처하는 곳에 거의 다 왔거나 이미 도착하여 이제 술람미를 부르기 직전일 수도 있습니다. 술람미도 그 상황을 잘 알고 있습니다. 그러나 술람미는 왕의 눈을 의식하여 황급히 화장을 고치고 가장 아름다운 옷으로 갈아 입으며 왕을 영접할 준비를 하는 것이 아니라 그보다 자신의 내면에 늘 가득 채워져 있는 목동의 음성을 듣습니다. 심상 속에서 일어나는 일은 물리적 시간과 공간을 초월합니다.

4:1-5은 목동이 주로 술람미의 외적인 면을 예찬하는 말입니다. 목동이 직접 말하는 것은 아니지만 술람미는 그가 무엇을 말할지 다 알고 있습니다. 그리고 4:6-15는 인격의 내적인 면에 대한 예찬입니다. 굳이 문단을 나눈다면 이렇게 할 수 있겠습니다.

4장 앞 부분은 주로 외모를 언급하지만 목동은 외모만을 말하지 않습니다. 어떤 사람은 그 눈이 총명함을 말하고 그 입이 정직함을 나타냅니다. 외적 모양의 표현 즉, 머리칼, 치아, 입술색 등도 사실상 많은 것을 말해줍니다. 목동이 말하는 여인의 외모는 이런 시각으로 이해하시기 바랍니다. "요셉의 용모가 뛰어났다"거나 "다윗의 눈이 빼어났다"는 것은 외형을 통해 내면을 말하는 것과 같습니다. 참고로 말씀드리자면, 목동의 여인 외모의 예찬은 이런 것이지만 7장에 있는 왕의 와스프는 이런 것과는 다르게 너무도 선정적(erotic)입니다.

그러면서도 술람미는 5장에서(역시 심상 속에서 일어 난 일) 그 목동이 문을 꽤 오래 두드렸으나 문을 열어주지 않습니다. 옷을 벗고 침상에 누웠다는 이유로 그렇게 합니다. 사랑한다고 하고 그리워한다고 말한 것에 아무래도 거짓이 섞여 있는 것처럼 보이는 행동입니다. 왕을 거부하는 마음은 이미 단호하지만 그래도 롯의 아내처럼 뭔가 뒤를 돌아보게 하는 미세한 끈이 아직 술람미의 마음 한 쪽에 매어져 있습니다. 그러나 아가의 마지막 부분에는 그것까지 다 완벽히 끊고 온전한 평화를 얻었다고 합니다(8:10).

이런 것을 보면 마귀는 모든 것을 다 아는 것 같지만 모르는 것이 있고, 뭐든 다 할 것 같으나 하지 못하는 것이 분명히 있습니다. 아필르온을 타고 와서 "야! 타"라고 하면 모두 다 얼른 올라탈 줄 알지만 하나님의 사랑을 아는 자에게는 통하지 않습니다. 어느 정도 흔드는 것은 성공할 수 있겠으나 오히려 그 흔들림 때문에 하나님과의 사랑은 더 견고해집니다.

중요한 것은 하나님에 대한 깊은 사랑이 있느냐 하는 것입니다. 그러면 본문이 보여주는 대로, 혹 하나님을 잊고 있다가도 유혹이 오면 오히려 하나님이 생각납니다. 여러분께 이런 것이 있는지 점검하시기 바랍니다. 그러면 비록 흔들리기는 해도 결코 넘어져서 일어나지 못하는 일은 없습니다. 유혹이 강해지면 오히려 하나님을 붙잡은 손에 더욱 힘이 들어갑니다. 그리고 더 많은 대화를 하게 됩니다. 무엇보다 감사한 것은 하나님의 음성이 내게 들린다는 것입니다. 평소에 무심코 들었던 말씀이지만 중요한 순간에 마음에서 스피커를 통해 나오는 소리처럼 들립니다. 꾸지람보다는 여전히 머리카락이 아름답다고 하실 것이고 치아가 예쁘다고 할 것이고 입술이 홍색이라고 하실 것입니다. 그리고 "포도원을 허는 여우를 잡으라"고 하시고(2:15) 악한 세력이 우글거리는 레바논과 스닐과 헤르몬 꼭대기에 있지 말고 내려오라"하실 것입니다(4:8, 본문 해설 참고). 그리고 나의 동산 즉, 나의 삶 속에 들어오시겠다고 하는 말씀을 하실 것입니다(4:16; 5:1). 하나님의 도움을 받고는 싶으나 하나님을 사랑하지 않는 자들은 결코 경험할 수 없는 것입니다.

바울은 성도들에게 "술 취하지 말고 성령의 충만을 받으라(엡 5:18)"고 하였습니다. '술 취하다'와 '충만을 받으라'에 쓰인 어휘는 서로 다른 것이지만 '채운다'라는 공통적 의미를 갖습니다. 자신을 술로 채우면(충만, 지배) 그나마 남아 있는 진리나 고상한 것들조차 상실됩니다. 고상하고 진실되고 고귀하게 술 취하는 사람이 세상에 어디 있겠습니까? 술 취한 사람은 깜짝 놀랄 정도로 다른 모습을 보입니다. 술이 깨고 나면 자신도 놀랍니다. 그만큼 가치를 상실합니다. 이때 아필르온이 옆에 와서 "야! 타"하면 그것에 망설임 없이 올라타게 될 것입니다. 그러면 재미는 있을지 몰라도 그것은 결코 우리에게 행복을 보장해 주지 못할 것이고 만약 이를 멈추지 않으면 그 결과는 파멸입니다. 단지 보암직하고 먹음직할 뿐 우리에게 새롭게 입혀 주신 하나님의 형상이 형편없이 훼손될 수 있습니다.

그러나 성령이 충만한 상태를 유지하면 비록 사단에 의하여 술람미처럼 잠시 흔들릴 수는 있어도 그럴 때마다 오히려 하나님의 존재는 내 안에서 더 선명해집니다. 하나님의 사랑을 깊이 있게 아는 자가 되기를 바랍니다. 그리고 늘 성령으로 충만하시기 바랍니다. 이겨야만 하는 것을 이길 수 있는 힘은 여기서 나옵니다.

아가 설교 (7)

흔들지 말고 깨우지 말라(2:7; 3:5; 8:4)

예루살렘 딸들아 내가 노루와 들사슴을 두고 너희에게 부탁한다 내 사랑이 원하기 전에는 흔들지 말고 깨우지 말지니라

아가에는 위와 같이 동일한 후렴구가(refrain) 세 차례 반복되어 나타납니다 (3:5; 8:4). 예배 시 사용하는 찬송가에는 후렴이 들어있는 것이 많기 때문에 성도들은 이 말이 낯설지 않을 것입니다. 이것은 분위기를 돋우기 위한 추임새 같은 것이거나 단순히 문단 구분을 위해 두는 것이 아닙니다. 후렴은 여러 구절을 하나의 주제 아래로 응집시키는 역할을 하는 것으로 그 작품에서 가장 중심적 메시지를 가지고 있는 대들보와 같은 것입니다.

후렴의 기능

예를 하나 들어보겠습니다. "내 평생에 가는 길 순탄하여(413)"은 4절까지 있습니다. 1절은 "내 삶이 순탄하든지 풍파로 어렵든지 나는 평안하다"고 하였습니다. 2절은 "마귀가 입 벌리고 달려와도 이길 수 있어 평안하다"는 내용이고, 3절은 "내 죄가 주홍 빛 같아도 흰 눈보다 더 희게 씻어질 수 있기 때문에 평안하며," 그리고 4절에는 "심판의 날도 두렵지 않다"고 합니다. 그러면서 후렴에는 "내 영혼 평안해"가 두 번 반복됩니다. 네 개의 어느 정도 서로 다른 내용으로 구성되어 있지만 이 찬송의 주제는 후렴 안에 들어있습니다. 다시 말하면 "내 영혼은 항상 평안하다"는 주제의 뿌리에서 4개의 가지가 나온 것이라고 할 수 있습니다.

술람미가 "예루살렘의 딸들"에게 부탁하는 말로 되어있으나 이들은 이미 여러차례 언급된 것 같이(1:5 등) 실제 무대에 등장하는 그룹은 아닌 것으로 보입니다. 그러나 "예루살렘"이라는 말이 암시하는 것과 같이 왕에게 수종을 들며 왕이 원하는 대로 움직이며 그것을 이루는데 어떤 역할을 해야 하는 그룹입니다. 그들이 술람미에게 적극적으로 무엇을 하였는지는 알 수 없으나 왕이 원하는 대로 술람미를 직, 간접적으로 설득하려 했을 수 있기 때문에 그들에게 말하는 형식으로 되어 있습니다.

노루와 들사슴

"노루와 들사슴을 두고 부탁한다"는 의미를 확실히 알기는 어렵습니다. 때로 이 말은 다른 문서 들에서 "노루와 들사슴으로 맹세"하는 것으로 나타나기도 하지만 여기서는 '부탁(charge)'으로 번역되어 있습니다. '노루와 사슴'을 두고 부탁한다는 것은 단순한 청탁이 아님을 보여줍니다. 상대방에게 그 부탁을 들어줄 것이라는 일종의 보증을 요구하는 것으로 보입니다. (암)노루의 복수형은 히브리어로 "체바오트"입니다. '여호와 체바오트'는 '만군의 여호와'에 쓰이는 말입니다. 또 사슴은 "샤다이"와 발음이 유사합니다. 이것은 "엘 샤다이(전능하신 하나님)"과 유사합니다. 이런 등의 이유로 유사한 발음의 언어 유희로 보기도 합니다.

또한 노루와 사슴은 일단 2:8, 9에는 술람미가 '사랑하는 목동이 달려오는 장면'을 묘사하는 상징물로 볼 수 있습니다. 여기서는 날렵한 동작을 보여주는 동물이고(8), 9절에서는 호기심 많아 보이는 동물로 은유되어 창문 안을 기웃거리고 들여다봅니다. 신적인 것과는 아무 관련이 없어 보입니다. 4:4에서 사슴은 여성의 두 유방에 비유되었습니다. 두 개가 똑같은 모양을 말할 것입니다. 고대 사회에서는 (특히 이집트) 두 개의 눈, 유방이나, 팔, 다리 등을 말할 때 온전한 대칭으로 아름다움을 강조하는 것을 볼 수 있습니다. "너는 노루처럼 빨리 달리고 어린 사슴과도 같아라(8:14)"는 어떤 장애물도 거뜬히 뛰어 넘는 노루와 사슴의 모습을 언급하며 그 두 사람의 미래를 축복합니다. 또한, 잠언 5:19에는 사랑스러운 아내를 노루(암노루)로 비유합니다. 이런 것을 참고하여 볼 때 여기서 노루는 사랑스러움을 나타내는 상징물로 보입니다. 즉, '노루와 사슴'은 사랑을 보다 생생하게 드러내기 위한 보조 관념으로 쓰였다고 할 수 있습니다.

흔들지 말고 깨우지 말지니라

흔들다, 깨우다로 번역된 ʿwr 는 구약 성경에서 80회 가량 언급되는데 거의 대부분이 '잠잠하고 평안한 상태를 일깨우고 흔드는' 의미로 사용되었습니다. 예를 들면 "독수리가 그 둥지를 어지럽게 하는 행동(신 32:11)"이나 "아침마다 깨우시되 나의 귀를 깨우치사(사 50:4)"에서 안일함이나 멈춘 상태로 있는 상황에서 자신이 각성되기를 바라는 요청으로 쓰였습니다. 예레미야는 이제 곧 남 유다에 들이닥칠 심판을 예고하면서 "재앙의 큰 바람이 일어날 것"이라 하여(렘 25:32) 이것 역시 거짓 평안이 깨어질 것을 예고하였습니다. 또한 "내 영광아 깰지어다, 비파와 수금아 깰지어다 내가 새벽을 깨우리로다(시 57:8)"에서는 더 이상 하나님의 영광 앞에서 침묵하지 않겠다는 결심을 나타냅니다. 무엇인가 멈춘 듯한 상태를 격동하여 움직이게 하는 것과 관련되어 있습니다.

이런 의미로 인하여 어떤 해설자들은 이 후렴을 '합당한 때가 오기 전에는 성적 충동을 일으키지 말라'로 이해합니다. 성(性)을 함부로 사용하지 말라는 교훈으로 보는 것입니다. 아가의 전체 분위기와 다소 조화를 이루는 것 같기도 합니다. 또 한편으로는 이것을 바로 전 포옹 장면과 연결하여(2:6) '분위기를 깨지 말라'로 이해하는 해설자들도 있습니다. 단편적으로 보면 그런 관련성이 있어 보이지만 그 해설이 만족스럽지 않습니다.

내 사랑이 원하기 전에는

"내 사랑이 원하기 전에는"에서 "내 사랑"의 의미에 따라 위의 둘 중 하나를 선택할 수도 있고 또 이와는 다른 각도에서의 해석이 가능합니다. 여기서 쓰인 "내 사랑"은 술람미가 목동을 부를 때 사용하는 "도디"가 아니고 히브리어로 '사랑'을 의미하는 "아하바"입니다. 그 '아하바' 앞에 *ha* 라는 관사가 놓여 있습니다. 이것은 지시사로 who의 역할도 하지만 (정)관사 the와 같은 용도로 쓰였을 수 있습니다. who와 같이 본다면 "내 사랑(my love)"가 되겠으나 정관사로 보면 '사랑 그 자체(the love)'를 의미할 수 있습니다. NKJV, NIV, RSV, ESV는 '사랑(love)'으로 번역하였고 KJV와 NASB는 괄호 안에 '나의(my)'라는 말을 삽입하여 번역하였습니다.

아가와 같은 어떤 문학 작품의 후렴은 그 주제를 드러내기 위하여 반복되는 구절입니다. 그런데 '좋은 분위기를 방해하지 말라'거나 '때가 될 때까지 성적 욕구를 일으키지 말라'는 것은 작품 중 한 두 구절을 지나치게 미시적(微視的)으로 본 결과라 할 수 있습니다. 그러나 관사 *ha* 와 '아하바'를 '사랑 그 자체'로 보고 '사랑이라는 것 그 자체가 원하기 전에는 인위적으로 그것을 격동하거나 일깨우려 하지 말라'고 해석하면 이는 아가의 전체 흐름이나 주제를 더 선명하게 해줄 것입니다.

솔로몬처럼 화려한 선물 공세나 아첨에 가까운 여인의 미모를 예찬하는 등의 방식으로 사랑을 얻으려 하지 말라는 것입니다. 진정한 사랑은 그렇게 해서 일으킬 수도 없고 얻을 수도 없는 것이기 때문입니다. 솔로몬의 방식으로는 약간의 요동을 일으킬 수 있겠으나 결코 그 불을 끄거나 빼앗아 갈 수 없습니다. 아가의 저자는 술람미와 목동의 사랑을 통하여 하나님께서 성도에게 심어주신 사랑이 어떤 것인지 말하고 싶어 합니다.

후렴 자체가 술람미의 사랑을 얻어보려는 왕의 노력이 실패할 것임을 선언하고 있습니다. 진정한 사랑은 그 자체가 죽음같이 강합니다(8:6). 죽음이 막강한 힘을 가지듯 사랑도 그것과 같이 강합니다. 많은 물로도 끌 수 없는 불과도 같습니다(8:7). 성도들에게 주신 하나님의 사랑은 이런 것입니다. 어떤 경우에도 꺼지거나 소멸되지 않는다는 것을 보여줍니다. 이것이 아가를 받치고 있는 대들보적 사상이며 뿌리와 같은 것으로 다른 여러 말들은 다 여기서 나온 가지들입니다.

거듭난 하나님의 백성이면서도 이런 사랑이 내게 있는지 잘 모르는 사람들이 있습니다. 그러나 그것은 삶의 여러가지 일을 경험하면서 분명히 알게 될 것입니다. 이러한 것에 관심을 가지고 있으면 더 풍성하게 경험할 수 있습니다. 하나님을 바르게 섬기기를 소원한다면 이 사랑을 깨닫기 바랍니다. 자라온 환경이나 현재 처한 상황에 따라 하나님을 우호적으로 대할 수는 있으나 그것은 아침 안개처럼 쉬 사라질 수 있습니다. 하나님의 사랑에 사로잡혀 하나님을 사랑하는 것이 모든 유혹을 이기는 힘이 됩니다.

나는 내 사랑하는 자에게 속하였다(2:16; 6:3; 7:10)

> 내 사랑하는 자는 내게 속하였고 나는 내 사랑하는 자에게 속하였다(2:16)
>
> 나는 내 사랑하는 자에게 속하였고 내 사랑하는 자는 내게 속하였다(6:3)
>
> 나는 내 사랑하는 자에게 속하였다(7:10)

아가에는 똑같은 문장이 반복되는 후렴도 있고 또 본문처럼 그 내용이 점진적으로 깊이를 더해가는 구절이 있습니다. 그것을 위에 나란히 놓아 보았습니다.

이것은 술람미의 고백입니다. 처음 것에는 '자기가 중심에 있으면서' 사랑하는 자가 존재합니다. 그러나 두 번째 고백에서는 그 순서가 바뀌었고, 세 번째에 와서는 사랑하는 자만 있고 자신은 사라지고 없습니다. 이것은 분명히 아가의 작가가 의도적으로 발언하는 것입니다. 해설자들 중에는 아가는 이집트의 연애시나 메소포타미아의 노래에서 선집한 것으로 주장하기도 하지만 이런 내용을 볼 때 단일 작가가 어떤 주제를 발전시켜가는 작품인 것이 분명합니다. 아가는 단순히 남녀의 사랑 노래를 모아 놓은 것이 아닙니다.

이것은 진정한 사랑이란 어떤 것인지를 말하는 또 하나의 방식입니다. 아가의 저자는 술람미가 왕의 유혹을 받을 때마다 사랑하는 자 목동을 떠올리는 것으로 진정한 사랑이 어떻게 확인되는지를 말했습니다. 여기서는 또 다른 방식으로 그것이 증명된다는 것을 보여줍니다. 사랑이 발전하는 과정을 보여주는 것이기보다는 진정한 사랑은 어떤 계기를 통하여 이렇게 깊이 있게 깨닫게 된다는 것을 보여주고 있습니다. 자신이 사랑하는 자나 혹은 하나님에 대한 독자(청자)들의 사랑이 과연 이러한지 스스로 묻고 답을 해야 할 것입니다.

"내 사랑하는 자는 내게 속하였고 나는 그에게 속하였다(2:16)"는 직역을 하면 "그는 나의 것(the beloved is mine) 나는 그의 것(I am his)"이라는 뜻입니다. 술람미가 어떤 계기를 만나 갑자기 그를 사랑하게 되었다는 것이 아닙니다. 그 전부터 그를 사랑했습니다. 그런데 어떤 일을 계기로 이와 같은 것을 새삼 현저하게 깨닫게 되었다는 뜻입니다.

사실 이미 일상화된 것은 특별한 계기를 만나지 않는 한 특별히 인식되기가 쉽지 않습니다. 부부도 한 지붕 밑에서 생활을 같이 하다 보면 사소한 것으로 이리저리 부딪치기 때문에 서로 사랑하고 있는지 잘 모를 수 있습니다. 그러나 큰 문제가 발생하면 그런 일을 계기로 하여 큰 분열이 생길 수도 있지만 진정한 사랑이 있다면 오히려 "서로가 서로에게 속하였고 분리될 수 없다는 사실"을 확인할 수 있을 것입니다. 신앙 생활도 특별한 계기가 마련되지 않으면 자신의 신앙 상태를 점검하기 어렵고 더 나아가서 하나님에 대한 사랑도 스스로 확인하기가 쉽지 않습니다.

롬 5:3-4과 연관성

이런 것은 롬 5:3-4 말씀으로도 신앙적 차원에서 설명될 수 있습니다. 하나님의 자녀도 자신이 하나님을 사랑하고 있는지 확인이 되지 않을 때가 있습니다. 목회자나 교회 생활에 못마땅한 것이 있을수록 더욱 그렇습니다. 그런데 놀랍게도 '환란'은 그가 누구인지 즉, 하나님의 자녀인지 아닌지를 확실하게 알게 해줍니다. 다시 말하면 환란은 누구도 만나고 싶지 않은 것이지만 그것은 한 사람의 신앙 정체성을 확실하게 해 줍니다. 환란이 그에게 믿음을 주는 것은 아니지만 하나님께 속한 자라는 사실과 하나님에 대한 믿음을 확인하게 해줍니다.

> "우리가 환란 중에도 즐거워하나니 이는 환란은 인내를 인내는 연단을 연단은 소망을 이루는 줄 앎이로다(롬 5:3-4)"

이 구절에서는 예수 안에서 구원을 얻은 자 즉, 하나님의 사랑이 심령에 심겨진 자에게 나타나는 현저한 특징을 말씀합니다. 요약하면 이들에게 환란은 곧 소망에 대한 확신을 준다는 뜻입니다. '소망'이란 하나님께서 그 자녀들에게 약속하신 것이 이루어 질 것이라는 의심 없는 믿음을 의미합니다.

얼핏 생각할 때 믿음이 약한 자에게 환란이 오면 "믿어도 소용없다"는 식의 생각이 들어 하나님으로부터 더 멀리 튕겨져 나갈 것 같지만 그것은 사람들의 우려일 뿐입니다. 하나님의 자녀가 아닌 자도 교회가 제공하는 여러 프로그램에 참여할 수 있습니다. 예배도 같이 드리고 기도회도 참석하고 또 교회에 자주 얼굴을 내보이다 보면 직분도 얻을 수 있습니다. 그러다가 환란이 오면 실망하여 미련 없이 교회를 떠나 다른 종교를 찾는다든가 자신 만만하게 무신론을 외칠 수 있습니다. 그리고 그것을 경험 삼아 평생 하나님의 원수로 행할 수 있습니다. 사마리아의 마술사 시몬이 그랬고 처음에 바울을 많이 도와주던 구리 가공 업자였던 알렉산더가 그랬습니다(행 19:33; 딤전 1:20; 딤후 4:14). 이런 예는 성경 안에서도 허다하게 발견됩니다.

그러나 하나님의 자녀는 확신이 결여된 상태로 교회 주변을 배회하는 것처럼 생활하다가도 환란을 만나면 오히려 그것 때문에 하나님 앞으로 가까이 나아갑니다. 이것은 특별한 부류의 성도 이야기가 아니라 모든 하나님의 자녀가 공통적으로 경험하는 것입니다. 결국 환란이 자신의 정체성을 확인시켜주는 것입니다. 거듭난 자에게 있어서 환란은 자신이 하나님과 분리될 수 없는 관계에 있다는 사실을 깨닫게 합니다. 그러면 이것은 하나님이 자녀들에게 약속하신 모든 것들이 나를 위한 것이라는 확신으로 이어지는 '소망'을 갖게 합니다. 그리고 피상적으로 만나게 되는 어떤 일들로 인하여 나를 향한 하나님의 사랑과 또 하나님에 대한 나의 사랑을 계속 확인하게 해 줍니다.

술람미의 첫 번째 고백

술람미는 이미 목동을 사랑하는 사람입니다. 그러나 왕의 방으로 이끌려 들어가고 또 그 호화로운 방과 '은을 박은 금 사슬'이나 '아필르온'으로 인하여 묘한 흔들림도 경험합니다. 그러나 그것이 술람미를 흔들기는 하였으나 넘어뜨리지는 못했습니다.

술람미는 심상 속에서 목동이 자신에게 달려오는 것을 봅니다. 그리고 "포도원을 허는 작은 여우를 잡으라(2:15)" 그리고 "어여쁜 자야 일어나 함께 가자(2:14)"라는 음성을 듣습니다. 그러면서 그는 어떤 일이 있어도 잊을 수도 없고 자신과 분리될 수도 없는 사람이라는 것이 더욱 분명해졌습니다. "그 사랑하는 자는 나의 것"이라는 사실을 새삼 확인합니다(2:16). 이것만 봐도 솔로몬의 어떤 유혹도 술람미에게 통하지 않는다는 것을 보여줍니다. 솔로몬은 이제 유혹의 강도를 더 높이겠지만 그럴 수록 술람미는 목동에 대한 사랑을 더 선명하게 확인할 뿐입니다.

술람미의 두 번째 고백

5:2-6에는 역시 심상 속에서 목동이 술람미가 있는 곳으로 찾아옵니다. 이번에는 목동이 머리카락에 밤 이슬을 뒤집어쓸 정도로 오래 동안 문을 두드렸으나 술람미는 열어주지 않았습니다. 발을 씻고 옷을 갈아입고 침상에 들었다는 이유입니다. 일반인의 침실 바닥은 흙이기 때문에 이들은 발을 씻고 침상에 오르면 웬만하면 아침까지 내려오지 않습니다. 특별한 일이 발생한 것이 아니라면 문을 열지 않을 충분한 이유가 됩니다. 그러나 전쟁에 나갔던 아들이 돌아왔다든가 비상 사태가 일어났다면 그런 이유로 문을 열지 않지는 않을 것입니다. 그러나 술람미는 그렇게 여러 날 동안 침상에서 잠을 설치며 그리워하던(5:2) 사랑하는 자가 찾아왔는데도 이런 이유로 문을 열지 않습니다. 이것은 발을 씻고 옷을 갈아 입었다고 핑계를 대지만 사실 무엇인가 묘한 유혹의 끈에 묶여 있음을 의미합니다.

목동은 한참 문을 두드리다가 포기하고 가버렸습니다. 술람미의 마음은 결코 편하지 않습니다. 더 이상 그대로 있을 수가 없었습니다. 그래서 늦은 감은 있으나 뒤늦게 문을 열고 밖으로 나갔습니다. 큰 소리로 부르고 둘러보아도 사랑하는 자를 찾을 수 없었습니다. 여기서 술람미는 또 다시 "자신과 목동은 결코 분리될 수 없고, 또 그렇게 되어서도 안된다는 것을 강하게 느낍니다.

이때 마침 코러스는 술람미에게 그 사랑하는 자를 왜 그리 사랑하는지 묻습니다(5:9). 고백을 할 기회를 주는 것입니다. 특히 코러스는 "네 사랑이 남의 사랑하는 자보다 나은 것이 무엇인가"라고 질문합니다. 이것은 세상의 모든 것을 다 가진 것같은 솔로몬과 비교하여 한낱 양치는 목동에 불과한 그 사람을 그렇게 사랑하는 이유가 무엇인가를 묻는 것입니다. 이에 대한 술람미의 답은 5:10-16까지 계속됩니다. 이것은 수미상관법(inclusio)으로 되어 있습니다. 첫 문장이 "모든 사람 가운데 뛰어나다(10)"이고 마지막 절은 "그 전체가 사랑스럽구나(16)"입니다. 그 사이에 많은 내용이 있으나 그것은 모두 이런 내용을 담고 있는 것들입니다. 그 남성에 대한 묘사는 최고의 것들로 표현되어 있습니다.

여기서 그 두 번째 고백이 나옵니다. "나는 내 사랑하는 자에게 속하였고 내 사랑하는 자는 내게 속하였다(6:3)." 이것은 첫 번째 고백과 약간 표현이 다릅니다. 첫째 고백은 "여인 자신" 위주로 "그는 나의 것"이고 그 뒤에 "나는 그의 것"이 따라 나오지만 여기서는 "나는 그의 것" 뒤에 "그는 나의 것"이 놓였습니다. 순서가 바뀌었습니다. 그 전에도 사랑하였습니다. 여기에는 거짓이 없습니다. 그러나 진정한 사랑은 이렇게 드러납니다. 사랑이 그렇게 변화되어 간다는 것이 아니라 본래 진정한 사랑은 그런 것인데, 그것을 이렇게 점진적으로 깨닫게 되는 것입니다.

사랑하고 있지만 사랑 그 자체의 깊이를 잘 깨닫지 못할 때는 그 사랑의 대상이 자신을 위하여 존재하는 것으로 생각할 수 있습니다. 그래서 "그는 나의 것"이 먼저 나옵니다. 그러나 사랑의 본질을 깨달을 수록 '나는 그의 것'으로 인식의 전환이 일어납니다. 대부분 초심자(初尋者, seeker)들은 '나를 보호하시고 또 소원을 들으시는 분이라는 차원'에서 '나의 하나님'이라고 하지만 신앙이 성숙될 수록 자신을 '하나님께 속한 나' 즉, '하나님의 종'이라고 여깁니다. '나의 하나님'이라는 말이 불신앙적이거나 초보들의 용어라고 할 수는 없지만 하나님의 능력과 사랑을 알수록 하나님이 나를 위해 존재하시는 것이 아니라 내가 하나님을 위해 존재한다고 생각하게 됩니다. 하나님에 대한 사랑이 발전하는 것이기보다는 사랑에 대한 깨달음이 깊어진 것입니다.

술람미의 세 번째 고백

7장은 여인에 대한 왕의 와스프가 길게 나옵니다(1-9 a). 그 마지막 부분에 왕은 술람미를 좋은 포도주에 비유합니다(9 a). 이때 술람미는 그 포도주로 그가 사랑하는 자 목동을 연상합니다. 왕은 술람미의 마음을 얻기 위하여 자신이 할 수 있는 최상의 표현을 모두 동원하여 쓰고 있지만 술람미의 귀에는 들어오지 않습니다. 왕이 있는 곳을 박차고 나갈 수는 없지만 마음은 목동에게 가 있습니다.

> "이(그) 포도주는 내 사랑하는 자(도디)를 위하여 미끄럽게 흘러내려서 자는 자의
>
> 입을 움직이게 하느니라(9 b)"

'자는 자의 입을 움직인다'는 것은 활기를 준다는 의미일 것입니다. 술람미가 원하는 것은 사랑하는 자가 활력이 충만한, 생명력이 충만한 삶을 사는 것입니다. 이런 상황에서도 목동의 생각으로 가득 차 있다는 것은 이 두 사람은 결코 분리될 수 없다는 것을 확인시켜주는 것입니다. 어떤 세력도 진정한 사랑을 훼손하거나 약화할 수 없습니다. 오히려 그 사랑을 더욱 견고하게 만들 뿐입니다. 그 세 번째 고백에서는 아예 자기 자신은 사라지고 없습니다. "나는 내 사랑하는 자의 것 그가 나를 사모하는구나(7:10)." 자신도 그를 사랑하지만 그가 자신을 사랑하는 것을 생각할 때 그것은 굳이 나타내고 싶지 않은 것입니다.

사랑의 출처

만약 여인이 일방적으로 목동을 사랑한다면 그것은 왕의 유혹으로 약화될 수 있을 것입니다. 그러나 술람미가 그 크고 화려한 유혹 앞에서 이런 당당한 모습을 보여줄 수 있는 것은 목동의 깊고 변함없는 사랑 때문이고 술람미가 그것을 알고 있기 때문입니다. 아가의 저자는 이것을 말하고 싶어합니다. 술람미의 숭고한 사랑은 목동의 깊은 사랑에 의한 것입니다.

이사야가 그랬고 예레미야가 그랬고, 호세아가 말하였듯이 아가의 저자

는 이런 이야기를 통해 그 백성들이 하나님의 사랑을 알기를 원합니다. 배교로 인하여 초토화될 수도 있는 이스라엘이 구원을 받을 수 있는 길은 오직 하나입니다. 여호와께로 돌아가는 것입니다. 이것은 달리 말하면 '여호와 하나님의 사랑을 깨닫는 것'으로 가능합니다. 은을 박은 금사슬이나 초호화 아필르온을 거부할 수 있으려면 하나님에 대한 사랑이 불 같이 타올라야 합니다. 이것은 스스로 생산해 내는 것이 아니라 이미 보여주신 여호와의 사랑을 다시 기억해 내는 것 밖에는 없습니다. 하나님을 알면 하나님을 사랑할 수밖에 없습니다.

아모스가 말한 '정의와 공의'가 하수처럼 흐르게 하는 것도 여호와의 사랑을 깨닫는 것이 우선되어야 합니다. 이방에도 나름대로의 공의와 정의가 있고 윤리와 도덕이 있습니다. 문제는 그것이 하나님의 원류(原流)를 떠난 것이면 아무리 공정과 정의를 외쳐도 여전히 불공정할 뿐입니다. 따라서 이 모든 것은 여호와 하나님의 말씀에 기반을 두어야 합니다. 그래야 번영을 보장하는 질서가 확립되는 것입니다. 여호와 없이 이루어지는 것은 단 하나도 없습니다. 여호와께로 돌아간다는 것은 다름이 아니라 그 사랑에 다시 사로잡히는 것입니다. 그러면 "나"라는 존재가 그 안에 흡수되어 "비로소" 하나님의 통치가 하늘에서 이룬 것같이 이 땅에서도 이루어집니다.

여러분과 여러분의 가정과 또 몸 담고 사는 나라에 이와 같이 하나님을 아는 지식이 "물이 바다를 덮음 같이(사 11:9)" 되기를 기원합니다.

목동의 술람미 예찬(4:1-15)

1 내 사랑 너는 어여쁘고 어여쁘다 너울 속에 있는 네 눈이 비둘기 같고 네 머리털은 길르앗 산기슭에 누운 염소 떼 같구나 2 네 이는 목욕장에서 나온 털 깎인 암양 곧 새끼 없는 것은 하나도 없이 각각 쌍태를 낳은 야 같구나 3 네 입술은 홍색 실 같고 네 입은 어여쁘고 너울 속의 네 뺨은 석류 한 쪽 같구나 4 네 목은 무기를 두려고 건축한 다윗의 망대 곧 방패 천 개 용사의 모든 방패가 달린 망대 같고 5 네 두 유방은 백합화 가운데서 꼴을 먹는 쌍태 어린 사슴 같구나 6 날이 저물고 그림자가 사라지기 전에 내가 몰약 산과 유향의 작은 산으로 가리라 7 나의 사랑 너는 어여쁘고 아무 흠이 없구나 8 내 신부야 너는 레바논에서부터 나와 함께 하고 레바논에서부터 나와 함께 가자 아마나와 스닐과 헤르몬산 꼭대기에서 사자 굴과 표범 산에서 내려오너라 9 내 누이 나의 신부야 네가 내 마음을 빼앗았구나 네 눈으로 한 번 보는 것과 네 목의 구슬 꿰미로 내 마음을 빼앗았구나

10 내 누이 내 신부야 네 사랑이 어찌 그리 아름다운지 네 사랑은 포도주보다 진하고 네 기름의 향기는 각양 향품보다 향기롭구나 11 내 신부야 네 입술에서는 꿀 방울이 떨어지고 네 혀 밑에는 꿀과 젖이 있고 네 의복의 향기는 레바논의 향기 같구나 12 내 누이 내 신부는 잠근 동산이요 덮은 우물이요 봉한 샘이로구나 13 네게서 나는 것은 석류나무와 각종 아름다운 과수와 고벨화와 나도 풀과 14 나도와 번홍화와 창포와 계수와 각종 유향목과 몰약과 침향과 모든 귀한 향품이요 15 너는 동산의 샘이요 생수의 우물이요 레바논에서부터 흐르는 시내로구나

이것은 목동이 술람미의 아름다움을 예찬하는 노래입니다. 이것을 목동의 대사(노래)로 보는 이유는 다음 두 가지입니다. 첫째는 이 노래와 화답하는 술람미가 이 노래를 부른 자를 "나의 사랑하는 자(도디)"라고 하였는데 이 여인이 "도디"라고 부르는 자는 목동이기 때문입니다. 둘째는 "나의 누이, 나의 신부(8,9,10,11)"라는 호칭이 사용되는데 '누이'는 사랑하는 여성을 일컫는 말로서 왕도 술람미에게 사용하지만 '신부'는 정혼하였든지 갓 결혼한 사람에 대한 호칭입니다. 따라서 정혼 관계에 있는 것으로 보이는 목동의 대사입니다. 왕은 술람미에게 이 호칭을 쓰지 않습니다.

이 본문은 술람미가 심상 속에서 듣는 목동의 음성입니다. 왕은 아필르온을 타고 오고 있습니다. 술람미는 왕을 맞이할 준비에는 관심이 없어 보입니다. 목동과 심상의 깊은 대화를 나누고 있습니다. 저는 이것이 만약 무대에서 공연되었다면 어떻게 장면 처리를 했을지 매우 궁금합니다. 왕의 아필르온은 술람미의 가까운 곳에 있고, 목동은 무대 위에 보이지 않지만 어디선가 그의 노래 소리가 들려옵니다.

목동의 예찬은 두 부분으로 연결되어 있습니다. 시작은 여인의 외모를 언급하지만 그 내용을 좀 더 살펴보면 외모를 통해 술람미의 단아한 인격을 드

러내고 있는 것이 보입니다. 요셉은 "용모가 빼어나고 아름다웠다(창 39:6)," 다윗은 "빛이 붉고 눈이 빼어나고 얼굴이 아름다웠다(삼상 16:12)"고 하였습니다. 이것은 이들의 외적 용모를 통해 그들의 내면 즉, 총명함과 건강함은 물론이고 나아가서 남성적인 매력과 더불어 하나님의 백성으로 바른 자세를 가지고 있었음을 말하기 위한 것입니다. 7장의 왕의 술람미에 대한 예찬은 몸매를 훑어보며 아름다움을 말하는 전형적 고대 시리아의 와스프에 가깝지만 목동의 대사는 그렇게 보이지는 않습니다.

이것을 필자가 중요하게 다루는 이유는 아가의 중요한 부분이기도 하지만 목동의 술람미에 대한 예찬이나 대사는 하나님께서 그 자녀들을 보시는 시각을 은유적으로 나타낼 수 있기 때문입니다. 아가의 저자가 그것을 의도한 것인지는 확실하지 않지만 '그것을 염두에 둔 메시지'라고 생각할 수밖에 없는 이유들이 여기서 보입니다.

목동의 예찬에서 다음 두 가지를 미리 염두에 둘 필요가 있습니다.

첫째는 이런 술람미에 대한 묘사는 객관적인 것이 아닙니다. 객관적인 필요도 없습니다. 만약 이것이 하나님께서 그 자녀를 주관적으로 평가하신 것이라 하더라도 하나님의 주관은 상대적인 것이 아닌 절대적인 것이기 때문에 이에 대한 어떤 반론도 무의미합니다. 다른 피조물의 평가에 귀를 기울일 필요는 없습니다. 하나님이 어여쁘다고 하시면 어여쁜 것이 맞습니다. 술람미에게 다른 남성의 평가는 의미가 없습니다.

둘째는 이는 내면(인격, 혹은 그 사람 자체)를 말하기 위하여 외모를 언급하는 것이라는 점을 다시 강조합니다. 이것이 왕의 와스프와 다른 점입니다. 예를 들어 보겠습니다. 입학이나 입사 등을 위한 시험에는 면접이라는 것을 합니다. 이것은 후보자가 어떻게 생겼는가를 알기 위한 것이 아닙니다. 그런 것이라면 사진 몇 장으로 다 알 수 있습니다. 숙달된 면접관은 짧은 시간에 상대의 외모를 통해 내면 세계를 어느 정도는 파악할 수 있습니다. 두발 상태, 눈빛, 입 모양, 말하는 방식, 옷 차림, 구두(신), 앉은 자세, 제스처… 얼굴색 등을 살펴 이를 파악합니다. 물론 그것으로 그 사람의 모든 것을 알 수 없지만 면접관의 숙달도에 따라 어느 정도 효과가 있는 것을 사실입니다. 특히 눈은 매우 중요합니다. 다른 곳은 그 쪽 전문가의 도움을 받아 어느 정도의 꾸밈이 가능하지만 눈이나 입 모양은 인위적인 연출이 되지 않습니다.

술람미의 아름다움을 예찬함

어느 정도 성급한 면이 없지 않으나 목동의 술람미 예찬은 하나님이 성도를 보시는 것과 동일하다는 것을 염두에 두고 보시기 바랍니다. 목동은 "네 눈이 비둘기(4:1)"로 예찬을 시작합니다. 동서고금을 막론하고 눈은 한 사람의 인격을 말해주는 대표적 기관으로 봅니다. 비둘기의 어떤 면을 여인의 눈과 관련 짓는지 알기는 어렵습니다. 그러나 보편적으로 비둘기는 평화나 사랑스러움을 나타내는 상징으로 쓰일 때가 많은 것을 보면 그 눈이 매우 부드럽고 온화하며 사랑스럽다는 뜻으로 이해할 수 있습니다. 또 어떤 생물학자의 말을 빌린다면, 비둘기는 눈동자가 고정되어 있어 옆을 볼 때 눈동자를 돌릴 수 없음으로 고개를 움직여야 한다고 합니다. 눈을 이리저리 돌리거나 곁눈질하는 것과 정 반대의 특징인 순결함, 정직함을 말하는 것일 수도 있겠습니다.

"머리털은 길르앗 산기슭에 누운 염소 떼(4:1)"는 검고 윤기가 흐르는 염소들이 산기슭에 누워있는 모습을 연상하게 합니다. 이제 치아로 옮겨갑니다(4:2). "이는 목욕장에서 나오는 … 쌍태를 낳은 암양." 목욕장에서 나왔다는 것은 그동안 흙먼지를 뒤집어썼던 양이 깨끗하게 씻김을 받은 것을 말합니다. 털을 깎았다는 것은 약간 누렇게 된 털이 제거되고 순백의 털이 드러난 것입니다. 양은 털을 깎기 전에 목욕을 시킨다고 하는데, 이때 순백의 양털은 가장 정결하고 순결한 것을 상징할 때가 있습니다. 이사야는 가장 깨끗한 것을 '양털 같이 희다'라고 비유하였습니다(사 1:18). "쌍태를 가졌다"는 볼록한 배를 말합니다. 똑같이 생긴 볼록한 배를 가진 흰색의 양들의 모습으로 희고 가지런한 치아를 묘사합니다.

"입은 홍색실"과 같다고 하였습니다(4:3). 이것은 입술 모양이나 색을 의미하는 것으로 검붉고 칙칙한 입술은 부정적 이미지인 반면에 "홍색"이라는 비교적 밝은 붉은색은 화사하고 단아한 이미지를 나타냅니다. "너울 속의 뺨은 석류 한 쪽"에서 석류 한 쪽은 석류 열매를 반쪽으로 나누었을 때 그 안에 보이는 붉은색을 위주로 하여 몇 가지 오묘하고 아름다운 색의 조화를 말합니다. 이것은 분명히 외모의 아름다움을 말하는 것이지만 그 '사람 자체'의 단아한 모습을 여러 가지 방식으로 묘사하는 것입니다.

"목은 무기를 두려고 건축한 다윗의 망대(4:4)." 이것은 가늘고 긴 여성의 목을 말하는 것이 아닐 것입니다. 망대는 대부분 길고 높은 것이 특징이지만 가느다란 모습은 아닙니다. 적의 투석기 공격에도 견딜 수 있는 육중한 모습입니다. 여성의 목을 육중한 망대로 비유하면 여성이 별로 달가워하지 않을 것 같다는 생각을 할 수 있겠으나 이것은 당당한 자세를 칭송하는 것입니다. 6:10에도 코러스는 술람미를 "당당한 여인"으로 칭송합니다. 당당함은 교만이 살짝 들어있는 것으로 보이기도 하지만 여기서는 그런 의미이기보다는 '은을 박은 금 사슬'과 같은 유혹 앞에서 이를 이겨내는 당당함을 말하는 것으로 이해할 수 있습니다. "용사의 방패 천 개"는 유사시에 사용할 방패이기보다는 망대의 위용을 나타내기 위한 전시용일 것입니다. 아마도 여성의 목에 있는 목걸이 같은 장식을 염두에 둔 표현일 것입니다.

"두 유방"에 관한 언급이 있습니다(4:5). 유방은 말하는 자의 시각에 따라 선정적 표현일 수 있으나, 반대로 여성의 인격을 높이는 것으로서 이것은 여성으로서 자녀 생산과 양육의 시각에서 이해될 수 있습니다. "쌍태 어린 사슴"으로 유방을 비교하는 것은 대칭의 균형과 조화를 의미합니다. 고대 사회에서는 아름다움의 조건 중 하나가 '완벽한 대칭'이었습니다.

4:6에는 여성의 아름다움 예찬 중에 삽입된 구절이 있습니다. "날이 어둡고 그림자가 사라지기 전"이란 "지체하지 않고 될 수 있는 대로 빨리" 행동으로 옮기겠다는 의미로 쓰입니다.

"몰약 산과 유향의 언덕을 가리라"역시 아가의 대표적 선정적 구절로 이해되고 있습니다. 이것은 분명히 여성의 몸을 의미할 것입니다. 그러나 이것 역시 말하는 자의 의도나 그 단락의 문맥 안에서 해석되어야 할 것입니다. 먼 길을 떠난 남편이 아내에게 편지를 보냈다고 합시다. 그 내용 중 '당신의 몸이 너무 그립다'는 내용이 있다고 해서 이것은 반드시 성관계만을 의미하지 않습니다. 물론 부부 사이에서는 그것을 포함하지만 "당신과 일상을 함께 하고싶다"는 뜻으로, 이것을 반드시 선정적 표현으로 볼 필요는 없을 것입니다.

일상을 함께 하는 것은 사랑하는 사람이면 언제나 원하는 것입니다. 하나님이 원하시는 것도 그 자녀와 일상 속에서 함께 하시는 것입니다. 모든 것을 감시하거나 간섭하겠다는 것은 아니지만 "그나 내 안에 내가 그 안에 있기를 바라는 것"입니다. 하나님은 필요할 때만 부르는 대상이 아닙니다. '하나님 안에 거하라(요 15:4-9)' 이것이 하나님의 뜻입니다.

4:8부터는 외모에 대한 말은 없고 그 여인의 내면의 아름다움을 예찬합니다. 먼저 어떤 권유가 나옵니다. 이것은 어떤 의미에서 술람미가 이렇게 할 수 있도록 도움을 주겠다는 의미가 포함됩니다. "나와 함께 하고, 함께 가자"는 그 '산에서 내려온 후 내게 오라'는 뜻이기보다 그렇게 되도록 돕겠다는 뜻이 들어있습니다.

레바논, 아마나, 스닐은 '안티레바논'의 남북으로 비교적 길게 뻗어 있는 두 산맥의 가장 높은 봉우리를 일컫는 말입니다. 안티레바논은 현재 지도상 레바논의 동쪽에 위치합니다. 헤르몬은 그 중 가장 남쪽에 위치한 높은 산입니다. 그것은 사자 굴이 있고 표범이 있는 것으로 묘사됩니다. 그만큼 위험한 곳으로 비유되고 있습니다. 이 지역은 산세가 험하고 높아 고대 팔레스타인 인근의 사람들은 그곳을 신들의 거처로 생각하였습니다. 또 산은 막강한 권세를 가진 인물들을 비유하는 말로 쓰이기도 하였습니다. 목동이 볼 때 술람미는 지금 그 산 위에서 어떤 악한 권세의 위협을 받고 있습니다.

4:9에는 "눈빛 한 번으로 구슬 한 꿰미"로 여인이 목동의 마음을 빼앗았다"고 합니다. '첫 눈에 반했다'는 말처럼 들리지만 그렇게 볼 수 없는 말입니다. 이것은 "레바논(아마나와 스닐)산 꼭대기에서 위험에 처해있는 여인에게 최대한 빨리 가겠다(4:6)"라는 목동의 말에 대한 여성의 반응을 말하는 것입니다. 목동은 자신의 말을 전적으로 신뢰하는 여인의 "눈빛"을 봤습니다. 그리고 목에 구슬 꿰미를 봅니다. 보통 여인은 이런 것으로 목 부분을 치장했을 수 있습니다. 그러므로 그 구슬 꿰미가 아름다워서 '반했다'가 아니라 목동과 그 여인만이 아는 '그 구슬 꿰미'를 여인이 보여줌으로 목동의 약속을 믿는다는 표시를 한 것으로 봐야 할 것입니다.

하나님의 백성은 이와 같은 약속을 믿습니다. 비록 사자 굴이 있고 표범이 있는 레바논 꼭대기에 있다 하여도 "날이 저물고 그림자가 사라지기 전에 오신다"는 약속을 믿고 그것에 합당한 어떤 반응을 보입니다. 하나님의 자녀가 아닌 자들은 전혀 알 수 없는 것이지만 그런 내면의 반응을 보입니다.

4:10에는 목동의 술람미에 대한 평가이자 사랑의 고백과 같은 것이 연속됩니다. 그 여인의 목동에 대한 사랑은 그 신뢰의 표로서 충분히 고백 되었습니다. 목동은 그 사랑은 "각양 향품보다(어떤 향품보다)" 향기롭다고 합니다. 최상급 표현입니다. 그리고 11절에는 "입과 혀 밑에는 꿀방울이 떨어진다"고 합니다.

고대 이집트의 연애시에서는 이를 농도 짙은 입맞춤이나 애무로 보기도 하지만, 이것은 구약 성경 여러 곳에서 달콤한 입맞춤보다는 "말(speech)"과 관련이 있습니다(암 7:16; 겔 21:2; 미2:6, 11; 잠 5:3 NIV 등은 'preach'로 번역). "혀 밑" 도 자주 입이나 입술과 동반되어 쓰이는데 이것 역시 "말"과 관련되어 나타날 때도 있습니다. "혀 밑에 악이 감추어져 있다(욥 20:12)"거나 "악인의 입에 는 저주 혀 밑에는 잔해와 죄악이 있다 (시 10:7)"고 하여 한 사람의 심중에 있 는 것이 입을 통해 표출된다는 의미로 쓰였습니다.

"의복의 향기"에서 의복은 한 사람의 인격을 총체적으로 나타내는 말이 기도 합니다. 이것이 레바논의 향기와 같다고 하여 생명력이 충만할 뿐 아니 라 그 주변의 것들에게도 생명을 불어넣는 존재라고 칭송합니다.

"잠근 동산, 덮은 우물, 봉한 샘"이란 역시 생명력이 충만한 인격을 말하 면서 동시에 오염되지 않은 순결함을 강조하는 의미를 갖습니다. 그리고 그 곳에서 각양의 귀한 산물이 나온다고 말합니다. "석류 나무, 각종 아름다운 과수들, 고벨화, 나도 … 각종 유향목 … 모든 귀한 향품 … " 마치 요한계시 록에서 천국을 묘사할 때 생명강과 그 주변에 있는 각종 나무를 언급하는 것 과 유사합니다. 여기서 "각종"이나 "모든 귀한 것"이라는 표현은 일일이 다 열 거할 수 없을 정도 많고 풍성함을 나타내는 것입니다.

"너는 동산의 샘, 생수의 우물, 레바논으로부터 흐르는 시내(4:15)." 이 모 든 생명의 근원이고 필수적 요건들입니다. "레바논으로부터 흐르는 시내"는 감격적입니다. 이스라엘 여행을 가서 요단강을 보신 분들이 있을 것입니다. 첫 인상은 너무 강폭이 좁다는 것과 물이 너무 탁하다고 느끼셨을 것입니다. 그런데 팔레스타인 북쪽 단 지역이나 그 위쪽으로 가면 강이 이것과는 완전 히 다릅니다. 레바논 지역에서 흘러내리는 물은 유량도 많고 깨끗합니다. 아 주 힘차게 흘러내리는 곳이 많습니다. 그것을 보면 "생명력"을 이것으로 비유 하는 이유를 금방 알 수 있을 정도입니다.

술람미는 포도원을 돌보는 평범한 여인입니다. 목동의 그 외모 예찬은 화 려한 화장과 특별한 의상을 갖춘 여인의 모습이 아니라 그저 평범하지만 단 아한 모습입니다. 그 내면에 대한 목동의 예찬은 최상의 표현으로 가득 차 있습니다. 사실 술람미가 이런 말을 듣는 것은 과분합니다. 목동은 여인의 마음을 얻기 위해 바람둥이들이 '입에 발린 말'을 하는 것이 아니라 진정한 사랑에서 나오는 말들입니다. 술람미의 목동에 대한 사랑은 왕의 유혹 앞에서도 목동을 생각하는 것으로 나타나듯이 목동의 사랑은 이렇게 나타납니다. 진정한 사랑은 그 대상이 이렇게 보입니다.

우리가 하나님 앞에 귀한 존재로 보이는 것은 세상이 말하는 객관적 평가 기준에 의한 것이 아니라 하나님의 주관적 기준에 의한 것입니다. 그 기준이란 '사랑'입니다. 하나님의 약속을 믿는 눈빛과 하나님과 나만이 아는 징표인 구슬 꿰미만으로도 하나님은 충분히 기뻐하십니다. 모든 말씀에 진심에서 나오는 '아멘'이 그 징표입니다.

> "너의 하나님 여호와가 너의 가운데에 계시니 그는 구원을 베푸실 전능자이시라 그가 너로 말미암아 기쁨을 이기지 못하시며 너를 잠잠히 사랑하시며 너로 말미암아 즐거이 부르며 기뻐하시리라 하리라(습 3:17)"

아가 설교 (10)

왕의 술람미 미모 예찬(7:1-9 a)

1 귀한 자의 딸아 신을 신은 네 발이 어찌 그리 아름다운가 네 넓적다리는 둥글어서 숙련공의 손이 만든 구슬 꿰미 같구나 2 배꼽은 섞은 포도주를 가득히 부은 둥근 잔 같고 허리는 백합화로 두른 밀단 같구나 3 두 유방은 암사슴의 쌍태 새끼 같고 4 목은 상아 망대 같구나 눈은 헤스본 바드랍빔 문 곁에 있는 연못 같고 코는 다메섹을 향한 레바논 망대 같구나 5 머리는 갈멜 산 같고 드리운 머리털은 자주 빛이 있으니 왕이 그 머리카락에 매이었구나 6 사랑아 네가 어찌 그리 아름다운지 어찌 그리 화창한지 즐겁게 하는구나 7 네 키는 종려나무 같고 네 유방은 포도송이 같구나 8 내가 말하기를 종려나무에 올라가서 그 가지를 잡으리라 하였나니 네 유방은 포도송이 같고 네 콧김은 사과 냄새 같고 9a 네 입은 좋은 포도주 같은 것이니라

이 말씀은 아가 설교(9)의 목동의 술람미 예찬과 비교하면서 읽으시기 바랍니다. 진심으로 진정한 사랑을 표하는 목동의 노래와 왕의 이 '와스프'에는 서로 다른 점이 발견됩니다. 성도를 사랑하는 하나님의 사랑 표현과 성도를 유혹하기 위한 표현들은 명백한 차이점이 있습니다.

왕의 와스프와 목동의 예찬은 비슷한 점이 있습니다. 그 문장들만으로는 차이점을 찾기 어려운 것도 있지만 한 단계만 더 들어가도 그런 예찬의 '동기'가 다르다는 것을 어렵지 않게 알 수 있습니다. 신을 신은 발이 아름답다(1), 그리고 유방에 대한 것(3), 목을 망대에 비유한 것(4), 그리고 눈의 아름다움, 코, 머리(머리카락) 등은 목동의 예찬과 별로 다를 것이 없어 보입니다. 표현은 유사하지만 그렇게 표현하는 기본 시각에 많은 차이가 있습니다.

우선 이 왕의 와스프 바로 전 코러스의 대사를 보기 바랍니다. 왕을 비롯한 그 주변의 사람들이 술람미를 보고 싶어 했을 때 코러스는 "왜 그 여인을 보려고 하느냐"라는 질문을 던지면서 그들의 그런 동기에 대하여 언급합니다.

"너희가 어찌하여 마하나님에서 춤추는 여인 보듯이 술람미를 보려느냐(6:13 b)?"

마하나임 *măḥănāyim* 은 '두 진영(군대)'이라는 의미의 고유명사일 수도 있으나(삼하 17:24: 27-29) 이것이 복수형이기보다는 이중(二重)의 의미로 쓰일 수도 있습니다.

이중(double)이라는 뜻으로 쓰였다면 "마하나임의 춤"은 악기들의 연주와 함께 '두 개의 그룹'으로 서로 마주보며 춤을 추는 것(counter - dancing 혹은 line dancing)이라는 뜻일 수 있습니다. 이것은 오늘날도 그들의 민속 춤에서 볼 수 있는 흔한 춤 동작입니다. 이를 천사의 춤으로 보는 해설자들도 있고, 둥글게 서 있는 남녀 그룹 사이에서 행하는 신부의 칼 춤으로 보기도 하고, 특히 이 것은 승전하고 돌아오는 자들을 영접하는 것과 관련이 있다고 하는 의견도 있으나, 아가는 전쟁과는 아무런 관련이 없어 보입니다. 어느 때나 춤을 출 때는 이런 동작들을 기본으로 안무가 이루어졌을 것입니다.

또한 마하나임 *măḥănāyim* 을 군대, 병영(兵營)으로 본다면 이것은 군인들의 사기를 높이고 위로하기 위한 댄서들의 춤을 말할 것입니다. 이것은 매우 관능적이고 선정적 동작을 포함하는 것으로 여성을 잘 보지 못하는 군인들의 성적 스트레스를 해소해 주는 춤이라 할 수 있습니다. 코러스의 지적을 염두에 두고 본다면 아마도 성적으로 굶주려 있는 군인들의 눈요기 감으로 등장하는 댄서를 보듯이 술람미를 보지 말라는 쪽이 더 가깝다고 생각됩니다.

이것이 어떤 절기에 사람들이 모여서 춤을 추는 일종의 민속 춤과 같은 라인 댄스라 하더라도 왕은 이 기쁨에 동참하고 있기보다는 술람미의 몸을 발 끝에서부터 머리까지 훑어보며 감상하고 있습니다. 위에서 말씀드린 것과 같이 그저 보이는 것을 보는 것 이상의 것이 발견됩니다.

신을 신은 발에서 다음으로 넙적다리로 시선이 옮겨집니다. 이 부분은 '둔부' 즉 엉덩이를 가리키는 말입니다. '둥글다'는 대칭적 곡선을 의미하는 것으로 고대 사회에서는 미의 기준으로 대칭을 매우 중요하게 생각했습니다. 왕은 엉덩이의 움직임을 유심히 보고 있습니다(7:1). 이것은 목동의 예찬에서는 없는 부분입니다. 그리고 다음에는 '배꼽'을 말하고 있습니다. 술람미가 선정적 의상을 입고 남성들의 눈요기 감으로 추는 밸리댄스를 추고 있다고 상상하기는 어렵습니다. 민속춤인 라인댄스는 배꼽이 드러난 의상을 착용하지 않습니다. 이것은 왕의 상상력이 만들어 낸 것일 가능성이 높습니다. 배꼽은 경우에 따라 여성의 음부를 상징하기도 합니다.

목, 눈, 코는 드러나 있는 부분이고 또 그 부분에 대한 묘사도 목동의 그것과는 크게 다르지 않습니다. 그러나 결정적으로 왕의 마음이 노골적으로 드러나는 말을 합니다. "내가 말하기를(8)"은 관용구로서 말하는 자가 어떻게 하든 기어이 하고 말겠다는 의지의 표현입니다. 그것은 "종려나무에 올라가서 그 가지를 잡으리라"입니다. 7절에는 여인의 유방을 종려나무의 열매송이에 비유하였습니다. 그리고 8 b에서는 "네 유방은 포도송이"라고 말하였습니다. 상세한 어의를 파악하기 어렵다 하더라도 이것은 여인의 유방을 가리키는 말입니다. 따라서 왕이 "말한 것" 즉, 그가 기어이 하려고 하고야 말겠다는 것은 여인의 유방을 움켜 잡는 것입니다. 그동안 수많은 말을 하였고 그 중에는 아름다운 말도 있었지만 그 목적은 여인의 몸을 정복하는 것이었습니다.

그 바로 다음에 "네 콧김은 사과 냄새"라고 하였습니다. 콧김이란 주로 구약에서 '분노'를 나타낼 때 쓰이지만 여기서는 바로 다음에 "네 입"과 연결되어 얼굴이 서로 밀착되었을 때 느끼는 것입니다. 다분히 성적인 분위기를 나타내는 숨소리를 나타냅니다. 이것을 볼 때 목동의 술람미 예찬과 왕의 와스프는 외형상의 표현에는 공통점도 있지만 여인을 대하는 기본 시각에는 큰 차이가 있다는 것을 알 수 있습니다.

왕은 술람미의 "삶의 행복"에 대하여 관심이 없습니다. 은을 박은 금 사슬을 주겠다는 것도 여인의 보다 여유 있는 삶을 위하여 은혜를 베푸는 것이 아니라 이것을 목표로 하는 것임을 눈치챌 수 있습니다. 왕은 그런 것이 비난받을 일이라는 것을 결코 모르지 않을 수 있지만 자신의 신분으로 보아 예외라고 생각할 수도 있고 또, 그럼에도 불구하고 그런 정도는 스스로 용서하는데 익숙한 사람입니다. 아니면 철저히 세상적이 되어 이런 것이 삶의 일부가 되어 버렸을 수 있습니다.

동시에 술람미에게도 그것을 요구하고 있습니다. 술람미가 가치 있게 생각하는 것을 비웃기라도 하는 듯이 은을 박은 금 사슬로, 아필르온에 태우는 것으로 그 가치를 세상의 부귀와 영화 앞에 무릎 꿇게 하려고 하였으나 그것은 철저하게 실패하였습니다. 그것은 인간의 의지를 꺾을 수는 있으나 진정한 사랑을 이길 수는 없습니다.

왕이 실패한 증거는 다음 구절에서 밝히 제시됩니다. 7 a에서 왕이 "네 입은 좋은 포도주"라고 하자 술람미는 즉각 그 "좋은 포도주"를 왕이 아닌 목동과 연관시킵니다. 순식간에 목동의 생각으로 가득 채워지고 있습니다. 왕은 "종려나무 꼭대기에 있는 포도송이를 잡으려고" 열심히 노력하지만 그 앞에 그 말을 듣고 있는 술람미는 사랑하는 자의 생각으로 가득합니다. 은을 박은 금 사슬도, 아필르온의 영화로도 얻을 수 없는 것이라면 그것을 얻을 수 있는 방법은 없습니다. 진정한 사랑은 그렇게 "흔들거나 깨울 수 있는 것"이 아닙니다(후렴 설명 참고).

또 다시 강조하지만 하나님의 뜻을 잠깐 잊으라는 세상 유혹을 이길 수 있는 것은 '인간의 도덕이나 윤리를 지키려는 의지'가 아닙니다. 의지의 한계는 명백합니다. 이것은 스스로 기준을 조작할 수도 있으며 또 영악한 논리를 내세워 얼마든지 가치 있는 것을 무가치 하게 할 수 있습니다. 오직 사랑으로만 이것을 극복할 수 있습니다. 하나님이 심어 주신 사랑의 반응으로서 하나님을 마음과 뜻과 정성을 다해 사랑하면 사랑 그 자체가 나를 이끌어 갑니다. 하나님을 사랑하려면 하나님을 알아야 합니다. 말씀을 통해 보여주신 하나님의 사랑을 알면 하나님을 사랑하지 않을 수 없습니다. 그리고 이것은 각양의 연단을 거치면서 더 순수해지고 강해집니다.

솔로몬 이후 선지자들은 서로 다른 시대, 다른 환경에서 사역하였고 다양한 메시지를 보냈습니다. 그러나 그들의 메시지에는 하나의 주제가 뚜렷이 존재합니다. "하나님의 사랑을 알라(호 6:1-3)!" 그래야 그 땅에 젖과 꿀이 흐릅니다. 제가 이스라엘에 있는 성경 연구소에서 얼마간 공부를 한 적이 있습니다. 첫 날 환영회 시간에 학장이라는 분이 인사말을 하였는데 지금도 생생하게 기억하고 있습니다. "여러분, 이 땅은 젖과 꿀이 흐르는 땅입니다. 그러나 하나님을 사랑함으로 순종할 때 그 젖과 꿀은 그 백성의 것이 됩니다"

우리가 그를 위하여 무엇을 할까?(8:8-9)

8 우리에게 작은 누이는 아직도 유방이 없구나 그가 청혼을 받는 날에는 우리가 무엇을 할까 9 그가 성벽이라면 우리는 은 망대를 그 위에 세울 것이요 그가 문이라면 우리는 백향목 판자로 두르리라

아가의 코러스가 혼성으로 이루어진 단일 그룹인지 아니면 남녀로 구분되어 있는지는 확실하지 않으나 분명한 것은 여성 그룹과 남성 그룹의 합창이 있습니다. 혼성 합창이 있을 수도 있습니다. 이 본문은 남성 코러스의 합창입니다. "우리"라는 복수 1인칭이 주어로 되어 있고 '우리 누이를 위하여'라는 말을 볼 때 이 남성 그룹은 술람미의 오빠 역할을 담당하고 있습니다.

이들은 미혼의 여성을 포도원지기로 삼을 정도로 어느 정도 여동생을 소

홀히 대하였던 사람들입니다(1:6). 팔레스타인의 살인적 햇볕 아래 남성들에게도 버거울 정도로 많은 노동이 필요한 포도원 일을 미혼의 여동생에게 시켰다는 것은 거의 학대 수준으로 생각이 될 정도입니다. 미혼 여동생을 위한 배려가 전혀 보이지 않습니다. 아마도 그 여동생이 목동을 사랑하는 것(정혼한 것을 포함하여) 역시 달가워하지 않았을 것입니다. 그러나 여동생이 왕의 유혹을 잘 견뎌내고 진정한 사랑의 승리를 보여 주었을 때 오빠들은 이제 동생을 존중할 마음을 갖게 되었고 앞으로 여동생의 삶을 돕겠다는 의지를 표현한 구절입니다.

먼저 이들의 대사를 살펴보겠습니다. '누이가 유방이 없다(8)'는 것은 결혼할 만큼 육체적으로 충분히 성숙하지 못하였다는 뜻은 아닙니다. 바로 다음 절에서 술람미는 '내 유방은 망대 같다'고 하였기 때문입니다(10). 이것은 아직 결혼하지 않아서 자녀 출산을 하지 않은 상태를 말합니다. 이들은 여성이 출가하여 자녀를 낳아야 비로소 한 여성으로 취급을 받습니다.

"청혼을 받는 날에"는 직역하면 "그 여자(여동생)에 대하여 말하는 날"입니다. KJV, NIV, NASB, ESV 등은 모두 "be spoken for (her)"로 번역하였습니다. 이와 매우 유사한 구절로, 다윗이 아비가일에게 사람을 보내어 '말하게 하였다(삼상 25:39)'는 곧 청혼을 의미했던 것으로, 여기서도 그런 의미로 번역을 한 것입니다. 그러므로 이것은 여동생의 결혼을 의미할 수 있고 또 여동생이 어떤 '말거리의 주역(topic of conversation)'이 되는 것을 의미할 수도 있습니다. 어떤 해석이 본래의 뜻과 가까운지 확언하기는 어렵지만 오빠들의 말은 "앞으로는 성의껏 돕겠다"에 핵심이 있습니다. 이 문장은 의문형이지만 무엇에 대한 질문이기보다는 자신들이 해야 할 일을 하겠다는 의지 표현입니다.

그들이 무엇을 할 것인지 말합니다(9). "그가 성벽이라면 은 망대를 두르리라." 은으로 성벽을 더욱 견고하게 할 수는 없는 것임을 감안할 때 이것은 어떤 장식을 말할 것입니다. 여인들이 결혼을 하면 은으로 된 핀을 당분간 머리에 꼽고 다녔다고 하는데, 그런 것을 표현한 것이라면 동생이 여성으로 더욱더 품위 있고 우아하게 될 수 있도록 돕겠다거나 혹은 동생의 결혼 생활을 음으로 양으로 지원하겠다는 뜻이 될 수 있습니다. 아마도 여동생을 포도원 지기로 삼은 것에 대한 반성일 것이며 이를 보상하는 의미에서 더욱 존귀하게 여기겠다는 뜻으로 보입니다.

"그가 문이라면 백향목 판자로 두르리라(9)." 문은 들어오는 것과 나가는 것을 적절히 통제하는 기능을 갖습니다. 목재로 된 문에 백향목과 같은 단단한 목재판을 둘러 강화한다고 합니다. 이것은 오빠들이 할 수 있는 한 동생을 보호하겠다는 뜻입니다. 사랑이나 존중이 없으면 이것은 삶을 부당하게 간섭하는 것으로 부정적인 의미가 되겠지만, 존중이 바탕이 되면 적절한 보호를 하겠다는 매우 긍정적인 다짐이 됩니다. 그동안은 어찌하였는지 모르지만 이제는 동생을 더욱 귀하게 여기며 모든 일에 보호와 협력을 아끼지 않을 것이라고 말합니다.

오빠들의 이 같은 다짐은 술람미가 승리한 증거물

이것은 부록처럼 따라붙은 이야기로 보이지 않습니다. 미혼의 여동생을 포도원지기로 삼았던 이전의 태도와 이 구절의 오빠들의 다짐은 확실한 대조를 이룹니다. 오빠들의 획기적인 심경변화는 여동생에 대한 측은지심에서 나온 것이 아닙니다. 그런 것이라면 이전에 나타났어야 할 것입니다. 이 변화에는 현저한 동기가 있는데 그것은 술람미의 "진정한 사랑의 승리"의 결과물입니다.

헬라인들은 철학적 사유 속에서 진리를 찾는 경향이 있습니다. 그러나 유대인들은 매우 사실주의적이고 실증주의적 사고를 가지고 있다고 할 수 있습니다. 그래서 추상적인 실체를 논리적으로 증명하기보다는 구상적인 것으로 증명하려고 합니다. 예수님이 하나님의 아들 즉, 하나님이시라는 것을 논리로 증명하려 하기보다는 누가 봐도 알 수 있는 구체적 방법으로 "드러냅니다." 가장 번번히 나타나는 것은 병고침과 같은 것입니다. 죄사함의 권세를 가지고 계신 것을 보여주시는 증거로는 나병 환자가 깨끗함을 받고 죽은 자가 살아나는 등의 사건이 소개됩니다. 예수께서 죄의 머리를 밟으셨다는 사실은 예수님의 부활로 입증됩니다.

다윗이 대적들을 물리치고 약속의 땅을 거의 다 차지 했습니다. 얼마 후에 또 다시 전세가 역전될 수 있는 일시적 승리가 아니라 완벽한 승리였다는 것을 증명하기 위하여 과거의 대적이 찾아와 머리를 숙인 사건들이 소개됩니다. 다윗이 예루살렘을 수도로 정하였을 때 "만군의 하나님 여호와께서 함께 계시니 다윗이 점점 강성하여 가니라(삼하 5:10)"라는 말씀 뒤에 두로 왕 히람이 백향목과 목수와 석수를 다윗에게 보냈습니다. 이것은 '하나님 약속의 성취' 혹은 '승리'에 따른 현상으로 소개하는 것입니다.

같은 맥락에서 솔로몬 시대에는 마치 예루살렘이 세계의 중심이 된 것처럼 각국의 왕들이 시온을 향하여 머리를 숙였습니다(왕상 10:23-25). 이번에도 두로의 히람이 "금 일백이십 달란트"를 왕에게 보냈습니다(왕상 9:14). 이것은 조공일 수 있습니다. 그리고 왕상 10장에는 유명한 스바의 여왕이 찾아와 솔로몬의 치적을 본 후에 감탄하며 금 일백이십 달란트와 심히 많은 향품과 보석을 왕께 드렸습니다(왕상 10:10).

예수께서 베들레헴에 탄생하셨을 때 동방박사들이 예물을 가지고 찾아왔다는 것은 실제로 왕 중 왕이 탄생했음을 알리는 것입니다. 어리석은 자들은 모르지만 신비한 지식의 소유자라고 여겼던 동방의 박사들은 그것을 알았습니다. 하나님의 신적 행위가 일어나면 이에 따른 구체적인 사건이 따라 일어납니다.

오빠들의 회심처럼 보이는 이 구절도 이렇게 이해할 수 있습니다. 술람미가 자신의 피부가 검은 이유를 말하면서 "오빠들이 자신을 포도원지기로 삼앉기 때문"이라고 하였습니다(1:5). 이것은 술람미의 아버지가 일찍 돌아가셨다는 그 집안 형편을 말하려는 것이 아니라, 바로 이 장면 즉, 오빠들의 전과 다른 모습을 보여주기 위한 사전 기술입니다. "그랬던 오빠들이 이렇게 하였다"입니다. 오빠들이 원하던 것은 아닐 수 있지만(무관심으로) 술람미가 '화평을 얻은 것(8:10)'은 술람미의 뜻이며 동시에 하나님의 승리입니다. 그와 같은 명백한 사건이 오빠들의 이같은 변화를 가져온 것입니다. 우리 역시 하나님께서 주신 과제를 성공적으로 잘 완수하면 어제의 대적이 오늘의 지원군이 되는 것을 경험할 수 있습니다.

성도의 교제

오빠들의 이와 같은 합창은 또 하나의 의미가 있습니다. 하나님의 나라 안에서 성도 간 협력의 필요성에 대한 것입니다. 이것을 우리는 '성도의 교제'라고 합니다. 이것은 한 성도의 성장을 위하여 하나님께서 특별히 디자인하신 신성하고 거룩한 사역입니다. 아가의 저자는 '사랑으로 인한 승리'만을 말하지 않고 그것을 유지 발전하게 할 수 있는 매우 중요한 진리를 빼놓지 않습니다.

이를 위하여 하나님은 교회라는 제도를 두셨습니다. 고대 랍비들이 아가를 교회사와 연관 지어 해석한 이유 중에는 이런 내용이 포함되어 있습니다. 교회 없이는 어떤 성도도 혼자 서 있거나 승리할 수 없기 때문입니다. 사도신경에 이 부분이 언급되고 있습니다. "거룩한 공회와 성도가 교통하는 것 … 을 내가 믿습니다." 공회란 시대 별로 각 지역에 존재하는 교회가 아니라 시공을 초월한 '하나님의 자녀의 모임'을 말합니다. 이것을 "가톨릭 교회(Catholic Church)"라고 합니다. 현재 천주교(가톨릭)를 말하는 것이 아닙니다. 그들이 그 명칭을 사용하고 있을 뿐입니다.

'교회' 앞에 '거룩'이라는 말이 있습니다. 거룩을 잘못 이해한 결과 한편에서는 '교회를 세상 밖에 존재하는 집단'으로 여기기도 하고, 또 이러한 사고 방식에 반발하여 교회를 세상과 거의 동일시하는 양극의 집단이 존재합니다. 분명한 것은 '거룩'의 본질적 의미는 그 출처가 "하나님"이라는 뜻입니다. 지상에 존재하는 교회는 비록 현존하는 세상 안에 있으나 뜻이 같은 사람들이 모여서 형성한 사회단체가 아닙니다. 아무리 '선한 사마리아 사람'같은 역할을 하기 위한 집단이라 해도, 또 신령한 사업을 한다 해도 그 출처나 주체가 하나님이 아니면 그것은 '좋은 일 하는 종교 혹은 사회 단체'일 뿐입니다. 기독교 색채가 농후하다 하더라도 마찬가지입니다.

교회는 하나님께서 '입양'하신 자들 즉, "예수 안에 있는 속량을 믿음으로 의롭다 함을 받은 자"들(롬 3:21-31)로 구성된 신령한 모임입니다. 서로 다른 사람들, 혹시 원수 관계였을지도 모르는 사람들이 그리스도를 머리로 하는 한 집단을 이루게 된 것입니다. 이익 여부에 따라 혹은, 필요에 따라 취소될 수도 있는 것이 아니라는 의미에서 유기적 관계를 갖는 "몸"이라는 말을 사용합니다. 몸은 다양한 모습을 가지고 있고 서로 기능이 다른 것들이 한 생명으로 연결되어 있습니다. 이런 의미에서 교회를 그리스도의 몸이라고 합니다.

이 집단은 그리스도를 머리로 하여 생명을 공급받아 개개인이 그리스도의 장성한 분량까지 성장하는 것을 개인적인 목표로 하며, 이 모든 몸이 하나가 되어 하나님의 뜻하신 바를 구현하는 것이 공동 목표입니다. 사단의 역사는 이전보다 더 강하게 성도들을 공략할 것입니다. 하나님의 절대적인 사랑과 능력이 아니면 모두 중도 탈락할 수밖에 없습니다.

그러나 이 하나님의 은혜로 모든 것이 합력하여 선을 이루면서 하나님의 목적하신 곳까지 우리를 이끌어 가실 것입니다. 그 인도하심의 중요한 방법 중 하나가 '성도의 교제'입니다. 교제란 가끔 식사도 하고 차도 마시면서 안부를 묻거나 신변의 일에 대하여 대화를 나누는 정도일 수 없습니다. 성도가 성도를 서로 세우는 신령한 사역입니다. 목사와 훈련된 선생을 통하여 생명의 양식을 공급 받고, 성도들과 떡을 나누며 위로를 받고 새 힘을 얻습니다. 한

줄 밧줄은 끊어질 수도 있으나 세 겹 줄은 강합니다(전 4:12).

특히 바울 서신을 보시면 전반부에 교리에 대한 기술이 있고 후반부에 그것을 생활에 적용하는 방법의 원리를 기록합니다. 그리고 마지막 부분에는 수많은 사람들의 이름을 열거하며 그들에게 문안하라고 합니다. 베드로도 그렇게 말합니다. 바나바는 고향에 가 있었던 바울을 사역의 전면으로 불러낸 사람입니다. 바나바 없는 바울을 말할 수 있겠습니까? 이들이 문안하라고 언급하는 자들 없이 베드로가 있었겠습니까? 누구도 혼자서 믿음의 자리에 서 있지 못합니다.

오늘 날 여러분이 몸 담고 있는 교회 없이 여러분의 영적 성장이 이루어질 수 없습니다. 기독교 TV에서 나오는 듣기 좋은 설교 몇 편으로 여러분의 영혼이 성숙되는 것이 아닙니다. "철이 철을 날카롭게 하는 것 같이 사람이 그의 친구의 얼굴을 빛나게 합니다(잠 27:17)."

사람들은 모두가 다 다른 환경에서 성장하여 습득되고 학습된 것이 다릅니다. 다른 의견을 가질 수밖에 없습니다. 그러나 '하나'입니다. 항상 의견이 동일하기 때문에 "하나"가 아니라 예수 그리스도가 머리이기 때문에 한 몸입니다. 입이 코보다 우월하지 않으며 눈이 입보다 우월하지 않습니다. 동시에 손과 발은 다른 모양과 기능을 가지고 있지만 서로 협력하여 "생명"이라는 하나의 목적을 달성하는 것입니다.

이런 생각을 해봅니다. 술람미가 '포도나무에 움이 돋았는지 석류 꽃이 피었는지 알아보려고 후도 동산에 갔을 때(6:11,12)' 오빠들이 몇 명 같이 갔었다면, 부지중 '내 백성의 귀한 자의 수레'에 다가갔을 때 그 옆에 오빠들이 함께 있었다면 그 여인이 왕의 방에 "이끌어 들임을 받았겠는가?" 가상적 질문이라 이에 대한 정확한 답은 누구도 알 수 없는 것이지만 상황이 달라졌을 수도 있겠다는 생각을 할 수는 있습니다.

저는 오랜 동안 목회를 하면서 저절로 관찰된 것이 몇 가지가 있습니다.

주일 예배 후 많은 성도들이 식당에 모입니다. 그런데 대부분은 늘 같은 사람들끼리 모여 식사를 합니다. 유심히 관찰을 해보지만 거의 그렇습니다. 설교 시간에 은근히 이런 것에 관한 말씀을 드린 적이 있지만 여전히 그랬습니다. 그것이 편하니까 그렇게 하겠지만 여기서 한 단계 더 발전해야 합니다.

초대 교회는 가정교회 형태였기 때문에 서로에 대하여 익숙해지는 것이 비교적 용이했겠지만 성도의 수가 몇 백 가정이 넘으면 모두와 친밀한 관계를 유지하기가 쉽지 않습니다. 교회가 지나치게 대형화되는 것은 '세를 과시하기에는 유리하지만' 본래 교회의 기능을 수행하기에는 긍정적인 면보다 부정적인 면이 더 많이 발생합니다. 대형교회는 보다 규모가 작은 교회로 분립하는 것이 교회를 교회답게 하는 방법 중 하나이지만 현실적으로 어려운 문제이기 때문에 '교회 안에 교회를 두는 것'을 강력히 권합니다. 교회 안에 교회라는 것은 '소그룹'을 말합니다.

소그룹을 형성하는 것은 결코 쉽지 않습니다. 세례 교인 중 6주-8주 훈련 과정을 거쳐 리더를 세우는 교회가 많습니다. 하지만 이것은 소그룹의 역할을 지나치게 가볍게 보는 것입니다. 이를 염두에 두고 일꾼을 선발하여 목사에 버금가는 훈련이 이루어져야 합니다. 안수 만 받지 않았을 뿐 충분한 교회의 리더로서 다양한 훈련을 받아야 합니다.

말씀과 말씀의 원리가 적용되는 교제가 아니면 오히려 성도의 성장을 방해합니다. 자칫 성도의 교제는 반 교회 세력의 온상이 될 수도 있고, 불필요한 세상 정보를 얻는 기회를 제공합니다.

신실하게 하나님을 섬기고 작은 승리들을 체험하면 '돕는 자'들이 생겨납니다. 성도는 누구나 이런 도움이 필요합니다. 그리고 이런 도움을 제공하면서 스스로 또 성장합니다. 이런 일에 눈을 뜨는 성도들이 되기 바랍니다. 철이 철을 날카롭게 하여 철의 가치를 더하게 하며(잠 27:17), 단단한 세 겹줄이 되어 끊어지지 않게 합니다(전 4:12).